Inhalt

Vorwort
zur Taschenbuchausgabe

Im Jahr 2001 beschäftigen die Nachrichtendienste weltweit mehr als eine Million Menschen und geben für ihre Zwecke über 50 Milliarden US-Dollar aus. Den Löwenanteil der Gelder verschlingt die elektronische Überwachung mit aufwendigen, hochkomplexen Geräten – von den neuesten Satellitenkameras bis hin zu Wanzen von der Größe eines Stecknadelkopfes.

Neue Gegner sind auf der Bildfläche erschienen, um die professionellen Agentenjäger herauszufordern: die russische Mafia mit ihren globalen Machenschaften im Drogenhandel und bei der Geldwäsche; Wirtschaftsspione in den großen Finanzzentren der Welt, zum Beispiel in der Wall Street, der Londoner City und den Bankenmetropolen Europas.

Diesen ständig wachsenden Bedrohungen zu begegnen erfordert eine Neubestimmung und eine veränderte Zielsetzung der Spionagedienste.

Und dies gilt an vorderster Front und zuallererst für den Gegenstand dieses Buches. In den Jahren, die seit der Erstveröffentlichung der *Mossad-Akte* vergangen sind – das Buch ist mittlerweile in 31 Ländern erschienen –, haben sich beim israelischen Geheimdienst bedeutende Veränderungen vollzogen. Das Verhältnis zum CIA ist nicht mehr so eng, wie es einmal war. Zum einen sind mehrfach Spionageaktivitäten des Mossad in den Vereinigten Staaten ans Tageslicht gekommen, zum anderen haben die israelischen Meisterspione ihre Beziehungen ausgebaut: zum chinesischen Nachrichtendienst und zu den beiden russischen Diensten, der Gegenspionage (Sluschba Vnjeschnije Rasvjedaki) und der bekannteren, weltweit agierenden GRU (Glavnoje Rasvjedyvatjelnoje Upravlenije). Die besten Agenten der früheren sowjetischen Geheimdienste versorgen heute den Kreml mit Informationen aus aller Welt. Zunehmend verläßt sich der GRU dabei auf die Überwachung per Satellit.

Solche Satelliten waren es, die Einzelheiten einer Mossad-Operation zutage förderten, bei der die Israelis im Jahr 2000 drei in Deutschland gebaute U-Boote übernahmen, die in der Lage waren, nukleare Gefechtsköpfe abzufeuern und Ziele in 1200 Kilometern Entfernung ins Visier zu nehmen. Jedes U-Boot der *Dolphin*-Klasse kann 24 Cruise-Missiles tragen. Ausgerüstet mit einem Nuklearsprengkopf verfügt jede einzelne dieser Raketen über eine größere Sprengkraft als die Hiroshima-Bombe von 1945.

Als Efraim Halevy 1998 an die Spitze des Mossad trat, fand er auf seinem Schreibtisch ein Dossier vor, in dem dargelegt wurde, daß der Iran 2002 in der Lage sein werde, einen nuklearen Erstschlag gegen Israel zu führen. Die nächsten zwei Jahre war Halevy damit beschäftigt, die israelische Führung davon zu überzeugen, daß das Land eine seegestützte Atomstreitmacht brauche.

Mit der Howaldtswerke-Deutsche Werft AG in Kiel wurde er schließlich handelseinig. Über zwei Jahre hinweg besuchte Halevy in Begleitung hoher Offiziere der israelischen Marine regelmäßig die Werft, um sich über den Fortgang des Projekts zu informieren. Jedes U-Boot hatte eine Verdrängung von 1720 Bruttoregistertonnen und kostete pro Stück über 600 Millionen DM.

Halevy hatte einen Plan entwickelt, der Anklänge an den seines legendären Vorgängers Meir Amit aufwies, der vor Jahrzehnten Schnellboote zur Überwachung der israelischen Küsten beschafft hatte. Den Werftarbeitern in Kiel sagte man, die U-Boote seien für die deutsche Marine bestimmt. Nur die Werksführung und das deutsche Verteidigungsministerium waren über die eigentliche Bestimmung im Bilde.

Als nächstes überzeugte Halevy die Regierung in Madrid, den drei U-Booten auf dem Weg nach Haifa die Fahrt durch die spanischen Hoheitsgewässer bei Gibraltar zu gestatten.

Im April 2000 war es soweit. Halevy schickte eine Reihe von Mossad-Agenten *(Katsas)* nach Kiel. Sie sollten zusammen mit Angehörigen der israelischen Marine die U-Boote sicher nach Haifa bringen.

Insgesamt waren es 100 Seeleute, zusammengefaßt in einer Einheit unter der Bezeichnung »Force 700«. Unter ihnen befanden sich 35 Offiziere, denen die Besatzungen der einzelnen Boote zugeteilt waren. Zusätzlich waren jeweils fünf Spezialisten an Bord, die die Cruise-Missiles abfeuern konnten. Die U-Boote sollten allerdings erst in Haifa mit den Sprengköpfen, die in Israels Nuklearfabrik in der Negev-Wüste hergestellt worden waren, bestückt werden.

Nachdem die Flotte sicher in Haifa eingetroffen war, wurden die Boote mit der Computer-Software »Enhanced Promis« ausgerüstet. Zu den zahlreichen Anwendungen, die diese Software bietet, zählt auch das Programm »Over the horizon« (Jenseits des Horizonts). Mit seiner Hilfe lassen sich Ziele in bis zu 1200 Kilometern Entfernung ansteuern. Und die Software ist so programmiert, daß sie zugleich Verteidigungsstellungen im Umkreis des Ziels erkundet. Ursprünglich war diese Software von Inslaw, einer Spezialfirma mit Sitz in Washington, für die US-Marine entwickelt worden. 1983 wurde sie jedoch vom Mossad gestohlen. Den Befehl hatte Rafi Eitan gegeben, der die Einsätze des Mossad plante und verantwortete. Mit diesem Coup krönte er seine Karriere.

Seit die Software in die U-Boote eingebaut ist, verfügt Israel auch zur See über ein atomares Potential, das dem zu Lande und in der Luft in nichts nachsteht.

Trotz solch unzweifelhafter Erfolge hat sich in Israel ein verändertes politisches Klima entwickelt, in dem Zorn und Enttäuschung über die fehlgeschlagenen Operationen des Mossad zum Tragen kommen. Zu diesen zählt der Verlust eines altgedienten Agenten im Oktober 2000. Hanan Tannenbaum befand sich auf einer Mission in der Schweiz, um die Finanzen der Hizbollah-Miliz auszukundschaften, als ihn die Terrorgruppe kidnappte. Am Ende einer Operation, die dem Mossad alle Ehre gemacht hätte, wurde Tannenbaum ins Bekaa-Tal im Libanon verschleppt. Seither ist er spurlos verschwunden.

Dennoch ist der Mossad keineswegs auf der Verliererstraße, sondern kann weiterhin Erfolge für sich verbuchen. Anfang November 2000 fanden die Israelis heraus, daß NATO-Stützpunkte in Spanien und anderen südeuropäischen Ländern mittlerweile in Reichweite libyscher Raketen auf dem neusten technischen Stand waren. Die Waffen stammten aus Nordkorea. Mossad-Agenten hatten den Weg der No-Dong-Boden-Boden-Raketen von Anfang an verfolgt. Der Durchbruch war ihnen gelungen, als sie in dem spanischen Badeort Marbella eine Gruppe von Waffenhändlern aus dem Iran unterwanderten.

Zugleich verstärkte der Mossad seine Präsenz in Südafrika, um den wachsenden Einfluß islamischer Fundamentalisten in diesem Land zu bekämpfen.

Aktivitäten wie diese haben den Mossad zu dem ungewöhnlichen Schritt bewogen, in Zeitungsanzeigen um Agentennachwuchs zu werben. Unter der vielsagenden Überschrift »Ihre Chance beim Mossad« stand dort zu lesen: »Nur Sie wissen es – tief in Ihrem Innern. Nur Sie wissen, daß Sie in der Lage sind, anders zu denken, mehr zu tun, als Sie sich bisher zugetraut haben.« Die Anzeige erschien Ende 2000 in hebräischsprachigen Zeitungen überall auf der Welt. 6000 angehende Spione bewarben sich. Zum Schluß wurden ganze 20 für die Ausbildung an der Schule des Mossad vor den Toren Tel Avivs ausgewählt. Wenn sie ihren Kurs überstehen, werden sie im Jahr 2004 für den Mossad aktiv werden.

Zu diesem Zeitpunkt wird der Mossad wahrscheinlich einer der wenigen Nachrichtendienste sein, der sich weiterhin auf den traditionellen Spion als Ergänzung zu Satelliten und jenen anderen exotischen Gerätschaften zur Informationsbeschaffung verläßt, die bei der Konkurrenz heute der letzte Schrei sind.

Der Grund ist nicht zuletzt die zweite Intifada, die seit dem Herbst 2000 Israel in seinen Grundfesten erschüttert. Sie hat den politischen Führern Israels vor Augen geführt, wie wichtig es ist, über Agenten auf dem Erdboden zu verfügen. Denn es waren solche Agenten, die Israels haushoch überlegener Luftwaffe die Ziele ihrer Angriffe im Gaza-Streifen und auf der Westbank angeben konnten.

Entstanden in jenen denkwürdigen Jahren, als sich Israel in einer erbarmungslos feindlichen Umgebung eine neue Welt schuf, war der Mossad stets eine Garantie für das Überleben. Im Jahr 2001 ist diese Garantie notwendiger denn je, und auf absehbare Zeit wird sich dies nicht ändern.

Ari Ben-Menashe, ein ehemaliger Sicherheitsberater der israelischen Regierung, hätte es kaum besser formulieren können, als er mir sagte: »Israel und die Welt sollten den Mossad als eine Form von Präventivmedizin betrachten – als ein Mittel, mit dem man sich vor einer Krankheit schützt, die tödlich sein könnte. Man nimmt dieses Mittel nur, wenn die Krankheit droht. Man nimmt es nicht die ganze Zeit über.«

So gesehen ist es fast gewiß, daß der Mossad fortfahren wird, schwierige Dinge aus schwierigen Gründen zu tun. Die Geschichte des Geheimdienstes, wie ich sie auf den Seiten dieses Buches schildere, bietet hinreichend Belege dafür, daß Spionage und Undercover-Operationen stets eine Spezialität des modernen Staates Israel waren und auch weiterhin sind. Im neuen Jahrtausend hängt mit Sicherheit, jedenfalls was ihr Überleben betrifft, keine zweite Nation in einem solchen Maße von der Tätigkeit der Nachrichtendienste ab, und es gibt auch keine andere, die auf diesem Feld so brilliert. Die Geschichte des Mossad hört nicht auf, die Geschichte der Nation zu sein, der er dient.

Gordon Thomas
Dublin, Irland, im April 2001

Kapitel 1

HINTER DEM SPIEGEL

Die rote Lampe auf dem Telefon neben dem Bett leuchtete auf. In der Wohnung im pulsierenden IV. Arrondissement von Paris, in der Nähe des Centre Pompidou, setzte sich automatisch ein raffiniertes Aufnahmegerät in Betrieb. Das rote Licht war von einem israelischen Nachrichtentechniker angebracht worden, der aus Tel Aviv eingeflogen worden war, um das Tonband zu installieren. Es diente dazu, bei den Nachbarn kein Mißtrauen über ein mitten in der Nacht klingelndes Telefon aufkommen zu lassen. Der Techniker war einer der *Jahalomim*, ein Mitglied der Mossad-Einheit, zu deren Aufgaben es gehört, in den »sicheren Häusern« des israelischen Geheimdienstes abhörsichere Nachrichtenwege zu schaffen.

Das sichere Haus in Paris unterschied sich in nichts von all den anderen, es besaß eine bombensichere Eingangstür und Fensterglas, das wie die Scheiben im Weißen Haus die Strahlen von Richtantennen zerstreuen kann. In allen Hauptstädten der Welt existieren Dutzende solcher Wohnungen; sie werden entweder gekauft oder für viele Jahre gemietet. Viele von ihnen stehen über längere Zeit leer, sind aber stets bereit für einen Einsatz.

Einer dieser Einsätze wurde ab Juni 1997 von der Pariser Wohnung aus dirigiert, nachdem Monsieur Maurice dort eingetroffen war. Maurice sprach fließend Französisch mit einem leichten mitteleuropäischen Akzent. Über die Jahre hinweg hatten die Nachbarn es stets mit Leuten wie ihm zu tun gehabt: mit Männern, und gelegentlich mit Frauen, die ohne Vorankündigung kamen, Wochen oder Monate blieben, um dann eines Tages wieder zu verschwinden. Wie seine Vorgänger hatte Maurice in höflicher Form alle Fragen nach seiner Person oder Arbeit abgewehrt.

Maurice war ein *Katsa*, ein Agentenführer des Mossad.

Rein äußerlich wirkte er unscheinbar: Es hieß, er könne selbst eine menschenleere Straße unbemerkt entlanggehen. Er war in jener glückseligen Zeit für den Mossad rekrutiert worden, als dessen legendärer Ruf noch weitgehend unangefochten war. Maurice' Fähigkeiten waren entdeckt worden, als er den in Israel obligatorischen Militärdienst leistete und nach dem Grundwehrdienst zum Geheimdienst der Luftwaffe abgestellt worden war. Neben seiner Sprachbegabung (er sprach Französisch, Englisch und Deutsch) hatte er sich durch weitere Fähigkeiten hervorgetan: Bei der Beschäftigung mit einem Fall verstand er es in hervorragender Weise, Wissenslücken zu schließen und aus Spekulationen den Wahrheitsgehalt herauszufiltern. Zudem wußte er um den beschränkten Wert von Informationen, die auf Mutmaßungen basieren. Aber vor allem war er ein begnadeter Menschenmanipulator: Er konnte überreden, beschwatzen und, wenn das alles nichts half, einschüchtern.

Seit dem Abschluß seiner Mossad-Ausbildung im Jahre 1982 hatte er in Europa, Südafrika und Fernost gearbeitet. Er war verschiedentlich in die Rolle eines Geschäftsmannes, eines Reiseschriftstellers oder eines Vertreters geschlüpft und hatte eine Reihe von Namen und Lebensläufen benutzt, die alle aus der Decknamen-Bibliothek des Mossad stammten. Diesmal war er Maurice, einmal mehr ein Geschäftsmann.

Während seiner zahlreichen Auslandseinsätze hatte er von den Säuberungen im »Institut« gehört, wie das Personal den Mossad nannte: schädliche Gerüchte über in Ungnade gefallene Leute, über ruinierte Karrieren, von Wechseln an der Spitze und davon, daß jeder neue Mossad-Direktor seine eigenen Prioritäten gesetzt hatte. Aber keiner von ihnen hatte die sinkende Moral innerhalb des Geheimdienstes aufhalten können. Sie hatte weiter gelitten, seit Benjamin Netanjahu sein Amt angetreten hatte, Israels bisher jüngster Ministerpräsident. Von ihm, einem Mann mit Geheimdiensthintergrund, hatte man angenommen, daß er über das Innenleben des Dienstes Bescheid wisse und beim Rapport nicht zu tief in die Einzelheiten dringen würde. Statt dessen hatte Netanjahu bei erfahrenen Geheimdienstoffizieren von Beginn an durch die Beschäftigung mit operativen Details Verwunderung hervorgerufen. Anfangs wurde dies auf Übereifer zurückgeführt, als ob er nach dem Motto »Neue Besen kehren gut« zeigen wollte, daß er bereit sei, in jeden Schrank zu schauen, damit sich dort bloß kein Geheimnis verberge. Die Angelegenheit wurde jedoch beunruhigend, als nicht nur der Ministerpräsident, sondern auch seine Frau Sara Einblick in Israels Geheimdienstwelt verlangte. Unter Berufung auf Hillary Clintons Interesse am CIA hatte sie hochrangige Mossad-Offiziere aufgefordert, sie zu Hause anzurufen und ihre Fragen zu beantworten.

In den eintönigen Fluren des Mossad-Hauptquartiers in Tel Aviv empörte man sich hinter vorgehaltener Hand über Sara Netanjahus Verlangen nach Psychoprofilen der führenden Politiker der Welt, die sie und ihr Ehemann einladen oder besuchen würden. Sie hatte sich nach Details der sexuellen Aktivitäten von Präsident Bill Clinton erkundigt und wollte die Dossiers über diejenigen Botschafter Israels einsehen, in deren Amtssitzen sie und ihr Mann sich während ihrer Auslandsreisen aufhalten würden. Sie interessierte sich dafür, wie sauber die Küchen seien und wie häufig die Bettwäsche in den Gästesuiten gewechselt würde.

Die von ihrem Ansinnen irritierten Mossad-Offiziere hatten der Frau des Ministerpräsidenten erklärt, daß es nicht zu ihren geheimdienstlichen Aufgaben gehöre, derlei Informationen zu beschaffen.

Einige Veteranen waren nicht mehr mit der üblichen Geheimdienstarbeit befaßt, sondern trugen die Verantwortung für kleine Operationen, die fast nur auf eine Anhäufung von meist ungelesenen Papierstapeln hinausliefen. In dem Bewußtsein, daß sich ihre Karrieren nicht fortsetzen würden, hatten sie sich zurückgezogen und lebten nun über ganz Israel verstreut. Sie beschäftigten sich mit der Lektüre von überwiegend historischen Büchern und versuchten sich mit dem Umstand zu arrangieren, daß sie zum alten Eisen gehörten.

All das machte Maurice froh, nicht in Tel Aviv zu sein, sondern wieder im Einsatz.

Die Operation, wegen der er in Paris war, gab ihm die Chance, erneut zu zeigen, daß er ein methodisch und sorgfältig vorgehender Agent war, einer, der in der Lage war, zu liefern, was erwartet wurde. In diesem Fall war die Aufgabe relativ einfach: Es gab keine wirkliche Gefahr für Leib und Leben, nur das Risiko der Peinlichkeit, wenn die französischen Behörden herausfinden sollten, was er tat, und ihn stillschweigend außer Landes brächten. Der israelische Botschafter wußte zwar, daß Maurice in Paris war, kannte aber nicht den Grund. Das war Standard bei operativen Einsätzen: Liefen die Dinge schief, konnte der Diplomat Unwissenheit vorschützen.

Maurice sollte einen Informanten rekrutieren. Diese Einflußnahme auf Angehörige einer fremden Nation hieß in der Geheimsprache des Mossad »kalte Annäherung«. Nach zwei Monaten geduldiger Arbeit glaubte Maurice, kurz vor dem Erfolg zu stehen.

Er richtete sein Augenmerk auf Henri Paul, den stellvertretenden Sicherheitschef des Hotel Ritz, der für illustre Gäste auch als Fahrer fungierte.

Zu diesen hatte Jonathan Aitken gehört, Minister im letzten konservativen Kabinett Großbritanniens. Er war speziell für die Koordination der Waffeneinkäufe verantwortlich gewesen, und er hatte ein Bündel von Kontakten zu den Waffenhändlern des Nahen Ostens aufgebaut. All das war in der Fernsehserie *World in Action* aufgedeckt worden, und der *Guardian* hatte hochgradig schädliche Berichte über die Verbindungen Aitkens zu Männern veröffentlicht, die normalerweise nicht zum Umgang eines Regierungsmitglieds gehören. Aitken hatte Klage wegen Verleumdung eingereicht. Zum Dreh- und Angelpunkt des Prozesses war die Frage geworden, wer Aitkens Hotelrechnung bezahlt hatte, als er sich im Ritz aufgehalten hatte, um einige seiner arabischen Kontaktleute zu treffen. Vor Gericht hatte Aitken unter Eid ausgesagt, seine Frau habe die Rechnung beglichen.

Über Dritte ließ der Mossad den Privatdetektiven, die für die Verteidiger tätig waren, die Information zukommen, daß Mrs. Aitken zu jener Zeit gar nicht in Paris war. Die Klage brach in sich zusammen. Aitken, vom Mossad schon lange als eine Bedrohung Israels angesehen, war auf wirksame Weise ausgeschaltet worden. Aber das Hotel blieb ein Treffpunkt für Waffenhändler aus dem Nahen Osten und ihre europäischen Kontaktleute.

Der Mossad hatte beschlossen, im Ritz einen Informanten aufzubauen, der über die Aktivitäten dieser Kreise informieren könnte. Der erste Schritt bestand darin, die Personalliste des Hotels in die Hände zu bekommen; dies gelang durch das Eindringen in das Computersystem des Ritz. Keiner der leitenden Manager schien ein aussichtsreicher Kandidat zu sein, und das untergeordnete Personal hatte nicht den erforderlichen, alles umfassenden Zugang zu den Gästen. Für Henri Paul hingegen gab es in seiner Funktion als stellvertretender Sicherheitschef keine verschlossenen Türen im Ritz. Mit seinem Hauptschlüssel konnte er auch die Gästeschließfächer öffnen. Niemand würde sich wundern, wenn er eine Kopie der Rechnung eines Gastes haben wollte, niemand würde die Augenbrauen hochziehen, wenn er das Verzeichnis über die Telefonate zu sehen verlangte, um genaue Kenntnisse über die von den Waffenhändlern und ihren Kontaktpersonen geführten Gespräche zu bekommen. Er könnte in Erfahrung bringen, mit welcher Frau sich einer der Händler diskret verabredet hatte. Als Fahrer der VIPs wäre Paul durchaus in der Lage, ihre Unterhaltungen mitzuhören, ihr Verhalten mitzubekommen, zu beobachten, wohin sie gingen und wen sie träfen.

Die nächste Stufe bestand darin, ein psychologisches Profil von Paul anzulegen. Über mehrere Wochen hinweg durchforstete einer der in Paris ansässigen *Katsas* seine Lebensumstände. Mit Hilfe zahlreicher Tarnungen, etwa als Versicherungsangestellter oder Verkäufer per Telefon, hatte der *Katsa* erfahren, daß Paul ein Junggeselle ohne feste Beziehung war, in einem preiswerten Apartment wohnte und einen schwarzen Mini fuhr, aber schnelle Autos liebte und gerne mit einem Motorrad herumraste, das er sich mit jemand anderem teilte. Hotelangestellte hatten erzählt, daß er dem Alkohol nicht abgeneigt war, und es gab Anzeichen dafür, daß er von Zeit zu Zeit die Dienste einer teuren Prostituierten in Anspruch nahm, die auch einige der Hotelgäste als Kunden hatte.

Die Informationen waren von einem Psychologen des Mossad ausgewertet worden. Er hatte daraus gefolgert, daß Henri Paul eine gute Angriffsfläche böte, und empfohlen, ihn am besten durch ständig zunehmenden Druck in Verbindung mit dem Versprechen erheblicher finanzieller Zuwendungen für seine Hobbys zu rekrutieren. Die Operation könnte sich über längere Zeit hinziehen und beträchtliche Geduld und Geschicklichkeit erfordern. Der ortsansässige *Katsa* wurde nicht weiter eingesetzt, statt dessen schickte man Maurice nach Paris.

Maurice hatte die bei solchen Mossad-Operationen üblichen, erprobten Richtlinien befolgt. Zunächst hatte er sich bei mehreren Besuchen mit dem Ritz und dessen Umgebung vertraut gemacht. Schon bald war es ihm gelungen, Henri Paul zu identifizieren, einen muskulösen Mann, dessen Gang etwas Angeberisches hatte und der deutlich machte, daß er auf niemandes Anerkennung angewiesen war.

Maurice hatte die merkwürdige Beziehung beobachtet, die Paul zu den Paparazzi pflegte, die die Front des Ritz belagerten und auf immer sensationellere Schnappschüsse reicher und berühmter Gäste lauerten. Von Zeit zu Zeit forderte Paul die Fotografen auf, den Platz zu verlassen, und in der Regel folgten sie dieser Anweisung auch, indem sie mit ihren Motorrädern einmal um den Block fuhren, bevor sie zurückkehrten. Während dieser kurzen Fahrten erschien Paul manchmal am Eingang für das Hotelpersonal und verwickelte die vorbeifahrenden Paparazzi in ein freundliches Geplänkel.

In der Nacht, so hatte Maurice festgestellt, trank Paul bisweilen mit einigen der Paparazzi in einer der Bars nahe beim Ritz, die er mit anderen Angestellten nach der Arbeit aufsuchte.

In seinen Berichten für Tel Aviv hatte Maurice Pauls Fähigkeit beschrieben, beträchtliche Mengen Alkohol zu sich zu nehmen und dennoch stocknüchtern zu wirken. Er bestätigte auch, daß Paul abgesehen von seinen privaten Gewohnheiten für die Rolle eines Informanten geeignet sei: Er scheine über den entscheidenden Zugang zu verfügen und in einer Position zu sein, in der ihm hohes Vertrauen entgegengebracht werde.

An einem bestimmten Punkt seiner diskreten Observation entdeckte Maurice, wie Paul dieses Vertrauen hinterging. Er erhielt von den Paparazzi Geld, weil er sie mit Details über die Fahrten der Gäste versorgte und die Fotografen dadurch in die Lage versetzte, Bilder der Berühmtheiten zu schießen.

Der Tausch von Information gegen Bargeld fand entweder in den Bars statt oder in der engen Rue Cambon, wo der Personaleingang des Ritz lag.

Mitte August konzentrierte sich dieser Tausch auf Einzelheiten der bevorstehenden Ankunft von Diana, der Prinzessin von Wales, und ihres neuen Liebhabers, Dodi al-Fayed, des Sohnes des Hotelbesitzers, im Ritz. Sie würden in der legendären Imperial Suite wohnen. Das gesamte Hotelpersonal war unter Anordnung von Strafe oder sofortiger Entlassung strikt angewiesen worden, alle Details über Dianas Eintreffen geheimzuhalten. Ohne Rücksicht darauf hatte Paul weiterhin seine Karriere aufs Spiel gesetzt, indem er einige der Paparazzi mit Einzelheiten des bevorstehenden Besuchs versorgte. Sie alle hatten ihm Geld dafür gegeben.

Maurice stellte fest, daß Paul heftiger zu trinken begonnen hatte, und er hatte Angestellte des Ritz belauscht, wie sie sich darüber beklagten, daß der stellvertretende Sicherheitschef herrische Züge angenommen hätte: Erst kürzlich habe er ein Zimmermädchen gefeuert, das er beim Diebstahl eines Stücks Seife aus einem Gästeschlafzimmer erwischt hatte. Ein paar Leute des Personals behaupteten, daß Paul auch Tabletten einnähme, und sie fragten sich, ob er damit seine Stimmungsschwankungen in den Griff bekommen wollte. Sie waren sich einig, daß Paul unberechenbarer geworden sei: einen Moment lang war er gut gelaunt, im nächsten legte er kaum kontrollierte Wut über eine eingebildete Kränkung an den Tag. Maurice entschied, daß die Zeit gekommen war, an ihn heranzutreten.

Der erste Kontakt fand in Harry's Bar in der Rue Daunou statt. Als Paul hereinkam, nippte Maurice bereits an einem Cocktail. Der Mossad-*Katsa* fing in aller Ruhe eine Unterhaltung an, und der Sicherheitsmann ließ sich zu einem Getränk einladen, als Maurice erwähnte, daß Freunde von ihm im Ritz wohnten. Er fügte hinzu, daß sie überrascht gewesen seien, wie viele reiche Araber unter den Gästen seien.

Für einen Schuß ins Blaue hinein brachte diese Bemerkung ein umwerfendes Ergebnis hervor. Paul erwiderte, daß viele Araber unverschämt arrogant seien. Sie erwarteten, daß er springe, wenn sie nur mit dem Finger schnipsten. Am schlimmsten seien die Saudis. Maurice warf ein, er habe gehört, die jüdischen Gäste seien genauso schwierig. Paul wollte davon nichts hören. Er bestand darauf, daß Juden hervorragende Gäste seien.

Nach diesem vielversprechenden Auftakt endete der Abend mit der Vereinbarung, sich in ein paar Tagen zu einem Abendessen in einem Restaurant unweit des Ritz wiederzutreffen. Während des Essens bestätigte Paul auf Maurice' gut abgepaßte Fragen hin vieles von dem, was der *Katsa* bereits wußte. Der Sicherheitchef des Hotels erzählte von seiner Leidenschaft für schnelle Autos. Am liebsten sitze er am Steuerknüppel eines kleinen Flugzeuges. Aber es sei schwierig, solche Hobbys von seinem Gehalt zu bestreiten.

Das mag der Moment gewesen sein, in dem Maurice anfing, Druck auszuüben. Er stellte fest, daß Geld immer ein Problem sei, aber in diesem Falle kein unlösbares. Mit ziemlicher Sicherheit ließ Paul dies hellhörig werden.

Im folgenden entwickelte sich ein eigener Rhythmus: Maurice legte den Köder aus, und Paul war nur allzu begierig, ihn zu schlucken. Der Fisch war an der Angel, und Maurice würde beginnen, ihn mit jener Geschicklichkeit einzuholen, die er in der Mossad-Ausbildung erworben hatte.

An einem bestimmten Punkt würde Maurice den Gedanken einfließen lassen, er könne möglicherweise behilflich sein, vielleicht indem er erwähnte, daß er für eine Firma arbeite, die immer nach Wegen suche, ihre Datensammlung zu aktualisieren, und die diejenigen, die sie dabei unterstützten, gut bezahle – ein von Mossad-Rekrutierern geschätzter Eröffnungszug bei der Operation »kalte Annäherung«. Von da aus wäre es nur ein kleiner Schritt, Paul zu erzählen, daß viele der Gäste des Ritz zweifellos Informationen besäßen, die die Firma interessierten.

Paul könnte aus einem möglichen Unbehagen über diese Wendung der Unterhaltung heraus zurückschrecken. Maurice würde dann zur nächsten Stufe übergehen und davon sprechen, daß ihn Pauls Zurückhaltung, auch wenn er sie verstünde, doch überrasche. Es sei doch allgemein bekannt, daß Paul sich für Informationen von den Paparazzi bezahlen lasse. Warum die Chance verspielen, wirklich gutes Geld zu machen? Maurice' unbestrittene Fähigkeit, seinen Vorschlag zu unterbreiten und dabei gleichzeitig erkennen zu lassen, wie viel er von Pauls Leben wußte, würde mit einer Mischung aus Wortreichtum und Überredung eingesetzt werden, der

der Grundton des Drucks eigen war. Sie dürfte auch bei Paul Wirkung zeigen.

Auch wenn er nicht danach fragte, dürfte Paul erkannt haben, daß der ihm gegenüber am Tisch sitzende Mann Geheimdienstoffizier oder zumindest Rekrutierer für einen Dienst war.

Das dürfte der Grund für seine Erwiderung gewesen sein. Laut einer israelischen Geheimdienstquelle mit sicherer Kenntnis der Angelegenheit »kam Henri Paul ohne Umschweife mit der Frage heraus, ob er zur Spionage aufgefordert werden sollte. Wenn ja, wie wären die Bedingungen? Ganz genauso. Ohne Versteckspiel und dämliche Rumrederei. Nur was die Bedingungen wären – und für wen er tatsächlich arbeiten würde. Das war der Moment, in dem Maurice sich entscheiden mußte, ob er Paul erzählte, daß er für den Mossad arbeiten sollte. Für eine solche Operation gibt es kein standardisiertes Vorgehen. Jedes Zielobjekt ist anders. Aber Henri Paul war am Haken«.

Unter dieser Voraussetzung kann Maurice ihm ohne weiteres erzählt haben, was von ihm gefordert würde: Informationen über bestimmte Gäste zu liefern, eventuell ihre Suiten mit Wanzen auszustatten und festzuhalten, wen sie einladen. Dann dürften sie über die Bezahlung gesprochen haben, es gab das Angebot, bei einer schweizerischen Bank ein Konto zu eröffnen oder Paul im Bedarfsfall bar zu bezahlen. Maurice hätte wie stets den Eindruck vermittelt, daß dies kein Problem wäre. Vielleicht eröffnete er Paul an dieser Stelle, daß er für den Mossad arbeiten sollte. All dies gehörte zum Standard, wenn man eine »kalte Annäherung« erfolgreich abschließen wollte.

Paul war höchstwahrscheinlich erschrocken über das, was von ihm gefordert wurde. Es war keine Frage seiner Loyalität gegenüber dem Ritz: Wie andere Mitglieder des Personals arbeitete er wegen des relativ hohen Gehalts und der Vergünstigungen für das Hotel. Aber es mußte Paul angst machen, daß er bis über beide Ohren hineingezogen werden sollte. Wenn man entdeckte, daß er Hotelgäste ausspionierte, könnte ihn das sehr leicht ins Gefängnis bringen.

Wenn er zur Polizei ginge, was würden sie tun? Vielleicht wußten sie schon, daß man versuchte, ihn anzuwerben. Wenn er das Angebot ablehnte, was dann? Wenn die Hotelleitung erfahren würde, daß er das wertvollste Gut verraten hatte, das das Ritz zu bieten hatte – Diskretion –, indem er die Paparazzi informierte, könnte er entlassen oder sogar unter Anklage gestellt werden.

Für Henri Paul schien es in jenen letzten Augusttagen des Jahres 1997 keinen Ausweg zu geben. Er fuhr fort zu trinken, Tabletten zu nehmen, unruhig zu schlafen und das untergeordnete Personal zu schikanieren. Er war ein Mann, der nahe am Abgrund taumelte. Maurice hielt den Druck aufrecht. Es gelang ihm häufig, in der Bar zu sein, in der Paul nach Arbeitsschluß trank. Die Anwesenheit des *Katsa* kann für den stellvertretenden Sicherheitschef nur ein weiterer Hinweis auf das gewesen sein, wozu er gezwungen werden sollte. Maurice pflegte weiterhin das Ritz zu besuchen, in einer der Hotelbars an einem Aperitif zu nippen, im Hotel-Restaurant zu Mittag zu essen und nachmittags in einem der Salons den Kaffee zu sich zu nehmen. Henri Paul muß es so vorgekommen sein, als wäre Maurice sein persönlicher Schatten geworden. Dies dürfte ihn weiter in die Enge getrieben und daran erinnert haben, daß es keinen Ausweg gab.

Der Druck verstärkte sich, als der Besuch von Prinzessin Diana und Dodi al-Fayed heranrückte. Paul war die Verantwortung für ihre Sicherheit während des Aufenthaltes im Hotel übertragen worden, vor allem sollte er die Paparazzi fernhalten. Gleichzeitig riefen die Fotografen ihn auf seinem Apparat an und wollten Informationen über den Besuch; ihm wurden hohe Geldsummen für die Lieferung von Details geboten. Die Versuchung, sie anzunehmen, übte weiteren Druck aus. Wohin er sich auch wandte, schien es Streß zu geben.

Obwohl es ihm gelang, dies zu verbergen, war Henri Paul aufgelöst. Er nahm Antidepressiva, Schlaftabletten und Aufputschmittel, um über den Tag zu kommen. Diese Kombination von Medikamenten wird seiner Fähigkeit, vernünftige Entscheidungen zu treffen, nicht gerade förderlich gewesen sein.

Das blinkende Licht – das Signal für einen Telefonanruf –, das Maurice weckte, war auf dem Tonband mit 1.58 Uhr, Sonntag, 31. August 1997, vermerkt. Der Anrufer gehörte zur Unfalleinheit der Pariser Gendarmerie und war einige Jahre zuvor vom Mossad rekrutiert worden; in dessen Computern wurde er als ein *Mabuah*, ein nichtjüdischer Informant, geführt. Auf dem Totempfahl mit Maurice' Pariser Kontaktleuten befand sich der Anrufer irgendwo am unteren Ende.

Dennoch elektrisierte Maurice die Mitteilung des Mannes über einen Verkehrsunfall. Er hatte sich vor weniger als einer Stunde ereignet, eine Mercedes-Limousine war gegen einen verstärkten Betonpfeiler geprallt, auf der nach Westen führenden Fahrbahn der Unterführung der Place de l'Alma, einem notorischen Unfallschwerpunkt in der City.

Die Toten waren Diana, Prinzessin von Wales und Mutter des zukünftigen Königs von England, und Dodi al-Fayed, Sohn von Mohammed al-Fayed, des in Ägypten geborenen Besitzers des Kaufhauses Harrods in Knightsbridge, des »Königlichen« Kaufhauses, und Henri Paul. Der Leibwächter des Paares war lebensgefährlich verletzt worden.

Wenige Stunden nach dem Unfall flog Maurice zurück nach Tel Aviv und hinterließ zahlreiche offene Fragen.

Welche Rolle hatte der von ihm ausgeübte Druck bei dem Unfall gespielt? Hatte Henri Paul die Kontrolle über den Mercedes verloren und ihn gegen den dreizehnten Betonpfeiler der Unterführung der Place de l'Alma krachen lassen, weil er keinen Weg sah, sich aus den Klauen des Mossad zu befreien? Stand jener Druck in Beziehung zu den vielen Medikamenten, deren Spuren in seinem Blut gefunden wurden? Hatte er, seitdem er mit den drei Fahrgästen das Ritz verlassen hatte, unausgesetzt darüber gegrübelt, wie er mit dem Druck umgehen sollte? War er nicht nur verantwortlich für einen schrecklichen Verkehrsunfall, sondern auch das Opfer eines rücksichtslosen Geheimdienstes?

Solche Fragen sollten sich auch im Kopf von Mohammed al-Fayed festsetzen. Im Februar 1998 verkündete er öffentlich: »Es war kein Unfall. Davon bin ich im tiefsten Herzen überzeugt. Die Wahrheit läßt sich auf Dauer nicht verbergen.«

Fünf Monate später strahlte der britische Fernsehsender ITV eine Dokumentation aus, in der behauptet wurde, Henri Paul hätte enge Verbindungen zum französischen Geheimdienst gehabt. Indessen: Er hatte keine. In der Sendung wurde auch angedeutet, daß ein unbekannter Geheimdienst in die Todesfälle verwickelt gewesen sei; es gab ominöse Hinweise, daß der Geheimdienst in Aktion getreten sei, weil das britische Establishment befürchtet habe, Dianas Liebe zu Dodi könnte »politische Auswirkungen« haben, da er Ägypter war.

Bis heute ist die Beziehung des Mossad zu Henri Paul ein gut gehütetes Geheimnis geblieben – und dabei hätte es der Geheimdienst auch gerne für alle Zeiten belassen. Niemand hatte den Mossad angewiesen, außerhalb Israels tätig zu werden. Tatsächlich haben nur sehr wenige Leute außerhalb des Geheimdienstes überhaupt eine Ahnung von der Rolle des Mossad beim Tod der damals berühmtesten Frau der Welt.

Da er an eine Verleumdungskampagne der britischen Medien glaubte, fuhr Mohammed al-Fayed fort, zu behaupten, unbekannte Sicherheitsdienste seien gegen seinen Sohn und Diana aufgeboten worden. Im Juli 1998 veröffentlichten zwei Journalisten des Nachrichtenmagazins *Time* ein Buch, in dem vermutet wurde, zwischen Henri Paul und dem französischen Geheimdienst hätten gewisse Verbindungen bestanden. Weder al-Fayed noch die Journalisten lieferten einen schlüssigen Nachweis, daß Henri Paul Geheimagent oder auch nur Informant gewesen sei – und keiner von ihnen brachte es soweit, sein Verhältnis zum Mossad zu erkennen.

Im Juli 1998 stellte Mohammed al-Fayed in einem Brief an alle Mitglieder des britischen Parlamentes eine Reihe von Fragen und forderte die Parlamentarier eindringlich auf, diese Fragen im Unterhaus vorzutragen. Er behauptete, daß »eine Macht am Werke ist, die die Antworten, die ich verlange, unterdrückt«. Man hielt sein Verhalten für die Reaktion eines trauernden Vaters, der in jede Richtung wild um sich schlägt. Doch die Fragen verdienen es, wiederholt zu werden. Nicht, weil sie irgendein Licht auf die Rolle des Mossad werfen, die er in den letzten Wochen von Henri Pauls Leben spielte, sondern weil sie zeigen, daß die ganze Tragödie eine Dynamik erreicht hat, der allein Fakten Einhalt gebieten können.

Al-Fayed schrieb von einer »Verschwörung«, um Diana und seinen Sohn loszuwerden, und er versuchte, alle möglichen disparaten Ereignisse mit seinen Fragen in Verbindung zu bringen. »Warum dauerte es eine Stunde und vierzig Minuten, bis die Prinzessin ins Krankenhaus gebracht wurde? Warum haben einige Fotografen nicht alle ihre

Fotos herausgegeben? Warum wurde in die Londoner Wohnung eines Fotografen eingebrochen, der mit Paparazzi-Bildern handelt? Warum hat keine der Fernsehüberwachungskameras in diesem Teil von Paris auch nur ein einziges Videobild erzeugt? Warum waren die Kameras zur Geschwindigkeitskontrolle auf dieser Strecke ohne Film, und warum schalteten sich die Verkehrskameras nicht ein? Warum wurde der Unfallort nicht länger abgesperrt, sondern schon nach wenigen Stunden für den Verkehr wieder freigegeben? Wer war die Person in der Gruppe von Presseleuten draußen vor dem Ritz, die wie ein Sensationsfotograf ausgerüstet war? Wer waren die beiden unbekannten Männer, die sich unter die Menge mischten und später an der Bar im Ritz saßen, auf englisch bestellten und auffällig beobachteten?«

Der Mossad war nicht an der Beziehung zwischen Diana und Dodi interessiert. Sein einziges Bestreben war, Henri Paul als Informanten über das Ritz zu rekrutieren. Zu dem mysteriösen Sensationsfotografen läßt sich sagen: In der Vergangenheit hat der Mossad seinen Agenten erlaubt, als Journalisten aufzutreten. Vielleicht handelte es sich um Maurice, der draußen vor dem Hotel Wache hielt. Die beiden unbekannten Männer an der Hotelbar können eine bestimmte Verbindung zum Mossad gehabt haben.

Mohammed al-Fayed wäre zweifellos getröstet, wenn es sich so verhielte.

Bei einigen von Maurice' Kollegen wuchs das Gefühl, daß der Versuch, Henri Paul in die Enge zu treiben, ein weiterer Beweis dafür war, daß der Mossad wieder ein Stück mehr außer Kontrolle geraten war. Er führte auf internationaler Ebene gewagte Operationen durch, ohne die möglichen langfristigen Folgen für sich selbst, für Israel, für den Frieden im Nahen Osten und am Ende für die Beziehung zu dem ältesten und engsten Verbündeten des jüdischen Staates, den Vereinigten Staaten von Amerika, zu berücksichtigen. Nach Ansicht mehrerer Offiziere hat sich die Lage seit dem Amtsantritt von Benjamin Netanjahu als Ministerpräsident 1996 verschlechtert.

Ein altgedientes Mitglied der israelischen Geheimdienstgemeinde hat gesagt: »Die Leute halten viele von denen, die für den Mossad arbeiten, für als Patrioten getarnte Schläger. Das ist schlecht für uns und für die Moral, und es wird am Ende eine negative Auswirkung auf das Verhältnis des Mossad zu anderen Geheimdiensten haben.«

Ein anderer erfahrener israelischer Geheimdienstoffizier drückte sich ähnlich unverblümt aus: »Netanjahu führt sich auf, als ob der Mossad Teil seiner eigenen Version des Hofes von König Artus sei. Wenn nicht jeden Tag etwas Neues passiert, könnten sich die Ritter seiner Tafelrunde langweilen. Deshalb steht es so schlecht um den Mossad. Es ist Zeit, die Alarmglocke zu läuten, bevor es zu spät ist.«

In den 25 Jahren, die ich nun über Geheimdienste schreibe, war meine Lektion, daß deren Handwerkszeug Täuschung und Desinformation sind, zusammen mit Subversion, Korruption, Erpressung und manchmal Attentaten. Agenten sind darauf trainiert, zu lügen, Freundschaften zu gebrauchen und zu mißbrauchen. Sie sind die Ausnahme von der Regel, daß ein Gentleman nicht die Post eines anderen liest.

Zum erstenmal wurde ich mit dem Verhalten der Geheimdienste konfrontiert, als ich einige der großen Spionageskandale des Kalten Krieges untersuchte: den Verrat von Amerikas Atombombengeheimnissen durch Klaus Fuchs und die Kompromittierung von Großbritanniens MI5 und MI6 durch Guy Burgess, Donald Maclean und Kim Philby. Bei ihren Namen denkt man unwillkürlich an Verrat und doppeltes Spiel. Ich gehörte auch zu den ersten Autoren, die sich damit beschäftigten, welchen Gebrauch der CIA von der Gedankenkontrolle machte, eines seiner Hauptanliegen, das der CIA gezwungenermaßen zehn Jahre nach Erscheinen meines Buches zu diesem Thema, *Journey into Madness,* eingestehen mußte. Verleugnen ist die seit langem perfektionierte schwarze Kunst aller Geheimdienste.

Dessen ungeachtet waren es zwei kompetente Geheimdienstoffiziere, die mir beim Aufspüren der Wahrheit große Hilfe leisteten: Joachim Kraner, mein späterer Schwiegervater, der in Dresden in den Jahren nach dem Zweiten Weltkrieg ein Spionagenetz des MI6 führte, und Bill Buckley, ehemaliger Stützpunktleiter des CIA in Beirut. Sie ähnelten sich äußerlich: groß, hager und durchtrainiert, mit einem Kinn, das zeigte, daß sie Schwierigkeiten schon im Ansatz entgegentraten. Ihre Augen verrieten wenig – es sei denn, daß du, wenn du nicht Teil der Lösung warst, Teil des Problems sein mußtest. Aufgrund ihrer intellektuellen Brillanz war die Kritik an den Geheimdiensten, denen sie gedient hatten, bisweilen von ätzender Schärfe. Beide riefen mir ständig ins Gedächtnis, wieviel sich aus dem herauslesen läßt, was Bill »Blubbern im Brei« nannte: aus dem tödlichen Gefecht, ausgetragen auf einer namenlosen Allee; dem kollektiven Anhalten des Atems nach dem Auffliegen eines Agenten oder eines Netzes; aus einer verdeckten Operation, die über Jahre offen vollzogene politische Versöhnungsversuche zunichte machen konnte; aus einem Bruchstück banaler Information, das ein spezielles Geheimdienstpuzzle vervollständigt. Joachim pflichtete dem bei, wenn er sagte, daß »wenige Worte, beiläufig hingeworfen, oft neues Licht auf eine Sache werfen können«.

In ihrem Stolz auf die Mitgliedschaft in dem, was sie »das zweitälteste Gewerbe« nannten, waren beide nicht nur meine Freunde, sondern überzeugten mich auch, daß geheime Informationen der Schlüssel zum vollständigen Verständnis internationaler Beziehungen, globaler Politik, der Diplomatie – und natürlich des Terrorismus sind. Durch sie bekam ich Kontakt zu einer Reihe von militärischen und zivilen Geheimdiensten: zum BND, zu Frankreichs DGSE, zum CIA, zu kanadischen und britischen Diensten.

Joachim starb im Ruhestand; Bill wurde von islamischen Fundamentalisten ermordet, die ihn in Beirut entführten und die Krise wegen der westlichen Geiseln in dieser Stadt auslösten. Ich traf auch Mitglieder der israelischen Geheimdienste, die mir anfangs halfen, die Lebensumstände von Mehmet Ali Agca zu komplettieren, jenem türkischen Fanatiker, der im Mai 1981 auf dem Petersplatz in Rom Papst Johannes Paul II. zu ermorden versuchte. Diese Kontakte wurden von dem berühmten Nazijäger Simon Wiesenthal, einer unschätzbaren Mossad-»Quelle« seit über vierzig Jahren, in die Wege geleitet. Wegen seines Ruhms und seines Ansehens stehen Wiesenthal immer alle Türen offen, vor allem in Washington.

In dieser Stadt erfuhr ich im März 1986 ein wenig mehr über die verwickelte Beziehung zwischen den verschiedenen Geheimdiensten der Vereinigten Staaten und Israels. Ich befand mich dort, um William Casey, den damaligen Direktor der Central Intelligence Agency, im

Zuge der Recherchen für mein Buch *Journey into Madness,* das zum Teil den Tod von Bill Buckley behandelt, zu interviewen.

Trotz seines Maßanzuges machte Casey einen traurigen Eindruck. Seine Wangen waren bleich und seine Augenränder gerötet, als säße er in einem Washingtoner Club. Er sah aus wie jemand, dessen Ektoplasma sich nach fünf Jahren auf dem Direktorensessel des CIA auflöste. Bei einem Perrier setzte er die Bedingungen für unser Gespräch fest. Keine schriftlichen Aufzeichnungen, keine Tonbandaufnahmen; alles, was er sage, seien reine Hintergrundinformationen. Er zog dann ein Blatt Papier hervor, auf das seine biographischen Daten getippt waren. Geboren war er am 13. März 1913 in New York, und 1937 hatte er an der St. John's University sein Examen in Jura bestanden. Wenige Monate nach seiner Einberufung zur US Naval Reserve im Jahre 1943 war er zum Office of Strategic Services, dem Vorläufer des CIA, gewechselt. 1944 wurde er Chef des OSS Special Intelligence Branch in Europa. Als nächstes kam der Vorsitz in der Securities and Exchange Commission (1971–1973); dann war er, in rascher Folge, Unterstaatssekretär im Wirtschaftsministerium (1973/74), Präsident und Vorsitzender der Export-Import-Bank der Vereinigten Staaten (1974–1976) und Mitglied im President's Foreign Intelligence Advisory Board (1976/77). 1980 war er Wahlkampfmanager bei Ronald Reagans erfolgreichem Griff nach der Präsidentschaft. Am 28. Januar 1981 ernannte ihn Reagan zum Direktor des CIA. Casey war der dreizehnte Mann, der das mächtigste Amt innerhalb der US-Geheimdienste innehaben sollte.

Als Antwort auf meine Bemerkung, daß er anscheinend bei einer Reihe von Posten eine sichere Hand gehabt hätte, nippte er an seinem Wasser und murmelte, er »wolle die persönliche Seite der Dinge beiseite lassen«. Er steckte das Papier wieder ein und erwartete voller Aufmerksamkeit meine erste Frage: Was könne er mir über Bill Buckley erzählen, den man fast auf den Tag genau vor zwei Jahren – am Freitag, den 16. März 1984 – in Beirut entführt hatte und der nun tot war? Ich wollte wissen, was der CIA unternommen hatte, um Bills Leben zu retten. Ich hätte einige Zeit im Nahen Osten einschließlich Israels verbracht, um die Hintergründe herauszubekommen.

»Haben Sie mit Admoni oder einem seiner Leute gesprochen?« unterbrach mich Casey.

1982 war Nahum Admoni Chef des Mossad geworden. Der Cocktailrunde in der Tel Aviver US-Botschaft galt er als unberechenbar und widerspenstig. Casey charakterisierte ihn als »einen Juden, der an einem verregneten Tag in Danzig den Weitpiß-Wettbewerb gewinnen will«. Zumindest stand fest, daß Admoni 1929 in Jerusalem als Sohn polnischer Einwanderer geboren worden war, die der Mittelschicht angehörten. Er ging auf das städtische Rehavia-Gymnasium und entwickelte eine Sprachbegabung, die ihm 1948, im Unabhängigkeitskrieg, die Leutnantsstreifen als Geheimdienstoffizier einbrachte.

»Admoni kann in einem halben Dutzend Sprachen zuhören«, lautete Caseys Einschätzung.

Später hatte Admoni in Berkeley das Fach »Internationale Beziehungen« studiert und es an der Mossad-Ausbildungsstätte am Stadtrand von Tel Aviv unterrichtet. Er hatte auch verdeckt in Äthiopien gearbeitet, in Paris und Washington, wo er engen Kontakt zu Caseys Vorgängern Richard Helms und William Colby gehabt hatte. Diese Abkommandierungen hatten zu Admonis Verwandlung in einen leise sprechenden Geheimdienstbürokraten beigetragen, der in Caseys Worten nach seiner Ernennung zum Mossad-Chef »ein strenges Regiment führte. Er ist gesellig und hat ein Auge für Frauen und für das, was für Israel das Beste ist«.

Caseys kurze Skizze war die eines Agenten, der, wie er sagte, »die Rangstufen emporgeklettert war, weil er die Fähigkeit besaß, seinen Vorgesetzten nicht auf die ›Hühneraugen‹ zu treten«.

Seine nächsten Worte preßte er in dem gleichen nuschelnden Unterton heraus. »Niemand kann einen so überraschen wie jemand, den man für einen Freund hält. Als wir erkannten, daß Admoni nichts unternehmen wollte, war Bill Buckley tot. Erinnern Sie sich, was damals ablief? Es hatte das Massaker an fast tausend Palästinensern in den beiden Beiruter Flüchtlingslagern gegeben. Die Streitkräfte der libanesischen Christen schlachteten sie ab; die Juden schauten in einer Art Umkehrung des biblischen Geschehens zu. Tatsache ist, daß Admoni mit diesem Schlägertypen Gemayel liiert war.«

Bashir Gemayel war der Anführer der Falangisten und wurde später Präsident des Libanon.

»Gemayel war auch für uns tätig, aber ich habe dem Bastard niemals getraut. Admoni arbeitete mit ihm während der Zeit zusammen, als Buckley gefoltert wurde. Wir hatten keine Ahnung, wo genau in Beirut Bill gefangengehalten wurde. Wir baten Admoni, es herauszufinden. Er sagte, kein Problem. Wir warteten und warteten. Schickten unsere besten Männer nach Tel Aviv, um mit dem Mossad zusammenzuarbeiten, Wir sagten, Geld wäre kein Problem. Admoni sagte immer wieder, okay, alles klar.«

Casey trank wieder von seinem Wasser, eingeschlossen in seine eigene Zeitkapsel. Seine nächsten Worte kamen sachlich heraus, wie bei einem Geschworenensprecher, der ein Urteil verkündet. »Als nächstes wollte Admoni uns weismachen, daß die PLO hinter der Entführung stünde. Wir wußten, daß die Israelis immer darauf aus waren, Jassir Arafat für irgend etwas die Schuld zu geben, und unsere Leute fielen deshalb zuerst nicht darauf herein. Aber Admoni trat sehr glaubwürdig auf, er machte seine Sache wirklich gut. Als wir schnallten, daß Arafat nichts damit zu tun hatte, war es für Buckley längst vorbei. Wir wußten einfach nicht, daß der Mossad ein wirklich ekelhaftes Spiel durchgezogen hatte – sie unterstützten die Hizbollah mit Waffen, damit die die Christen töteten, während sie gleichzeitig den Christen weiterhin Gewehre lieferten, um die Palästinenser zu töten.«

Caseys bruchstückhafter Überblick der jetzigen CIA-Einschätzung dessen, was Bill Buckley zugestoßen war – der Mossad hatte in der Hoffnung, die Sache würde der PLO in die Schuhe geschoben und damit Arafats Sympathiewerbung in Washington durchkreuzt, absichtlich nichts unternommen, um ihn zu retten –, lieferte einen äußerst beunruhigenden Einblick in die Beziehung zweier Geheimdienste, die einander nach außen freundschaftlich verbunden waren.

Casey hatte klargemacht, daß es eine andere Seite in den Verbindungen zwischen den USA und Israel gab – sie hatte nichts zu tun mit dem Auftreiben von Spendengeldern und anderen Bekundungen amerikanisch-jüdischer Solidarität, die den jüdischen Staat in eine regionale Supermacht ohne Furcht vor dem arabischen Feind verwandelt hatte.

Bevor wir uns verabschiedeten, brachte Casey eine letzte Überlegung vor: »Eine Nation schafft sich den Geheimdienst, den sie braucht. Amerika setzt auf technischen Sachverstand, weil wir bestrebt sind, aufzudecken, und keine geheime Herrschaft ausüben wollen. Die Israelis gehen anders vor. Vor allem der Mossad setzt seine Aktionen mit dem Überleben des Landes gleich.«

Diese Einstellung hat den Mossad lange Zeit vor einer eingehenden Untersuchung bewahrt. Aber in den zwei Jahren der Recherche für dieses Buch hat eine Reihe von Fehlern, die in einigen Fällen in Skandale mündeten, den Dienst in Israels öffentliches Bewußtsein gerückt. Fragen sind gestellt worden, und selbst wenn die Antworten nur spärlich ausfielen, so zeigen sich doch Risse in dem Panzer, mit dem der Mossad sich gegen die Außenwelt abgeschirmt hat.

Ich habe mit über hundert Menschen gesprochen, die entweder direkt bei den israelischen oder anderen Geheimdiensten angestellt sind oder indirekt für sie arbeiten. Mehrere von ihnen drängten mich, mein Augenmerk auf das Geschehen in jüngster Zeit zu richten. Aus der Vergangenheit sollten nur die Ereignisse beleuchtet werden, die relevant sind für die gegenwärtige Rolle des Mossad an der vordersten Front von Spionage und Informationsbeschaffung. Viele Interviews wurden mit nie zuvor Befragten geführt; oftmals brachte selbst noch so bohrendes Sondieren keine einleuchtende Erklärung für ihr Verhalten oder das anderer Leute zustande. Viele waren überraschend aufrichtig, auch wenn nicht alle damit einverstanden waren, namentlich genannt zu werden. Dem aktiven Mossad-Personal ist es aufgrund eines israelischen Gesetzes verboten, von sich aus die Veröffentlichung der eigenen Namen zu gestatten. Einigen der nichtisraelischen Quellen wurde auf ihren Wunsch hin Anonymität zugesichert.

In den Organigrammen, die die Zeitungen veröffentlichen, bleiben viele Leerstellen. Die Mitarbeiter des Mossad nehmen ihre Anonymität immer noch ernst, und einige legen Wert darauf, auf den Zeitungsseiten mit Pseudonymen oder nur mit Vornamen genannt zu werden; dies gibt ihren Aussagen indessen nicht weniger Gewicht. Die persönlichen Motive dafür, das Schweigen zu brechen, dürften vielfältig sein: das Bedürfnis, sich einen Platz in der Geschichte zu sichern; ein Verlangen, die eigenen Aktionen zu rechtfertigen; die Schwäche alter Männer für Anekdoten; vielleicht sogar Sühne. Gleiches gilt für diejenigen, die einverstanden waren, namentlich genannt zu werden. Möglicherweise war das beste unter all den Motiven, die sie dazu trieben, das Schweigen zu brechen, die wirklich ehrliche Furcht, daß eine Organisation, der sie voller Stolz gedient hatten, zunehmend von innen heraus in Gefahr geriet – und daß der einzige Weg, sie zu retten, darin bestünde, ihre früheren Leistungen und heutigen Aktivitäten offenzulegen. Um beides zu verstehen, muß man wissen, wie und warum die Organisation geschaffen wurde.

Kapitel 2
BEVOR ALLES ANFING

Seit Einbruch der Dämmerung waren die Gläubigen zu der heiligsten Mauer der ganzen Welt geströmt, zur Klagemauer. Sie ist der einzige erhaltene Rest des Tempels, den Herodes der Große in Jerusalem auf dem Berg Moriah errichten ließ. Die Jungen und die Alten, die Dünnen und die Dicken, die Bärtigen und die Kahlen – alle hatten sie ihren Weg hierher gefunden, entweder durch die engen Gassen der Altstadt oder von der anderen Seite der Stadtmauer her.

Büroangestellte gingen neben Schafhirten, die von den Hügeln außerhalb Jerusalems gekommen waren; Jugendliche, die gerade die Bar-Mitzwah hinter sich hatten, marschierten stolz an der Seite von Männern, die den Zenit ihres Lebens bereits weit überschritten hatten. Lehrer der religiösen Schulen der Stadt fanden sich Schulter an Schulter mit Ladenbesitzern, die die Reise von weither angetreten hatten, von Haifa, Tel Aviv oder den Dörfern rund um den See Genezareth.

Meist schwarz gekleidet, trug jeder ein Gebetbuch bei sich und trat vor die hoch aufragende Wand, um laut Abschnitte aus der Heiligen Schrift zu lesen.

Durch all die Jahrhunderte hindurch hatten Juden dies getan. Und doch unterschied sich der Sabbatbeginn an diesem Freitag im September 1929 von allen vorangegangenen. Die Rabbiner hatten aufgerufen, daß sich so viele Männer wie möglich zum öffentlichen Gebet versammeln sollten. Es war ihr Recht, an der Klagemauer zu beten, und sie sollten ihre Entschlossenheit demonstrieren, es zu verteidigen. Und zwar nicht allein als ein Zeichen ihres Glaubens, sondern als ein sichtbares Symbol ihres Zionismus – und als Warnung an die zahlenmäßig weit überlegene arabische Bevölkerung, daß sie sich nicht einschüchtern lassen würden.

Seit Monaten kursierten Gerüchte über die wachsende Wut der moslemischen Bevölkerung auf die jüdische Ansiedlung, die sich ihnen als zionistische Expansion darstellte. Ihre Angst hatte 1917 mit der Balfour-Deklaration begonnen, die den Plan einer nationalen jüdischen Heimstatt in Palästina unterstützte. Für die dort ansässigen Araber, die ihre Abstammung bis zum Propheten zurückverfolgen konnten, war dies eine Ungeheuerlichkeit. Die Zionisten und ihre britischen Beschützer, die am Ende des Ersten Weltkrieges gekommen waren und Palästina unter ihr Mandat gestellt hatten, wollten ihnen ihr Land nehmen, das sie jahrhundertelang bebaut hatten. Seither hatten die Briten ihre Herrschaft auf die gleiche Weise ausgeübt, wie sie es in vielen anderen Teilen des Empires taten: Sie versuchten, es jeder Seite recht zu machen. Das war der sichere Weg in die Katastrophe. Die Spannungen zwischen Juden und Arabern nahmen ständig zu. Es gab blutige Zusammenstöße, meistens an den Plätzen, wo die Juden ihre Synagogen und religiösen Schulen errichten wollten. Aber die Juden hielten hartnäckig daran fest, an der Klagemauer in Jerusalem ihr »Gebetsrecht« auszuüben. Für sie war dies ein Herzstück ihres Glaubens.

Später, zur Stunde des Schema-Gebets, waren fast tausend Menschen versammelt, um vor der gelben Sandsteinmauer laut die alten Worte der Schrift zu lesen. Das Auf und Ab ihrer Stimmen besaß einen eigentümlich beruhigenden Rhythmus.

Da prasselte plötzlich ein Hagel von Wurfgeschossen auf sie nieder – Steine, zerbrochene Flaschen und mit Schutt gefüllte Büchsen. Der Angriff kam von Arabern, die sich an günstigen Stellen über der Klagemauer postiert hatten. Die erste Gewehrsalve ratterte los, wahllos abgefeuert von moslemischen Scharfschützen. Juden fielen zu Boden und wurden von ihren fliehenden Nachbarn weggezogen. Wie durch ein Wunder kam niemand ums Leben, obwohl die Zahl der Verwundeten beträchtlich war.

In dieser Nacht trafen sich die Führer des Jischuw, der jüdischen Gemeinschaft in Palästina. Sie erkannten schnell, daß ihrer sorgfältig geplanten Demonstration etwas Entscheidendes gefehlt hatte: die vorherige Kenntnis der arabischen Attacke.

Einer der Anwesenden sprach aus, was alle dachten: »Wir müssen

uns an die Schrift erinnern. Seit König David hing unser Volk von
überlegenen Informationen ab.«

Bei Mokka und Gebäck wurde der Grundstein für das gelegt, was eines Tages zum gefürchtetsten Geheimdienst der modernen Welt werden sollte: der Mossad. Aber dessen Gründung sollte erst ein Vierteljahrhundert später erfolgen. Alles, was die Jischuw-Führer in jener
warmen Septembernacht als einen ersten praktischen Schritt vor-
schlagen konnten, war die Einrichtung einer Kasse, in die sie alles
Geld, das sie erübrigen konnten, einzahlen wollten, und die Aufforderung an ihre Nachbarn, es ihnen gleichzutun. Mit dem Geld sollten
diejenigen Araber bestochen werden, die den Juden gegenüber noch
tolerant waren und sie vor weiteren Angriffen warnen könnten.

In der Zwischenzeit wollten die Juden weiterhin ihr Recht ausüben,
an der Klagemauer zu beten. Sie wollten nicht von britischem Schutz
abhängen, sondern von der Haganah verteidigt werden, der sich gerade formierenden geheimen jüdischen Selbstschutzorganisation. In
den folgenden Monaten sorgten frühzeitige Warnungen und die Präsenz der Haganah für einen Rückgang der arabischen Angriffe. Fünf
Jahre lang blieb es zwischen Arabern und Juden relativ ruhig.

In dieser Zeit bauten die Juden ihre geheime Nachrichtensammlung
weiter aus. Es gab dafür keinen offiziellen Namen oder irgendein
Führungspersonal. Arabische Informanten wurden nach dem Zu-
fallsprinzip rekrutiert: die Hausierer aus dem arabischen Viertel Jerusalems, die Schuhputzjungen, die die Stiefel der Mandatsoffiziere auf
Hochglanz brachten, die Studenten des in der Stadt angesiedelten angesehenen arabischen Rouda College, Lehrer, Geschäftsleute – sie
alle wurden auf die Gehaltsliste gesetzt. Jeder Jude konnte einen arabischen Spion anwerben; die einzige Bedingung war, daß die Informationen weitergegeben wurden. Langsam, aber sicher gelangte der
Jischuw zu wichtigen Kenntnissen nicht allein über die Araber, sondern auch über die Absichten der Briten.

Mit Hitlers Machtübernahme im Jahre 1933 begann der Exodus
deutscher Juden nach Palästina. Bis etwa 1936 hatten über hunderttausend Flüchtlinge die lange Reise quer durch Europa hinter sich gebracht; viele von ihnen waren bei ihrer Ankunft im Heiligen Land

völlig mittellos. Irgendwie gelang es dem Jischuw, Verpflegung und Unterkunft für sie aufzutreiben. Innerhalb weniger Jahre wuchs der jüdische Bevölkerungsanteil in Palästina auf über ein Drittel. Die Araber waren alarmiert: In den Moscheen ertönten die Aufrufe der Mullahs, die Zionisten zurück ins Meer zu treiben.

In jedem arabischen *mafafeth*, dem Versammlungslokal der örtlichen Ältestenräte, erklang der gleiche zornige Protest: Wir müssen verhindern, daß die Juden uns unser Land wegnehmen; wir müssen verhindern, daß die Briten sie mit Waffen ausstatten und ausbilden.

Die Juden wiederum behaupteten das Gegenteil: Die Briten würden die Araber ermuntern, das Land zurückzustehlen, für das sie ordnungsgemäß bezahlt hätten. Die Briten setzten den Versuch fort, beide Seiten zu beschwichtigen – und scheiterten. 1936 weiteten sich die sporadischen Scharmützel zu einer richtigen Revolte der Araber gegen die Briten und Juden aus; sie wurde von den Briten unbarmherzig unterdrückt. Aber die Juden erkannten, daß es nur eine Frage der Zeit war, bis die Araber erneut voller Wut zuschlagen würden.

Überall im Land traten jüdische Jugendliche in die Haganah ein. Sie bildeten den Kern einer gefürchteten Geheimarmee: körperlich abgehärtet, Meisterschützen und gerissen wie die Wüstenfüchse des Negev.

Das Netz arabischer Informanten wurde ausgedehnt. Eine politische Abteilung der Haganah wurde eingerichtet, um Zwist durch Desinformation zu schüren. Männer, die später zu legendären Figuren der israelischen Geheimdienste wurden, erwarben ihre Fähigkeiten in jener Aufbauphase vor dem Ausbruch des Zweiten Weltkrieges. Die Haganah – das Wort bedeutet im Hebräischen »Verteidigung« – wurde zur bestinformierten Streitmacht im Heiligen Land.

Der Zweite Weltkrieg bescherte Palästina erneut einen trügerischen Frieden. Juden und Araber spürten, welch bedrohliche Zukunft sie im Falle eines Sieges der Nazis erwartete. Die ersten Einzelheiten über das, was in den Todeslagern Europas geschah, hatten den Jischuw erreicht.

Bei einem Treffen in Haifa, zu dessen Teilnehmern auch David Ben Gurion und Jitzhak Rabin gehörten, war man sich einig, daß die

Überlebenden des Holocaust in die Heimat ihres Glaubens gebracht werden müßten, nach Eretz Israel. Keiner konnte abschätzen, wie viele es sein würden, aber jedem war klar, daß die Ankunft der Flüchtlinge die Konfrontation mit den Arabern wieder entfachen würde – und daß die Briten sich diesmal offen gegen die Juden stellen würden. Großbritannien hatte immer wieder erklärt, daß es nach Hitlers Niederlage den Überlebenden die Einreise nach Palästina verweigern würde, weil sonst ein Ungleichgewicht zwischen arabischer und jüdischer Bevölkerung entstünde.

Als Ben Gurion auf eine Verstärkung der Geheimdiensttätigkeit der Haganah drängte, stimmten ihm alle anderen Teilnehmer zu. Weitere Informanten sollten angeworben werden. Eine Einheit zur Gegenaufklärung sollte gebildet werden, um diejenigen Juden zu entlarven, die mit den Briten kollaborierten, und um die »jüdischen Kommunisten und Abtrünnigen in unserer Mitte« ausfindig zu machen. Die neue Einheit wurde unter dem Namen Rigul Hegdi bekannt, ihr Kommandeur wurde ein ehemaliger französischer Fremdenlegionär, der unter dem Deckmantel eines Handelsreisenden arbeitete.

In kurzer Zeit hatte er jüdische Frauen ausfindig gemacht, die mit Mandatsoffizieren umgingen; Ladenbesitzer, die mit den Briten Handel trieben; Cafébesitzer, die sie bewirteten. Mitten in der Nacht wurden die Übeltäter vor das Standgericht der Haganah gebracht; die für schuldig Befundenen wurden entweder brutal verprügelt oder auf den Hügeln Judäas durch einen einzigen Schuß in den Hinterkopf hingerichtet. Es war ein Vorgriff auf die Kaltblütigkeit, die der Mossad später an den Tag legen sollte.

Um 1945 verfügte die Haganah über eine Einheit, die für die Waffenbeschaffung verantwortlich war. Schon bald schmuggelten jüdische Soldaten, die bei den Alliierten dienten, Kontingente von nach Rommels Niederlage erbeuteten italienischen und deutschen Waffen quer durch den ägyptischen Sinai nach Palästina. Sie wurden mit klapprigen Lastwagen und Kamelkarawanen transportiert und in Höhlen gelagert, mitten in der Wüste, wo der Teufel Jesus in Versuchung hatte führen wollen. Eines der Verstecke lag nahe dem Ort, an dem die Qumran-Rollen ihrer Entdeckung harrten.

Mit Japans Niederlage im August 1945 war der Krieg zu Ende, und die Juden, die in den militärischen Geheimdiensteinheiten der Alliierten gedient hatten, kamen ins Land, um in die Haganah einzutreten. Der Jischuw rüstete sich für den von Ben Gurion vorausgesagten »Krieg um unsere Unabhängigkeit«.

Ben Gurion wußte, daß der entscheidende Punkt die *bricha* sein würde, »die Flucht«, wie die beispiellose Operation genannt wurde, mit der die Holocaust-Überlebenden aus Europa nach Israel gebracht werden sollten. Anfangs kamen sie zu Hunderten, dann zu Tausenden und schließlich zu Zehntausenden. Viele trugen noch die KZ-Kleidung, und alle hatten die von den Nazis eintätowierte Nummer auf dem Arm. Auf Straßen und Schienen durchquerten sie den Balkan, mit Schiffen wurden sie an die Küste Israels gebracht. Jüdische Hilfsorganisationen in den USA halfen Schiffe zu kaufen oder zu mieten – oft zu völlig überhöhten Preisen: Trampdampfer, Küstenboote, Landungsfahrzeuge von den Stränden der Normandie, Flußkähne; alles, was schwimmen konnte, wurde in den Dienst der Sache gestellt. Seit Dünkirchen 1940 hatte es keine derartige Evakuierung gegeben.

Die britischen Soldaten, die an den Stränden zwischen Haifa und Tel Aviv auf die Holocaust-Überlebenden warteten, hatten Befehl, sie nicht ins Land zu lassen. Unter ihnen waren einige, die von Dünkirchen zurück nach England übergesetzt worden waren. Es gab häßliche Zusammenstöße, aber auch Fälle, wo diese Soldaten, vielleicht in Erinnerung an ihre eigene Rettung, beiseite schauten, wenn eine Bootsladung von Flüchtlingen sich bemühte, an Land zu kommen.

Ben Gurion entschied, daß solche Mitleidsakte nicht ausreichten. Es sei an der Zeit, der Mandatsherrschaft ein Ende zu machen, was nur mit Gewalt möglich sei. Im Jahr 1946 hatte er die verschiedenen jüdischen Untergrundbewegungen zu einer einzigen zusammengefaßt. Angespornt von dem Geist der ersten Siedler im Land, wurde der Befehl gegeben, einen Guerillakrieg gegen die Engländer und Araber in Gang zu setzen.

Alle jüdischen Kommandeure wußten, daß es sich um ein gefährliches Spiel handelte: Der Kampf an zwei Fronten würde ihre Ressourcen bis aufs äußerste anspannen. Die Folgen einer Niederlage aber wären furchtbar. Ben Gurion ordnete eine Politik an, in der jedes Mittel erlaubt war. Auf allen Seiten gab es entsetzliche Greueltaten. Juden wurden wegen des Verdachts der Kollaboration mit der Haganah erschossen. Britische Soldaten wurden abgeknallt und ihre Kasernen bombardiert. Arabische Dörfer wurden in Brand gesetzt. Es gab Vergeltungsaktionen von mittelalterlicher Grausamkeit.

Für die Haganah war der Geheimdienst von entscheidender Wichtigkeit, nicht zuletzt, um durch die Verbreitung von Desinformation bei den Briten und Arabern den Eindruck zu erwecken, daß die Juden über weit mehr Männer verfügten, als tatsächlich angetreten waren. Die Briten merkten, daß sie einem imaginären Feind nachjagten. Die Moral der Mandatsstreitkräfte geriet ins Wanken.

Es war Zeit für einen Neubeginn. Im Frühjahr 1946 drängten die USA darauf, daß Großbritannien hunderttausend Holocaust-Überlebenden die Einwanderung nach Palästina gestatten sollte. Doch London lehnte ab; der erbitterte Kampf ging weiter. Schließlich willigten die Engländer im Februar 1947 ein, sich im Mai 1948 aus Palästina zurückzuziehen. Von da an waren die Vereinten Nationen mit den Problemen des künftigen Staates Israel befaßt.

Ben Gurion und seine Kommandeure wußten, daß der entscheidende Konflikt mit den Arabern noch bevorstand. Sollte die entstehende Nation nicht bereits bei der Geburt erstickt werden, war sie weiterhin auf einen überlegenen Geheimdienst angewiesen. Lebenswichtige Daten über die Moral und militärische Stärke der Araber wurden gesammelt. In Kairo und Amman eingesetzte jüdische Spione stahlen die Angriffspläne der ägyptischen und jordanischen Armeen. Als dann der Unabhängigkeitskrieg ausbrach, errangen die Israelis spektakuläre militärische Siege. Aber im Verlauf der Kämpfe wurde Ben Gurion klar, daß ein letztendlicher Sieg auf einer klaren Trennung zwischen militärischen und politischen Zielen gegründet sein mußte. Als der Sieg 1949 schließlich erreicht war, war diese Trennung nicht wirklich vollzogen worden – und dies führte zu Streitereien zwischen den einzelnen israelischen Geheimdiensten über ihre Kompetenzen in Friedenszeiten.

Anstatt die Situation mit der ihm sonst eigenen Eindeutigkeit zu behandeln, richtete Ben Gurion als Israels erster Ministerpräsident fünf Geheimdienste ein, die im In- und Ausland operieren sollten. Der Auslandsdienst sollte nach dem Vorbild des britischen und französischen Sicherheitsdienstes aufgebaut werden. Diese beiden Dienste waren bereit, mit den Israelis zusammenzuarbeiten. Zum US Office of Strategic Services (OSS) in Washington wurde ebenfalls Kontakt hergestellt – durch den Chef der OSS-Spionageabwehr in Italien, James Jesus Angleton. Seine Verbindung mit Israels noch unerfahrenen Spionen sollte eine entscheidende Rolle beim bevorstehenden Brückenschlag zwischen den Geheimdiensten beider Länder spielen.

Doch trotz dieses verheißungsvollen Starts starb Ben Gurions Traum von einer organischen, einträchtig arbeitenden Geheimdienstorganisation in den Geburtswehen einer Nation, die noch um ihre Identität rang. Das Muskelspiel ging weiter, als seine Minister und Beamten um Macht und Einfluß kämpften. Auf jeder Ebene gab es Zwist. Wer sollte die Strategie aller Geheimdienste koordinieren? Wer sollte die eingehenden Daten auswerten? Wer würde Spione rekrutieren? Wer dürfte deren Berichte als erster einsehen? Wer sollte die Informationen für die politischen Führer des Landes interpretieren?

Am erbarmungslosesten war das Gerangel zwischen dem Außenministerium und dem Verteidigungsministerium. Beide forderten für sich das Recht, im Ausland zu operieren. Isser Harel, damals ein junger Agent, meinte, daß seine Kollegen »die Geheimdienstarbeit in einem romantischen Licht, als ein Abenteuer ansahen. Sie taten so, als wüßten sie über alles auf der Welt Bescheid ... und benahmen sich wie die Spione in Büchern, die Gefallen daran haben, auf dem schmalen Grat zwischen Gesetz und Freizügigkeit ihre Aufträge zu erfüllen.«

Währenddessen wurden weiter Menschen durch die Bomben oder versteckten Sprengsätze arabischer Terroristen umgebracht. Die Bedrohung durch die Armeen Syriens, Ägyptens, Jordaniens und des Libanon bestand fort. Mit ihnen waren Millionen von Arabern bereit, sich zum Dschihad, dem Heiligen Krieg, zu erheben. Keine Nation auf Erden war je in eine so feindliche Umgebung hineingeboren worden wie Israel.

Ben Gurion wurde von seinem Volk eine fast messianische Verehrung entgegengebracht. Das Land schien von ihm so beschützt zu werden, wie dies alle großen Patriarchen Israels getan hatten. Aber der israelische Regierungschef wußte, daß er kein Prophet war, sondern nur ein abgebrühter Straßenkämpfer, der den Unabhängigkeitskrieg gegen einen arabischen Feind mit einer zwanzigmal stärkeren Streitmacht gewonnen hatte. Es hatte keinen größeren Triumph gegeben, seit der Hirtenjunge David Goliath getötet und die Philister in die Flucht geschlagen hatte.

Doch der Feind war nicht verschwunden. Er war schlauer geworden und sogar grausamer. Er schlug zu wie ein Dieb in der Nacht, er tötete ohne Gewissensbisse und zog sich dann zurück.

Über vier lange Jahre setzten sich bei den Versammlungen unter dem Vorsitz Ben Gurions, die eine Lösung in der Frage der verschiedenen Geheimdienste bringen sollten, Rivalität, Streiterei und hinterhältige Querschießereien fort. Ein aussichtsreicher Plan des Außenministeriums, einen französischen Diplomaten als Spion in Kairo einzusetzen, wurde vom Verteidigungsministerium vereitelt, das seinen eigenen Mann für diese Aufgabe wollte. Der junge Offizier besaß keine Geheimdiensterfahrung und wurde nach wenigen Wochen von ägyptischen Sicherheitsoffizieren gefaßt. Israelische Agenten in Europa flogen auf, als sie auf dem üppig wuchernden Schwarzmarkt agierten, um ihre Arbeit zu finanzieren, da für ihre Spionagetätigkeiten der offizielle Etat nicht ausreichte. Die Versuche, die bescheidenen Streitkräfte der Drusen im Libanon zu rekrutieren, fanden ein Ende, als die rivalisierenden israelischen Geheimdienste sich nicht einigen konnten, wie sie einzusetzen seien. Häufig erlitten großartige Pläne Schiffbruch durch gegenseitiges Mißtrauen. Alles war von nackter Konkurrenz durchsetzt.

Die damals mächtigen Männer – Israels Außenminister, der Armeestabchef und die Botschafter – setzten alles daran, die Vorherrschaft des von ihnen favorisierten Geheimdienstes über die anderen durchzusetzen. Der eine wollte vor allem Informationen aus Wirtschaft und Politik sammeln. Ein anderer war der Ansicht, die Aufklärung hätte allein der militärischen Stärke des Feindes zu gelten. Der Botschafter in Frankreich bestand darauf, daß die Geheimdienstarbeit so ablaufen sollte wie die Operationen der französischen Résistance während des Zweiten Weltkrieges: Jeder Jude im Land sei zu mobilisieren. Der Botschafter in Washington wollte seine Spione mit dem Schutz diplomatischer Immunität versehen wissen und »integriert in die Alltagsarbeit der Botschaft, denn damit wären sie über jeden Verdacht erhaben«. Der für Spionage zuständige Beamte in Israels Bukarester Botschaft verlangte, daß seine Agenten sich an den Richtlinien des KGB orientieren sollten – und daß sie genauso skrupellos sein müßten. Sein Kollege in Buenos Aires forderte, die Agenten hätten sich zuallererst damit zu befassen, welche Rolle die katholische Kirche bei der Flucht von Nazis nach Argentinien spiele. Ben-Gurion hörte sich geduldig jeden Vorschlag an.

Schließlich ließ er am 2. März 1951 die Chefs der fünf Geheimdienste in sein Büro kommen. Er eröffnete ihnen, daß er beabsichtige, Israels Geheimdienstoperationen im Ausland in einer neuen Dienststelle mit dem Namen Ha Mossad le Teum, Institut für Koordination, zusammenzufassen. Sie würde über ein Startbudget von zwanzigtausend israelischen Pfund verfügen, von denen fünftausend »für spezielle Aufträge, die meiner vorherigen Genehmigung bedürfen«, verwandt werden sollten. Die neue Dienststelle solle ihr Personal von den vorhandenen Geheimdiensten bekommen und im alltäglichen Sprachgebrauch nur »Institut« (hebräisch: Mossad) genannt werden.

Das Institut »für alle administrativen und politischen Zwecke« solle dem Außenministerium unterstehen. Zu seinem Personal sollten jedoch hochrangige Offiziere gehören, die die anderen israelischen Geheimdienste repräsentierten: den Inlandsgeheimdienst Shin Bet, den militärischen Nachrichtendienst Aman sowie die Geheimdienste von Luftwaffe und Marine. Aufgabe dieser Offiziere sei es, den Mossad über die spezifischen Wünsche ihrer »Klienten« auf dem laufenden zu halten. Im Falle des Streites über ein Ersuchen solle die Angelegenheit dem Büro des Ministerpräsidenten vorgetragen werden.

Ben Gurion drückte dies in seiner typischen unverblümten Art aus. »Sie werden dem Mossad Ihre Einkaufsliste geben. Der wird sich dann daran machen, die Sachen zu besorgen. Es geht Sie nichts an, wo er sie herkriegt und was er dafür bezahlt.« Er selbst würde als Ein-Mann-Aufsichtskomitee für den neuen Dienst fungieren. In einer Note an dessen ersten Chef, Reuven Schiloah, ordnete der Ministerpräsident an, daß »die Arbeit des Mossad mir untersteht, er gemäß meinen Anweisungen handelt und mir ständig Bericht erstattet«.

Damit waren die Grundregeln aufgestellt.

Zweiundzwanzig ereignisreiche Jahre nach jener nächtlichen Versammlung im September 1929 in Jerusalem, bei der Juden die lebenswichtige Bedeutung von Informationen zur Abwehr arabischer Angriffe diskutiert hatten, besaßen ihre Nachfahren einen Geheimdienst, der gefürchteter sein sollte als jeder andere in der Welt.

Genau wie die Gründung des Staates Israel verlief die Geburt des Mossad alles andere als glatt. Der Dienst hatte einen Spionagering im Irak übernommen, der einige Jahre unter der Kontrolle der politischen Abteilung der israelischen Streitkräfte operiert hatte. Hauptaufgabe des Rings war, in die oberen Dienstgrade des irakischen Militärs vorzustoßen und ein geheimes Einwanderungsnetzwerk zu betreiben, um die irakischen Juden aus dem Land nach Israel zu bringen.

Im Mai 1951, gerade neun Wochen nach Ben Gurions Anordnung zur Schaffung des Mossad, griffen Agenten des irakischen Sicherheitsdienstes in Bagdad überraschend auf den Ring zu. Zwei israelische Agenten wurden verhaftet, außerdem Dutzende von irakischen Juden und Arabern, die bestochen worden waren, an dem sich quer durch den Nahen Osten erstreckenden Fluchtnetz mitzuarbeiten. Achtundzwanzig Personen wurden der Spionage angeklagt. Die beiden Agenten wurden zum Tode verurteilt, siebzehnmal wurde lebenslange Haft verhängt. Die übrigen Angeklagten wurden »als ein Beispiel für die Gerechtigkeit der irakischen Justiz« freigelassen.

Gegen eine beträchtliche Geldsumme, die auf das Schweizer Bankkonto des irakischen Innenministers eingezahlt worden war, kamen die beiden Mossad-Agenten später wieder frei. Sie waren im irakischen Gefängnis schwer gefoltert worden.

Ein weiteres Debakel folgte auf den Fuß. Der langjährige Spion in Rom, Theodore Gross, arbeitete unter der neuen Konstellation für den Mossad statt für die politische Abteilung. Im Januar 1952 erhielt Isser Harel, damals Chef von Israels Inlandsgeheimdienst Shin Bet, den »unwiderlegbaren Beweis«, daß Gross ein Doppelagent war, der auf der Gehaltsliste des ägyptischen Geheimdienstes geführt wurde. Harel beschloß, nach Rom zu fliegen, wo er Gross überredete, mit ihm nach Tel Aviv zurückzukehren. Er redete dem Verräter ein, ihm stünde ein hochrangiger Posten im Shin Bet in Aussicht. Gross wurde in einem Geheimprozeß angeklagt, überführt und zu fünfzehn Jahren Gefängnis verurteilt. Er starb in der Haft.

Reuven Schiloah gab auf. Er war ein gebrochener Mann. Er wurde durch Harel ersetzt, der elf Jahre lang Chef des Mossad bleiben sollte, eine nie wieder erreichte Amtszeit.

Das leitende Personal, das ihn an jenem Septembermorgen des Jahres 1952 im Mossad-Hauptquartier begrüßte, kann von Harels äußerer Erscheinung kaum beeindruckt gewesen sein. Er war kaum 1,60 Meter groß, hatte Henkelohren und sprach Hebräisch mit einem schwerfälligen osteuropäischen Akzent; seine Familie war 1930 aus Rußland emigriert. Seine Kleidung sah aus, als ob er darin geschlafen hätte.

Seine ersten Worte an die Versammlung lauteten: »Die Vergangenheit ist vorbei. Es wird keine Fehler mehr geben. Wir werden zusammen vorwärts gehen. Wir werden mit keinem Außenstehenden über unsere Arbeit sprechen.«

Gleich an diesem Tag gab er ein Beispiel für das, was er meinte. Nach dem Mittagessen ließ er seinen Fahrer kommen. Als der Mann fragte, wohin sie fahren würden, sagte Harel ihm, daß das Ziel geheim sei. Dann schickte Harel den Fahrer weg und setzte sich selber ans Lenkrad. Er kehrte mit einem Karton voller Bagels für das Personal zurück. Aber er hatte seinen Standpunkt verdeutlicht: Er würde die Fragen stellen.

Das war das entscheidende Moment, mit dem Harel das Vertrauen seines demoralisierten Personals gewann. Er trieb sie durch sein eigenes Beispiel an. Er reiste heimlich in arabische Länder, um persönlich Mossad-Spionagenetze zu organisieren. Er befragte jede Person, die dem Dienst beitreten wollte. Er suchte Leute, die wie er Kibbuz-Erfahrung hatten.

»Diese Leute kennen unseren Feind«, sagte er einem hochrangigen Berater, der Zweifel an dieser Politik hatte. »Die Kibbuzim leben nahe bei den Arabern. Sie haben nicht nur gelernt, so wie sie zu denken – sondern auch schneller zu denken.«

Harels Geduld war genauso legendär wie seine Wutausbrüche; seine Loyalität gegenüber seinen Untergebenen wurde gleichfalls berühmt.

Alle außerhalb seines abgeschirmten Umfeldes wurden als »prinzipienlose Opportunisten« beargwöhnt. Er hatte keinen Umgang mit Leuten, die er für »religiöse Eiferer« hielt, die sich »als Nationalisten maskieren«. Er legte zunehmend eine offene Abneigung gegenüber orthodoxen Juden an den Tag.

Von ihnen gab es etliche in Ben Gurions Regierung. Sie fingen bald an, sich über Isser Harel zu ärgern, und versuchten einen Weg zu finden, ihn loszuwerden. Aber der raffinierte Mossad-Chef sorgte dafür, daß er in engem Kontakt zu einem anderen Kibbuznik blieb, dem Ministerpräsidenten.

Hilfreich war, daß die Leistungen des Mossad inzwischen für sich sprachen. Harels Agenten hatten zu den Gefechtserfolgen gegen die Ägypter auf dem Sinai beigetragen. Er hatte Spione in jeder arabischen Hauptstadt, die für einen ständigen Fluß unschätzbarer Informationen sorgten. Ein weiterer Coup gelang, als er 1954 nach Washington reiste, um Allen Dulles zu treffen, der gerade an die Spitze des CIA berufen worden war. Harel schenkte dem altgedienten Meisterspion einen Dolch, auf dem die Worte des Psalmisten eingraviert waren: »Der Wächter Israels schlummert oder schläft nicht.«

Dulles erwiderte: »Sie können sich darauf verlassen, daß ich mit Ihnen wache.«

Diese Worte begründeten die Partnerschaft zwischen dem Mossad und dem CIA. Dulles sorgte dafür, daß der Mossad eine Ausrüstung auf dem letzten Stand der Technik erhielt: Abhör- und Peilgeräte, ferngesteuerte Kameras und eine Reihe von Geräten, von deren Existenz Harel noch nie gehört hatte. Die beiden Männer richteten auch die erste Informations-»Standleitung« zwischen ihren beiden Diensten ein, über die sie im Falle einer dringenden Angelegenheit abhörsicher miteinander telefonieren konnten. Diese Leitung umging wirkungsvoll den normalen diplomatischen Weg, zum Ärger sowohl des amerikanischen wie des israelischen Außenministeriums. Sie trug nicht zur Verbesserung von Harels Ansehen in diplomatischen Kreisen bei.

1961 war Harel der Kopf der Operation, die Tausende marokkanischer Juden nach Israel bringen sollte. Ein Jahr später war der rastlose Mossad-Chef im südlichen Sudan, um proisraelische Rebellen gegen das Regiment zu unterstützen. Im gleichen Jahr half er Kaiser Haile Selassie von Äthiopien, einen Staatsstreich niederzuschlagen: Der Monarch war seit langer Zeit ein Verbündeter Israels.

Aber zu Hause ertönte im Kabinett immer lauter die Klage der orthodoxen Juden, daß Isser Harel unerträglich selbstherrlich geworden sei und ihren religiösen Gefühlen zunehmend gleichgültig gegenüberstehe. Überhaupt sei er ein Mann mit einer eigenen Agenda, vielleicht sogar mit Ambitionen, das höchste politische Amt im Land zu übernehmen. Ben Gurions empfindliche politische Antenne war aufgerichtet, und die Beziehung zwischen ihm und Harel kühlte sich ab. Hatte er Harel zuvor praktisch freie Hand gelassen, wollte er nun über die kleinsten Einzelheiten einer Operation unterrichtet werden. Harel ärgerte sich über die straffen Zügel, sagte aber nichts. Die Stimmungsmache gegen ihn verstärkte sich.

Im Februar 1962 verdichteten sich Hinweise auf das Schicksal von Jossele Schumacher, eines acht Jahre alten Jungen, der seinen Eltern zwei Jahre zuvor von einer ultra-orthodoxen Sekte entführt worden war.

Der Großvater mütterlicherseits des Jungen, Nachman Shtarkes, gehörte zur Sekte der Neturei Karta, der »Wächter der Stadt«, und wurde der Mittäterschaft bei der Entführung verdächtigt. Eine großangelegte Suchaktion der Polizei hatte keine Hinweise auf Josseles Aufenthaltsort gebracht. Nachman war kurzzeitig inhaftiert worden, weil er sich geweigert hatte, bei der Nachforschung mitzuwirken. Die orthodoxen Juden hatten aus dem alten Mann einen Märtyrer gemacht. Tausende hatten mit Spruchbändern demonstriert, die verkündeten, Ben Gurion unterscheide sich nicht von den Nazis, da er einen alten Mann einsperren lasse. Nachman war aus »gesundheitlichen Gründen« freigelassen worden, aber die Proteste hatten nicht aufgehört.

Die Angelegenheit könne ihn die nächste Wahl kosten, warnten Ben Gurions politische Berater. Schlimmer noch, im Falle eines weiteren Krieges könnten einige orthodoxe Gruppen tatsächlich die Araber unterstützen. Der kampfbereite Ministerpräsident hatte Harel kommen lassen und befohlen, der Mossad habe den Jungen zu finden. Harel vertrat den Standpunkt, so etwas gehöre nicht zu den Aufgaben des Dienstes. Später beschrieb er die Szene so:

»Die Atmosphäre wurde eisig. Er wiederholte, daß er mir einen Befehl erteile. Ich sagte, ich müßte zumindest die Polizeiakte lesen. Der Ministerpräsident sagte, dafür hätte ich eine Stunde.«

Die Akte war dick, aber als er sie las, war da etwas, das ihn aufwühlte. Es war das Recht dieser Eltern, ihr Kind aufzuziehen, ohne von einem extremen religiösen Glauben unter Druck gesetzt zu werden. Jossele war im März 1953 als Sohn von Arthur und Ida Schumacher geboren worden. Weil sie finanzielle Schwierigkeiten hatten, gaben sie ihn zu seinem Großvater nach Jerusalem. Das Kind fand sich in einer religiösen Enklave wieder, geistig isoliert vom Rest der Stadt. Nachman führte seinen Enkel immer weiter in die Lebensgewohnheiten der Sekte ein. Wenn Josseles Eltern zu Besuch kamen, kritisierte er sie heftig für ihren religiösen Ungehorsam.

Der alte Mann gehörte zu einer Generation, der der Glaube geholfen hatte, den Holocaust zu überleben. Nachmans Tochter und sein Schwiegersohn dagegen hielten es für vordringlich, unter den beschwerlichen Bedingungen in Israel mit ihrem Leben zu Rande zu kommen. Allzuoft mußte das Gebet zurücktreten.

Ermüdet durch Nachmans Kritik, wollten Josseles Eltern ihr Kind zurückhaben. Nachman war dagegen. Josseles Erziehung zu einem Leben für das Gebet, die ihm später zugute kommen würde, dürfe nicht unterbrochen werden. Dies war nicht der letzte Streit. Beim nächsten Besuch der Eltern in Jerusalem war Jossele verschwunden.

Orthodoxe und weltliche Juden hatten den Vorfall begierig aufgegriffen, um ihren Gefühlen in einer Streitfrage Luft zu machen, die immer noch die Nation spaltete. Auch Ben Gurions Arbeiterpartei konnte nur an der Regierung bleiben, weil sie in der Knesset unterschiedliche religiöse Fraktionen auf ihre Seite zog. Dafür wurden Zugeständnisse an der Orthodoxie gemacht, was nur neue Forderungen ihrer Parlamentsvertreter nach sich zog. Die liberalen Juden forderten, daß Jossele seiner Familie zurückgegeben werden müsse.

Nach der Lektüre der Akte sagte Harel zu Ben Gurion, der Mossad werde sich des Falls annehmen. Er stellte ein Team von vierzig Agenten zusammen, um Jossele ausfindig zu machen. Viele von ihnen hielten dies für einen Mißbrauch ihrer Fähigkeiten und opponierten offen dagegen.

Harel brachte ihre Kritik mit einer kurzen Rede zum Schweigen: »Obwohl wir außerhalb unseres normalen Zielbereiches operieren werden, ist dies dennoch ein sehr wichtiger Fall. Er ist wichtig wegen seines gesellschaftlichen und religiösen Hintergrundes. Er ist wichtig, weil das Ansehen und die Autorität unserer Regierung auf dem Spiel stehen. Er ist wichtig wegen der menschlichen Probleme, die er einschließt.«

Bereits in den ersten Wochen wurde dem Team deutlich, welches Ausmaß die Nachforschungen annehmen würden.

Ein späterer Shin-Bet-Chef, damals ein Mossad-Agent, ließ sich die geringelten Schläfenlocken der Ultra-Orthodoxen wachsen und versuchte in ihre Reihen einzudringen. Es gelang ihm nicht. Ein anderer Mossad-Agent wurde beauftragt, eine religiöse Schule zu überwachen. Er wurde innerhalb weniger Tage enttarnt. Ein dritter Agent versuchte in eine Gruppe von trauernden Chassidim zu gelangen, die nach Jerusalem reisten, um dort einen Verwandten zu beerdigen. Er wurde demaskiert, als er nicht in der Lage war, die richtigen Gebete zu sprechen.

Diese Mißerfolge verstärkten nur Harels Entschlossenheit. Er sei sich sicher, sagte er seinem Team, daß das Kind nicht mehr in Israel sei, sondern irgendwo in Europa oder sogar noch weiter weg. Harel verlegte die Zentrale seiner Operationen in ein sicheres Haus des Mossad in Paris. Von dort aus schickte er Männer in alle orthodoxen Gemeinden Italiens, Frankreichs und Großbritanniens. Als das nicht weiterhalf, sandte er Agenten nach Südamerika und in die Vereinigten Staaten.

Die Nachforschung blieb durch bizarre Episoden abwechslungsreich. Zehn Mossad-Agenten besuchten in dem Londoner Vorort Hendon den Samstagmorgen-Gottesdienst einer Synagoge. Die aufgebrachte Gemeinde rief die Polizei, um die »religiösen Hochstapler« festnehmen zu lassen, nachdem ihnen in einem Handgemenge die falschen Bärte abgegangen waren. Die Agenten wurden stillschweigend freigelassen, als der israelische Botschafter beim Innenministerium intervenierte. Ein ehrwürdiger orthodoxer Rabbiner wurde unter dem Vorwand nach Paris eingeladen, ein Mitglied einer reichen Familie wünsche, daß er bei einer Beschneidung anwesend sei. Er wurde am Flughafen von zwei Mossad-Agenten in den strengen schwarzen Mänteln und Hüten orthodoxer Juden abgeholt. Ihr Bericht enthält Elemente einer schwarzen Komödie.

»Er wurde in ein Haus am Pigalle gebracht, ohne die geringste Ahnung, daß es sich um ein Bordell handelte. Zwei von uns bezahlte Prostituierte tauchten plötzlich auf und machten sich über ihn her. Wir nahmen Polaroid-Fotos auf, zeigten sie ihm und sagten, daß wir die an seine Gemeinde schicken würden, wenn er uns nicht verriete, wo der Junge wäre. Der Rabbi überzeugte uns schließlich, daß er es nicht wüßte, und wir zerrissen die Aufnahmen vor seinen Augen.«

Ein weiterer Rabbi, Shai Freyer, geriet ins Blickfeld von Isser Harels Suche, die immer weitere Kreise zog. Er wurde von Mossad-Agenten aufgegriffen, als er von Paris nach Genf reiste. Als sie nach scharfen Verhören merkten, daß sie wieder in einer Sackgasse gelandet waren, befahl Harel, daß Freyer bis zum Ende der Suche in einem sicheren Haus in der Schweiz festzuhalten sei. Der Rabbi könnte sonst die orthodoxe Gemeinde alarmieren.

Eine andere Spur führte zu Madeleine Frei. Sie stammte aus einer französischen Adelsfamilie und gehörte im Zweiten Weltkrieg zu den Heldinnen der Résistance. Sie hatte eine große Zahl jüdischer Kinder vor der Deportation in die Todeslager der Nazis bewahrt und war nach dem Krieg vom Katholizismus zum Judentum konvertiert.

Nachforschungen ergaben, daß sie regelmäßig nach Israel reiste, ihre Zeit dort mit Neturei-Karta-Leuten verbrachte und mehrfach Josseles Großvater getroffen hatte. Ihr letzter Besuch hatte etwa zu der Zeit der Entführung des Jungen stattgefunden, seither war sie nicht mehr nach Israel gekommen.

Im August 1962 verfolgten sie Mossad-Agenten bis in einen der Außenbezirke von Paris. Als sie sich zu erkennen gaben, wurden sie von ihr körperlich attackiert. Einer der Agenten rief Isser Harel zu Hilfe. Harel hielt Madeleine vor, welch »großes Unrecht« man Josseles Eltern angetan hatte. Diese hätten das moralische Recht, ihren Sohn nach ihren eigenen Vorstellungen zu erziehen. Keinen Eltern dürfe dies versagt werden. Madeleine beteuerte, nichts über Jossele zu wissen. Harel sah, daß seine Leute ihr glaubten. Er ließ sich Madeleines Paß geben. Unter ihrem Foto war eines ihrer Tochter. Von einem der Agenten ließ er sich ein Foto von Jossele bringen. Die Gesichtszüge der Kinder auf den beiden Aufnahmen waren fast identisch. Harel rief in Tel Aviv an. Innerhalb von ein paar Stunden »hatte ich alles, was ich wissen mußte, angefangen von Details über ihr Liebesleben während der Studentenzeit bis zu ihrem Entschluß, sich nach ihrem Übertritt der orthodoxen Richtung anzuschließen. Ich ging zu Madeleine zurück und gab vor, alles zu wissen. Ich sagte ihr, daß sie Josseles Haare gefärbt habe, um ihn zu tarnen, und daß sie den Jungen aus Israel herausgeschleust habe. Sie leugnete das kategorisch. Ich sagte ihr, sie müsse begreifen, daß die Zukunft des Landes, das sie liebte, in Gefahr sei, daß auf den Straßen Jerusalems Leute, die sie liebte, Steine aufeinander würfen. Sie weigerte sich immer noch, irgend etwas zuzugeben. Ich sagte, der Junge habe eine Mutter, die ihn genauso liebte wie sie die Kinder, denen sie im Zweiten Weltkrieg geholfen hatte.«

Diese Mahnung Harels wirkte. Madeleine begann zu berichten, wie sie per Schiff nach Haifa gereist war, als Touristin, um Israel zu besuchen. Auf dem Schiff machte sie die Bekanntschaft einer Familie von Neueinwanderern, die ein Kind etwa im Alter von Jossele hatten. Sie hatte das kleine Mädchen den Landungssteg in Haifa hintergeführt, und der Einwanderungsbeamte hatte es für Madeleines Kind gehalten und es so in seine Liste eingetragen. Eine Woche später hatte sie, unter den Augen der israelischen Polizei, einen Flug nach Zürich mit ihrer »Tochter« angetreten. Madeleine hatte Jossele überredet, Mädchenkleider anzuziehen und sich die Haare färben zu lassen.

Eine Zeitlang hatte Jossele in einer orthodoxen Schule in der Schweiz gelebt, an der Rabbi Shai Freyer unterrichtete. Nach dessen Festsetzung war sie mit dem Jungen nach New York geflogen, wo sie ihn bei einer Familie, die zur Neturei-Karta-Sekte gehörte, unterbrachte. Harel hatte nur noch eine Frage an sie: »Geben Sie mir den Namen und die Adresse der Familie?«

Es gab einen langen Moment des Schweigens, bevor Madeleine ruhig sagte: »Er wohnt 126 Penn Street, Brooklyn, New York, unter dem Namen Jankale Gertner.«

Zum erstenmal während ihrer Begegnung lächelte Harel. »Ich danke Ihnen, Madeleine. Ich möchte Ihnen gratulieren, indem ich Ihnen eine Stelle beim Mossad anbiete. Ihr Talent könnte Israel sehr von Nutzen sein.«

Madeleine lehnte ab.

Die Mossad-Agenten flogen nach New York. Auf sie wartete ein Team von FBI-Agenten, das von US-Justizminister Robert Kennedy zur Zusammenarbeit bevollmächtigt war. Er entsprach damit einem persönlichen Ersuchen von Ben Gurion. Die Agenten fuhren zu dem Wohnhaus 126 Penn Street. Mrs. Gertner öffnete die Tür. Die Agenten stürzten an ihr vorbei nach innen, wo ihr Mann betete. Neben ihm sahen sie einen blassen Jungen mit einer Kipa auf dem Kopf und mit dunklen Schläfenlocken, die sein Gesicht einrahmten.

»Hallo Jossele. Wir sind gekommen, dich nach Hause zu bringen«, sagte einer der Mossad-Männer freundlich.

Acht Monate waren vergangen, seit der Mossad seine Suche begonnen hatte. Fast eine Million US-Dollar waren für die Operation aufgewendet worden.

Die wohlbehaltene Rückkehr von Jossele trug nicht dazu bei, die religiöse Spaltung innerhalb des Landes zu überwinden. Auch nachfolgende Regierungen kuschten weiterhin vor den Launen der in die Knesset gewählten kleinen ultra-orthodoxen Gruppen.

Trotz seiner erfolgreichen Suche nach dem Jungen stand Isser Harel bei seiner Rückkehr nach Israel einem mächtigen neuen Kritiker gegenüber, General Meir Amit, dem neuen Chef des militärischen Geheimdienstes Aman. So wie Harel sich gegen seinen Vorgänger gewandt hatte, war er jetzt derjenige, der Kritik abbekam.

Amit, ein kampferprobter Kommandeur, war in den sich ständig ändernden politischen Verhältnissen Israels zum engen Vertrauten Ben Gurions geworden. Er erzählte dem Ministerpräsidenten, Harel habe »Mittel verschwendet«, und die ganze Rettungsaktion sei ein Zeichen dafür, daß der Geheimdienstchef schon zu lange im Amt sei. Ben Gurion sah das auch so, wobei er vergaß, daß Harel die Operation auf seinen Befehl durchgeführt hatte. Am 25. März 1963 gab Isser Harel, entnervt von wochenlangen hinterhältigen Angriffen, im Alter von fünfzig Jahren auf. Erwachsene Männer waren den Tränen nahe, als er ihnen die Hand schüttelte und die Mossad-Zentrale verließ. Jeder wußte, daß es das Ende einer Ära war.

Stunden später schritt ein großer, hagerer Mann mit den markanten Zügen eines Schauspielers durch die Türen des Hauptquartiers: Meir Amit hatte das Kommando übernommen. Niemandem brauchte gesagt zu werden, daß grundlegende Veränderungen bevorstanden.

Fünfzehn Minuten, nachdem er sich hinter seinem Schreibtisch niedergelassen hatte, bestellte der neue Mossad-Chef seine Abteilungsleiter zu sich. Sie standen in einer Gruppe vor ihm, während er sie schweigend musterte. Dann sprach er mit der forschen Stimme, die auf den Schlachtfeldern zahllose Angriffe angefeuert hatte.

Es würde keine Operationen mehr geben, um verlorengegangene Kinder aufzuspüren. Keine übertriebene Einmischung der Politik. Er werde jeden von ihnen vor Kritik von außen schützen, aber nichts könne sie auf ihrem Stuhl halten, wenn sie ihn enttäuschten. Er werde um mehr Geld aus dem Verteidigungsetat kämpfen, damit sie die neueste Ausrüstung und die neuesten Hilfsmittel bekämen. Aber das sei kein Signal, den einen Aktivposten zu vergessen, den er über alle anderen setzte: *Humint,* die Kunst der Informationssammlung durch Menschen. Er wünsche, daß dies die größte Fertigkeit des Mossad sei.

Bei seinen Mitarbeitern hinterließ er den Eindruck, daß sie für einen Mann arbeiten würden, der über die tagtäglichen Operationen hinaussah, der danach fragte, welche Resultate in den kommenden Jahren gebraucht würden. Die Anschaffung militärischer Technologie diente diesem Zweck.

Kurz nach Meir Amits Amtsantritt war ein Mann, der sich »Salman« nannte, mit einem erstaunlichen Vorschlag in Israels Botschaft in Paris aufgetreten. Für eine Million US-Dollar in bar könne er das damals geheimste Kampfflugzeug der Welt besorgen, die russische MiG 21. Salman hatte sein verblüffendes Angebot an einen israelischen Diplomaten mit einem bizarren Ersuchen beendet: »Schicken Sie jemanden nach Bagdad. Dort soll er diese Nummer anrufen und nach Joseph fragen. Und halten Sie die Million Dollar bereit.«

Der Diplomat leitete seinen Bericht an den in der Botschaft ansässigen *Katsa* weiter, der zu denen gehörte, die die auf Meir Amits Ernennung folgende Säuberung überlebt hatten. Er schickte den Bericht zusammen mit der von Salman angegebenen Telefonnummer nach Tel Aviv.

Tagelang wägte Meir Amit ab und überlegte. Salman konnte jemand sein, der sich Vertrauen erschleichen wollte, ein Phantast oder sogar Teil einer irakischen Verschwörung, um einen Mossad-Agenten in eine Falle zu locken. Es gab ein beträchtliches Risiko, daß andere *Katsas,* die verdeckt im Irak arbeiteten, gefährdet werden könnten. Aber die Aussicht, an eine MiG 21 zu gelangen, war unwiderstehlich. Ihr Tankvolumen, ihre Flughöhe und Geschwindigkeit, ihre Ausrüstung und ihre Abfertigungszeit hatten sie zum wichtigsten Kampfflieger der arabischen Welt gemacht. Israels Luftwaffenbefehlshaber hätten für einen Blick auf die Blaupausen der MiG schon liebend gern mehrere Millionen Dollar hingegeben, erst recht für das wirkliche Flugzeug. Meir Amit »ging mit dem Gedanken daran ins Bett. Ich wachte auf und dachte daran. Ich dachte daran beim Duschen, beim Mittagessen. Ich dachte jeden freien Moment daran, den ich hatte. Die hochentwickelten Waffensysteme des Gegners genau zu kennen hat für jeden Geheimdienst Priorität. Sie tatsächlich in die Hand zu bekommen gelingt fast nie.«

Der erste Schritt war, einen Agenten nach Bagdad zu schicken. Meir Amit erfand einen Decknamen für ihn, der ebenso englisch klang wie der Name in seinem Paß, George Bacon: »Niemand würde auf den Gedanken kommen, daß dies der Name eines Juden wäre.« Bacon sollte als Verkaufsleiter einer Londoner Firma für medizinische Röntgenapparate nach Bagdad reisen.

Als er mit einem Flug der Iraq Airways in Bagdad eintraf, hatte er mehrere Kartons mit Zubehör bei sich und führte vor, wie gut er seine Instruktion aufgenommen hatte, indem er einige Geräte an Krankenhäuser verkaufte. Am Anfang der zweiten Woche seines Aufenthalts rief er die Nummer an, die Salman genannt hatte.

»Ich benutzte einen Münzapparat in der Hotellobby. Das Risiko, daß das Telefon abgehört wurde, war hier geringer als bei dem Apparat in meinem Zimmer. Es hob sofort jemand ab. Eine Stimme fragte auf persisch, wer spräche. Ich entschuldigte mich auf englisch, daß ich mich verwählt hätte. Daraufhin fragte die Stimme nun ebenfalls auf englisch, wer spräche. Ich sagte, ich wäre ein Freund von Joseph. Gäbe es dort jemanden mit diesem Namen? Mir wurde gesagt, ich solle warten. Ich dachte, möglicherweise verfolgen sie den Anruf zurück, und es ist doch eine Falle. Dann ertönte eine sehr kultivierte Stimme und sagte, er sei Joseph, und er freue sich sehr über meinen Anruf. Anschließend fragte er, ob ich Paris kenne. Ich dachte: Aha, der Kontakt ist hergestellt!«

Bacon erklärte sich mit einem Treffen in einem Bagdader Kaffeehaus am nächsten Mittag einverstanden. Zur verabredeten Stunde erschien ein lächelnder Mann und stellte sich als Joseph vor. Er hatte ein scharfgeschnittenes Gesicht, sein Haar war weiß. Der spätere Bericht des Agenten fing noch einmal die surreale Atmosphäre ein:

»Joseph sagte, wie angenehm es ihm sei, mich zu sehen, fast als wäre ich ein lang erwarteter Verwandter. Er fing dann an, übers Wetter zu sprechen und wie sehr in Cafés wie diesem die Qualität der Bedienung nachgelassen hätte. Ich dachte, du bist hier mitten in einem feindlichen Land, dessen Sicherheitsdienst dich sicher töten würde, wenn er die Möglichkeit dazu hätte, und hörst dem Geschwafel eines alten Mannes zu. Ich kam zu dem Schluß, daß Joseph, egal wer er war und worin seine Verbindung zu Salman in Paris bestand, bestimmt kein Agent der irakischen Abwehr war. Das beruhigte mich. Ich sagte ihm, daß meine Freunde sehr an dem Handel interessiert seien, den sein Freund erwähnt hatte. Er entgegnete, ›Salman ist mein in Paris lebender Neffe. Er arbeitet als Kellner in einem Café. Alle guten Kellner sind von hier weggegangen.‹ Dann lehnte sich Joseph über den Tisch und sagte: ›Sie sind wegen der MiG gekommen? Ich kann das für Sie in die Wege leiten. Aber sie kostet eine Million Dollar.‹ Genauso war es.«

Bacon spürte, daß Joseph vielleicht mehr war, als er nach außen zeigte. Er verfügte über eine ruhige Selbstsicherheit. Aber als Bacon ihm Fragen zu stellen begann, schüttelte der alte Mann den Kopf. »Nicht hier. Man könnte uns belauschen.«

Sie verabredeten sich für den nächsten Tag auf einer Parkbank am Ufer des Tigris. Diese Nacht schlief Bacon sehr wenig, er grübelte darüber nach, ob er nicht doch langsam an die Angel genommen würde, wenn nicht vom irakischen Geheimdienst, dann von gerissenen Schwindlern, die Joseph als Aushängeschild benutzten.

Das Treffen am nächsten Tag offenbarte etwas mehr von Josephs Motiven.

Er stammte aus einer armen irakisch-jüdischen Familie und war als Junge von einer Familie reicher maronitischer Christen in Bagdad als Diener angestellt worden. Nach über dreißig Jahren loyalen Dienstes war er dann plötzlich unter der ungerechtfertigten Beschuldigung entlassen worden, Lebensmittel gestohlen zu haben. An seinem fünfzigsten Geburtstag sah er sich auf die Straße gesetzt. Da er zu alt war, eine neue Arbeit zu finden, lebte er von einer bescheidenen Pension. Er hatte auch begonnen, über die Rückkehr ins Land seiner Väter nachzudenken. Er sprach mit seiner verwitweten Schwester Manu darüber, deren Sohn Munir Pilot der irakischen Luftwaffe war. Manu gab zu, daß auch sie ein starkes Verlangen hatte, nach Israel zu gehen. Aber wie sollten sie das anstellen? Allein bei der bloßen Erwähnung dieser Idee riskierte man im Irak, inhaftiert zu werden. Die zurückbleibenden Familienangehörigen würden mit Sicherheit von den Behörden schwer bestraft, vielleicht sogar getötet werden. Und wo sollte das Geld für die Flucht herkommen? Manu seufzte und sagte, es sei ein unerfüllbarer Traum.

Aber in Josephs Kopf setzte sich die Idee fest. Beim Essen hatte sein Neffe oft erzählt, wie sein Kommandeur damit prahlte, daß Israel ein Vermögen für eine der MiGs zahlen würde, die Munir flog, »vielleicht sogar eine Million US-Dollar, Onkel Joseph«.

Die Summe hatte Josephs ganze Aufmerksamkeit auf sich gezogen. Er könnte Beamte bestechen und einen Fluchtweg organisieren. Mit dem Geld könnte er auf irgendeine Weise die ganze Familie aus dem Irak herausbringen. Je mehr er darüber nachdachte, desto realisierbarer schien es ihm. Munir liebte seine Mutter, er würde alles für sie tun – sogar für eine Million Dollar sein Flugzeug stehlen. Und Joseph müßte die Flucht der Familie nicht einmal organisieren. Er würde das die Israelis tun lassen. Jeder wußte, daß sie in solchen Dingen erfahren waren. Deshalb hatte er Salman zu der Botschaft geschickt.

»Und nun sind Sie hier, mein Freund!« sagte Joseph strahlend zu Bacon.

»Was ist mit Munir? Weiß er schon davon?«

»Ja, er ist einverstanden, die MiG zu stehlen. Aber er will, daß die Hälfte des Geldes jetzt angezahlt wird und der Rest dann unmittelbar vor dem Abflug.«

Bacon war sehr erstaunt. Alles, was er gehört hatte, klang echt und plausibel. Aber zunächst hatte er Meir Amit zu berichten. In Tel Aviv hörte der Mossad-Chef einen ganzen Nachmittag zu, als Bacon jedes Detail vortrug.

»Wohin will Joseph das Geld haben?« fragte Meir Amit am Schluß.

»Auf eine Schweizer Bank. Er hat einen Cousin, der dringend eine medizinische Behandlung braucht, die es in Bagdad nicht gibt. Die irakischen Behörden werden ihm erlauben, in die Schweiz zu fahren. Joseph erwartet, daß wir das Geld bereits eingezahlt haben, wenn sein Cousin dort eintrifft.«

»Ein einfallsreicher Mann, dein Joseph«, kommentierte Meir Amit ironisch. »Wenn das Geld einmal auf dem Konto ist, kriegen wir es nie zurück.« Er stellte Bacon noch eine Frage. »Weshalb vertraust du Joseph?«

»Ich vertraue ihm, weil das die einzige Möglichkeit ist«, antwortete Bacon.

Meir Amit verfügte, daß eine halbe Million US-Dollar bei der Hauptgeschäftsstelle der Credit Suisse in Genf eingezahlt werden sollte. Er setzte mehr als Geld aufs Spiel. Er wußte, er würde nicht im Amt überleben, wenn sich Joseph als der brillante Betrüger herausstellte, für den ihn einige Mossad-Offiziere immer noch hielten.

Es war an der Zeit, Ministerpräsident Ben Gurion und seinen Stabschef Jitzhak Rabin zu informieren. Beide Männer gaben grünes Licht für die Operation. Meir Amit hatte ihnen nicht gesagt, daß er schon einen weiteren Schritt unternommen hatte – das gesamte Mossad-Agentennetz aus dem Irak abzuziehen.

»Wenn das Unternehmen scheitern sollte, wollte ich, daß außer meinem Kopf kein anderer rollte. Ich setzte fünf Teams ein. Das erste war mein Beobachtungsposten in Bagdad. Sie sollten die Funkstille aber nur dann brechen, wenn es eine Krise gab, ansonsten wollte ich von ihnen nichts hören. Das zweite Team sollte sich ebenfalls in Bagdad aufhalten, ohne jemanden zu kennen, weder Bacon noch das erste

Team, überhaupt niemanden. Sie waren dort, um Bacon und, wenn möglich, auch Joseph aus dem Land zu bringen, wenn es Schwierigkeiten gäbe. Das dritte Team sollte die Familie im Auge behalten. Das vierte sollte Verbindung zu den Kurden halten, die dabei helfen würden, die Familie aus dem Land herauszubringen. Israel unterstützte sie mit Waffen. Das fünfte Team sollte die Verbindung mit Washington und der Türkei halten. Um die MiG aus dem Irak heraus und bis zu uns zu fliegen, war es notwendig, den türkischen Luftraum zu durchqueren. Washington, das Stützpunkte in der Nordtürkei hatte, sollte die Türken mit der Versicherung zur Mitarbeit überreden, daß die MiG am Ende in die USA ginge. Ich wußte jetzt, daß die Iraker befürchteten, daß ein Pilot in den Westen überlaufen könnte, deshalb füllten sie die Tanks nur halbvoll. Doch daran konnten wir nichts ändern.«

Es gab noch andere Probleme. Joseph hatte beschlossen, daß nicht nur seine unmittelbare Familie, sondern auch entfernte Verwandte die Möglichkeit haben sollten, dem brutalen irakischen Regime zu entfliehen. Insgesamt wollte er 43 Personen mit der Luftbrücke in Sicherheit bringen.

Meir Amit war einverstanden – nur um mit einer neuen Sorge konfrontiert zu werden. Bacon hatte aus Bagdad eine verschlüsselte Nachricht geschickt, daß Munir Bedenken habe. Der Mossad-Chef »spürte, was ablief. Munir war zuerst und vor allem ein Iraker. Der Irak war gut zu ihm gewesen. Sein Land an Israel zu verraten, bereitete ihm Unbehagen. Wir waren der Feind. Sein ganzes Leben lang war ihm das beigebracht worden. Ich wußte, die einzige Möglichkeit war, ihn davon zu überzeugen, daß die MiG direkt nach Amerika ginge. Deshalb flog ich nach Washington und sprach mit Richard Helms, dem damaligen CIA-Direktor. Er hörte mich an und sagte, kein Problem. Er war immer sehr hilfsbereit. Er veranlaßte, daß der US-Militärattaché in Bagdad sich mit Munir traf und ihm bestätigte, daß das Flugzeug den USA übergeben würde. Munir wurde ausführlich dargelegt, wie sehr er Amerika helfen würde, die Russen einzuholen. Er glaubte das und war bereit, die Sache durchzuführen.«

Die Operation entwickelte nun ihr eigenes Tempo. Josephs Verwandter erhielt seine Ausreisegenehmigung aus dem Irak und flog nach

Genf. Von dort schickte er eine Postkarte: »Die Betreuung im Krankenhaus ist ausgezeichnet. Ich bin sicher, wieder völlig gesund zu werden.« Die Nachricht war das Zeichen, daß die zweiten fünfhunderttausend Dollar eingegangen waren. Joseph vertraute nun darauf, daß seine Bedingungen erfüllt würden. Er gab Bacon Bescheid, daß die Familie bereit sei. In der Nacht, bevor Munir seinen Flug antreten würde, fuhren sie mit Joseph nach Norden, in die Kühle der Berge. Die irakischen Kontrollpunkte machten ihnen keine Schwierigkeiten: Jeden Sommer verließen viele Bewohner Bagdad, um der drückenden Hitze zu entkommen. An den Gebirgsausläufern warteten Kurden zusammen mit dem israelischen Verbindungsteam. Sie führten die Familie tief in die Berge hinein, wo Hubschrauber der türkischen Luftwaffe auf sie warteten. Indem sie unter der Radarhöhe flogen, gelangten sie sicher in die Türkei.

Ein israelischer Agent rief Munir an und teilte ihm mit, daß seine Schwester glücklich von einem Mädchen entbunden worden sei. Ein weiteres verschlüsseltes Zeichen war sicher übermittelt worden.

Am Morgen des nächsten Tages, es war der 15. August 1966, startete Munir bei Sonnenaufgang zu einem Übungsflug. Sobald er den Flugplatz verlassen hatte, schaltete er die Nachbrenner der MiG ein und war über der Grenze zur Türkei, bevor irakische Piloten angewiesen werden konnten, ihn abzuschießen. Eskortiert von US-Phantomjägern landete Munir auf einem türkischen Luftwaffenstützpunkt, tankte auf und startete wieder. Über seinen Kopfhörer hörte er diesmal die unverschlüsselte Botschaft. »Ihre ganze Familie ist in Sicherheit und auf dem Weg, Sie zu treffen.«

Eine Stunde später landete die MiG auf einem Militärflughafen im Norden Israels.

Der Mossad war zu einem ernsthaften Mitspieler auf der internationalen Bühne geworden. Innerhalb der israelischen Geheimdienste sollte von da an die Art und Weise, wie Dinge durchgeführt wurden, durch »VA« – vor Amit – oder »NM« – nach Meir – unterschieden werden.

Kapitel 3

DAS DENKMAL VON GLILOT

Auch nachdem er die Autobahn nördlich von Tel Aviv verlassen hatte, achtete Meir Amit darauf, etwas schneller zu fahren, als das Tempolimit erlaubte. Solch kalkulierte Auflehnung gegen das System war seit dem Diebstahl eines irakischen Jets unter seiner Führung vor gut dreißig Jahren stets Bestandteil seines Lebens geblieben.

Seine Weigerung, blindlings einem Regelwerk zu folgen, führte er auf seine Herkunft aus Galiläa zurück: »Wir sind ein sturer Haufen.« Er war in Tiberias geboren, am Ufer des Sees Genezareth, und er hatte den größten Teil seiner Kindheit und Jugend in einem Kibbuz verbracht. In dieser weit zurückliegenden Zeit hatte seine Mutter, eine Sprecherzieherin, bei ihm alle Spuren des für diese Gegend typischen Akzentes abgeschliffen. Sie hatte ihrem Sohn auch einen Sinn für Unabhängigkeit mitgegeben, die Weigerung, Dummköpfe zu tolerieren, und eine kaum verhüllte Verachtung für Stadtbewohner. Am wichtigsten aber war, daß sie seine Fähigkeit zu analytischem und spielerischem Denken gefördert hatte.

Während seiner langen Laufbahn hatte er diese Eigenschaften eingesetzt, um die Absichten des Gegners herauszufinden. Häufig konnte bei einer Aktion nicht auf letzte Gewißheit gewartet werden, und das Aufspüren der Motive und das Täuschen der anderen Seite hatten im Mittelpunkt seiner Arbeit gestanden. Zuweilen waren seine Kritiker innerhalb der israelischen Geheimdienste beunruhigt über das gewesen, was sie für phantasievolle Gedankensprünge hielten. Sie alle hatten von ihm immer nur eine Antwort erhalten: Lest die Akte über die gestohlene MiG.

Als er an diesem Morgen im März 1997 von Tel Aviv nach Norden fuhr, war er offiziell schon lange aus dem aktiven Dienst ausgeschieden. Aber niemand bei den israelischen Diensten glaubte das wirklich: Seine ungeheuren Kenntnisse waren zu wertvoll, um auf Eis gelegt zu werden. Am Tag zuvor war Meir Amit von einer Reise aus Ho-Tschi-Minh-Stadt, dem früheren Saigon, zurückgekommen, wo er ehemalige Vietcong-Geheimdienstoffiziere besucht hatte. Sie hatten Erfahrungen ausgetauscht und festgestellt, daß es eine Gemeinsamkeit gab: der siegreiche Kampf gegen einen überlegenen Feind. Die Vietnamesen hatten die Amerikaner geschlagen, Israel hatte die Araber besiegt. Meir Amit hatte andere Reisen unternommen, an Orte, an denen seine geheimen Manöver einst Chaos ausgelöst hatten: Amman, Kairo, Moskau. Niemand hatte sich getraut, nach dem Zweck dieser Reisen zu fragen, wie auch während seiner fünf bedeutsamen Jahre als Generaldirektor des Mossad, von 1963 bis 1968, niemand seine Quellen und Methoden erfolgreich angefochten hatte. In diesem Zeitraum hatte er *Humint,* die Informationssammlung durch Menschen, in eine hohe Kunst verwandelt. Kein anderer Geheimdienst war darin so gut wie seine Agenten. Er hatte immer mehr Spione in alle arabische Länder, nach Europa, Südamerika, Afrika und die USA geschickt. Seine *Katsas* waren in Jordaniens *Mukabarat,* den besten arabischen Geheimdienst, eingedrungen, und in den grausamsten, den militärischen Nachrichtendienst Syriens. Sie waren von einer Kaltblütigkeit und eiserner Entschlossenheit, die kein Romancier zu erfinden gewagt hätte.

Bald nachdem er Generaldirektor des Mossad geworden war, ließ Meir Amit innerhalb des Dienstes eine Notiz kursieren, die ein Agent aus dem Büro Jassir Arafats gestohlen hatte:

»Der Mossad hat über jeden von uns ein Dossier. Sie kennen unsere Namen und Adressen. Wir wissen, daß sich zwei Fotos in den Akten über uns befinden. Das eine zeigt uns ohne Keffijah [das Kopftuch der Palästinenser], das andere mit. So kann uns der Mossad leicht finden, egal, ob wir unsere Kopfbedeckung tragen oder nicht.«

Um weiter Angst zu schüren, hatte Meir Amit eine beispiellose Zahl arabischer Informanten angeworben. Er arbeitete nach dem Prinzip, daß er dabei gemäß dem Gesetz der Serie auf eine hinreichende Anzahl von Treffern stoßen würde. Bestochene Araber hatten bewaffnete Palästinenser verraten und deren Waffenverstecke, sichere Häuser und Reisepläne preisgegeben. Für jeden vom Mossad getöteten Terroristen zahlte Meir Amit dem Informanten einen US-Dollar als Prämie.

Vor dem Sechstagekrieg von 1967 gab es auf jedem ägyptischen Luftwaffenstützpunkt und in jeder militärischen Befehlszentrale entweder einen Mossad-*Katsa* oder einen Informanten. Im Oberkommando der Streitkräfte in Kairo waren es nicht weniger als drei; Stabsoffiziere, die Meir Amit angeworben hatte. Wie er das geschafft hatte, blieb sein streng gehütetes Geheimnis: »Es gibt einige Dinge, die man am besten für sich behält.«

Jedem Informanten und Agenten vor Ort hatte er die gleiche Anweisung gegeben: Ebensosehr wie ein »Gesamtbild« interessierten ihn »die kleinen Details. Wie lang war der Weg eines Piloten von seiner Unterkunft bis zum Kasino, wo er seine Mahlzeiten einnahm? Wie lange wurde ein Stabsoffizier in dem notorischen Verkehrsgewühl Kairos aufgehalten? Hatte ein Einsatzleiter eine Geliebte?« Nur Meir Amit wußte hundertprozentig, wozu solche Informationen sich nutzen ließen.

Einem *Katsa* war es gelungen, als Kellner in der Offiziersmesse eines vorgeschobenen Fliegerstützpunktes zu arbeiten. Jede Woche lieferte er Einzelheiten über die Einsatzbereitschaft der Flugzeuge und über den Lebensstil der Piloten und Techniker. Ihre Trinkgewohnheiten und sexuellen Vorlieben gehörten zu den heimlich nach Tel Aviv gefunkten Informationen.

Die beim Mossad neu eingerichtete Abteilung für psychologische Kriegsführung, Lohamah Psichologit (LAP), war rund um die Uhr damit beschäftigt, Akten über die ägyptischen Flieger, das Bodenpersonal und die Stabsoffiziere anzulegen. Sie gaben Auskunft über ihre Flugkünste, ob sie ihren Rang durch ihr Können oder durch Beziehungen erlangt hatten, wer ein Alkoholproblem hatte, häufig ein Bordell aufsuchte oder wer Jungen bevorzugte.

Bis tief in die Nacht hockte Meir Amit über den Akten, er suchte nach Schwachpunkten, nach Männern, die zur Arbeit für ihn erpreßt werden könnten. »Es war keine schöne Aufgabe, aber Geheimdiensttätigkeit ist oft ein schmutziges Geschäft.«

Die Familien ägyptischer Soldaten bekamen anonyme Briefe, die in Kairo aufgegeben worden waren und peinliche Details über das Verhalten ihres Anverwandten enthielten. Informanten erstatteten Tel Aviv Bericht über Familienstreitigkeiten, die zu Krankmeldungen beim Flugpersonal geführt hatten. Stabsoffiziere erhielten anonyme Anrufe mit Hinweisen auf das Privatleben eines Kollegen. Ein Lehrer wurde von einer sympathisch klingenden Frau angerufen und aufgeklärt, der einzige Grund für die schlechten Leistungen einer Schülerin liege darin, daß deren Vater, ein hochrangiger Offizier, einen heimlichen Geliebten habe; der Anruf verursachte den Selbstmord des Offiziers. Diese erbarmungslose Kampagne führte zu erheblichem Zwist im ägyptischen Militär, was Meir Amit mit großer Genugtuung beobachtete.

Anfang 1967 ließen alle Nachrichten des Spionagenetzes in Ägypten klar erkennen, daß der Führer des Landes, Gamal Abdel Nasser, einen Krieg gegen Israel vorbereitete. Mit sauberen oder schmutzigen Mitteln wurden weitere Informanten rekrutiert. Israel mußte über die ägyptische Luftwaffe und ihr militärisches Kommando genausoviel wissen wie Kairo selbst. Im Mai 1967 konnte Meir Amit Israels Luftwaffenkommandanten präzise die Tageszeit nennen, zu der sie den entscheidenden Vernichtungsschlag gegen die ägyptischen Luftwaffenstützpunkte zu führen hätten. Die Auswerter des Mossad hatten eine beachtliche Übersicht des Tagesablaufs auf allen Stützpunkten erstellt.

Morgens zwischen 7.30 Uhr und 7.45 Uhr waren die Radareinrichtungen auf den Flugplätzen am angreifbarsten. In diesen fünfzehn Minuten war das abziehende Nachtpersonal nach der langen Schicht müde, während die gerade eintreffende Ablösung noch nicht völlig aufmerksam war und sich zudem wegen des langsamen Services in den Kasinos bei der Übernahme oft verspätete. Die Piloten frühstückten zwischen 7.15 Uhr und 7.45 Uhr. Anschließend gingen sie in der Regel zu ihren Unterkünften zurück, um ihre Flugausrüstung abzuholen; der Weg dauerte im Durchschnitt zehn Minuten. Die meisten Flieger verbrachten ein paar weitere Minuten auf der Toilette, bevor sie zum Rollfeld gingen. Sie trafen dort etwa um 8 Uhr ein, dem offiziellen Arbeitsbeginn. Zu diesem Zeitpunkt hatte das Bodenpersonal schon begonnen, die Flugzeuge aus den Hangars zu rollen, um sie aufzutanken und auszurüsten. In den nächsten fünfzehn Minuten waren die Rollfelder von Tanklastwagen und Munitionstransportern zugestellt.

Ein ähnlich detailliertes Verzeichnis wurde für die einzelnen Schritte der Stabsoffiziere beim Kairoer Oberkommando vorbereitet. Ein Offizier brauchte im Schnitt dreißig Minuten für die Fahrt von seinem Haus in einem der Vororte bis zur Arbeit. Einsatzplaner waren vielfach nicht vor 8.15 Uhr an ihren Schreibtischen. Sie verbrachten gewöhnlich zehn Minuten damit, sich einzurichten, Kaffee zu trinken und mit ihren Kollegen zu plaudern. Ein typischer Stabsoffizier fing genaugenommen erst kurz vor 8.30 Uhr an, die über Nacht von den Stützpunkten eingetroffenen Funknachrichten zu studieren.

Meir Amit informierte die Kommandanten der israelischen Luftwaffe, daß sie mit ihren Maschinen in der Zeit zwischen 8 Uhr und 8.30 Uhr über ihren Zielen sein müßten. In dieser halben Stunde könnten sie die feindlichen Stützpunkte zermalmen, weil dann beim Kairoer Oberkommando die Mehrheit der für einen Gegenschlag erforderlichen Einsatzleiter mit Sicherheit noch gar nicht eingetroffen wäre.

Am 5. Juni 1967 schlug die israelische Luftwaffe genau um 8.01 Uhr morgens mit verheerender Wirkung zu. Ihre Maschinen waren im Tiefflug über den Sinai hinweggefegt, um die feindliche Luftwaffe in einem Überraschungsangriff unter Beschuß zu nehmen. Innerhalb kürzester Zeit färbte sich der Himmel rotschwarz von den Flammen und dem Rauch der brennenden Tanklastwagen sowie der explodierenden Munition und Flugzeuge.

In Tel Aviv schaute Meir Amit von seinem Schreibtisch aus durch sein Büroeckfenster nach Süden. Er wußte, daß seine Informationen praktisch das Ergebnis des Krieges bestimmt hatten. Es war eines der verblüffendsten Beispiele für seine außergewöhnlichen Fähigkeiten, und es war noch bemerkenswerter, wenn man die zahlenmäßige Größe des Mossad bedenkt. Seit seinem Amtsantritt hatte Meir Amit alle Versuche abgewehrt, den Mossad zu einer Version des CIA oder des KGB zu machen. Sie und die anderen Dienste, die nach ihrem Vorbild aufgebaut waren, beschäftigten Hunderttausende von Auswertern, Wissenschaftlern, Strategen und Planern, um ihre Agenten vor Ort zu unterstützen. Die Iraker und die Iraner hatten schätzungsweise zehntausend Außenagenten; selbst der kubanische DGI besaß fast tausend Spione.

Aber Meir Amit hatte darauf bestanden, daß das ständige Personal des Mossad nur wenig über zwölfhundert Leute betrug. Jeder sollte einzeln ausgesucht sein und vielfältige Fähigkeiten besitzen: Ein Wissenschaftler mußte in der Lage sein, im Bedarfsfall vor Ort zu arbeiten, ein *Katsa* seine speziellen Fertigkeiten anderen beibringen können.

Für sie alle wollte ihr Chef der *Memuneh* sein, »der Verantwortliche«, was im Hebräischen in etwa auch dem »primus inter pares« entspricht. Mit dem Titel war der ungehinderte Zugang zum jeweiligen Ministerpräsidenten verbunden und das jährliche Ritual, seinen Haushaltsplan dem israelischen Kabinett zur Genehmigung vorzulegen.

Lange vor dem Sechstagekrieg hatte er die Fähigkeit des Mossad unter Beweis gestellt, Israels Feinde mit tödlichem Terror zu überziehen, ihre Führungsriegen zu infiltrieren, ihre Geheimnisse zu lüften und sie mit beunruhigender Effizienz zu töten. Er hatte dem Mossad bald zu mythischem Format verholfen. Ein Großteil des Erfolges verdankte sich den Regeln, die er für die Auswahl der *Katsas* festgelegt hatte, der operativen Agenten, die letztendlich den Erfolg des Mossad ausmachten. Er verstand vollkommen die tiefen und komplexen Gefühle, die sie bewegten, wenn sie ihm nach ihrer Aufnahme die Hand schüttelten. Mit dieser Geste besiegelten sie, daß sie nun ihm gehörten und blindlings seinen Befehlen folgen würden.

Während sich sonst vieles beim Mossad verändert hatte, war sich Meir Amit an jenem Morgen im März des Jahres 1997 sicher, daß seine Rekrutierungskriterien noch immer gültig waren:

»Im Mossad wird nicht als *Katsa* akzeptiert, wer vor allem auf Geld aus ist. Auch der übereifrige Zionist ist für diese Tätigkeit nicht zu gebrauchen. Beide begreifen nicht, worum es bei dieser Arbeit geht. Sie verlangt Ruhe, ein klares und weitsichtiges Urteilsvermögen, Besonnenheit und gefestigte Ansichten. Die Leute wollen aus allen möglichen Gründen dem Mossad beitreten. Manche sind auf der Suche nach Glamour und Abenteuern. Andere denken, der Beitritt würde ihr Prestige aufbessern, kleine Leute, die groß sein wollen. Ein paar verlangt es nach der geheimen Macht, die ihnen die Mitgliedschaft im Mossad angeblich verleihen würde. Nichts davon ist ein akzeptabler Grund, sich dem Mossad anzuschließen. Und wieder und wieder mußt du sicherstellen, daß dein Mann draußen vor Ort weiß, daß er deine unbedingte Unterstützung hat. Daß du dich um seine Familie kümmerst, für das Glück seiner Kinder sorgst. Gleichzeitig mußt du ihn beschützen. Wenn seine Frau anfängt, zu überlegen, ob er eine andere hat, mach ihr klar, daß das nicht der Fall ist. Wenn doch, erzähl ihr nichts davon. Wenn sie aus dem Gleis gerät, bring sie in die Spur zurück und sag ihrem Mann nichts davon. Du willst, daß er durch nichts abgelenkt wird. Die Aufgabe eines guten Agentenführers besteht darin, seine Leute wie eine Familie zu behandeln. Gib ihnen das Gefühl, daß du immer für sie da bist, am Tag, in der Nacht, ganz gleich zu welcher Uhrzeit. So kaufst du ihre Loyalität, und deine *Katsas* tun das, was du willst. Und das ist schließlich das Entscheidende.«

Jeder *Katsa* durchläuft drei Jahre intensiver Ausbildung. Dazu gehört, bei Verhören schwerer körperlicher Gewalt ausgesetzt zu werden. Er oder sie wird im Gebrauch der bevorzugten Waffe des Mossad unterwiesen, einer Beretta mit 22-mm-Kaliber.
Die ersten *Katsas* außerhalb der arabischen Länder wurden in die USA, nach Großbritannien, Frankreich und Deutschland geschickt. In New York und Washington gab es fest stationierte *Katsas*. Der New Yorker Posten war besonders verantwortlich für die Infiltrierung aller diplomatischen Vertretungen bei der UNO und der vielen ethnischen Gruppen in der Stadt. Der Washingtoner *Katsa* hatte ähnliche Aufgaben, außerdem oblag ihm die »Beobachtung« des Weißen Hauses. Andere *Katsas* operierten in Spannungsgebieten und kehrten nach Beendigung des Auftrages nach Hause zurück.

Meir Amit hatte die Organisation auch erweitert. Er hatte eine Abteilung eingerichtet, die für Operationen zur Informationssammlung im Ausland verantwortlich war, und eine weitere Abteilung für politische Aktion und Verbindung, die mit den sogenannten befreundeten ausländischen Geheimdiensten zusammenarbeitete, hauptsächlich mit dem CIA und Großbritanniens MI6. Die Forschungsabteilung hatte fünfzehn Sektionen oder »Ressorts«, die auf die arabischen Staaten angesetzt waren. Die USA, Kanada, Lateinamerika, Großbritannien, Europa und die Sowjetunion hatten alle ihre eigenen Ressorts. Im Lauf der Jahre kamen noch Sektionen für China, Südafrika und den Vatikan hinzu. Aber im Kern blieb der Mossad, was er gewesen war: eine kleine, schlagkräftige Organisation.

Kein Tag verging, ohne daß ein neues Bündel von Berichten der ausländischen Posten eintraf. Sie durchliefen das triste graue Hochhaus am König-Saul-Boulevard. Meir Amit hielt es »nicht für schlecht, wenn dadurch einzelne ein bißchen energischer auftraten. Und natürlich machte es unsere Gegner um so ängstlicher.«

Die Mossad-*Katsas* arbeiteten mit kühler Effizienz und mit unglaublicher Gerissenheit – und waren darauf gedrillt, Feuer mit Feuer zu bekämpfen. Sie zettelten politische Unruhen an, die so angelegt waren, daß sie wechselseitiges Mißtrauen unter den arabischen Staaten schufen, streuten verderbliche Gegenpropaganda aus und warben Informanten an. So setzten sie Meir Amits Philosophie in die Tat um: »Sind sie uneins, herrschen wir.« Bei jeder Arbeit stellten seine Männer einen neuen Standard für kaltblütige Professionalität auf, sie bewegten sich wie Diebe in der Nacht und hinterließen eine Spur von Tod und Zerstörung. Niemand war vor ihrer Vergeltung sicher. Nach beendetem Auftrag kehrten sie zurück und erstatteten Bericht in Meir Amits Büro, von dessen Eckfenster man die breite Durchgangsstraße überblickte, die nach Israels alttestamentarischem Kriegsherrn benannt war. Von hier aus führte er persönlich zwei Spione, deren Mut in den Annalen des Mossad ohnegleichen bleiben sollte. Bei der Erinnerung an ihre Leistungen sprach er mit zögernder Stimme, und mit einem gelegentlichen Lächeln, als wolle er sich zu seinem eigenen Schutz rechtfertigen, begann er, ihre Geschichte zu erzählen.

Eli Cohen wurde am 16. Dezember 1924 im ägyptischen Alexandria geboren. Wie seine Eltern war er ein frommer orthodoxer Jude. Im Dezember 1956 gehörte er zu den Juden, die nach der Suezkrise aus Ägypten vertrieben wurden. Er kam nach Haifa und fühlte sich in seiner neuen Heimat wie ein Fremder. 1957 wurde er bei Israels militärischem Abwehrdienst angestellt, aber seine Arbeit als Auswerter langweilte ihn. Er erkundigte sich, ob er in den Mossad eintreten könnte, wurde aber abgelehnt. Meir Amit erinnerte sich daran, »daß uns zu Ohren gekommen war, wie tief die Ablehnung Eli Cohen verletzt hatte. Er quittierte den Dienst bei der Armee und heiratete eine Frau aus dem Irak namens Nadia.«

Zwei Jahre lang führte Cohen in Tel Aviv das eintönige Leben eines Sachbearbeiters in einem Versicherungsbüro. Er wußte nicht, daß seine Unterlagen unterdessen auf Meir Amits Tisch gelandet waren. Der Mossad-Chef war auf der Suche nach einer »bestimmten Art von Agent für eine sehr spezielle Arbeit«. Weil er unter den Aktiven niemand Geeigneten gefunden hatte, durchforstete er die Akten der Abgelehnten. Eli Cohen schien der einzig mögliche Kandidat zu sein. Er wurde observiert. Die wöchentlichen Berichte des Mossad-Rekrutierungsbüros beschrieben ihn als jemanden mit akkuraten Gewohnheiten und tiefer Zuneigung zu seiner Frau und seiner jungen Familie. Er war fleißig, von schneller Auffassungsgabe und arbeitete unter Druck ausgezeichnet. Schließlich wurde ihm mitgeteilt, der Mossad hätte entschieden, daß er jetzt doch für den Dienst »geeignet« sei.

Eli begann einen sechsmonatigen Intensivkurs an der Ausbildungsstätte des Mossad. Experten für Sabotage brachten ihm bei, aus einfachsten Bestandteilen Sprengkörper und Zeitbomben herzustellen. Er lernte den Nahkampf ohne Waffen und wurde ein erstklassiger Scharfschütze und perfekter Einbrecher. Er wurde in die Mysterien des Ver- und Entschlüsselns eingeführt, lernte das Funken mit einem Radioapparat, den Gebrauch unsichtbarer Tinten und das Verstecken von Botschaften. Er beeindruckte seine Ausbilder ständig durch seine Fertigkeiten. Er hatte ein phänomenales Gedächtnis, da er von klein auf Thora-Abschnitte auswendig gelernt hatte. Sein Abschlußzeugnis hielt fest, daß er jede für einen *Katsa* erforderliche Eigenschaft besaß. Dennoch zögerte Meir Amit.

»Ich fragte mich hundertmal: Kann Eli das, was ich will? Ich zeigte ihm natürlich ständig, daß er mein ganzes Vertrauen hatte. Ich wollte auf gar keinen Fall, daß er annahm, er befände sich dauernd einen Schritt vor der Falltür, die ihn nach draußen befördern würde. Noch einmal fütterten einige der besten Köpfe des Mossad ihn mit allem, was sie wußten. Schließlich entschied ich mich, es mit Eli zu versuchen.«

Meir Amit verbrachte Wochen damit, für seinen Schützling eine Decklegende zu entwickeln. Sie studierten gemeinsam Stadtpläne und Fotos von Buenos Aires, damit Cohen seine neue Herkunft und sein neuer Name, Kamil-Amin Taabes, in Fleisch und Blut übergingen. Der Mossad-Chef bemerkte, wie schnell »Eli die Fachsprache eines in Syrien tätigen Import-Export-Kaufmanns lernte. Er prägte sich den Unterschied zwischen Frachtbriefen und Frachtzertifikaten, Verträgen und Gewährleistungen ein, überhaupt alles, was er wissen mußte. Er war wie ein Chamäleon, das sich allem anverwandelt. Vor meinen Augen verschwand Eli Cohen und erschien Taabes, der Syrer, der niemals seine Sehnsucht aufgegeben hatte, nach Damaskus heimzukehren. Eli wurde von Tag zu Tag zuversichtlicher, sicherer und immer erpichter, den Beweis zu liefern, daß er die Rolle bewältigen könnte. Er war wie ein Weltmeister im Marathonlauf, der darauf trainiert ist, vom Start an die Spitze zu übernehmen. Aber er könnte jahrelang durchhalten. Wir hatten alles getan, was wir konnten, um ihm zu zeigen, wie er sein neues Leben angehen sollte, wie er dieses Leben leben sollte. Jetzt kam es auf ihn an. Wir alle wußten das. Es gab keine große Verabschiedung. So wie alle meine Spione, verschwand er einfach aus Israel.«

Cohen etablierte sich schnell in der Geschäftswelt der syrischen Hauptstadt und baute sich einen Kreis von hochrangigen Freunden auf. Zu ihnen gehörte Maazi Zahreddin, ein Neffe des Staatspräsidenten.

Zahreddin war ein Angeber, der darauf brannte, vorzuführen, daß Syrien unbesiegbar sei. Cohen ging darauf ein und kam in kürzester Zeit in den Genuß einer Besichtigungstour zu Syriens Befestigungsanlagen auf den Golan-Höhen. Er sah die tief in die Erde reichenden Betonbunker mit der von den Russen gelieferten Langstreckenartillerie. Er durfte sogar fotografieren. Als zweihundert russische T-54-Panzer in Syrien eintrafen, wurde Tel Aviv wenige Stunden später von Cohen darüber informiert. Er erhielt sogar eine vollständige

Kopie von Syriens strategischem Plan, den Norden Israels abzuschneiden. Diese Information war von unschätzbarem Wert.

Cohen lieferte weitere Beweise für Meir Amits Überzeugung, daß ein operativer Agent so viel wert sei wie eine Division Soldaten. Doch schließlich fing er an, leichtsinnig zu werden. Cohen war immer ein Fußballfan gewesen. Am Tag nach einer Niederlage der israelischen Nationalmannschaft in Tel Aviv brach er die strikte Regel, die besagte, daß seine Übermittlungen »nur Geschäftliches« enthalten durften. Er funkte an seinen Einsatzleiter: »Es wird Zeit, daß wir lernen, auf dem Fußballfeld siegreich zu sein.«

Andere unerlaubte Meldungen wurden übertragen: »Richtet bitte meiner Frau einen Gruß zum Hochzeitstag aus« oder »Meiner Tochter herzlichen Glückwunsch zum Geburtstag«.

Insgeheim war Meir Amit wütend. Aber er wußte, welcher Druck auf dem Agenten lastete, und hoffte, daß Cohens Verhalten nicht mehr sei als »eine zeitweise Verwirrung, die oft gerade bei den besten Agenten auftaucht. Ich versuchte mich in ihn hineinzuversetzen. War er verzweifelt und zeigte dies dadurch, daß er die Vorsichtsregeln fallenließ? Ich versuchte wie er zu denken, da mir bewußt war, daß ich sein Leben neu geschrieben hatte. Ich hatte hundert Faktoren zu berücksichtigen und abzuwägen. Aber am Ende war nur ein einziger entscheidend: War Eli noch in der Lage, seine Arbeit zu tun?« Meir Amit entschied, daß er es war.

In einer Januarnacht des Jahres 1965 war Eli Cohen in seinem Schlafzimmer im Begriff, mit der Übermittlung zu beginnen. Als er den Empfänger einschaltete, stürmten syrische Geheimdienstmänner seine Wohnung. Cohen war gefaßt worden, mit Hilfe eines der damals technisch fortgeschrittensten mobilen Funkpeilgeräte der Welt – geliefert von den Russen.

Im Verhör wurde er gezwungen, eine Botschaft an den Mossad zu senden. Den Syrern fiel der raffinierte Wechsel von Geschwindigkeit und Rhythmus bei der Radioübermittlung nicht auf. In Tel Aviv erhielt Meir Amit die Nachricht, daß Eli gefaßt worden sei. Zwei Tage später bestätigte Syrien seine Gefangennahme.

»Es war, wie wenn du jemanden aus deiner Familie verlierst. Du stellst dir die Fragen, die du dir immer stellst, wenn ein Agent verloren ist: Hätten wir ihn retten können? Wodurch wurde er verraten? Durch seine eigene Sorglosigkeit? Durch irgend jemanden aus seiner Nähe? War er ausgebrannt, und wir haben es nicht erkannt? Hatte er irgendeine Art von Todeswunsch? Auch das kommt vor. Oder war es einfach nur Pech? Du fragst und hörst nicht auf zu fragen. Du findest die Antwort garantiert nie. Aber zu fragen kann ein Weg sein, damit fertigzuwerden.«

Zu keinem Zeitpunkt gelang es den Syrern, Eli Cohen zu brechen. Er blieb standhaft, trotz der Folter, die er erdulden mußte, bevor er zum Tode verurteilt wurde.

Meir Amit versuchte, Eli Cohen zu retten. Während Nadia Cohen eine weltweite öffentliche Kampagne für das Leben ihres Mannes in Gang setzte – sie trat an den Papst heran, an die Königin von England, an Premierminister und Staatspräsidenten –, war Amit mehr im geheimen tätig. Er reiste nach Europa, um die Chefs der französischen und deutschen Geheimdienste zu treffen. Sie konnten nichts tun. Er nahm Verbindungen zur Sowjetunion auf. Er hatte noch nicht aufgegeben, als am 18. Mai 1965 kurz nach 2 Uhr morgens ein Fahrzeugkonvoi das El-Maza-Gefängnis in Damaskus verließ. In einem der Lastwagen befand sich Eli Cohen.

Bei ihm war der achtzigjährige oberste Rabbiner von Syrien, Nissim Andabo. Überwältigt von dem Bevorstehenden ließ der Rabbi seinen Tränen freien Lauf. Eli Cohen beruhigte den alten Mann. Der Konvoi erreichte den El-Marga-Platz im Zentrum von Damaskus. Dort sprach Eli das *Widuj,* das jüdische Sündenbekenntnis: »Allmächtiger Gott, vergib mir all meine Sünden und Verfehlungen.«

Um 3.35 Uhr stand Eli vor den Augen Tausender Syrer im Licht der Fernsehscheinwerfer unter dem Galgen.

In Tel Aviv sah Nadia Cohen ihren Mann sterben und versuchte sich umzubringen. Sie wurde in ein Krankenhaus gebracht und gerettet.

Am nächsten Tag entrichtete Meir Amit in einer kleinen privaten Zeremonie in seinem Büro seinen Tribut an Eli Cohen. Dann wandte er sich wieder der Aufgabe zu, seinen zweiten Spitzenagenten zu führen.

Wolfgang Lotz, ein deutscher Jude, war kurz nach Hitlers Machtergreifung in Palästina eingetroffen. 1963 hatte Meir Amit ihn aus einem engeren Kreis von Kandidaten für einen Spionageauftrag in Ägypten ausgesucht. Während Lotz der gleichen gründlichen Ausbildung wie Cohen unterzogen wurde, erfand Meir Amit ein weiteres Mal eine sorgfältig ausgearbeitete Legende für seinen Agenten. Er entschied sich, aus ihm einen Reitlehrer zu machen, einen ostdeutschen Flüchtling, der im Zweiten Weltkrieg im Afrikakorps gedient hatte und nach Ägypten zurückgekehrt war, um eine Reitschule zu eröffnen. Die Arbeit würde ihm Zugang zu Kairos High-Society verschaffen, aus der sich die Reiterschaft der Stadt rekrutierte.

Lotz hatte bald einen Kreis von Kunden gewonnen, zu denen der stellvertretende Leiter von Ägyptens militärischem Geheimdienst und der Sicherheitschef für die Suezkanalzone gehörten. So wie Cohen es getan hatte, überredete Lotz seine neuen Freunde, ihm Ägyptens beeindruckende Verteidigungsanlagen vorzuführen: die Raketenabschußrampen auf dem Sinai und an der Grenze zum Negev. Lotz erhielt auch eine komplette Liste der Nazi-Wissenschaftler, die in Kairo lebten und an Ägyptens Raketen- und Waffenprogrammen mitarbeiteten. Kurze Zeit später setzten sich Mossad-Agenten auf ihre Fährte, um Vergeltung zu üben.

Nach zwei Jahren verdeckter Arbeit wurde Lotz schließlich festgenommen und verurteilt. In dem Gefühl, daß er zu wertvoll sei, um hingerichtet zu werden, ließen die Ägypter ihn am Leben. In einem kommenden Krieg mit Israel könnte er gegen gefangengenommene ägyptische Soldaten ausgetauscht werden. Genau wie bei Cohen war Meir Amit von der Festnahme tief getroffen.

Er schrieb an Ägyptens damaligen Staatspräsidenten, Gamal Abdel Nasser, und bat ihn um den Austausch von Lotz und seiner Frau gegen ägyptische Kriegsgefangene in Israel. Als Nasser ablehnte, setzte Meir Amit psychischen Druck ein.

»Ich ließ die ägyptischen Gefangenen wissen, sie alle würden festgehalten, weil Nasser sich weigere, uns zwei Israelis zu übergeben. Wir erlaubten ihnen, nach Hause zu schreiben. Ihre Briefe ließen an ihren Gefühlen keinen Zweifel.«

Meir Amit schrieb erneut an Nasser und schlug ihm vor, daß Israel ihm öffentlich das Verdienst der Rückführung der gefangenen Soldaten zusprechen und kein Wort über die Freilassung von Lotz und sei-

ner Frau verlieren würde. Nasser erklärte sich immer noch nicht einverstanden. Da trug Meir Amit die Angelegenheit dem verantwortlichen UN-Kommandeur vor, dessen Truppen für die Aufrechter-
haltung des Friedens auf dem Sinai sorgten. Der Offizier flog nach
Kairo und bekam die Zusicherung, Lotz und seine Frau würden »in
nicht allzu ferner Zukunft« freigelassen.

Meir Amit »verstand die verschlüsselte Nachricht. Einen Monat später verließen Lotz und seine Frau unter völliger Geheimhaltung Kairo
in Richtung Genf. Wenige Stunden später waren sie zurück in meinem Büro.«

Meir Amit erkannte, daß seine *Katsas* vor Ort Unterstützung benötigten. Er schuf die *Sajanim*, freiwillige jüdische Helfer. Jeder *Sajan*
war ein Beispiel für den historisch gewachsenen Zusammenhalt der
jüdischen Gemeinschaft rund um den Globus. Ungeachtet der Treue
zum jeweiligen Land würde ein *Sajan* letztendlich einer stärkeren
Loyalität folgen, der mystischen Verbindung zu Israel und dem
Wunsch, es gegen seine Feinde zu beschützen.

Die *Sajanim* erfüllten zahlreiche Aufgaben. Ein *Sajan*, der einen Au-
toverleih betrieb, gab einem *Katsa* ein Fahrzeug ohne den üblichen
Papierkram. Ein Vermieter-*Sajan* gewährte Unterkunft. Ein Bank-*Sa-*
jan konnte Auszahlungen außerhalb der Schalterstunden vornehmen. Ein Arzt-*Sajan* leistete medizinische Hilfe – etwa durch die Behandlung einer Schußwunde –, ohne die Behörden zu informieren.
Die *Sajanim* bekamen nur die Auslagen für ihre Dienste erstattet.

Ansonsten sammelten sie technische Daten und alle möglichen »offen zugänglichen« Informationen: ein Gerücht auf einer Party, eine
Meldung im Radio, einen Absatz aus der Zeitung, eine halbfertig erzählte Geschichte während eines Essens. Sie besorgten Anhaltspunkte für die *Katsas*. Ohne seine *Sajanim* konnte der Mossad nicht ope-
rativ arbeiten.

Auch dieses Vermächtnis Meir Amits war bewahrt worden, wenn-
gleich in erweitertem Maßstab. 1998 gab es über viertausend *Saja-*
nim in Großbritannien und fast viermal so viele in den USA. Wo Meir
Amit noch mit einem kleinen Etat gearbeitet hatte, gab der Mossad
jetzt monatlich einige hundert Millionen Dollar aus, um seine welt-

weiten Aktivitäten zu betreiben: für den Unterhalt seiner »Aktivposten«, für die Kosten der *Sajanim*, für die sicheren Häuser, für logistischen Nachschub und für die Bestreitung von Einsatzkosten. Meir Amit hatte dem Dienst noch eine weitere Erinnerung an seine Zeit als dessen Chef hinterlassen: eine ihm eigene Sprache. Das Schreibsystem für die Berichte hieß *Naka;* »Tageslicht« bezeichnete die höchste Alarmstufe; ein *Kidon* (das hebräische Wort für Bajonett) war Mitglied eines Mossad-Teams mit einem Mordauftrag; ein *Neviot* war ein Observationsspezialist; die *Jahalomim* waren die für die Nachrichtenverbindung zu den *Katsas* zuständige Einheit; die *Safanim* waren für die PLO als Zielgruppe verantwortlich; ein *Balder* war ein Kurier; ein *Slick* war ein sicherer Ort für Dokumente; *Teuds* (das hebräische Wort für Dokumente) waren gefälschte Papiere.

An jenem Morgen im März 1997, auf der Fahrt zu seinem Rendezvous mit der Vergangenheit, wußte Meir Amit, daß sich vieles beim Mossad verändert hatte. Unter dem Druck politischer Forderungen, die vor allem von Ministerpräsident Benjamin Netanjahu kamen, war der Mossad in eine bedenkliche Isolation gegenüber den ausländischen Geheimdiensten geraten, die Meir Amit so aufmerksam hofiert hatte. Es war eine Sache, nach dem Glaubenssatz »Israel zuerst, zuletzt und immer. Jederzeit« zu leben. Ganz etwas anderes war es, wie er es ausdrückte, geschnappt zu werden, »wenn man die Taschen seiner Freunde durchstöberte«. Das Schlüsselwort ist »geschnappt«, fügte er mit einem weiteren freudlosen Lächeln hinzu.
Ein Beispiel war die wachsende Durchsetzung der USA mit Spionage auf den Gebieten Wirtschaft, Wissenschaft und Technologie. Eine Spezialeinheit mit dem verschlüsselten Namen *Al*, dem hebräischen Wort für oben, durchstreifte Kaliforniens Silicon Valley und Bostons Route 128 nach High-Tech-Geheimnissen. In einem Bericht an den Senatsausschuß für die Geheimdienste hatte der CIA Israel als eines der sechs Länder mit »einem von der Regierung angeordneten, planmäßigen und heimlichen Bestreben zur Sammlung von US-Wirtschaftsgeheimnissen« aufgeführt. Der Präsident des deutschen Inlandsgeheimdienstes, des Bundesamtes für Verfassungsschutz, hatte vor kurzem seine Abteilungsleiter gewarnt, daß der Mossad eine erst-

rangige Gefahrenquelle für die Computergeheimnisse der Bundesrepublik darstelle. Eine ähnliche Warnung war von Frankreichs Direction Générale de la Sécurité Extérieure (DGSE) ausgegeben worden, nachdem ein Mossad-Agent in der Nähe des Auswertungszentrums für Satellitenbilder bei Creil entdeckt worden war. Israel hatte lange versucht, seinem Nuklearpotential auf der Erde etwas Entsprechendes im Weltraum zur Seite zu stellen. Großbritanniens Spionageabwehr, der MI5, nahm in seinem Bericht an den gerade gewählten Premierminister Tony Blair Details über die Bemühungen des Mossad auf, im Vereinten Königreich an sensible wissenschaftliche und Verteidigungsdaten zu gelangen.

Meir Amit war nicht unbedingt gegen solche Abenteuer. Nur schien es oft so, als seien sie miserabel geplant und ohne Berücksichtigung der langfristigen Folgen ausgeführt worden. Dies galt auch für die Art, in der die LAP-Psychologen ihre Kampagnen dirigierten. Zu Meir Amits Zeiten hatte die Abteilung ein weltweites Netzwerk von Kontakten zu den Medien aufgebaut und es mit großem Geschick benutzt. Nach einem terroristischen Zwischenfall in Europa gab es bei einer Kontaktperson in einer Nachrichtenagentur einen Anruf mit »Hintergrundinformationen«, die interessant genug waren, um in die Meldung eingearbeitet zu werden, und die ihr die von der LAP gewünschte Tendenz gaben. Die Einheit erstellte auch Informationen für die Presseattachés der israelischen Botschaften, die sie bei einem Drink oder einem Essen an Journalisten weitergaben, wenn es darum ging, ein »Geheimnis« durchsickern zu lassen, um jemandes Ruf zu untergraben.

Auch wenn diese Propagandamethoden grundsätzlich weiter angewandt wurden, gab es doch einen entscheidenden Unterschied: die Wahl des Ziels oder des Opfers. Meir Amit kam es so vor, als ob viel zu oft politische Erfordernisse ausschlaggebend waren: die Notwendigkeit, von einer eigennützigen Maßnahme abzulenken, die Israel im Nahen Osten plante, oder der Versuch, seine schwindende Beliebtheit wieder aufzubessern, vor allem in den USA.

Als der Flug 800 der Trans World Airlines am 17. Juli 1996 vor der Südostküste von Long Island abstürzte und keiner der 230 Passagiere überlebte, begann die LAP eine Kampagne, die suggerierte, hinter der

Tragödie steckten der Iran oder der Irak, die beiden meistgehaßten Feinde Israels. In den Medien wurde diese freie Erfindung tausendfach wiedergekäut. Knapp ein Jahr später, nachdem etwa fünfhunderttausend Dollar und zehntausend Arbeitsstunden aufgebracht worden waren, gab der Chefermittler des FBI, James K. Kallstrom, bekannt, daß ein terroristischer Bombenanschlag auszuschließen sei. Auch für irgendein anderes Verbrechen gebe es keine Anhaltspunkte. Privat sagte Kallstrom zu Kollegen: »Wenn es die Möglichkeit gäbe, die Bastarde in Tel Aviv wegen Zeitverschwendung dranzukriegen, wäre ich sofort mit von der Partie. Wir mußten jede Meldung überprüfen, die sie in die Medien lancierten.«

Nach dem Bombenattentat bei den Olympischen Spielen in Atlanta schlug die LAP wieder zu. Es wurde die Erfindung verbreitet, »alles deute daraufhin«, daß die Bombe von jemandem gebaut worden sei, der bei den Bombenbauern im libanesischen Bekaa-Tal gelernt habe. Die Geschichte fand Gehör – und die LAP brachte der verängstigten amerikanischen Öffentlichkeit das Schreckgespenst des Terrorismus ins Haus.

Der einzige Verdächtige war ein vom Pech verfolgter Wachmann bei den Spielen, ein Mann, der nachweislich keine Verbindungen zum internationalen Terrorismus hatte. Als das feststand, war die Geschichte gestorben.

Natürlich verstand Meir Amit, wie wichtig es war, die Welt an die Gefährlichkeit des Terrorismus zu erinnern. Aber die Warnung »muß stichhaltig sein, darauf habe ich immer bestanden«. Dem Eingeständnis folgte ein Achselzucken, als ob eine innere Feuerschranke den Funken von Irritation erstickt hätte. Seit langem hatte er gelernt, seine Gefühle zu verbergen und hinsichtlich der Details schwammig zu bleiben; über Jahre war Tarnung seine Stärke gewesen.

Er war der Ansicht, daß die Abwärtsspirale des Mossad begonnen hatte, als Ministerpräsident Jitzhak Rabin im November 1995 während einer Friedenskundgebung in Tel Aviv ermordet wurde. Kurz bevor Rabin von einem jüdischen Extremisten niedergeschossen worden war – in Meir Amits Augen ein weiteres Zeichen für den Niedergang der israelischen Gesellschaft –, hatte der damalige Generaldirektor des Mossad, Shabtai Shavit, Rabins Mitarbeiterstab gewarnt, daß es einen Anschlag auf den Ministerpräsidenten geben könnte. Einem Mitglied des Stabes zufolge wurde diese Möglichkeit ignoriert, da sie zu vage gewesen sei, »um von einer konkreten Bedrohung auszugehen«.

Unter Meir Amits Kommando hatte der Mossad noch nicht die Erlaubnis, innerhalb Israels zu operieren, er durfte dies ebensowenig wie der CIA innerhalb der USA. Doch trotz all seiner Kritik wiederholte Meir Amit gerne, daß der Mossad eben das Schicksal Israels teile. Während seiner Amtszeit hatten die Mossad-Aktionen häufig in aller Welt Wirkung gezeigt. Das meiste davon führte er auf Loyalität zurück, eine Eigenschaft, die heute passé zu sein schien. Die Leute taten weiterhin ihre Arbeit – die so gefährlich und schmutzig geblieben war wie früher –, aber sie fragten sich, ob sie nicht mehr allein einem Vorgesetzten verantwortlich waren, sondern auch einer bestimmten politischen Figur im Hintergrund. Diese Einmischung könnte die Paranoia erklären, die regelmäßig aufkam und die Vorstellung von Israel als einer echten Demokratie in Frage stellte.

Neben der Schnellstraße zwischen dem Seebad Herzliyya und Tel Aviv befindet sich ein mit Antennen übersätes eingezäuntes Bauwerk: die Ausbildungsstätte des Mossad. Zu dem ersten, was ein neuer politischer Beamter, ein Spion an einer ausländischen Botschaft in Tel Aviv erfährt, gehört der Standort des graubraunen Gebäudes. Eine israelische Zeitung oder Zeitschrift allerdings, die diese Einrichtung erwähnt, riskiert noch immer, strafrechtlich verfolgt zu werden. Als 1996 eine Tageszeitung in Tel Aviv den Namen des neuesten Mossad-Generaldirektors veröffentlichte, des strengen Danny Jatom, gab es eine erregte Debatte innerhalb der Geheimdienste des Landes, was zu tun sei. Es war die Rede davon, den aufsässigen Reporter und den Herausgeber in Haft zu nehmen. Am Ende passierte gar nichts, als der Mossad mitbekam, daß Jatoms Name sowieso schon weltweit bekannt war.

Meir Amit war entschieden gegen eine solche Bloßstellung: »Den Namen eines im Dienst befindlichen Chefs zu nennen ist schlimm. Spionieren ist ein geheimes Geschäft, und kein erfreuliches. Egal was jemand getan hat, du mußt ihn vor den Leuten draußen schützen. Innerhalb der Organisation kannst du mit ihm so grob umgehen, wie du es für richtig hältst. Aber für die Welt da draußen muß er unantastbar bleiben, oder besser noch unberechenbar und unbekannt.«

In seiner Zeit als Generaldirektor war Meir Amits Codename Ram gewesen, das heißt auf deutsch »hoch, erhaben«. Für jemanden, der in dem unbezwinglichen Geist der frühen Siedler großgezogen worden war, als das gesamte arabische Palästina gegen das britische Mandat und die Juden revoltierte, hatte das Wort einen befriedigend alttestamentarischen Klang. Von Jugend an hatte er seinen Körper mit aller Kraft trainiert. Der an sich schmächtige Meir Amit wurde stark und zäh – angetrieben von dem Glauben, daß dies *sein* Land sei, *Eretz Israel,* das Land Israel. Es war unerheblich, daß der Rest der Welt es noch bis 1947 Palästina nannte, als die Vereinten Nationen seine Teilung vorschlugen.

Kaum war Israel als Nation geboren, da drohte ihm die Vernichtung, als arabische Armeen versuchten, das Land zurückzuerobern. Sechstausend Juden starben; die Zahl der gefallenen Araber wird sich nie ermitteln lassen. Der Anblick so vieler Toter hatte Meir Amit fast zum Erwachsenen gemacht. Die Ankunft der Überlebenden aus den Todeslagern der Nazis mit ihrer ins Fleisch gebrannten grauenhaften blauen Tätowierung tat ein Übriges. »Dieser Anblick erinnert uns an das Ausmaß menschlicher Verkommenheit.« Bei anderen würden diese Worte unangemessen banal klingen, aber Meir Amit gab ihnen Würde.

Seine Militärkarriere entsprach der typischen Biographie eines für die Spitze bestimmten Soldaten: 1948 im Unabhängigkeitskrieg Kompaniechef, zwei Jahre später Brigadekommandeur unter Mosche Dayan; dann innerhalb von fünf Jahren der für Einsätze verantwortliche Armeechef und damit zweithöchster Offizier in Israels Streitkräften. Ein Unfall – sein Fallschirm hatte sich nicht ganz geöffnet – beendete diese Laufbahn. Die israelische Regierung bezahlte ihm das Studium an der Columbia University in New York, wo er einen Magisterabschluß in Wirtschaftswissenschaften erwarb. Er kehrte ohne Anstellung nach Israel zurück.

Mosche Dayan schlug ihn als Chef des militärischen Geheimdienstes vor. Trotz anfänglicher Einwände wegen der ihm fehlenden Erfahrung auf diesem Gebiet wurde er ernannt: »Ich hatte einen Vorteil:

Ich war ein kampferprobter Kommandeur und wußte um die Wichtigkeit guter Informationen für die kämpfenden Soldaten.« Am 25. März 1963 wurde er Isser Harels Nachfolger als Chef des Mossad. Seine Leistungen waren so zahlreich, daß man eine eigene Kurzschrift bräuchte, um sie alle aufzulisten: Er war der Mann, der beim Mossad die Politik der Attentate auf dessen Feinde einführte; der genau zu dem Zeitpunkt eine geheime Arbeitsverbindung mit dem KGB aufbaute, als in der Sowjetunion Millionen von Juden drangsaliert wurden; der den Einsatz von Frauen und die Verwendung sexueller Fallen bei der Geheimdienstarbeit verfeinerte; der die Infiltrierung des Palastes von König Hussein genehmigte, kurz bevor der jordanische Herrscher ein CIA-Agent in der arabischen Welt wurde.

Die Techniken, die er erfand, um all das zu bewerkstelligen, wurden weiter verwendet. Aber kein Außenstehender wird jemals erfahren, wie er sie entwickelte. Er würde seine Kiefermuskeln anspannen und nichts sagen außer: »Es gibt Geheimnisse, und es gibt meine Geheimnisse.«

Als er spürte, daß die Zeit gekommen war, zum Nutzen des Mossad das Ruder aus der Hand zu geben, hatte er sich ohne viel Aufhebens verabschiedet. Er hatte seine Mitarbeiter zusammengerufen und ihnen ins Gedächtnis gerufen, daß sie sofort den Dienst quittieren sollten, wenn sie als für den Mossad arbeitende Juden ihre eigenen ethischen Grundsätze nicht mehr mit den Anforderungen des Staates vereinbaren könnten. Nach einem Händeschütteln reihum war er dann gegangen.

Aber keiner seiner Nachfolger versäumte es, ihn in seinem Büro in der Jabotinsky-Straße, die in Tel Avivs hübschem Vorort Ramat Gan liegt, zu einem Kaffee aufzusuchen. Bei solchen Besuchen blieb die Tür des Büros fest verschlossen und das Telefon abgeschaltet.

»Meine Mutter sagte immer, ein Vertrauensbruch bedeutet, einen Freund zu verlieren«, erklärte er auf englisch und lächelte das verschmitzte Lächeln eines alten Mannes.

Außerhalb seiner unmittelbaren Familie – einem kleinen Stamm aus Kindern, Enkeln, Cousins und Cousinen sowie anderen Verwandten aus mehreren Generationen – kennen nur wenige Meir Amit wirklich. Alles andere wäre ihm auch nicht recht gewesen.

An jenem Morgen im März 1997 wirkte Meir Amit hinter seinem Lenkrad, als sei er knapp über sechzig und nicht fünfundsiebzig Jahre alt. Sein durchtrainierter Körper, der ihn früher einmal einen Belastungstest in olympiareifem Tempo bestehen ließ, war weicher geworden; unter dem gut geschnittenen blauen Blazer wölbte sich ein kleiner Bauchansatz. Doch als er die Allee aus Eukalyptusbäumen entlangfuhr, waren seine Augen immer noch stechend genug, um jemanden aufzuschrecken, und sie waren immer noch unergründlich und undurchdringbar.

Wie oft er diese Fahrt schon gemacht hatte, wußte er selber nicht mehr. Aber jeder Besuch erinnerte ihn an die alte Wahrheit: »Um als Jude zu überleben, mußt du dich bis auf den Tod verteidigen.«

Diese Mahnung war auch den Gesichtern der Soldaten eingeschrieben, die vor dem Ausbildungslager bei Gilot, nördlich von Tel Aviv, unter Bäumen auf ihre Abfahrt warteten. Sie hatten etwas Angeberisches, ja sogar Überhebliches an sich: Sie leisteten ihren Wehrdienst bei den israelischen Verteidigungsstreitkräften und waren von dem Glauben durchdrungen, daß sie in der besten Armee der Erde dienten. Nur ein paar schauten ein zweites Mal zu Meir Amit. Für sie war er nur ein alter Mann, der gekommen war, um das in der Nähe gelegene Kriegsdenkmal zu besuchen. Israel ist das Land solcher Gedenkstätten, es gibt insgesamt über 1500 – sie sind den Fallschirmjägern, den Piloten, den Panzerfahrern und der Infanterie gewidmet. Diese Monumente gedenken der Toten aus fünf offiziellen Kriegen und der bewaffneten Grenzüberschreitungen und Antiguerilla-Operationen seit fast fünfzig Jahren. Nirgendwo auf der Welt jedoch und auch sonst nirgends in Israel gibt es ein Mahnmal, das sich mit dem vergleichen läßt, das Meir Amit mitbegründet hat, obwohl Israel seine gefallenen Krieger in einer Weise ehrt, wie es dieses Land seit der Besetzung durch die Römer nicht gesehen hat. Das Denkmal befindet sich am Rand des Ausbildungslagers und besteht aus einigen Gebäuden mit Betonmauern und einer Ansammlung von Sandsteinmauern, die zu einem Labyrinth in der Form eines menschlichen Gehirns zusammengefügt sind. Meir Amit suchte diese Form aus, weil »Geheimdienstarbeit zuallererst mit dem Kopf zu tun hat. Eine Bronzefigur in heroischer Pose wäre völlig verfehlt.« Das Denkmal erinnert an bislang 557 Männer und Frauen aus Israels Geheimdiensten, 71 von ihnen dienten beim Mossad. Sie starben an allen Ecken der Welt: in den Wüsten des Irak und den Bergen des Iran, in den Dschungeln von Süd- und Mittelamerika, im afrikanischen Busch und auf den Straßen Europas. Sie alle hatten auf ihre Weise versucht, nach dem Motto des Mossad zu leben: »Du sollst Krieg führen mit Hilfe der Täuschung.«

Meir Amit hatte viele von ihnen persönlich gekannt; einige von ihnen hatte er in den Tod geschickt, mit Aufträgen, die, wie er einräumte, jenseits der »Grenze eines akzeptierbaren Risikos lagen, aber das ist bei dieser Arbeit bedauernswerterweise unvermeidlich. Der Tod eines Menschen muß immer aufgewogen werden gegen die Sicherheit unserer Nation. Das ist immer so gewesen.«

In die glatten Sandsteinwände sind nur die Namen und die Todesdaten eingraviert. Es gibt keine Hinweise auf die Todesumstände: eine öffentliche Hinrichtung am Galgen, das Schicksal aller in arabischen Ländern zum Tode verurteilten Juden; der Messerstich eines Mörders auf einer namenlosen Allee; die barmherzige Erlösung nach Monaten der Folter in einem Gefängnis. Niemand wird das jemals erfahren. Auch Meir Amit konnte oftmals nur Vermutungen anstellen, und er behielt diese dunklen Ahnungen bei sich.

Das hirnförmige Mahnmal ist nur ein Teil der Gedenkstätte. Innerhalb der Betongebäude befindet sich der Aktenraum, er enthält die Biographien der toten Agenten. Ihr Vorleben und die Militärdienstzeit sind hier sorgfältig dokumentiert, nicht aber der letzte geheime Auftrag. Jedem Agenten ist in einer kleinen Synagoge ein Gedenktag gewidmet.

Hinter der Synagoge liegt ein Amphitheater, wo sich am »Tag des Geheimdienstes« die Familien zum Gedenken an ihre Toten versammeln. Manchmal spricht Meir Amit zu ihnen. Hinterher besuchen sie das kleine Museum mit seinen Ausstellungsstücken: ein Übermittlungsgerät im Boden eines Bügeleisens; ein Mikrophon in einer Kaffeetasse; unsichtbare Tinte in einer Parfümflasche; das Tonbandgerät, mit dem am Vorabend des Sechstagekrieges das entscheidende Gespräch zwischen König Hussein von Jordanien und dem ägyptischen Staatspräsidenten Nasser abgehört worden war.

Meir Amit hatte die Geschichten der Männer, die diese Ausrüstungsgegenstände verwendet hatten, bis zur Leuchtkraft eines Heldenmythos aufpoliert. Er hob die Verkleidung hervor, die Ya'a Boqa'i trug, wenn er nach Jordanien hineinschlüpfte und dann wieder hinaus, bis er gefaßt und 1949 in Amman hingerichtet wurde, und das Röhrenradio, das Max Binnet und Mosche Marzuk benutzten, um das erfolgreichste Spionagenetz des Mossad in Ägypten zu leiten, bevor sie voller Sehnsucht nach dem Tod in einem Kairoer Gefängnis qualvoll starben.

Für Meir Amit waren sie alle »meine Gideoniten«. Gideon war der Held aus dem Alten Testament, der Israel vor den überlegenen Streitkräften eines Feindes gerettet hatte, weil er die besseren Informationen besaß.

Nun war es für Meir Amit Zeit, in Begleitung des Museumskustos zu dem Labyrinth zu gehen. Sie blieben vor jedem eingravierten Namen stehen, neigten unmerklich die Köpfe und gingen weiter. Irgendwo war ihr Rundgang abrupt zu Ende. Kein Toter mehr respektvoll zu würdigen – nur freier Raum für weitere Namen auf dem sandfarbenen Stein. Einen Moment lang verlor sich Meir Amit erneut in Gedanken. Auf hebräisch flüsterte der alte Mossad-Chef dem Kustos zu: »Was auch passiert, wir müssen sicherstellen, daß dieser Ort bestehen bleibt.«

Scheinbar ohne Zusammenhang zu dem Vorangegangenen fügte er hinzu, daß Syriens Staatspräsident Hafiz al Assad an der Wand seines Büros in Damaskus nur ein Bild habe, eine riesige Fotografie der Stätte, wo Saladin 1187 die Kreuzfahrer besiegt hat. Dieser Sieg führte zur arabischen Rückeroberung Jerusalems.

Für Meir Amit hatte Assads Vorliebe für diese Fotografie »eine Bedeutung für Israel. Er sieht uns auf die gleiche Weise an wie Saladin die Kreuzfahrer – als jemanden, der am Ende bezwungen wird. Und er ist nicht der einzige mit dieser Hoffnung. Man findet sie selbst bei einigen, die vorgeben, unsere Freunde zu sein. Auf sie müssen wir ganz besonders aufpassen ...«

Er hielt inne, verabschiedete sich von dem Kustos und marschierte zu seinem Auto zurück, als ob er schon zuviel gesagt hätte; als ob das, was er gesagt hatte, den Gerüchten, die bei den israelischen Geheimdiensten zu kursieren begannen, weiteren Auftrieb geben könnte.

Eine weitere Krise in der schon jetzt schwierigen Allianz von Mossad und dem amerikanischen CIA kündigte sich an – mit möglicherweise verheerenden Auswirkungen auf Israel.

Einer der schillerndsten und rücksichtslosesten operativen Agenten des Mossad war bereits in den sich zusammenbrauenden Skandal verwickelt. Er hatte einst unter Meir Amit gedient, ein Mann, der sich seinen Platz in der Geschichte bereits als der Fänger von Adolf Eichmann gesichert hatte, der jedoch noch immer gern mit dem Feuer spielte.

Kapitel 4

DER SPION MIT DER
EISERNEN MASKE

Die reichen Einwohner des exklusiven Vorortes Afeka im Norden Tel Avivs waren daran gewöhnt, einen untersetzten älteren Mann mit mächtigem Brustkasten alte Wasserleitungen, ausgediente Fahrradketten und anderes Altmetall nach Hause schaffen zu sehen. Der Mann war kurzsichtig und seit einer Verwundung während des israelischen Unabhängigkeitskriegs auf dem rechten Ohr fast taub. Zu Hause zog sich Rafael »Rafi« Eitan eine abgelegte Hose und ein altes Hemd an, setzte sich die Schutzmaske auf und schweißte das Altmetall zu surrealistischen Skulpturen zusammen. Manche Nachbarn fragten sich, ob das seine Art war, um für einen Augenblick seiner Vergangenheit zu entgehen. Sie wußten, daß Rafi Eitan für sein Land getötet hatte – nicht in offener Schlacht, sondern bei den geheimen Gefechten, die zu dem unaufhörlichen verdeckten Krieg Israels gegen die Feinde des Staates gehörten. Kein Nachbar wußte genau, wie viele Menschen Eitan umgebracht hatte, zum Teil mit seinen bloßen Händen, die kräftig waren und kurze, dicke Finger hatten. Er hatte ihnen nur folgendes gesagt: »Wenn ich jemanden tötete, mußte ich das Weiße in seinen Augen sehen. Dann wurde ich sehr ruhig, sehr konzentriert und dachte nur daran, was ich zu tun hatte. Dann tat ich es. Das war alles.« Begleitet wurden diese Worte von jenem einschmeichelnden Lächeln, das manche starke Männer an den Tag legen, wenn sie die Zustimmung Schwächerer suchen.

Fast ein Vierteljahrhundert lang war Rafi Eitan der für direkte Operationen zuständige Vizedirektor des Mossad gewesen. Für ihn hieß dieser Posten nicht, sein Leben hinter dem Schreibtisch zu verbringen und andere die Aufträge erledigen zu lassen. Bei jeder Gelegenheit war er selbst hinausgegangen, hatte mit entschlossener Miene die Welt bereist, angetrieben von einer Haltung, die er auf den markigen Leitspruch reduzierte: »Wenn du nicht Teil der Lösung bist, dann bist du Teil des Problems.«

Keiner kam ihm an kaltblütiger Härte gleich, an verschlagener List; der Fähigkeit, ganz schnell zu improvisieren; dem Talent, auch die ausgeklügeltsten Pläne zu durchschauen und unermüdlich einer Fährte zu folgen. Alle diese Eigenschaften spielten bei der einen Operation zusammen, die ihm dauernden Ruhm eintragen sollte – der Entführung Eichmanns, des Nazibürokraten, des Inbegriffs des ganzen Schreckens der Hitlerschen Endlösung.

Für seine Nachbarn in der Shay-Straße war Rafi Eitan ein verehrungswürdiger Mann, derjenige, der ihre ermordeten Verwandten gerächt hatte, der einstige Guerillero, der die Gelegenheit erhalten hatte, die Welt daran zu erinnern, daß sich kein noch lebender Nazi in Sicherheit wiegen durfte. Die Nachbarn wurden es nicht müde, sich in sein Haus einladen zu lassen, um die Geschichte eines Unternehmens anzuhören, dessen Kühnheit bis heute nicht ihresgleichen hat. Umgeben von teuren Kunstwerken, verschränkte Eitan seine mächtigen Arme, legte den vierschrötigen Kopf schief und verfiel einen Augenblick in Schweigen, damit seine Nachbarn sich im Geist in jene Zeit zurückversetzen konnten, als Israel gegen scheinbar unüberwindliche Widerstände gegründet wurde. Dann begann er mit mächtiger Stimme, der Stimme eines Schauspielers, der alle Rollen gleichzeitig übernommen hat, ohne eine Einzelheit fortzulassen, zu erzählen, wie er sich auf die Jagd nach Adolf Eichmann gemacht hatte. Erst einmal schilderte er den Schauplatz für eine der dramatischsten Entführungsgeschichten aller Zeiten.

Nach dem Ende des Zweiten Weltkriegs waren es zunächst Holocaust-Überlebende, die die Jagd auf Nazikriegsverbrecher aufnahmen. Sie nannten sich *Nokmim,* »Rächer«. Sie hielten sich nicht mit legalen Verfahren auf, sondern brachten einfach jeden Nazi um, den sie in die Hände bekamen. Rafi Eitan kannte keinen einzigen Fall, in dem es versehentlich einen Unschuldigen getroffen hätte. Von offizieller Seite gab es in Israel kein besonderes Interesse, Kriegsverbrecher aufzuspüren. Das war eine Frage der Prioritäten. Israel, von feindlichen arabischen Staaten umgeben, kämpfte um seine Existenz. Das Land lebte von einem Tag auf den anderen und war zudem fast bankrott. Es war kein Geld da, um mit den Verbrechen der Vergangenheit abzurechnen.

1957 aber erreichte den Mossad die elektrisierende Nachricht, Eichmann sei in Argentinien gesehen worden. Rafi Eitan, nach einigen kühnen Einsätzen gegen die Araber bereits ein aufgehender Stern am Mossad-Himmel, wurde auserkoren, Eichmann gefangenzunehmen und nach Israel zu schaffen, wo er vor Gericht gestellt werden sollte.

Ihm wurde erklärt, daß ein solches Unterfangen in mehrfacher Hinsicht von großer Bedeutung sei. Es sei ein Akt der Gerechtigkeit für das jüdische Volk. Es würde die Welt an die Todeslager erinnern und an die Pflicht, dafür zu sorgen, daß sie sich niemals wiederholen würden. Es würde den Mossad in die erste Reihe sämtlicher Geheimdienste der ganzen Welt bringen. Kein anderer Geheimdienst hätte jemals eine solche Operation gewagt. Aber auch die Risiken waren sehr groß. Das Mossad-Team müßte Tausende von Kilometern von der Heimat entfernt operieren, mit gefälschten Dokumenten reisen, sich nur auf die eigenen Mittel verlassen und in einer feindseligen Umgebung arbeiten, denn Argentinien war eine Zufluchtsstätte der Nazis. Die Einsatzleute des Mossad könnten leicht im Gefängnis enden oder sogar getötet werden.

Zwei Jahre lang wartete Rafi Eitan geduldig ab, bis sich der Verdacht zur Gewißheit verdichtet hatte: Der Mann, der unter dem Namen Ricardo Klement in einer vom Mittelstand bewohnten Vorstadt von Buenos Aires lebte, war Adolf Eichmann.

Als der Einsatzbefehl schließlich gegeben war, wurde Rafi Eitan »eiskalt«. Er hatte alles bedacht, was schiefgehen könnte. Die politischen, diplomatischen und – für ihn persönlich – die beruflichen Auswirkungen würden enorm sein. Er hatte auch darüber nachgedacht, was er tun würde, wenn die argentinische Polizei eingreifen sollte, nachdem er Eichmann gefangengenommen hatte. »Ich beschloß, Eichmann mit meinen bloßen Händen zu erwürgen. Wenn ich gefangengenommen und vor Gericht gestellt werden sollte, würde ich erklären, ich hätte nach der biblischen Losung gehandelt: Auge um Auge, Zahn um Zahn.«

El Al, die israelische Fluggesellschaft, hatte mit Mitteln aus dem Schmiergeldfonds des Mossad eigens eine Britannia gekauft, mit der Eichmann von Argentinien nach Israel gebracht werden sollte. Rafi Eitan erzählt:

»Wir schickten einfach jemanden nach England, um eine Maschine zu kaufen. Er händigte das Geld aus, und wir hatten das Flugzeug. Offiziell brachte es eine israelische Delegation zur Feier des 150. Jahrestags der argentinischen Unabhängigkeit ins Land. Keiner der Delegierten hatte eine Ahnung, warum wir mitflogen oder daß im Heck der Maschine eine Zelle für den Transport Eichmanns eingebaut war.«

Rafi Eitan und sein Team kamen am 1. Mai 1960 in Buenos Aires an. Sie zogen in eines der sieben sicheren Häuser, die ein vorausgeschickter Mossad-Agent angemietet hatte. Eines davon hatte den hebräischen Decknamen *Maoz,* das »Bollwerk«. Diese Wohnung war die Operationsbasis. Ein anderes hieß *Tira,* der »Palast«. In ihm sollte Eichmann nach seiner Gefangennahme versteckt werden. Die anderen sicheren Häuser waren Ausweichquartiere zur Unterbringung Eichmanns, falls dem »Palast« eine Polizeirazzia drohte. Für die Aktion waren außerdem ein Dutzend Autos gemietet worden.

Als alles an Ort und Stelle war, wurde Rafi Eitan ruhig und entschlossen. Alle Gedanken an einen Fehlschlag hörten auf, die Aussicht darauf, bald zu handeln, löste die Spannung des Wartens ab. Drei Tage lang überwachte das Mossad-Team vorsichtig den Mann, der sich einst in einer Mercedes-Limousine hatte überall hinfahren lassen. Jetzt fuhr Adolf Eichmann mit dem Bus, den er an der Ecke Garibaldistraße in einem Vorort verließ, genauso pünktlich, wie er es gewesen war, als er die Deportationsbefehle in die Todeslager abgezeichnet hatte. In der Nacht des 10. Mai 1960 bestimmte Rafi Eitan einen Fahrer für die Entführungsaktion sowie zwei Männer, die Eichmann bändigen sollten, wenn er im Wagen saß. Der eine der Männer war besonders darauf trainiert, eine Zielperson auf offener Straße zu überwältigen. Rafi Eitan würde neben dem Fahrer sitzen, »um zu helfen, in welcher Form auch immer«. Die Operation wurde auf den folgenden Abend festgelegt. Am 11. Mai um 20 Uhr bog das Auto des Teams in die Garibaldistraße ein. Es herrschte keine Spannung. Darüber waren sie alle hinaus. Keiner sprach ein Wort. Es gab nichts zu sagen. Rafi Eitan schaute auf seine Uhr: 20.03 Uhr. Sie fuhren die menschenleere Straße hinauf und hinunter. 20.04 Uhr. Mehrere Busse kamen und fuhren weiter. 20.05 Uhr, wieder ein Bus. Eichmann stieg aus. Nach Rafi Eitan »wirkte er ein bißchen müde, so wie er vielleicht nach einem Arbeitstag ausgesehen haben mochte, an dem er wieder Tausende von uns in die Todeslager geschickt hatte«.

»Die Straße war immer noch menschenleer. Ich hörte, daß unser Überfallspezialist hinten die Autotür öffnete. Wir fuhren knapp hinter Eichmann. Er lief schnell, als wollte er nach Hause zum Abendessen. Ich hörte den Spezialisten rhythmisch ein- und ausatmen, wie er es in der Ausbildung gelernt hatte. Zwölf Sekunden sollten reichen. Aus der Tür raus, den Mann am Kragen packen, ihn in das Auto zerren. Raus, zupacken, rein.«

Das Auto kam auf gleiche Höhe mit Eichmann. Er drehte sich halb um, schaute verwirrt, als der Spezialist aus dem Auto herauskam. Dann stolperte der Agent plötzlich über einen losen Schnürsenkel und wäre fast gestürzt. Einen Augenblick lang war Rafi Eitan zu verblüfft, um etwas zu unternehmen. Er war um die halbe Welt gereist, um den Mann zu fangen, der mitgeholfen hatte, sechs Millionen Juden in den Tod zu schicken. Und nun bestand die Gefahr, daß die gesamte Aktion daran scheiterte, daß ein Schnürsenkel nicht richtig zugebunden war. Eichmann wollte sich schnell davonmachen. Da sprang Rafi Eitan aus dem Auto.

»Ich packte ihn mit solcher Kraft im Nacken, daß ich sah, wie ihm die Augen hervorquollen. Ein wenig fester, und ich hätte ihn erwürgt. Der Spezialist war mittlerweile wieder auf den Beinen und hielt die Tür auf. Ich stieß Eichmann auf den Rücksitz. Der Spezialist sprang hinterher, saß halb auf Eichmann. Das Ganze hat nicht länger als fünf Sekunden gedauert.«

Vom Vordersitz aus roch Rafi Eitan den schlechten Atem Eichmanns, der nach Luft rang. Der Spezialist half ihm, indem er sein Kinn hob und senkte. Eichmann wurde ruhiger. Er brachte es sogar fertig, zu fragen, was der Überfall zu bedeuten hätte.

Keiner sprach mit ihm. Schweigend erreichten sie das etwa fünf Kilometer entfernte sichere Haus. Rafi Eitan zwang Eichmann, sich zu entkleiden. Er verglich die Körpermaße mit denen aus Eichmanns SS-Akte. Es überraschte ihn nicht, daß es Eichmann irgendwie gelungen war, die SS-Tätowierung loszuwerden. Aber alle Maßangaben stimmten überein – vom Kopfumfang bis zur Länge von Unterarm und Unterschenkel. Er ließ Eichmann an ein Bett fesseln. Zehn Stunden lang wurde er in vollkommenem Schweigen festgehalten. Rafi Eitan »wollte ihm ein Gefühl von Hoffnungslosigkeit geben. Kurz vor Morgengrauen war Eichmann völlig zermürbt. Ich fragte ihn nach seinem Namen. Er nannte einen spanischen. Ich sagte, nein, nein, nein, Ihren deutschen Namen. Er nannte seinen deutschen Decknamen, den er bei seiner Flucht aus Deutschland benutzt hatte. Ich sagte wiederum, nein, nein, nein, Ihren richtigen Namen, Ihren SS-Namen. Er streckte sich auf dem Bett, als wollte er Haltung annehmen, und sagte laut und deutlich: ›Adolf Eichmann‹. Ich fragte ihn nicht weiter. Es gab sonst keine Fragen.«

Die nächsten sieben Tage verbrachten Eichmann und seine Bewacher eingeschlossen in dem sicheren Haus. Noch immer sprach niemand mit ihm. In völliger Stille aß und badete er, in völliger Stille ging er auf die Toilette. Für Rafi Eitan »war das Schweigen zu bewahren mehr als eine operative Notwendigkeit. Wir wollten Eichmann nicht zeigen, wie nervös wir in Wirklichkeit waren. Das hätte ihm Hoffnung gemacht. Und Hoffnung macht einen verzweifelten Menschen gefährlich. Ich mußte ihn so hilflos machen, wie mein Volk es war, als er es waggonweise in die Vernichtungslager schickte.«

Die Art, wie Eichmann aus dem sicheren Versteck zu der El-Al-Maschine gebracht wurde, mit der die Delegation heimfliegen sollte, hatte ihren eigenen schwarzen Humor. Zuerst wurde Eichmann in die überzählige El-Al-Uniform gesteckt, die Rafi Eitan aus Israel mitgebracht hatte. Dann mußte er eine Flasche Whisky austrinken, was ihn in eine Art Erstarrung versetzte.

Rafi Eitan und seine Leute zogen ihre eigenen Fliegeruniformen an und bespritzten sich kräftig mit Whisky. Eine Fliegermütze wurde Eichmann auf den Kopf gesetzt, dann wurde er auf den Rücksitz des

Autos bugsiert, das Rafi Eitan zu der Militärbasis steuerte, wo das Flugzeug mit laufenden Maschinen wartete.

Am Kontrollpunkt hielten argentinische Soldaten das Auto an. Eichmann schnarchte auf dem Rücksitz. Rafi Eitan erinnert sich: »Das Auto stank wie eine Schnapsbrennerei. Das war der Augenblick, wo wir uns alle einen Mossad-Oscar verdienten! Wir spielten die besoffenen Juden, die den scharfen argentinischen Schnäpsen nicht gewachsen waren. Die Wachen amüsierten sich und schauten sich Eichmann gar nicht weiter an.«

Fünf Minuten nach Mitternacht, am 21. Mai 1960, hob die Britannia-Maschine mit Adolf Eichmann ab, der in seiner Gefängniszelle im Heck des Flugzeugs immer noch schnarchte.

Nach einem langwierigen Gerichtsverfahren wurde Adolf Eichmann schuldig befunden, Verbrechen gegen die Menschlichkeit verübt zu haben. Am Tag der Hinrichtung, dem 31. Mai 1962, war Rafi Eitan in der Hinrichtungszelle des Ramla-Gefängnisses. »Eichmann sah mich an und sagte: ›Auch du kommst an die Reihe, Jude‹, und ich antwortete: ›Heute aber noch nicht, Adolf, heute nicht.‹ Im nächsten Augenblick öffnete sich die Falltür. Eichmann gab einen kleinen, erstickten Laut von sich. Dann entleerten sich seine Gedärme, man roch es. Dann hörte man nur noch das Geräusch des schwingenden Seils. Ein sehr zufriedenstellendes Geräusch.«

Ein besonderer Ofen war gebaut worden, um die Leiche einzuäschern. Nach einigen Stunden wurde die Asche in einem weiten Radius über das Meer verstreut. Ben Gurion hatte angeordnet, es dürfte nichts übrig bleiben, woran NS-Sympathisanten einen Eichmann-Kult würden knüpfen können. Israel wollte ihn vom Antlitz der Erde austilgen. Danach wurde der Ofen auseinandermontiert, um nie mehr benutzt zu werden. An jenem Abend stand Rafi Eitan am Strand und blickte auf die See hinaus. Er fühlte sich ganz im reinen mit sich, »weil ich wußte, daß ich meinen Auftrag erfüllt hatte. Das ist immer ein gutes Gefühl.«

Als stellvertretender Operationsleiter des Mossad durchquerte Rafi Eitan weiterhin ganz Europa, wenn es galt, arabische Terroristen aufzuspüren und zu exekutieren. Für diese Aufgabe verwendete er ferngesteuerte Bomben; die Beretta, die vom Mossad bevorzugte Hand-feuerwaffe; und, wenn Stille vonnöten war, auch die eigenen bloßen Hände, wenn er das Opfer entweder mit einem Draht erdrosselte oder es mit einem Genickschlag umbrachte. Stets tötete er ohne Reue und Gewissensbisse.

Wenn er nach Hause zurückkam, stand er stundenlang im Funken-flug am offenen Schmiedeofen, ganz in die Aufgabe vertieft, Alt-metall nach seinem Willen zu formen. Dann war er wieder fort, auf Reisen, bei denen er oft mehrfach das Flugzeug wechseln mußte, um seinen Bestimmungsort zu erreichen. Bei jeder Reise benutzte er eine andere Nationalität und Identität aus der großen Anzahl der gestoh-lenen oder perfekt gefälschten Pässe, die der Mossad in aller Stille an-gehäuft hatte.

Wenn er nicht mit einem Mordauftrag unterwegs war, verlegte er sich auf das Anwerben neuer *Sajanim*. Er hatte dabei das Standardverfah-ren, an die jüdische Liebe zum Land ihrer Väter zu appellieren.

»Ich erzählte ihnen, unser Volk hätte seit zweitausend Jahren den einen Traum. Zweitausend Jahre hätten wir Juden um Erlösung ge-betet. In unseren Liedern, unseren Erzählungen, in unseren Herzen hätten wir den Traum lebendig erhalten – und der Traum hat uns am Leben erhalten. Nun ist er Wirklichkeit geworden. Und dann fügte ich hinzu: Damit es so bleibt, brauchen wir Leute wie Sie.«

In den Cafés an den Pariser Boulevards, in den Restaurants am Rheinufer, in Madrid, Brüssel oder in Londons Golders Green wie-derholte er diese eindringlichen Worte. In der Mehrzahl der Fälle ge-wann er mit seiner Vision von dem, was es heute hieß, Jude zu sein, ei-nen neuen *Sajan*. Bei den Zögernden vermischte er Persönliches und Politisches, erzählte Geschichten aus seiner Zeit in der Haganah und über seine Bekanntschaft mit Ben Gurion und anderen Führern des Landes. Das brachte den letzten Widerstand zum Schmelzen.

Bald standen mehr als hundert Männer und Frauen in ganz Europa auf seinen Befehl bereit: Rechtsanwälte, Zahnärzte, Lehrer, Ärzte, Schneider, Ladenbesitzer, Hausfrauen, Sekretärinnen. Eine Gruppe liebte er besonders: deutsche Juden, die in das Land des Holocaust zurückgekehrt waren; Rafi Eitan nannte sie seine »überlebenden Spione«.

Weil er vornehmlich für die verdeckten Operationen zuständig war, blieb Rafi Eitan auf Abstand zu dem Ränkespiel, das immer noch die Beziehungen zwischen den einzelnen israelischen Geheimdiensten vergiftete. Er wußte natürlich, was vorging: Der Aman, der militärische Geheimdienst, und der Shin Bet versuchten, mit ihren Intrigen dem mächtigen Mossad ein wenig das Wasser abzugraben. Er hatte von all den Kabalen und den »vertraulichen« Berichten gehört, welche die anderen Dienste an das Büro des Ministerpräsidenten sandten. Doch unter Meir Amits Führung war der Mossad ein Fels in der Brandung geblieben, an dem alle Versuche, seine führende Rolle zu bestreiten, gescheitert waren. Dann war eines Tages Meir Amit nicht mehr im Amt; sein energischer Schritt in den Fluren, sein durchdringender Blick und sein gefrorenes Lächeln gehörten der Vergangenheit an. Nach seinem Abgang hatten Kollegen Rafi Eitan für den geeigneten Nachfolger gehalten. Sie wollten sich für ihn stark machen, wenn er einverstanden sei. Er besitze die erforderlichen Qualifikationen, die ganze Organisation respektiere seine Autorität und schätze ihn. Doch bevor sich Rafi Eitan entscheiden konnte, war der Posten schon an einen Kandidaten der Arbeiterpartei, den farblosen und pedantischen Zwi Zamir, vergeben. Rafi Eitan reichte seine Entlassung ein. Er hatte keinen Ärger mit dem neuen Mossad-Chef, sondern nur das Gefühl, der Mossad sei kein Ort mehr, wo er sich wohl fühlte. Unter Amit war ihm praktisch völlig freie Hand gelassen worden; er meinte, daß unter Zamir »alles nach Dienstvorschrift gehen würde. Das war nichts für mich.«

Rafi Eitan ließ sich als privater Berater nieder. Er bot seine Dienste Firmen an, die ihre Sicherheitsmaßnahmen auf den neuesten Stand bringen wollten, oder reichen Leuten, die ihre Leibwächter in der Abwehr terroristischer Anschläge schulen lassen wollten. Doch das Interesse an dieser Art Arbeit erlahmte schnell. Nach einem Jahr ließ Rafi Eitan wissen, daß er zurück wollte auf die Überholspur geheimdienstlicher Arbeit.

Als Jitzhak Rabin 1974 Ministerpräsident wurde, ernannte er den aggressiven, hemdsärmeligen Jitzhak Hofi zum Mossad-Chef und unterstellte ihn seinem Berater in Sicherheitsfragen, dem Falken Ariel

Scharon. Scharon machte sofort Rafi Eitan zu seinem persönlichen Assistenten. Hofi arbeitete somit eng mit einem Mann zusammen, der, genau wie er, die zupackende Art bei Geheimdienstoperationen bevorzugte.

Bei dem Regierungswechsel drei Jahre später ernannte der neue Ministerpräsident Menachem Begin Rafi Eitan zu seinem persönlichen Berater in Fragen des Terrorismus. Eitans erste Tat in dem neuen Amt war die Planung der Ermordung der Palästinenser, die für die Vorbereitung des Massakers verantwortlich gewesen waren, dem 1972 bei den Olympischen Spielen in München elf israelische Athleten zum Opfer gefallen waren. Einige Hintermänner des Attentats waren bereits vom Mossad exekutiert worden.

Das erste der Opfer stand in der Lobby seines Apartmenthauses in Rom, als aus kurzer Entfernung elf Schüsse abgegeben wurden – eine Kugel für jeden ermordeten Sportler. Der nächste nahm den Hörer in seiner Pariser Wohnung ab, als das Telefon klingelte; eine kleine, ferngezündete Bombe in der Hörmuschel riß ihm den Schädel auf. Ein dritter Terrorist schlief in seinem Hotelzimmer in Nikosia, als eine ähnliche Höllenmaschine losging. Weil sie die überlebenden Mitglieder des Schwarzen September, der für die Ermordung der Sportler verantwortlich war, in Panik versetzen wollten, ließen arabische *Sajanim* Todesanzeigen für die Terroristen in örtliche Zeitungen setzen. Ihre Familien erhielten Blumen und Beileidskarten. Und zwar immer kurz *bevor* der entsprechende Terrorist getötet wurde. Rafi Eitan machte sich daran, den Anführer des Schwarzen September, den in der ganzen arabischen Welt als »Roter Prinz« bekannten Ali Hassan Salameh, aufzuspüren und zu töten. Seit München war er ständig von einer arabischen Hauptstadt in eine andere unterwegs und knüpfte Verbindungen unter den Terrorgruppen. Immer wieder hatte sich der Rote Prinz gerade davongemacht, wenn Rafi Eitan zum Zuschlagen bereit war. Doch schließlich hatte er sich bei den Bombenbauern in Beirut niedergelassen. Rafi Eitan kannte die Stadt gut. Trotzdem war es an der Zeit, die Erinnerung aufzufrischen. Als griechischer Geschäftsmann getarnt, reiste er in die libanesische Hauptstadt. In den folgenden Tagen erkundete er die Lebensumstände und Gewohnheiten von Ali Hassan Salameh.

Dann kehrte Rafi Eitan nach Tel Aviv zurück und traf seine Anordnungen. Drei Mossad-Agenten, die als Araber durchgehen konnten, wechselten in den Libanon und kamen nach Beirut. Der eine mietete ein Auto. Der zweite brachte im Fahrgestell, im Dach und in den Türfüllungen Sprengladungen an. Der dritte Agent parkte das Auto an der Strecke, die der Rote Prinz jeden Morgen zurücklegte, um in sein Büro zu kommen. Aufgrund der exakten zeitlichen Daten, die Rafi Eitan ermittelt hatte, wurde das Auto genau in dem Augenblick zur Explosion gebracht, als Salameh vorbeifuhr. Er wurde von der Bombe zerfetzt.

Rafi Eitan hatte bewiesen, daß er wieder eine wichtige Rolle innerhalb der israelischen Geheimdienste spielen konnte. Doch Ministerpräsident Menachem Begin befand, er sei zu wertvoll, um bei solchen Aktionen sein Leben zu riskieren. Er teilte seinem Berater mit, er solle hinfort in seinem Büro bleiben und sich zurückhalten. In seinem Thriller *The Little Drummer Girl* hat John Le Carré Rafi Eitan als Vorbild für seinen Helden genommen, der sich auf Terroristenjagd begibt. Der Phantasie eines Romanschriftstellers Glaubwürdigkeit zu verleihen reichte aber nicht aus, um Rafi Eitans Rastlosigkeit zu befriedigen. Er wollte am Schauplatz des Geschehens sein und nicht hinter einem Schreibtisch oder bei endlosen Planungssitzungen verkümmern. Er begann dem Ministerpräsidenten zuzusetzen, daß dieser ihm eine andere Aufgabe zuweisen sollte.

Nach einigem Zögern – denn Rafi Eitan war ein brillanter Berater in Fragen der Terrorismusabwehr – betraute ihn Menachem Begin mit einem der sensibelsten Posten innerhalb der Geheimdienste. Dieser Posten würde ihn intellektuell fordern und seinem Wunsch nach praktischem Eingreifen Raum lassen. Rafi Eitan wurde Direktor des Büros für wissenschaftliche Zusammenarbeit, der LAKAM, wie sie nach den hebräischen Anfangsbuchstaben des Namens abgekürzt hieß.

Die Organisation war 1960 gegründet worden. Es handelte sich um die Spionageeinheit des Verteidigungsministeriums zur Erlangung wissenschaftlicher Daten »mit allen Mitteln«. Im Prinzip bestand die Aufgabe also darin, Forschungsergebnisse zu stehlen oder Mitarbeiter zu bestechen, damit sie die gewünschten Erkenntnisse verrieten. Von Beginn an war die LAKAM durch den Argwohn des Mossad behindert worden. Der Mossad betrachtete die Forschungsspione als lästige Konkurrenz. Isser Harel und Meir Amit hatten beide durchzusetzen versucht, daß die LAKAM entweder aufgelöst oder in den Mossad eingegliedert werden sollte. Doch Schimon Peres, der damalige stellvertretende Verteidigungsminister Israels, hatte darauf bestanden, daß das Verteidigungsministerium eine eigene Organisation zur Datenermittlung brauche. Langsam und mühselig hatte die LAKAM damit begonnen, Büros in New York, Washington, Boston und Los Angeles einzurichten, alles Schlüsselstädte im Bereich neuester militärischer Forschung. Jede Woche schickten die LAKAM-Mitarbeiter gewissenhaft ganze Stapel naturwissenschaftlich-technischer Zeitschriften nach Israel. Sie wußten, daß das FBI ein wachsames Auge auf ihre Aktivitäten hatte.

Diese Überwachung wurde nach 1968 noch stärker, als herauskam, daß einer der Ingenieure, die den französischen Kampfflieger Mirage IIIC bauten, über zweihunderttausend Blaupausen gestohlen hatte. Der Mann hatte der LAKAM das Material geliefert, so daß Israel das Kampfflugzeug nachbauen konnte. Er wurde zu viereinhalb Jahren Gefängnis verurteilt. Seit dieser Zeit hatte die LAKAM kaum einen weiteren Erfolg zu verbuchen.

Für Rafi Eitan war die Erinnerung an den Coup mit der Mirage ausschlaggebend für seine Entscheidung, den Posten anzunehmen. Was einmal gelungen war, konnte auch wieder gelingen. Er würde die dahinsiechende LAKAM übernehmen und sie zur einer Kraft machen, mit der gerechnet werden mußte.

Die Organisation saß in vollgestopften Büros am Rand von Tel Aviv. Seine neuen Mitarbeiter blickten ehrfürchtig zu der legendären Figur auf, die sie jetzt führen sollte. Sein ganzes naturwissenschaftliches Wissen passe in ein Reagenzglas, erklärte Rafi Eitan ihnen, und auch dann wäre darin noch viel Platz. Aber, so fügte er hinzu, »ich lerne schnell«.

Auf der Suche nach möglichen Operationszielen vertiefte er sich in die Welt der Forschung. Er verließ sein Haus vor Sonnenaufgang und kehrte oft erst gegen Mitternacht heim, um bis in den frühen Morgen Stapel von technischen Zeichnungen und Papieren durchzuarbeiten, die er aus dem Büro mitgebracht hatte. Bei all den Datenmengen, die sein Kopf verarbeitete, blieb ihm kaum noch Zeit, sich beim Schweißen von Altmetallskulpturen zu entspannen. Außerdem hatte er wieder Kontakt zu seiner alten Wirkungsstätte, dem Mossad, aufgenommen. Der hatte jetzt einen neuen Direktor: Nahum Admoni. Wie Rafi Eitan hegte auch Nahum Admoni ein tiefes Mißtrauen gegen die Absichten der USA im Nahen Osten. Nach außen freilich blieb Washington auch weiter ein enger Verbündeter Israels, und der CIA hielt die Direktverbindung zum Mossad aufrecht, die einst von Isser Harel und Allen Dulles geschaffen worden war. Doch Admoni beklagte, daß die Informationen, die aus dieser Quelle flossen, nicht besonders bedeutsam seien.

Sorge bereiteten dem Mossad-Chef auch die Berichte seiner in Washington stationierten *Katsas* und einiger *Sajanim,* die dort an entscheidenden Stellen saßen. Sie besagten, daß es diskrete Treffen zwischen hochrangigen Beamten des amerikanischen Außenministeriums und arabischen Führern mit guten Kontakten zu Jassir Arafat gab, bei denen beraten wurde, wie sich Druck ausüben ließe, um Israel zu einer größeren Nachgiebigkeit gegenüber den palästinensischen Forderungen zu bewegen. Er betrachte die USA nicht länger als einen »unverbrüchlichen Freund in guten wie in schlechten Tagen«, teilte Admoni Rafi Eitan unumwunden mit. Diese Haltung wurde durch ein Vorkommnis verstärkt, das den amerikanischen Glauben an die eigene Unverletzlichkeit schwerer erschütterte als alles, was sich seit dem Vietnamkrieg ereignet hatte.

Im August 1983 deckten Mossad-Agenten auf, daß ein Anschlag auf die in Beirut stationierten US-Marineinfanteristen geplant war, die dort die UNO-Friedenstruppen verstärkten. Ein Agent hatte einen Mercedes-Lastwagen entdeckt, der Sprengladungen von einer halben Tonne enthielt. Nach den Kooperationsvereinbarungen hätte der Mossad die Information an den CIA weiterleiten müssen. Bei einem Treffen im Mossad-Hauptquartier am König-Saul-Boulevard wurden die Mitarbeiter jedoch angewiesen, »sicherzustellen, daß unsere Leute den Lastwagen überwachen. Was die Amerikaner betrifft, so ist es nicht unsere Aufgabe, sie zu schützen. Sie können auch selber aufpassen. Wir tun in letzter Zeit zu viel für die Amerikaner und schaden uns damit nur selbst.«

Unter den Augen der Mossad-Überwacher fuhr der Lastwagen am 23. Oktober 1983 mit voller Geschwindigkeit in das Hauptquartier des 8. US-Marinebataillons in der Nähe des Beiruter Flughafens. 241 amerikanische Marines kamen ums Leben.

»Sie wollten ihre Nase in die Libanon-Sache stecken, nun sollen sie auch den Preis bezahlen«, lautete nach Aussage des ehemaligen Mossad-Offiziers Victor Ostrovsky die Reaktion in den höheren Rängen des Mossad. Diese Einstellung bestärkte Rafi Eitan bei seinen Überlegungen, die USA tatsächlich zum Ziel seiner Spionage zu machen. In der Forschung waren die USA Weltspitze, mit ihrer Militärtechnologie konnte es kein anderes Land aufnehmen. Es wäre ein immenser Erfolg für die LAKAM, auch nur einen Teil dieser Forschungsdaten in die Finger zu bekommen. Die erste Hürde, die es dabei zu nehmen galt, war zugleich die höchste: einen Informanten zu finden, der hoch genug plaziert war, um das gewünschte Material liefern zu können. Unter den *Sajanim* in den USA, zu deren Anwerbung er in seiner Zeit beim Mossad beigetragen hatte, brachte Rafi Eitan in Umlauf, er sei an allen in den USA lebenden Personen mit wissenschaftlichem Hintergrund und pro-israelischer Haltung interessiert. Doch monatelang ergab sich nichts.

Dann besuchte im April 1984 Aviem Sella, ein Oberst der israelischen Luftwaffe, eine Party in der Upper East Side von Manhattan, die ein wohlhabender jüdischer Gynäkologe veranstaltete. Sella hatte ein Jahr Urlaub bekommen, um an der New York University Informatik zu studieren. In der jüdischen Öffentlichkeit New Yorks genoß Sella einigen Ruhm, weil er die Fliegerstaffel angeführt hatte, die drei Jahre zuvor den irakischen Atomreaktor zerstört hatte.

Auf der Party war auch ein schüchterner junger Mann, der sich unter den Ärzten, Rechtsanwälten und Bankiers unwohl zu fühlen schien. Er stellte sich Sella als Jonathan Pollard vor; er habe diese Party nur besucht, um ihn kennenzulernen. Sella war solch offene Bewunderung peinlich. Er sagte ein paar höfliche Worte und wollte sich gerade anderen Gästen zuwenden, als Pollard sich nicht nur als eifrigen Zionisten, sondern auch als Mitarbeiter des US-Marinegeheimdienstes zu erkennen gab. In kurzer Zeit brachte der scharfsinnige Sella heraus, daß Pollard im Antiterror-Krisenzentrum in Suitland, Maryland, arbeitete, einer der geheimsten Einrichtungen der Marine. Zu Pollards Pflichten gehörte die Überwachung aller als geheim eingestufter Berichte über die weltweiten terroristischen Aktivitäten. Diese Arbeit war so wichtig, daß er die höchste Unbedenklichkeitsstufe hatte, die es für Geheimnisträger der amerikanischen Geheimdienste gab. Sella konnte kaum glauben, was ihm da erzählt wurde, besonders als Pollard begann, ausführliche Details von Fällen zu berichten, bei denen die amerikanischen Geheimdienste nicht mit ihren israelischen Kollegen kooperierten. Sella fragte sich, ob Pollard vielleicht ein FBI-Mann wäre, der einen Israeli anwerben sollte.

Doch die Art, wie Pollard auftrat, wirkte glaubhaft. In der Nacht rief Sella in Tel Aviv an und sprach mit dem Kommandeur des Luftwaffengeheimdienstes, der ihn daraufhin zum Stabschef der israelischen Luftwaffe durchstellte. Sella wurde angewiesen, seinen Kontakt zu Pollard auszubauen.

Sella und Pollard trafen sich am Rockefeller Center, in einem Café in der 48. Straße oder im Central Park. Bei jedem dieser Treffen übergab Pollard geheime Dokumente, um die Wahrheit seiner Ausführungen zu bestätigen. Sella schaffte das Material nach Israel; er genoß es, in eine wichtige Geheimdienstoperation verwickelt zu sein. Er war deshalb verständlicherweise fassungslos, als ihm mitgeteilt wurde, daß der Mossad alles über Pollard wisse. Schon zwei Jahre zuvor hatte sich dieser dem Mossad als Spion angedient, war aber als »unsicher« abgelehnt worden. Auch ein in New York stationierter Mossad-*Katsa* hatte ihn als »einsam, … mit unrealistischen Ansichten über Israel« charakterisiert.

Sella hatte keine Lust, auf seine Rolle in einer Mission zu verzichten, die spannender war, als in der Universität am Computer zu sitzen. Er suchte nach einem Weg, um die Sache am Laufen zu halten. In New York hatte er den Wissenschaftsattaché am dortigen israelischen Konsulat kennengelernt. Dieser Mann, Josef Jagur, unterstand Rafi Eitan und leitete die LAKAM-Aktivitäten in den Vereinigten Staaten.

Sella lud Jagur zu einem Abendessen mit Pollard ein. Während des Essens wiederholte Pollard seine Aussage, Israel würden Informationen vorenthalten, mit denen das Land sich gegen arabische Terroristen verteidigen könnte, weil Amerika seine Beziehungen zu den arabischen Ölproduzenten nicht gefährden wollte.

Auf einer abhörsicheren Konsulatsleitung rief Jagur am Abend seinen Chef Rafi Eitan an. In Tel Aviv war es schon weit nach Mitternacht, doch Rafi Eitan saß immer noch an seinem Schreibtisch. Erst bei Tagesanbruch war das Telefonat vorüber. Rafi Eitan jubilierte: Er hatte seinen Informanten.

In den nächsten drei Monaten bemühten sich Sella und Jagur eifrig um Jonathan Pollard und dessen künftige Frau Anne Henderson. Sie luden sie in teure Restaurants ein, in Broadway-Shows, zu Filmpremieren. Pollard lieferte auch weiterhin wichtige Dokumente. Rafi Eitan konnte nur staunen, wie gut und umfangreich das Material war. Er meinte, es sei an der Zeit, seine Quelle persönlich kennenzulernen.

Im November 1984 luden Sella und Jagur Pollard und dessen Freundin ein, sie auf einen Trip nach Paris zu begleiten; alle Auslagen würden erstattet. Jagur sagte Pollard, die Reise sei »eine kleine Aufmerksamkeit für all das, was Sie für Israel tun«. Sie flogen in der ersten Klasse, in Paris holte sie ein Wagen am Flughafen ab und brachte sie ins Hotel Bristol. Dort wartete Rafi Eitan.

Am Ende des Abends waren alle Einzelheiten ausgearbeitet, wie Pollard zukünftig seinen Geheimnisverrat fortsetzen sollte. Man durfte hierbei nicht länger improvisieren. Sella verschwand von der Bildfläche, seine Rolle war ausgespielt. Pollards offizieller Kontaktmann war nun Jagur. Ein feststehendes Verfahren zur Übergabe von Dokumenten wurde etabliert. Pollard brachte die Dokumente in die Wohnung von Irit Erb, einer unscheinbaren Sekretärin der Washingtoner Botschaft. In ihrer Küche war ein Schnellkopierer installiert. Zwischen diesen Besuchen gab es auch arrangierte Treffen in einer Autowaschanlage. Während Pollards Auto gewaschen wurde, übergab er die Geheimdokumente an Jagur, dessen Auto ebenfalls gerade gereinigt wurde. Unter dem Armaturenbrett von Jagurs Auto befand sich ein batteriebetriebener Kopierer. Erbs Wohnung und die genannte Waschanlage befanden sich nahe dem Washingtoner National Airport, damit Jagur möglichst schnell nach New York pendeln konnte. Vom New Yorker Konsulat aus sandte er das Material über eine geschützte Faxleitung nach Tel Aviv. So war die Planung, die Rafi Eitan ausgearbeitet hatte.

Rafi Eitan kehrte nach dem Pariser Treffen nach Tel Aviv zurück und wartete auf Resultate. Sie übertrafen seine kühnsten Erwartungen: Details über die russischen Waffenlieferungen an Syrien und andere arabische Staaten, darunter auch die genauen Standorte der SS-21- und SA-5-Raketen; Karten und Satellitenfotos der irakischen, syrischen und iranischen Waffenarsenale und ihrer Fabriken zur Produktion chemischer und biologischer Kampfstoffe.

Rafi Eitan gewann schnell ein umfassendes Bild über die amerikanischen Spionageaktivitäten nicht nur im Nahen Osten, sondern auch in Südafrika. Pollard hatte Berichte von CIA-Agenten geliefert, die eine genaue Einsicht in das US-Geheimdienstnetz in Südafrika ermöglichten. Eines der Dokumente enthielt eine ausführliche Darstellung, wie es Südafrika gelungen war, am 14. September 1979 einen atomaren Sprengsatz im Süden des Indischen Ozeans zu zünden. Die Regierung in Pretoria hatte stets geleugnet, daß das Land zu einer Nuklearmacht geworden wäre. Rafi Eitan sorgte dafür, daß der Mossad alle Südafrika betreffenden Dokumente an Pretoria aushändigte, wodurch das CIA-Netz praktisch zerstört wurde. Zwölf Agenten mußten in aller Eile das Land verlassen.

Während der nächsten elf Monate fuhr Pollard fort, die US-Geheimdienste zu plündern. Über eintausend streng geheime Dokumente, insgesamt über zehn Kubikmeter an Papier, wurden nach Israel geschickt. Dort wühlte sich Rafi Eitan durch den Aktenberg hindurch, bevor er ihn an den Mossad weitergab. Die Daten gestatteten es Nahum Admoni, die Koalitionsregierung von Schimon Peres in der Frage, wie diese auf die Nahostinitiativen Washingtons reagieren sollte, in einer Weise zu beraten, die vorher nicht möglich gewesen wäre. Ein Teilnehmer an den sonntäglichen Kabinettssitzungen in Jerusalem erklärte: »Admoni zuzuhören war fast so gut wie ein Horchposten im Oval Office. Wir kannten nicht nur die neuesten amerikanischen Überlegungen zu unseren Angelegenheiten, sondern hatten auch genügend Zeit, um zu reagieren und Entscheidungen zu treffen.«

Pollard war zum zentralen Faktor in den Mysterien der israelischen Politik, bei der kniffligen Wahl zwischen verschiedenen Handlungsoptionen für die Regierung geworden. Rafi Eitan sorgte dafür, daß Pollard einen israelischen Paß auf den Namen Danny Cohen erhielt sowie ein großzügiges Monatssalär. Dafür sollte Pollard Details über die elektronischen Abhörvorrichtungen der amerikanischen National Security Agency (NSA) in Israel liefern. Außerdem sollte er die Abhörmaßnahmen gegen die israelische Botschaft in Washington und die anderen diplomatischen Vertretungen des Landes in den USA auskundschaften.

Doch bevor Pollard diese Informationen weitergeben konnte, wurde er am 21. November 1985 vor der israelischen Botschaft in Washington verhaftet. Innerhalb weniger Stunden hatten Jagur, Sella und die Botschaftssekretärin ein El-Al-Flugzeug nach Tel Aviv bestiegen, noch bevor das FBI zugreifen konnte. In Israel verschwanden sie in den schützenden Armen der dankbaren Geheimdienste. Pollard wurde zu lebenslänglicher Haft verurteilt, seine Frau zu einer Gefängnisstrafe von fünf Jahren.

Unterdessen sorgte Rafi Eitan für den Erfolg einer anderen gegen die USA gerichteten Operation, mit der Israel zur ersten Atommacht im Nahen Osten wurde.

KAPITEL 5

GIDEONS ATOMSCHWERT

In einem Tel Aviver Kino erlebte Rafi Eitan 1945 den Anbruch des Atomzeitalters. Während die jungen Soldaten um ihn herum in Beifallsstürme ausbrachen, als sie die Bilder der zerstörten Stadt Hiroshima sahen, bewegten ihn nur zwei Gedanken: Würde Israel jemals eine solche Waffe besitzen? Und was geschähe, wenn die arabischen Nachbarstaaten sie zuerst hätten?

Im Lauf der Jahre kam ihm die Frage immer wieder einmal in den Kopf. Hätte Ägypten Atombomben besessen, so hätte es im Suezkrieg gesiegt, und weder der Sechstagekrieg noch der Jom-Kippur-Krieg hätten überhaupt stattgefunden. Israel wäre eine nuklear verseuchte Wüste geworden. Wenn Israel aber selbst die Atombombe besäße, wäre es unbesiegbar. In jenen Tagen waren derartige strategische Überlegungen für einen Agenten, dessen Hauptaufgabe das Töten von Terroristen war, lediglich von akademischem Interesse. Sie zu beantworten lag in der Verantwortlichkeit anderer. Als Rafi Eitan jedoch die Leitung der LAKAM übernahm, begann er sich ernsthafter mit der Frage zu beschäftigen. Jetzt konzentrierten sich seine Gedanken auf einen Punkt: Was konnte er tun, um Israel zu einem atomaren Schutzschild zu verhelfen?

Die vierzig Vitaminkapseln, die er täglich schluckte, gaben Rafi Eitan die Kraft für seine langen, mit Lektüre verbrachten Nächte. In seinen Akten entdeckte er, daß sich Israels Politiker und Wissenschaftler von Anfang an uneinig gewesen waren, ob das Land überhaupt auf Atomkraft setzen sollte. In den Dossiers fanden sich Berichte über heftige Wortwechsel bei Kabinettssitzungen und verärgerte Stellungnahmen von Wissenschaftlern. Immer wieder verschaffte sich die übermächtige Stimme des Ministerpräsidenten David Ben Gurion

Gehör, die all die Bedenken, Proteste und langatmigen Argumentationen abschnitt.

Der Ärger hatte 1956 begonnen, als Frankreich einen 24-Megawatt-Reaktor nach Israel schickte. Ben Gurion erklärte, der Reaktor solle die Energie für eine »Pumpstation« liefern, um die Wüste zu bewässern. Die Entsalzung von vier Millionen Kubikmetern Meerwasser pro Jahr würde die Wüste in ein »landwirtschaftliches Paradies« verwandeln. Diese Ankündigung führte prompt zum Rücktritt von sechs der sieben Mitglieder der israelischen Atomenergiekommission, die erklärten, der Reaktor sei in Wahrheit der Vorbote eines »politischen Abenteurertums, das die Welt gegen uns vereinen wird«. Israels führende Militärstrategen unterstützten die Haltung der Kommissionsmitglieder. Jigal Allon, ein Held des Unabhängigkeitskriegs, lehnte die »nukleare Option« rundweg ab; auch Jitzhak Rabin, der später zum Stabschef der israelischen Armee aufrücken sollte, protestierte vernehmbar. Selbst Ariel Scharon, damals wie heute der Anführer der Falken in der israelischen Politik, sprach sich entschieden gegen eine atomare Bewaffnung Israels aus: »Wir haben die besten konventionellen Streitkräfte in der Region.«

Ben Gurion ignorierte alle Widerstände und befahl, daß der Atommeiler im Negev nahe der öden, sandverwehten Entwicklungsstadt Dimona gebaut werden sollte. Einst eine Karawanserei auf dem Weg zwischen Kairo und Jerusalem, war der Ort seit langem bedeutungslos geworden. Nur sehr gute Karten verzeichneten die Wüstenstation südlich von Tel Aviv. Von nun an jedoch sollte der Ort, an dem Israel seine ersten stolpernden Schritte in das Nuklearzeitalter unternahm, in keinem Atlas mehr auftauchen.

Die Silberkuppel, unter der sich der Reaktor befand, wuchs aus der heißen Wüste hervor. Über 2500 Wissenschaftler und Techniker waren im Kirja le Mechkar Garini beschäftigt, wie das Atomkraftwerk auf hebräisch hieß. Diese Menschen arbeiteten in der bestgesicherten Fabrik der ganzen Welt. Der Sand vor den Absperrungszäunen wurde in regelmäßigen Abständen nach Spuren von Eindringlingen abgesucht. Piloten hatten Befehl, jedes Flugzeug abzuschießen, das sich der Anlage auf mehr als fünf Meilen näherte. Eine 24 Meter tiefe Grube war ausgehoben worden, in die der Reaktor als Teil des unterirdischen Komplexes Machon-2 eingebaut wurde. In seinem Zentrum befand sich die Trenn- und Aufbereitungsanlage, deren Teile aus Frankreich angeliefert worden waren, deklariert als »Maschinen für die Textilproduktion«.

Dieser Reaktor allein konnte Israel freilich nicht zu einer Atombombe verhelfen. Dazu benötigte man spaltbares Material, Uran oder Plutonium. Die wenigen Atommächte waren übereingekommen, niemals auch nur ein Gramm dieser Stoffe an irgendein anderes Land zu liefern. So eindrucksvoll die Anlage bei Dimona auch war, sie blieb eine pompöse Fassade, solange kein spaltbares Material vorhanden war.

Wenige Monate nach der Lieferung des Reaktors nahm in der reizlosen Ortschaft Apollo im US-Bundesstaat Pennsylvania eine Firma zur Verarbeitung nuklearer Stoffe ihren Betrieb auf. Die Gesellschaft auf dem Gelände einer aus der Zeit des Zweiten Weltkriegs stammenden Stahlfabrik nannte sich Nuclear Materials and Equipment Corporation, abgekürzt Numec. Der Leiter der Firma war Dr. Salman Schapiro.

In den Datenbanken der LAKAM, die amerikanische Juden aus der Forschungsszene verzeichneten, war Schapiro zudem als ein bedeutender Beschaffer von Spendengeldern für Israel aufgeführt. Rafi Eitan wußte, daß er eine mögliche Antwort auf die Frage gefunden hatte, wie der Reaktor von Dimona spaltbares Material erhalten könnte. Er gab den Auftrag, Schapiro und alle Mitarbeiter der Fabrik genau zu überprüfen. Mit der Untersuchung wurde der in Washington stationierte *Katsa* betraut.

Als die Nachforschung in Gang gebracht war, vertiefte sich Rafi Eitan wieder in seine Papiere, die ihn jetzt aus der Hitze des Negev in die kühlen Korridore des Weißen Hauses führten.

Unter dem Material, das der *Katsa* aus Washington geschickt hatte, befand sich die Kopie einer Aktennotiz der US-Atomenergiekommission über ein Schreiben an Schapiro vom 20. Februar 1962. Dort wurde Schapiro ausdrücklich darauf hingewiesen, daß Verstöße der Firma »gegen die geltenden Sicherheitsvorschriften Strafverfolgungsmaßnahmen auf der Grundlage des Atomenergiegesetzes von 1954 und der Spionagegesetze nach sich ziehen können«.

Diese Drohung verstärkte Rafi Eitans Eindruck, hier könnte er eine Einlaßstelle in die amerikanische Atomwirtschaft aufgespürt haben. In den Augen der amerikanischen Atomkontrolleure schien Numec eine Gesellschaft zu sein, die nicht nur in Sicherheitsfragen, sondern auch in ihrer Buchführung vieles zu wünschen übrig ließ. Gerade diese Mängel machten das Unternehmen zu einem empfehlenswerten Operationsziel für den Mossad.

Salman Schapiro, der Sohn eines orthodoxen Rabbiners, war dank seiner brillanten Fähigkeiten sehr weit gekommen. Mit 28 Jahren hatte er an der Johns-Hopkins-Universität sein Doktorexamen in Chemie absolviert. Weil er hart arbeiten konnte, war er bald ein wichtiger Mitarbeiter des Atomforschungs- und Entwicklungslabors der Firma Westinghouse geworden, die für die US-Marine Atomreaktoren für Unterseeboote entwickelte. Die Überprüfung von Schapiros Lebensverhältnissen ergab, daß einige seiner Verwandten dem Holocaust zum Opfer gefallen waren und daß er »auf diskrete Art« dem Technion in Haifa, einer Ausbildungsstätte für Naturwissenschaftler und Ingenieure, mehrere Millionen Dollar zur Verfügung gestellt hatte.

1957 hatte Schapiro bei Westinghouse gekündigt und die Numec gegründet. Das Unternehmen hatte fünfundzwanzig Anteilseigner; sie alle zeigten offen ihre Sympathien für Israel. Schapiro war nun Geschäftsführer einer kleinen Firma in einer Branche, in der hart um Aufträge gekämpft wurde. Aber der Numec war es gelungen, eine Reihe von Aufträgen für die Aufbereitung angereicherten Urans zu erhalten, ein Verfahren, bei dem üblicherweise eine bestimmte Menge des Urans verlorengeht. Wie groß dieser Verlust im Einzelfall sein würde, war nicht vorhersehbar. Diese Entdeckung ließ Rafi Eitan sein Opfer mit noch größerer Befriedigung ins Auge fassen.

Bei Ben Gurions Washington-Besuch im Jahre 1960, so las er in seinen Akten, hatte sich das Verhältnis zu den USA, das ohnehin durch die atomaren Wünsche Israels belastet war, weiter verschlechtert. Hochrangige Mitarbeiter des amerikanischen Außenministeriums hatten dem israelischen Ministerpräsidenten kurz und knapp erklärt, daß das Gleichgewicht im Nahen Osten gestört würde, falls Israel in den Besitz von Atomwaffen käme. Im Februar 1961 schrieb John F. Kennedy an Ben Gurion und verlangte, Dimona müsse regelmäßig von der internationalen Atomenergiebehörde kontrolliert werden. Ben Gurion war alarmiert. Er flog nach New York und traf mit dem amerikanischen Präsidenten im Waldorf-Astoria zusammen. Der israelische Ministerpräsident war »sehr verärgert« über die in seinen Augen »rücksichtslosen amerikanischen Pressionen«. Doch Kennedy blieb hart: Es müsse eine Inspektion geben. Ben Gurion lenkte äußerst unwillig ein. Er kehrte mit der Überzeugung nach Hause zurück, daß »ein Katholik im Weißen Haus für Israel nichts Gutes bedeutet«. Ben Gurion wandte sich an den einzigen Mann, dem er in Washington vertrauen konnte, an den Zionisten Abraham Feinberg, der die nuklearen Wünsche Israels unterstützte.

Gleichzeitig war der gebürtige New Yorker der wichtigste jüdische Spendenbeschaffer für die Demokratische Partei. Feinberg machte kein Geheimnis daraus, was all diese Millionen Dollar bezweckten: Die Partei sollte sich im Kongreß hinter Israel stellen. Außerdem hatte Feinberg insgeheim ein paar Millionen für die Fertigstellung Dimonas bereitgestellt. Um die israelischen Deviseneinfuhrkontrollen zu umgehen, wurde das Geld per Scheck an die Bank von Israel in Tel Aviv geschickt. Ben Gurion bat Feinberg, dem amerikanischen Präsidenten »den Kopf zurechtzusetzen. Sorge dafür, daß der Sack die Realitäten des Lebens versteht.«

Feinberg setzte Kennedy unter Druck, mit der gleichen Methode, die Kennnedy schon in Rage versetzt hatte, als er sich um das Präsidentenamt bewarb. »Wir werden Ihre Rechnungen bezahlen, wenn Sie uns die Kontrolle über Ihre Nahostpolitik einräumen«, hatte Feinberg damals einfach erklärt. Kennedy hatte versprochen, »Israel alle mögliche Unterstützung zu geben«. Daraufhin hatte Feinberg erst einmal 500 000 Dollar für die Bewerbungskampagne gespendet und weitere Zuwendungen in Aussicht gestellt.

Jetzt ging Feinberg wieder genauso vor: Falls Präsident Kennedy auf der Inspektion Dimonas bestünde, könnte er bei seinem nächsten Wahlkampf »nicht auf jüdische finanzielle Unterstützung rechnen«. Machtvolle Hilfe für Israel kam von unerwarteter Seite. Kennedys

Verteidigungsminister Robert S. McNamara erklärte seinem Präsidenten, er könne den Wunsch des jüdischen Staates nach einer Atombombe verstehen.

Doch Kennedy gab nicht nach, und Israel war gezwungen, eine Inspektion zu akzeptieren. Allerdings machte der amerikanische Präsident in letzter Minute zwei Konzessionen: Im Gegenzug zur Inspektion der Atomanlage würden die Vereinigten Staaten Boden-Luft-Raketen vom Typ Hawk an Israel verkaufen, seinerzeit die weltweit modernste Verteidigungswaffe. Und die Inspektion müsse nicht von der internationalen Atomenergiebehörde durchgeführt werden. Das Inspektorenteam werde nur aus Amerikanern bestehen und seinen Besuch Wochen im voraus ankündigen.

Vergnügt las Rafi Eitan den detaillierten Bericht darüber, wie die Israelis die amerikanischen Inspektoren übertölpelt hatten.

Über dem wirklichen Kontrollzentrum von Dimona war eine Attrappe errichtet worden. Falsche Kontrolltafeln und computererzeugte Daten vermittelten den glaubwürdigen Eindruck, hier werde der Ausstoß eines Reaktors gemessen, der ausschließlich dazu diene, eine Bewässerungsanlage zu betreiben, die den Negev in eine landwirtschaftliche Oase verwandeln sollte. Der Bereich, wo das aus Frankreich und Norwegen eingeschmuggelte schwere Wasser gelagert wurde, war den Inspektoren »aus Sicherheitsgründen« nicht zugänglich. Die bloße Menge des schweren Wassers hätte bewiesen, daß die Anlage einem ganz anderen Zweck diente.

Als die Amerikaner ankamen, stellten die Israelis erleichtert fest, daß kein einziger von ihnen Hebräisch sprach. Das machte die Gefahr noch geringer, daß die Inspektoren den eigentlichen Zweck der Atomanlage entdecken würden.

Nun konnte Rafi Eitan in Aktion treten.

Es war relativ leicht, Zugang zu der Numec-Fabrik in Apollo, Pennsylvania, zu erlangen. Die israelische Botschaft in Washington richtete ein Ersuchen an die US-Atomenergiekommission. Ein Team israelischer Wissenschaftler wolle das Unternehmen besichtigen, »um die von den Inspektoren vorgebrachten Bedenken hinsichtlich der Wiederaufarbeitung von Atommüll besser würdigen zu können«. Die

Bitte wurde erfüllt, obwohl das FBI Schapiro jetzt ständig überwachte, um festzustellen, ob er nicht doch ein israelischer Spion sei.

Aber Schapiro war nicht angeworben worden und sollte auch später nicht angeworben werden. Rafi Eitan war vollkommen damit zufrieden, daß Schapiro ein aufrichtiger Patriot und Zionist war, der an das israelische Recht auf Selbstverteidigung glaubte. Schapiros Reichtum beruhte auf ererbtem Vermögen und klugen Investitionen an der Börse, und seine Einkünfte waren durch die riesigen Profite, die Numec bereits abgeworfen hatte, noch rapide gewachsen. Außerdem war Schapiro, anders als Jonathan Pollard, kein Verräter: An seiner Liebe zu Amerika gab es keinen Zweifel. Rafi Eitan wußte genau, daß der bloße Versuch, einen solchen Mann anzuwerben, nur schädlich sein konnte. Schapiro würde bei der Operation, die in Rafi Eitans Kopf Formen anzunehmen begann, aus dem Spiel bleiben müssen.

Trotzdem waren einige Risiken nicht zu vermeiden. Um mehr über Numec zu erfahren, schickte Eitan zwei LAKAM-Agenten nach Apollo. Dabei handelte es sich um Avraham Hermoni, der als »wissenschaftlicher Berater« an der israelischen Botschaft in Washington firmierte, sowie um Jeryham Kafkafi, einen *Katsa*, der in den Vereinigten Staaten operierte und sich als freier Wissenschaftsjournalist ausgab.

Beide Agenten besuchten die Wiederaufarbeitungsanlage, durften aber keine Fotos machen. Das wäre ein Verstoß gegen die Bestimmungen der Atomenergiekommission, betonte Schapiro. Wie Hermoni meinte, war Schapiro zwar freundlich, aber auch auf der Hut.

Rafi Eitan entschied, die Zeit sei gekommen, daß er selbst Apollo einen Besuch abstattete. Er stellte eine Gruppe von »Inspektoren« zusammen. Dazu gehörten zwei Wissenschaftler aus Dimona, die sich auf die Aufarbeitung von Atommüll spezialisiert hatten. Ein anderes Mitglied des Teams wurde als »Leiter des Fachbereichs Elektronik der Universität Tel Aviv« ausgegeben. Einen derartigen Posten gab es an der Universität überhaupt nicht. Es handelte sich um einen Sicherheitsoffizier der LAKAM, der herausfinden sollte, wie sich spaltbarer Abfall aus der Fabrik herausschmuggeln ließe. Auch Hermoni war beteiligt: Er sollte die schlecht geschützten Bereiche nennen, die er bei seinem ersten Besuch der Anlage ausgespäht hatte. Rafi Eitan reiste unter seinem eigenen Namen als »wissenschaftlicher Berater des Büros des israelischen Ministerpräsidenten«.

Die US-Botschaft in Tel Aviv erhob keine Einwände gegen die Mitglieder der Abordnung und stellte ihnen Einreisevisa aus. Rafi Eitan hatte seine Leute gewarnt: Es sei damit zu rechnen, daß sie ab der Landung in New York vom FBI beschattet werden würden. Doch zu seiner Überraschung konnte er keinen Hinweis darauf entdecken.

Die Ankunft der Israelis in Apollo fiel mit Schapiros Rückkehr von einer Werbetour durch amerikanische Universitäten zusammen. Er hatte Wissenschaftler aufgesucht, die Israel »freundlich« gesonnen und vielleicht bereit waren, für eine Zeit dorthin zu gehen, »um an der Lösung der technischen und wissenschaftlichen Probleme des Landes mitzuarbeiten«. Schapiro würde alle Auslagen übernehmen und mögliche Gehaltseinbußen aus seiner Tasche ausgleichen.

Der Aufenthalt Rafi Eitans und seiner Männer in Apollo verlief ohne besondere Vorfälle. Sie wohnten in einem Motel und verbrachten die meiste Zeit in der Numec-Anlage, wo sie sich eingehend über die Gewinnung hochangereicherten Urans aus gasförmigem Uranhexafluorid informierten. Schapiro erklärte, daß die Numec für verlorengegangenes angereichertes Material nach den Vorschriften der Atomenergiekommission Strafen zahlen mußte, und zwar 10 Dollar für das Gramm, 4500 Dollar für das Pfund.

Rafi Eitan und seine Spione verließen Apollo so unauffällig, wie sie gekommen waren.

Die folgenden Vorgänge lassen sich nur aus FBI-Berichten erschließen, und auch diese lassen die Frage offen, inwieweit Salman Schapiro geahnt haben mochte, was hinter Eitans Besuch steckte. Ein FBI-Bericht hält fest, daß einen Monat nach Rückkehr der Israelis Numec Vertragspartner der israelischen Regierung bei einem Geschäft wurde, das als »Pasteurisierung von Nahrungsmitteln und Sterilisation medizinischen Materials durch Bestrahlung« beschrieben wurde.

In einem weiteren FBI-Bericht hieß es: »Da jeder Container die Warnung vor radioaktivem Material enthielt, wollte niemand sie öffnen und den Inhalt prüfen, und uns wurde es nicht erlaubt.«

Der Grund für die ausbleibende Erlaubnis war eine Mitteilung der israelischen Botschaft in Washington an das amerikanische Außenministerium, daß die Container unter diplomatische Immunität gestellt würden, falls man versuchen sollte, sie zu inspizieren. Das Außenministerium informierte das Justizministerium und warnte vor den gravierenden diplomatischen Konsequenzen, die eine Verletzung der Immunität nach sich ziehen würde. Damit blieb den FBI-Agenten das Nachsehen; ohnmächtig sahen sie zu, wie die Container auf dem Flughafen Idlewild in Frachtmaschinen der El Al verladen wurden.

Trotz angestrengter Bemühungen gelang es John Hadden, dem Leiter des CIA-Büros in Tel Aviv, nicht, »mit Sicherheit festzustellen«, daß die Container nach Dimona gelangten. Das FBI verzeichnete neun Frachtlieferungen in den sechs Monaten nach Rafi Eitans Abreise. Die Container kamen gegen Abend auf dem Flughafen an und wurden noch vor der Morgendämmerung weitertransportiert: Alle Container waren bleibeschichtet, wie das für den Transport angereicherten Urans erforderlich ist, und besaßen eine Aufschrift in hebräischer Schrift, die Haifa als Bestimmungsort der Sendung bezeichnete. Mehrfach erblickten die FBI-Agenten »zylindrische« Lagerungsbehälter für angereichertes Uran, die auf dem Verladedock der Numec in Stahlkästen gepackt wurden. Jeder Zylinder trug eine Nummer, die bewies, daß sie aus dem Hochsicherheitsbereich der Firma stammten. Doch das FBI konnte immer noch nicht eingreifen. Eine FBI-Notiz spricht von »politischem Druck seitens des Außenministeriums, keinen diplomatischen Zwischenfall zu verursachen«.

Nach zehn Monaten hörten die Frachtsendungen urplötzlich auf. Das FBI konnte nur vermuten, daß zu diesem Zeitpunkt ausreichende Mengen spaltbaren Materials nach Dimona gelangt waren. Als das FBI Schapiro verhörte, bestritt dieser, daß er Israel mit Material zur Herstellung einer Atombombe beliefert hätte. Das FBI hielt ihm vor, es habe Fehlbestände an aufbereitetem Material in der Firma festgestellt. Schapiro insistierte, die »logischste Erklärung« für das »verlorengegangene« Uran sei, daß es in den Erdboden versickert oder »in die Luft ausgetreten« sei. Insgesamt fehlten etwa 50 Kilogramm. Schapiro wurde niemals irgendeines Vergehens in diesem Zusammenhang angeklagt.

In späteren Jahren, nach dem Zusammenbruch der Sowjetunion, sei es viel einfacher geworden, spaltbares Material zu stehlen, glaubte Rafi Eitan. Ein Vorfall, der sich am 10. August 1994 auf dem Moskauer Flughafen Scheremetjewo ereignete, könnte ihm recht geben.

An jenem Tag erschien um 12.45 Uhr Justiano Torres in einem grauen Anzug, den er für diese Reise gekauft hatte, absichtlich spät zum Lufthansaflug 3369 nach München. Obwohl er ein kräftiger Mann war, schwitzte er ein wenig unter dem Gewicht des neuen Delsey-Handkoffers aus schwarzem Leder. Torres legte sein Erste-Klasse-Ticket vor und lächelte dem Fräulein am Abfertigungsschalter zu. Das Lächeln wurde wie alle seine Bewegungen und Gesten von einer Kamera aufgezeichnet, die versteckt hinter dem Schalter angebracht war.

Andere versteckte Kameras hatten all seine Schritte in den vergangenen Monaten festgehalten, etwa seine Treffen mit dem als unzuverlässig geltenden russischen Atomwissenschaftler Igor Taschanka. Die beiden Männer hatten sich auf einem Vergnügungsdampfer auf der Moskwa getroffen oder in Restaurants, die von der Mafia kontrolliert wurden. Bei einem letzten Treffen hatte Taschanka den Handkoffer übergeben und dafür von Torres einen Umschlag mit 5000 US-Dollar erhalten. Torres durfte überzeugt sein, ein ausgezeichnetes Geschäft gemacht zu haben. Der Koffer enthielt spaltbares Material.

Justiano Torres war Kurier eines kolumbianischen Drogenrings. Jetzt hatte er seine geschäftlichen Aktivitäten um den Handel mit einer noch tödlicheren Substanz erweitert. In versiegelten Behältern enthielt der Handkoffer die zweihundert Gramm Plutonium 239, die Taschanka ihm verkauft hatte. Das Material hatte einen Schwarzmarktwert von 50 Millionen US-Dollar. Das Plutonium war so giftig, daß die Berührung mit wenigen mikroskopisch kleinen Partikeln ausgereicht hätte, um einen Menschen zu töten. Die Menge in dem Koffer genügte zur Herstellung einer kleineren Atombombe.

Für Uri Saguy, den ehemaligen Chef des israelischen militärischen Geheimdienstes, war das »der Alptraum eines jeden denkenden Menschen: eine Bande von Terroristen, die genug spaltbares Material in die Hände bekommen haben, um Tel Aviv oder jede andere Stadt zu vernichten. Bei der alltäglichen Geheimdienstarbeit steht die Abwehr der nuklearen Bedrohung ganz oben.«

Die israelischen Geheimdienste wußten seit langem, daß Terroristen eine einfache Atombombe bauen könnten. Ein amerikanischer Physikstudent hatte in den siebziger Jahren alle erforderlichen Schritte ausgeführt und beschrieben. Die Veröffentlichung seiner Arbeit beunruhigte den Mossad außerordentlich.

Katastrophenszenarien wurden ausgearbeitet. Eine Bombe konnte in Teile zerlegt mit einem Schiff ins Land gebracht oder über den Landweg eingeschmuggelt und in Israel zusammengesetzt werden. Es konnte gedroht werden, die Bombe durch Fernzündung zur Explosion zu bringen, wenn nicht unerfüllbaren Forderungen nachgekommen würde. Würde die Regierung in einem solchen Fall hart bleiben? Mossad-Auswerter kamen zu dem Schluß, es werde keine derartige Erpressung geben. Diese Erwartung beruhte auf einer genauen Einschätzung der Psychologie der Terroristen zu jener Zeit: In den siebziger Jahren wären selbst extremistische Gruppen vor dem Einsatz einer Atombombe zurückgeschreckt, weil der politische Preis, den sie hätten zahlen müssen, zu hoch war. Selbst jene Staaten, die den Terrorismus insgeheim unterstützten, hätten sich von solchen Gruppen distanziert.

Der Zusammenbruch des Sowjetkommunismus erneuerte die Ängste des Mossad. Ein Bereich neuer Unsicherheit war entstanden, da niemand sagen konnte, wie sich Rußland innenpolitisch entwickeln würde. Der Mossad hatte bereits feststellen müssen, daß sowjetische Scud-Raketen gegen harte Devisen in mehrere Staaten des Nahen Ostens exportiert worden waren. Sowjetische Techniker hatten Algerien beim Bau eines Atomreaktors geholfen. Rußland verfügte zudem über ein großes Arsenal biologischer Waffen, darunter einen Seuchenbazillus, der Millionen von Menschen töten konnte. Wenn auch nur ein kleiner Teil davon in die Hände von Terroristen fiele? Schon ein kleines Gefäß mit dem Bazillus könnte fast die Bevölkerung Tel Avivs auslöschen. Doch am meisten befürchtete man, daß Rußland sein atomares Waffenarsenal verkaufen könnte. Nach Uri Saguy war dies eine Bedrohung, »die niemand ignorieren durfte«.

Mossad-Psychologen entwarfen Psychoprofile der russischen Wissenschaftler. Wer von ihnen könnte ein Motiv haben und möglicherweise hochgefährliches Material weitergeben? Da gab es die einen, die ausschließlich um des Geldes wegen Verrat üben würden, und andere mit verwickelten ideologischen Beweggründen. Die Liste der sowjetischen Einrichtungen, aus denen sich radioaktives Material entwenden ließ, war erschreckend lang. Shabtai Shavit, der Generaldirektor des Mossad, entsandte zwei *Katsas* nach Moskau. Der Auftrag lautete, in die Kreise der Atomwissenschaftler einzudringen.

Lila war eine der *Katsas*. Sie war als Kind jüdischer Eltern in Beirut geboren worden, hatte an der Hebräischen Universität in Jerusalem einen akademischen Grad in Physik erworben und arbeitete in der Abteilung Forschungsspionage des Mossad. Sie hatte die Treffen zwischen Torres und Taschanka und auch die Abwicklung des Deals überwacht.

Lila und ihr Kollege hatten eng mit in Deutschland und anderswo eingesetzten Mossad-Agenten zusammengearbeitet. Die Spur führte nach Kolumbien und von dort in den Nahen Osten. Andere Mossad-Agenten hatten Treffen in Kairo, Damaskus und Bagdad observiert. Neue Verbindungslinien hatten sich gezeigt. Bosnien schien eine mögliche Durchgangsstation zu sein, um das Plutonium 239 an seinen endgültigen Bestimmungsort zu schaffen – in den Irak. Doch nicht zum ersten Mal erwies es sich als schwierig, die direkte Beteiligung des Regimes von Saddam Hussein zu beweisen.

Das war der Grund, weshalb man es zugelassen hatte, daß Torres mit seiner tödlichen Fracht ein normales Linienflugzeug bestieg. Diese Entscheidung war von den Spitzen des russischen und deutschen Geheimdienstes nach reiflicher Überlegung getroffen worden. Sie waren zu dem Schluß gekommen, daß das Risiko einer Detonation des Plutoniums »unendlich klein« war. Beide Regierungen hatten ihre Einwilligung gegeben, Torres reisen zu lassen, um an seine Auftraggeber heranzukommen. Israel war in dieser Angelegenheit nicht konsultiert worden. Offiziell fand die Operation nur in deutsch-russischer Zusammenarbeit statt. Schon früher war bei mehr als einer Gelegenheit der Mossad stillschweigender Partner im Hintergrund gewesen, während andere Nachrichtendienste den Ruhm für sich beansprucht hatten.

Von ihrem Beobachtungspunkt konnte Lila an diesem Augustmorgen die Abflugschalter überblicken. Sie wußte, daß ihre Aufgabe bei diesem Fall beendet war. Ein Mossad-Agent mit dem Decknamen Adler hatte bereits in der Lobby des Excelsior-Hotels im Zentrum Münchens Stellung bezogen. Dort sollte Torres den Koffer übergeben. Ein weiterer Agent – Mort – wartete auf dem Münchner Flughafen auf die Ankunft des Lufthansaflugs 3369.

Ein dritter Agent – Ib – saß zwei Sitze hinter Torres, als die Maschine zu ihrem Dreistundenflug gen Westen abhob. Neben Torres saß auf der anderen Seite des Mittelgangs Viktor Sidorenko, der stellvertretende russische Minister für Atomwirtschaft. Zu seinem Aufgabenbereich gehörte der Schutz der Atomwaffenarsenale der russischen Föderation. Rußland besaß etwa 130 Tonnen waffenfähigen Plutoniums, genug, um sechzehntausend Atombomben herzustellen, deren Sprengkraft doppelt so groß war wie jene, die einst Hiroshima zerstört hatte.

Sidorenko hatte eine Reihe alarmierender Berichte erhalten, die im Detail die laxen Sicherheitsbestimmungen und die schlechte Moral der Mitarbeiter von Hunderten von russischen Instituten und Forschungseinrichtungen mit Zugang zu radioaktivem Material aufführten. Wenige Monate zuvor war ein Arbeiter einer Atomanlage im Ural verhaftet worden, der Urankügelchen in einer Plastiktüte bei sich trug. Aus einer anderen Anlage in der Nähe der weißrussischen Hauptstadt Minsk hatten Arbeiter nach und nach über fünf Kilogramm Uran herausgeschmuggelt und bei sich zu Hause versteckt. Der Diebstahl war nur deshalb entdeckt worden, weil ein Arbeiter ein Kilo Uran für zwanzig Flaschen Wodka verkaufen wollte. Sidorenko war auf dem Weg nach Deutschland, um Bundeskanzler Helmut Kohl zu versichern, daß sich derartige Vorfälle nicht wiederholen würden; die deutsche Regierung hatte Sanktionen angedroht.

Um 17.45 Uhr landete Flug 3369 planmäßig auf dem Flughafen Franz Josef Strauß in München, und die Maschine rollte zu ihrem Standplatz am Terminal C. Minister Sidorenko stieg als erster aus. Er wurde zu einem wartenden Auto gebracht und in einen Hochsicherheitsbereich gefahren. Dort erfuhr er, daß Taschanka soeben in Moskau verhaftet worden war.

Torres betrat den Ankunftsbereich des Flughafens. Die Anwesenheit schwerbewaffneter deutscher Polizisten konnte ihn nicht überraschen, da München seit dem Anschlag auf die israelischen Sportler während der Olympiade von 1972 großen Wert darauf legte, seine Sicherheitsvorkehrungen offen zur Schau zu stellen. Torres rief im Excelsior Hotel an und ließ sich mit Zimmer 23 verbinden. Dort wartete ein Spanier namens Javier Arratibel, der sich in seinem Paß als »Industrieller« bezeichnete. Tatsächlich war er der Zwischenhändler für das Plutonium. Arratibel rief einen Mann an, den er nur als Julio-O kannte.

Deutsche Geheimdienstler hatten die Telefongespräche abgehört. Als Torres an der Gepäckausgabe stand, um seinen Koffer zu holen, beobachteten ihn von einem nahegelegenen Büro aus Münchens Polizeipräsident Wolfgang Stoephasius und der Einsatzleiter des Geheimdienstes.

Torres ergriff seinen Koffer und marschierte auf den Ausgang für die Passagiere zu, die nichts zu verzollen hatten. Ib und Mort folgten ihm. Mehr konnten sie nicht tun. Sie hatten keine Befugnis, den Kurier zu verhaften. Stoephasius trat aus dem Büro. Das war das Zeichen zum Zuschlagen.

In wenigen Augenblicken war Torres umstellt und wurde fortgeschafft. Der Koffer wurde in einen sicheren Raum gebracht, wo ein weißgekleideter Mann mit Geigerzähler und Bombenexperten warteten. Mit einem tragbaren Röntgengerät überprüften sie, ob der Koffer innen mit Sprengdrähten versehen war. Das war nicht der Fall. Der Geigerzähler meldete kein Strahlungsleck. Der Koffer wurde geöffnet. Dick in Plastik gewickelt, fanden die Beamten die Behälter mit dem Plutonium 239. Sie wurden herausgenommen, in Sicherheitsbehälter verstaut und in einen wartenden Panzerwagen geladen, mit dem sie in eine deutsche Atomkraftanlage gebracht wurden.

Arratibel wurde im Hotel Excelsior verhaftet. Doch das nächste Glied in der Kette, Julio-O, war über die Grenze nach Ungarn entkommen. Die ungarische Polizei sagte zwar ihre Hilfe zu, aber davon versprach man sich in München nicht viel. Ungarn war als Anlaufstelle für den russischen Schmuggel nach Westeuropa bekannt.

Die Mossad-Agenten informierten Tel Aviv über die Geschehnisse.

Mossad-Generaldirektor Shabtai Shavit verbuchte die Aktion als weiteren kleinen Sieg in dem endlosen Kampf gegen den Nuklearterrorismus. Er war aber nicht der einzige, der sich fragte, wie viele Koffer Rußland unkontrolliert verlassen haben mochten und wie lange es dauern würde, bis Israel vor der Drohung mit einem Atomschlag stände, falls nicht untragbare Zugeständnisse gemacht würden.

Wenige Kilometer von dem Ort entfernt, wo Shavit solchen Gedanken nachhing, verbrachte Rafi Eitan seine freie Zeit weiter mit dem Schweißen von Altmetallskulpturen. FBI und CIA waren immer noch der Ansicht, daß er die Fäden gezogen hatte, um nukleares Material aus der Numec-Wiederaufarbeitungsanlage in Apollo nach Israel zu schmuggeln. Nach außen hin lebte Rafi mit der Welt im Frieden. Die Erinnerungen an Pollard und die Aktion in Apollo waren verblaßt; wenn man ihn fragte, gab er vor, sich nicht einmal an die Vornamen von Pollard und Schapiro zu erinnern. Die LAKAM war offiziell aufgelöst worden. Rafi Eitan behauptete, er ginge jetzt einer ganz anderen Aufgabe nach: Er war Direktor einer kleinen Schiffahrtsgesellschaft in Havanna geworden und an einer Firma beteiligt, die Pestizide für die Landwirtschaft herstellte. Er rühmte sich guter Beziehungen zu Fidel Castro, »was den Amerikanern sicherlich nicht gerade Vergnügen bereitet«. Seit seinem Abstecher nach Apollo hatte er die Vereinigten Staaten nicht wieder besucht. Er habe dazu keine Lust, erklärte er, vor allem deswegen nicht, weil er argwöhnte, man könnte ihm »einen Haufen Fragen« über Jonathan Pollard stellen und über das, was sich nach seinem Besuch in Apollo ereignet hatte.

Dann aber tauchte Rafi Eitans Name im April 1997 im Zusammenhang mit einem Mossad-Spion in Washington auf, den das FBI ausfindig machte und mit dem Codenamen »Mega« versah.
Die gutplazierte Quelle innerhalb des Mossad, über die Rafi Eitan verfügte, hatte ihm mitgeteilt, daß das FBI untersuchte, welche Rolle Mega im Fall Jonathan Pollard gespielt haben könnte. War ein Teil des streng geheimen Materials, das Pollard an Israel verraten hatte, von Mega geliefert worden? Das FBI hatte Pollard kürzlich im Gefängnis erneut verhört. Er hatte zugegeben, daß selbst seine Geheim-

haltungsstufe nicht ausgereicht hatte, um an einige der Dokumente heranzukommen, die sein Führungsoffizier, der finstere Jagur, hatte haben wollen. Das FBI wußte, daß solche Dokumente durch ein besonderes Codewort gesichert waren, das öfters, manchmal sogar täglich, gewechselt wurde. Doch Jagur hatte das Codewort offenkundig innerhalb weniger Stunden erfahren und an Pollard weitergegeben. Stammte die Information von Mega? War Mega der zweite israelische Spion, den das FBI schon lange in Washington vermutete? Wie nahe stand dieser Spion Rafi Eitan?

Es waren gefährliche Fragen, die jetzt in der amerikanischen Hauptstadt gestellt wurden, Fragen, die das Verhältnis zwischen Washington und Tel Aviv nachhaltig stören konnten.

Nachdem das FBI Rafi Eitan als den Mann identifiziert hatte, an dessen Drähten Pollard geführt worden war, hatte Eitan sich damit abgefunden, daß seine Zeit im israelischen Geheimdienst endgültig abgelaufen war. Er war nicht unglücklich darüber, daß er künftig allenfalls noch das Risiko eingehen würde, sich an dem Brenner zu versengen, mit dem er seine Skulpturen schweißte.

Instinktiv wußte Eitan, daß die Vorgänge in Washington gefährlich werden könnten, und nicht nur für ihn: Ein Einsatzkommando des CIA könnte versuchen, ihn bei der An- oder Abreise von Kuba zu schnappen und nach Washington zu einem Verhör zu entführen; niemand konnte voraussagen, was dann geschehen würde. Die Entdeckung der Existenz Megas würde aber darüber hinaus auch den Waadat Roschei Hascherutim beunruhigen, das Komitee der Chefs der israelischen Geheimdienste, dessen Hauptaufgabe die Koordination aller Spionageaktivitäten und Geheimdienstaktionen im In- und Ausland ist.

Aber nicht einmal die Mitglieder dieses Komitees wußten, wer Mega war. Sie wußten lediglich, daß er einen hohen Posten in der Clinton-Administration bekleidete. Ob der Präsident ihn schon aus der Regierung Bush übernommen hatte, war ebenfalls ein sorgfältig gehütetes Geheimnis. Nur dem amtierenden Mossad-*Memuneh* war bekannt, wie lange Mega schon im Einsatz war.

Die Mitglieder des Komitees wußten allerdings, daß die Spionageabwehrabteilung des FBI davon überzeugt war, gegen den Mossad würden nur deswegen keine Schritte unternommen, weil die jeweiligen amerikanischen Präsidenten davon zurückscheuten, sich mit der jüdischen Lobby anzulegen. Einmal mehr könnte diese Lobby das Unwetter im Keim ersticken, das heraufzog, seit das FBI die Existenz Megas entdeckt hatte. Am 16. Februar 1997 stellte die National Security Agency (NSA) dem FBI den Mitschnitt eines nächtlichen Telefongesprächs zur Verfügung, das ein Mossad-Offizier, von dem nur der Deckname Dov bekannt war, von der israelischen Botschaft aus mit seinem Vorgesetzten in Tel Aviv geführt hatte. Der Name dieses Vorgesetzten war in der kurzen Unterredung nicht genannt worden.

Dov hatte eine »Weisung« haben wollen, ob er »zu Mega gehen« sollte, um die Kopie eines Briefs zu erhalten, den Außenminister Warren Christopher an den palästinensischen Präsidenten Jassir Arafat geschrieben hatte. Der Brief enthielt eine Reihe von Zusicherungen über den Rückzug israelischer Truppen aus der auf der Westbank gelegenen Stadt Hebron, die Christopher Arafat am 16. Januar gegeben hatte. Dov wurde von der Stimme aus Tel Aviv angewiesen, »den Brief zu vergessen. Das ist keine Angelegenheit, für die wir Mega einsetzen.«

Dieses kurze Telefonat war der erste Hinweis, aus dem das FBI auf die große Bedeutung Megas schließen konnte. Dieser Deckname war bisher bei der Überwachung der israelischen Botschaft und ihrer Diplomaten niemals aufgetaucht. Mit Hilfe seiner Computer engte das FBI bei der Suche nach dem Agenten den Kreis der Personen ein: Mega mußte ein Mitglied des National Security Council sein oder gute Kontakte zu einer solchen Person haben. Das National Security Council ist das Gremium, welches den Präsidenten in Fragen der Geheimdienste und der Landesverteidigung berät. Das Büro des N. S. C. befindet sich im Weißen Haus; ihm gehören der Vizepräsident, der Außen- und der Verteidigungsminister sowie in beratender Funktion der Direktor des CIA und der Vorsitzende der Stabschefs an. Den ständigen Stab leitet der Berater des Präsidenten für Fragen der nationalen Sicherheit.

Wie die israelische Botschaft davon erfuhr, daß ihre abhörsichere Verbindung nach Tel Aviv geknackt worden war, blieb ein ebenso streng gehütetes Geheimnis wie die Identität Megas. Wie alle israelischen Auslandsvertretungen wurde auch die Washingtoner Botschaft ständig mit den neuesten Systemen zur Verschlüsselung und zum Zerhacken von Signalen versehen. Viele dieser Systeme waren Weiterentwicklungen gestohlener amerikanischer Ausgangsmodelle.

Am 27. Februar 1997 – es war ein schöner Frühlingsmorgen in Tel Aviv – verließen die Mitglieder des Komitees der Geheimdienstleiter ihre über die ganze Stadt verteilten Büros. Über eine große Straße, die Rehov Schaul Hamaleku, näherten sie sich einer bewachten Einfahrt in einer hohen Mauer, die oben mit Stacheldraht gesichert war. Von außen waren nur die Dächer der hinter dieser Mauer befindlichen Gebäude zu sehen. Über sie ragte ein massiver, überall in Tel Aviv sichtbarer Betonturm hinaus, auf dem, in unterschiedlichen Höhen angebracht, häßliche Antennenbündel nisteten. Dieser Turm ist der Mittelpunkt des Hauptquartiers der israelischen Streitkräfte, das unter den Leuten schlicht »Kirja«, »Platz«, genannt wird.

Kurz vor 11 Uhr zeigten die Chefs der Geheimdienste am Eingang eines Gebäudes in der Nähe des Turms ihre Sicherheitsausweise. Der Konferenzraum, den sie betraten, war schäbig wie die meisten Regierungsbüros in Israel.

Das Treffen leitete Danny Jatom, der vor kurzem von Ministerpräsident Benjamin Netanjahu zum Chef des Mossad ernannt worden war. Jatom galt als Hardliner, der überwiegend Netanjahus Ansichten teilte. Die Tel Aviver Gerüchteküche wollte wissen, der neue Mossad-Chef habe dem Ministerpräsidenten hilfreich zur Seite gestanden, als dessen Karriere durch seine privaten Kapriolen bedroht war. Die Männer, die um den Tisch aus Zedernholz versammelt waren, lauschten aufmerksam, als Jatom die Strategie umriß, die angewendet werden sollte, falls sich der »Vorfall« mit Mega zu einer richtigen Krise auswüchse.

Israel würde einen scharfen Protest gegen das Abhören seiner Washingtoner Botschaft und die damit verbundene Verletzung ihres diplomatischen Status veröffentlichen, ein Schritt, welcher der Clinton-Regierung sicherlich Unbehagen bereiten würde. Als nächstes sollten *Sajanim* mit Verbindungen zu den US-Medien die Geschichte in Umlauf setzen, »Mega« sei eine falsche Decodierung des hebräischen Kürzels *Elga*, der beim Mossad gängigen Bezeichnung für den CIA. Außerdem sei »Mega« auch Teil eines Worts, das dem US-Geheimdienst ebenfalls sehr gut bekannt sei: »Megawatt« war das von beiden Diensten gebrauchte Codewort für untereinander ausgetauschte Informationen. Um der Geschichte Glaubwürdigkeit zu geben, sollten die *Sajanim* hinzufügen, daß »Kilowatt« der Ausdruck für ausgetauschte Daten über Terroristen sei.

Im Augenblick allerdings, so fügte Jatom hinzu, sei nichts zu unternehmen.

Im März 1997 schritt Jatom dann zur Tat, unmittelbar nachdem er von dem *Katsa* in Washington Informationen erhalten hatte. Er schickte ein *Jahalomim*-Team nach Washington, das dem Bericht des *Katsa* nachgehen sollte, Präsident Clinton habe Telefonsex-Kontakte zu einer früheren Praktikantin im Weißen Haus, Monica Lewinsky. Aus dem Oval Office habe er die Frau in ihrer Wohnung im Watergate-Komplex angerufen. Da die *Jahalomim* wußten, daß das Weiße Haus gegen Abhörmaßnahmen elektronisch vollständig abgesichert war, konzentrierte das Team seine Aufmerksamkeit auf Lewinskys Wohnung. Sie schnitten unzweideutige Gespräche zwischen dem Präsidenten und der früheren Praktikantin mit. Diese Bänder wurden mit Diplomatengepäck nach Tel Aviv geschickt.

Am 27. März lud Clinton Monica Lewinsky ein weiteres Mal ins Weiße Haus ein. Dabei sprach er, ohne Einzelheiten zu erwähnen, von dem Verdacht, eine ausländische Botschaft würde ihre Telefongespräche mitschneiden. Kurz darauf endete die Affäre.

In Tel Aviv überlegten die Planer des Mossad, wie sich diese kompromittierenden Bänder verwenden ließen. Sie waren das ideale Material für eine Erpressung. Aber niemand schlug vor, den Präsidenten der Vereinigten Staaten zu erpressen. Es wurde allerdings auch die Meinung vertreten, die Bänder könnten irgendwann später eingesetzt werden, wenn Israel im Nahostkonflikt mit dem Rücken zur Wand stünde und nicht auf die Unterstützung Clintons rechnen könnte.

Man war der einhelligen Überzeugung, auch das FBI müsse von den Unterhaltungen zwischen Clinton und Lewinsky wissen. Einige Planer wollten Jatom dazu bewegen, die »sichere Leitung« nach Washington zu benutzen, um das FBI wissen zu lassen, daß der Mossad von diesen Gesprächen Kenntnis habe. Das wäre eine ziemlich rabiate Methode gewesen, um den CIA von der Suche nach Mega abzubringen. Andere Mossad-Auswerter waren dafür, abzuwarten. Die belastenden Informationen könnten zu einem späteren Zeitpunkt von Nutzen sein. Diese Ansicht herrschte beim Mossad vor.

Im September 1998 wurde der Starr-Report veröffentlicht, und Jatom war nicht mehr im Amt. Der Report enthielt den Hinweis Clintons an Lewinsky vom März 1997, daß sein Telefon von einer ausländischen Botschaft abgehört würde. Als Lewinsky vor der Grand Jury über ihre Affäre zu Präsident Clinton aussagte, ging Starr dieser Frage nicht weiter nach. Für das FBI freilich schien die Enthüllung einen Hinweis darauf zu liefern, weshalb es nicht gelungen war, Mega zu enttarnen.

Mindestens einer gutplazierten Quelle in den israelischen Geheimdiensten zufolge erhielt Rafi Eitan einige Zeit nach der Sitzung der Geheimdienstchefs am 27. Februar 1997 einen Anruf von Jatom. Der Mossad habe Eitan nahegelegt, sich für die absehbare Zukunft von den Vereinigten Staaten fernzuhalten.

Rafi Eitan brauchte den Hinweis nicht, um zu wissen, welche Ironie es wäre, wenn er selbst einer Entführung zum Opfer fiele. Schließlich verdankte er seinen legendären Ruf der Entführung Eichmanns. Noch schlimmer wäre es, wenn er stillschweigend auf eine der Arten beseitigt würde, die er selbst praktiziert hatte und die ihm den Respekt der Männer eingebracht hatte, die wie er Mord als einen Teil ihres Berufs betrachteten.

Kapitel 6
RÄCHER

An einem warmen Oktobernachmittag des Jahres 1995 untersuchte ein Techniker von Avtachat Peilut Modinit (APAM), der internen Sicherheitsabteilung des Mossad, mit einem tragbaren Detektor eine Wohnung in der Tel Aviver Innenstadt unweit der Pinskerstraße auf Wanzen. Die Wohnung war eines von mehreren sicheren Häusern, die der Mossad über das Stadtgebiet verteilt unterhielt. Die Überprüfung war ein Hinweis auf die besondere Wichtigkeit des Treffens, das hier in Kürze stattfinden sollte. Der Techniker verließ die Wohnung, nachdem er sich davon überzeugt hatte, daß sie sauber war.

Die Einrichtung hätte vom Flohmarkt stammen können. Nichts paßte zusammen. Ein paar billig gerahmte Bilder hingen an den Wänden, Ansichten von touristischen Stätten innerhalb Israels. Jedes Zimmer hatte einen eigenen, nicht registrierten Telefonanschluß. In der Küche standen statt Haushaltsgeräten ein Computer, ein Modem, ein Reißwolf, ein Faxgerät. Dort, wo sonst der Herd war, befand sich ein Safe. Üblicherweise dienten die sicheren Häuser als Schlafquartiere für die Rekruten der am Stadtrand gelegenen Mossad-Ausbildungsstätte, wenn sie die Fertigkeiten lernten, die sie auf der Straße brauchten: wie man jemanden beschattet oder sich selbst einer Beschattung entzieht; wie man einen toten Briefkasten einrichtet oder Informationen, in eine Zeitung verpackt, an einen anderen Agenten weitergibt. Bei Tag und bei Nacht nutzten die Mossad-Rekruten unter dem wachsamen Auge der Ausbilder die Straßen Tel Avivs als ihr Trainingsgelände. Auch in den sicheren Häusern setzte sich der Unterricht fort. Sie lernten, wie man einen *Katsa* instruiert, der vor der Abreise in sein Einsatzland steht; wie man Briefe mit Geheimtinte schreibt oder den Computer benutzt, um Informationen zu erzeugen, die sich in zerhackter Form auf speziellen Frequenzen senden lassen. Ein wichtiger

Bestandteil der scheinbar endlosen Ausbildungsstunden bestand darin, zu lernen, wie man Beziehungen zu unbeteiligten, arglosen Personen aufbaut. Jaakov Cohen, der 25 Jahre lang als *Katsa* mit falscher Identität überall auf der Welt gearbeitet hatte, glaubt, ein Grund für seinen Erfolg sei gewesen, daß er seine Lektionen während der Ausbildung gut gelernt hatte:

»Jeder Mann und jede Frau wurde zu einem Werkzeug. Ich konnte sie belügen, weil die Wahrheit keinen Anteil an meinem Verhältnis zu diesen Personen hatte. Das einzige, was zählte, war, sie zum Nutzen Israels zu gebrauchen. Von Anfang an machte ich mir einen Leitsatz zu eigen: Tue das, was für den Mossad und für Israel richtig ist.«

Diejenigen, die nach diesem Credo nicht leben konnten, wurden schnell aus dem Dienst entfernt. David Kimche, der als einer der besten Mossad-Agenten galt, erklärt:

»Es ist die alte Geschichte: Viele fühlen sich berufen, wenige sind auserwählt. In dieser Hinsicht haben wir eine gewisse Ähnlichkeit mit der katholischen Kirche. Denjenigen, die übrig bleiben, gibt die Gemeinschaft Halt. Wir leben untereinander nach der Regel der gegenseitigen Hilfe. Du lernst, anderen Menschen dein Leben anzuvertrauen. Ein größeres Vertrauen kann es unter Menschen nicht geben.«

Wenn sich die Mossadrekruten mit Zugang zu den sicheren Häusern für ihre nächste Ausbildungsstufe qualifiziert hatten, war ihnen diese Philosophie schon in Fleisch und Blut übergegangen. Sie waren nun *Katsas*, die eine Mission antraten oder nach Hause zurückkehrten, um Bericht zu erstatten. Diese *Katsas* hießen »Springer«, weil sie zunächst nur kurze Einsätze im Ausland zu absolvieren hatten. Deswegen nannten sie diese sicheren Häuser einfach »Springerwohnungen«. Zu phantasievolle Umschreibungen wurden von ihren Vorgesetzten mit Argwohn gesehen.

Schließlich dienten die sicheren Häuser auch als Treffpunkte mit Informanten oder zur Befragung von Menschen, die möglicherweise als »Maulwürfe« angeworben werden konnten. Der einzige Hinweis auf deren Zahl stammt von Victor Ostrovsky, einem früheren niederrangigen Offizier des Mossad. Er behauptete, daß es 1991 weltweit »etwa 35 000 Maulwürfe gab, von denen 20 000 Informationen lieferten. Der Rest waren Schläfer. Die Araber unter ihnen hießen ›schwarze‹, die übrigen ›weiße‹ Agenten. ›Warnagenten‹ sind strategisch plaziert und dienen dazu, vor Kriegsvorbereitungen zu warnen. Das könnte beispielsweise ein Arzt in einem syrischen Krankenhaus sein, der die Anlieferung großer Mengen von Medikamenten und Präparaten sieht, oder ein Hafenangestellter, der eine wachsende Aktivität von Kriegsschiffen beobachtet.«

Einige dieser Agenten hatten ihre ersten Instruktionen in einem sicheren Haus erhalten, vergleichbar jenem, das an diesem Oktobernachmittag gründlich auf Wanzen abgesucht worden war. Danach trafen sich am Eßzimmertisch dieser Wohnung ein paar hochrangige Mitarbeiter der israelischen Geheimdienste, um einen Mordanschlag abzusegnen, der die volle Billigung von Ministerpräsident Jitzhak Rabin hatte.

In den drei Jahren, die er jetzt im Amt war, hatte Rabin einer wachsenden Anzahl von Beerdigungen von Opfern terroristischer Anschläge beiwohnen müssen. Er war den Särgen gefolgt und hatte erlebt, wie erwachsene Männer weinten, wenn das Totengebet gesprochen wurde. Für jeden Toten hatte er »eine Trauerzeremonie in meinem eigenen Herzen« durchgeführt. Und er hatte sich an die Worte des Propheten Ezechiel erinnert: »Und der Feind soll wissen, daß ich der Herr bin, wenn ich Rache an ihm übe.«

Es war nicht das erste Mal, daß Feinde die Rache Rabins zu spüren bekamen; er war persönlich mehr als einmal an Vergeltungsaktionen beteiligt gewesen. Am spektakulärsten war die Ermordung von Jassir Arafats Stellvertreter Khalil al-Wazir in Tunesien gewesen, jenes Mannes, der in der gesamten arabischen Welt, aber auch in den Honeywell-Computern der PLO als Abu Dschihad, der »Vater des Heiligen Krieges«, bekannt war. Rabin war Israels Verteidigungsminister, als 1988 in der gleichen Wohnung unweit der Pinskerstraße die Entscheidung getroffen wurde, Abu Dschihad zu liquidieren.

Zwei Monate lang überwachten Mossad-Agenten Abu Dschihads Villa, die am Rande von Tunis in der Vorstadt Sidi Bou Said lag. Die Zufahrtsstraßen, die Eingangstore, Höhe und Art der Umzäunung, die Fenster, Türen, Schlösser, Schutzvorkehrungen, der Zeitplan von

Abu Dschihads Wachleuten – alles wurde ausgespäht und immer wieder nachgeprüft.

Die Mossad-Agenten sahen zu, wie Abu Dschihads Frau mit den Kindern spielte; sie waren neben ihr, wenn sie einkaufen oder zum Friseur ging. Sie hörten die Telefongespräche ihres Mannes ab, belauschten ihr Schlafzimmer, hörten zu, wenn sie miteinander schliefen. Sie berechneten die Abstände von einem Raum zum nächsten, fanden heraus, was die Nachbarn taten, wenn sie zu Hause waren, und registrierten Typ, Farbe und Nummer aller an- und abfahrenden Autos.

Die Regel, die Meir Amit vor vielen Jahren für die Vorbereitung eines Mordanschlags aufgestellt hatte, haftete allen im Gedächtnis: Denke wie dein Ziel; höre erst auf, wie es zu sein, wenn du den Finger am Abzug hast.

Zufrieden kehrte das Mossad-Team nach Tel Aviv zurück. In den nächsten Wochen übten sie die Durchführung ihrer tödlichen Mission in einem bei Haifa gelegenen sicheren Haus, das der Villa Abu Dschihads entsprach. Vom Betreten des Hauses an würde die Einheit nur 22 Sekunden brauchen, um ihn zu töten.

Am 16. April 1988 wurde der Einsatzbefehl für die Operation gegeben.

In der Nacht hoben mehrere Boeings 707 der israelischen Luftwaffe von einem Militärstützpunkt südlich von Tel Aviv ab. An Bord der einen Maschine befanden sich Jitzhak Rabin und weitere hochrangige israelische Offiziere. Dieses Flugzeug stand in ständigem abhörsicherem Funkkontakt zu dem bereits vor Ort befindlichen Exekutionsteam, das von einem Agenten mit dem Decknamen »Schwert« geführt wurde. Ein anderes Flugzeug enthielt die Abhör- und Störvorrichtungen. Zwei weitere Boeings dienten als Tankflugzeuge. Die Flugzeuge kreisten hoch über dem Viertel und verfolgten über eine gesicherte Funkverbindung alle Schritte am Boden. Am 17. April kurz nach Mitternacht konnte man an Bord hören, daß Abu Dschihad in seinem Wagen nach Hause zurückkehrte; Jassir Arafat hatte ihm den Mercedes zur Hochzeit geschenkt. Zuvor schon hatte das Einsatzteam Abhörgeräte in Stellung gebracht, mit denen sich alle Vorgänge innerhalb der Villa belauschen ließen.

Auf seinem Beobachtungsposten nahe der Villa hörte Schwert, wie Abu Dschihad die Treppe hinaufging, leise mit seiner Frau sprach, in das danebenliegende Schlafzimmer schlich, um seinen schlafenden Sohn zu küssen, und danach in sein Arbeitszimmer im Erdgeschoß hinabstieg. Schwert meldete diese Beobachtungen über sein Mikrofon, gleichzeitig wurden die Geräusche auch von dem elektronischen Kampfflugzeug – der israelischen Version der amerikanischen AWACS – aufgefangen und an das Leitflugzeug mit Rabin an Bord weitergesendet. Um 0.17 Uhr befahl Rabin loszuschlagen.

Vor der Villa schlief Abu Dschihads Fahrer in dem Mercedes. Einer der Männer des Teams rannte auf das Auto zu, drückte dem Mann eine mit Schalldämpfer versehene Beretta ins Ohr und schoß. Der Fahrer sackte tot auf dem Vordersitz zusammen.

Als nächstes befestigten Schwert und ein zweiter Agent eine Sprengladung unten an der schweren eisernen Vordertür der Villa. Der neue »leise« Plastiksprengstoff verursachte kaum ein Geräusch, als er die Tür aus den Angeln hob. Hinter der Tür standen zwei Leibwächter Abu Dschihads, die von der Explosion zu verblüfft waren, um sich rühren zu können. Auch sie wurden mit Schalldämpferpistolen erschossen.

Schwert rannte zum Arbeitszimmer Abu Dschihads, der dort PLO-Übungsvideos ansah. Als Abu Dschihad aufsprang, trafen ihn zwei Schüsse in den Brustkasten. Er fiel schwer zu Boden. Schwert sprang auf den Gestürzten zu und schoß ihm zwei weitere Kugeln in den Kopf.

Als er den Raum verließ, traf er auf Abu Dschihads Frau. Sie hielt ihren kleinen Sohn auf den Armen.

»Geh in dein Zimmer zurück«, befahl ihr Schwert auf arabisch.

Dann verschwanden er und seine Männer in der Nacht. Vom Betreten bis zum Verlassen der Villa hatten sie ganze dreizehn Sekunden gebraucht – neun kostbare Sekunden weniger als während der Übung in Haifa.

Zum ersten Mal traf eine Mordaktion des Mossad auf öffentliche Kritik. Auch Regierungsmitglied Ezer Weizman warnte, daß »das Liquidieren einzelner Personen den Friedensprozeß nicht voranbringen wird«.

Trotzdem gingen die Attentate weiter.

Zwei Monate später sah sich die südafrikanische Polizei gezwungen, eine Tat zu offenbaren, um deren Geheimhaltung Israel dringend ersucht hatte: Der Mossad hatte einen südafrikanischen Geschäftsmann namens Alan Kidger umgebracht. Kidger hatte den Irak und den Iran mit High-Tech-Ausrüstung beliefert, die zur Herstellung biochemischer Waffen verwendet werden konnte. Kidgers Leiche war ohne Arme und Beine aufgefunden worden. Nach Aussage des Johannesburger Chefermittlers, Polizeioberst Charles Landman, war der Mord »eine klare, vom Mossad übermittelte Botschaft der israelischen Regierung«.

Sechs Wochen vor der Ermordung Abu Dschihads hatte der Mossad eine wichtige Rolle bei einem anderen umstrittenen Einsatz gespielt: der Tötung dreier unbewaffneter IRA-Mitglieder. Sie waren an einem Sonntagnachmittag in Gibraltar von Scharfschützen der britischen Special Air Services (SAS) erschossen worden.

In früheren Jahren hatte Rafi Eitan SAS-Leute nach Tel Aviv gebracht. Sie wollten aus erster Hand erfahren, wie der Mossad in den Beiruter Seitenstraßen oder im Bekaa-Tal arabische Terroristen exekutierte.

Vier Monate bevor die Schüsse in Gibraltar fielen, hatten Mossad-Agenten mit der Überwachung von Mairead Farrell, Sean Savage und Daniel McCann begonnen. Der Geheimdienst nahm an, die drei seien wieder einmal dabei, »im großen Stil arabische Waffen für die IRA zu kaufen«.

Das spezielle Interesse des Mossad für die Aktivitäten der IRA reichte bis zu der Zeit zurück, als die Thatcher-Regierung Rafi Eitan unter strengster Geheimhaltung nach Belfast gebracht hatte, um die britischen Sicherheitskräfte über die sich entwickelnden Beziehungen zwischen irischen Terrorgruppen und der Hizbollah zu informieren.

»Ich kam bei Regenwetter an. Überhaupt regnete es in Irland jeden Tag. Ich habe den Briten alles erzählt, was wir wußten. Dann machte ich eine Reise durch die Provinz Ulster, bis hinunter zur Grenze zur Republik Irland, die ich allerdings nicht überschritt. Man stelle sich vor, was die irische Regierung gesagt hätte, wenn ich dort geschnappt worden wäre! Vor meiner Abreise sorgte ich dafür, daß die SAS nach Israel kommen konnte, um unsere Methoden im Umgang mit Terroristen kennenzulernen.«

Aus diesen Anfängen hatte sich eine enge Arbeitsgemeinschaft zwischen dem Mossad und der SAS entwickelt. Hochrangige Mossad-Offiziere reisten regelmäßig in das SAS-Hauptquartier in Hereford, um Sondereinheiten auf Nahost-Einsätze vorzubereiten. Zumindest einmal verfolgte eine gemischte Mossad-SAS-Einheit mehrere führende IRA-Mitglieder von Belfast bis nach Beirut und fotografierte ihre Treffen mit Führern der Hizbollah.

Im Oktober 1987 verfolgten Mossad-Agenten den Vergnügungsdampfer *Eksund* bei seiner Fahrt durch das Mittelmeer. An Bord des Schiffs befanden sich 120 Tonnen an Kriegsgerät, darunter Boden-Luft-Raketen, raketengetriebene Granatwerfer, Maschinengewehre, Bomben und Zündkapseln. Die Waffen waren von IRA-Kontaktleuten in Beirut gekauft worden. Die französische Marine fing die *Eksund* schließlich ab.

Da der Mossad mit den irischen Sicherheitsbehörden nicht zu Rande kam – der Grund war nach Ansicht eines Mossad-Offiziers der starke Widerstand Israels gegen die Beteiligung Irlands an der Friedenssicherung im Libanon –, ließ der Mossad über die britische SAS Hinweise auf Waffenlieferungen durchsickern, die nach Irland unterwegs waren.

Die Mossad-Agenten, die sich auf die Fährte der dreiköpfigen IRA-Kommandoeinheit in Spanien gesetzt hatten, kamen schnell zu dem Ergebnis, daß die Iren dort weder arabische Waffenhändler treffen noch Kontakt mit der baskischen Terrorgruppe ETA aufnehmen wollten. Trotzdem folgte das Mossad-Team auch weiterhin den Schritten der spanischen Antiterror-Einheit, die das irische Trio ebenfalls überwachte.

Zunächst wollten die Spanier die Mossad-Agenten auf Abstand halten. Schließlich war es ihr Einsatz; die Spanier arbeiteten erstmals ernsthaft mit dem MI5 und der SAS bei der Bekämpfung der IRA zusammen. Da war es nur verständlich, daß sie darauf erpicht waren, den Ruhm einer erfolgreichen Operation alleine zu ernten. Doch der

Mossad machte deutlich, daß er nur helfen wollte. Die Spanier nahmen das Hilfsangebot an.

Als die spanische Einheit die Spur von Mairead Farrell verloren hatte, spürte ein *Katsa* sie wieder auf. Der Mossad-Agent entdeckte, daß Farrell ein anderes Auto gemietet hatte, einen weißen Fiesta, den sie, beladen mit Schrapnells im Gewicht von 64 Kilogramm, in einer Tiefgarage in Marbella abgestellt hatte.

Dieser modische Ferienort war eine beliebte Zufluchtsstätte arabischer Würdenträger vor der heißen Wüstensonne. Sie träumten dort von dem ersehnten Tag, an dem das verhaßte Israel vernichtet werden würde. Außerdem befand sich Marbella in der Nähe des schicken Hafens Puerto Banus, wo die Luxusjachten vieler arabischer Petrodollar-Millionäre vor Anker lagen.

Der Mossad befürchtete schon lange, daß die Boote auch Sprengstoff und Waffen für arabische Terroristen schmuggelten. Man glaubte, Farrells Auto sei in der Tiefgarage geparkt worden, um es später an Bord eines Schiffes zu hieven, das auf Kreuzfahrt ins Heilige Land war.

Das Mossad-Team überwachte das mit den Schrapnells beladene Auto. Außerdem entdeckte es Farrell am Steuer eines anderen Fiesta, desselben Autos, mit dem sie McCann und Savage in den vergangenen Wochen durch Spanien kutschiert hatte. Zwei Agenten des Mossad-Teams folgten der IRA-Einheit, als diese nach Süden in Richtung Puerto Banus fuhr. Zehn Minuten nach der Abfahrt aus Marbella ließ Farrell den Jachthafen links liegen und fuhr weiter an der Küste entlang.

Mit Hilfe ihres auf den Polizeifunk eingestellten Autofunkgeräts informierten die *Katsas* die spanische Polizei, daß das IRA-Trio auf dem Weg nach Gibraltar war. Die Spanier informierten die britischen Behörden. Das SAS-Team bezog Position. Einige Stunden später waren Farrell, McCann und Savage erschossen. Sie hatten keine Chance, sich zu ergeben. Man hatte sie exekutiert.

Eine Woche später telefonierte Stephen Lander, der Offizier und spätere Generaldirektor des MI5, der offiziell als Leiter des Einsatzes bezeichnet wurde, mit Admoni, um dem Mossad für die Hilfe bei dieser Operation zu danken.

An jenem Oktoberabend des Jahres 1995 war in dem sicheren Haus unweit der Pinsker Straße alles für das Treffen zur Planung eines erneuten Attentats vorbereitet.

Ziel des Anschlags war Fathi Shkaki, der religiöse Führer des Islamischen Dschihad. Der Mossad hatte ermittelt, daß diese Gruppe für den Tod von mehr als zwanzig israelischen Busreisenden verantwortlich war, die im Januar nahe der Kleinstadt Beit Lid den Bomben zweier Selbstmordattentäter zum Opfer gefallen waren.

Seit etwa einem Vierteljahrhundert hatte es in Israel über zehntausend terroristische Angriffe gegeben. Über vierhundert Israelis waren ermordet und mehr als tausend verletzt worden. Viele derjenigen, die für diese blutige Spur von Mord und Gewalt verantwortlich waren, waren in einem Rachefeldzug aufgespürt und getötet worden, der nach Aussage des daran beteiligten *Katsa* Jaakov Cohen in »namenlosen Nebenstraßen« stattfand, »wo der Dolch oftmals wirkungsvoller ist als die Schußwaffe, wo es heißt, selber zu töten oder getötet zu werden«.

In dieser mitleidslosen Welt war Shkaki zu Hause. Er selbst hatte den Bombenattentätern von Beit Lid Absolution vom islamischen Selbstmordverbot gewährt. Aus dem Koran hatte er abgeleitet, daß die Unterdrückung dem Unterdrückten neue Schlagkraft verleihen kann. Bei der Indoktrination der präsumptiven Selbstmordattentäter hatte er sich die Schwächen der psychisch unausgeglichenen Jugendlichen zunutze gemacht. Sie gingen an jenem Januartag als religiöse Fanatiker in den Tod – wie vor ihnen die japanischen Kamikaze-Flieger des Zweiten Weltkriegs. Später hatte Shkaki ihre Todesanzeigen in den Zeitungen des Dschihad bezahlt; im Freitagsgebet hatte er ihr Opfer gepriesen und ihren Familien versichert, sie seien als Märtyrer ins Paradies eingegangen.

In den elenden Straßen, in denen sich Shkaki bewegte, war es für die Familien zu einer Ehre geworden, ihm einen Sohn zur Verfügung zu stellen, der sich opfern würde. Der Gefallenen wurde täglich gedacht, nachdem der Muezzin über die krächzenden Lautsprecher die Gläubigen zum Gebet gerufen hatte. Im kühlen Schatten der Moscheen des südlichen Libanon lebte die Erinnerung an die Selbstmordattentäter weiter.

Nachdem er die nächsten Angriffsziele bestimmt hatte, reichte Shkaki die Jugendlichen, die er für geeignet hielt, an seine Sprengstoffexperten weiter. Diese waren in der Lage, anhand von Fotos die nötige Menge an Sprengstoff zu berechnen. Wie die alten Alchimisten arbeiteten sie dabei mit Erfahrung und Instinkt. Ihre Sprache strotzte von todbringenden technischen Vokabeln.

Das waren Shkakis Leute. Unter Entlehnung eines Wortes, das einmal ein Führer des verhaßten Feindes Israel verwendet hatte, sagte er ihnen: »Wir kämpfen, deshalb leben wir.«

An jenem Oktoberabend, als sein Schicksal in dem sicheren Haus in Tel Aviv besiegelt wurde, hielt sich Shkaki bei seiner Frau Fathia zu Hause in Damaskus auf. Die Wohnung unterschied sich völlig von dem Schmutz und der Enge der Flüchtlingslager, in denen er verehrt wurde. Die kostbaren Teppiche und Wandbehänge waren Geschenke der iranischen Ajatollahs. Das in Gold gerahmte Foto, das Shkaki mit Muammar al Gaddhafi zeigte, war ein Präsent des libyschen Revolutionsführers, und das Kaffeeservice stammte vom syrischen Staatspräsidenten. Auch Shkakis Kleidung wich verblüffend von dem einfachen Mantel ab, in dem er unter den armen Massen des Südlibanon zum Heiligen Krieg aufrief. Die Gewänder, die er zu Hause trug, waren aus den feinsten Stoffen geschneidert, die sich in Londons Savile Row beschaffen ließen. Er trug in Rom gekaufte Maßschuhe, nicht die Sandalen aus dem Basar, mit denen er in der Öffentlichkeit herumlief.

Während er Kuskus aß, sein Lieblingsessen, versicherte er seiner Frau, er würde bei der geplanten Reise nach Libyen, wo er weitere finanzielle Unterstützung von Gaddhafi zu erhalten hoffte, nicht in Gefahr sein. In einem Fax an das libysche Revolutionshauptquartier in Tripolis hatte er mehr als eine Million Dollar gefordert, und er glaubte, die Summe in voller Höhe zu bekommen. Wie üblich würde das Geld in einer libyschen Bank in La Valetta, der Hauptstadt Maltas, gewaschen werden. Shkaki wollte nur ein paar Stunden in Malta bleiben und dann mit dem Flugzeug die Heimreise antreten.

Aus einem Geschäft in Malta, wo er schon öfters eingekauft hatte, sollte Shkaki für jeden seiner halbwüchsigen Söhne ein halbes Dutzend Hemden mitbringen.

Fathia Shkaki erinnerte sich später: »Mein Mann beharrte darauf, daß die Israelis schon früher etwas unternommen hätten, falls sie einen Anschlag gegen ihn planten. Denn die Juden reagierten sofort auf Attentate. Mein Mann war sich sicher, sie würden nicht gegen ihn vorgehen, weil sie die Syrer nicht verärgern wollten.«

Noch drei Monate zuvor hätte Shkaki damit die Stimmung in Tel Aviv richtig eingeschätzt. Im Frühsommer 1995 hatte Rabin einen Plan des Mossad abgelehnt, in Shkakis Wohnung in einem westlichen Vorort von Damaskus einen Brandsatz zu plazieren. Uri Saguy, der damalige Leiter des militärischen Nachrichtendienstes und faktisch der selbst dem Mossad übergeordnete Chef aller israelischen Geheimdienste, hatte Ministerpräsident Rabin unterrichtet, daß man von einer »grundlegenden Veränderung« in Damaskus ausgehen müsse: »Oberflächlich betrachtet, ist Assad immer noch unser Feind. Wenn wir ihm beikommen wollen, müssen wir das Unerwartete tun. Und das bedeutet: Wir sollten die Golan-Höhen aufgeben, und zwar ganz und gar. Ziehen wir alle unsere Leute von dort ab. Der Preis ist hoch, aber es ist die einzige Möglichkeit, um zu einem dauerhaften Frieden zu kommen.«

Rabin hatte zugehört. Er wußte, was die Golan-Höhen Uri Saguy persönlich gekostet hatten. Er hatte den größten Teil seiner militärischen Laufbahn mit der Verteidigung dieses unwegsamen Geländes zugebracht. Dabei war er viermal verwundet worden. Doch Saguy war bereit, das alles hinter sich zu lassen, wenn Israel einen wirklichen Frieden erreichen könnte.

Der Ministerpräsident hatte die Mossad-Pläne zur Beseitigung Shkakis vorerst nicht gebilligt, damit Saguy weiter nachprüfen konnte, inwieweit seine Hoffnungen berechtigt waren.

Sie zerstoben in der Hitze des Sommers, und Rabin, der zwischenzeitlich den Friedensnobelpreis erhalten hatte, befahl Shkakis Exekution. In seiner letzten größeren Operation als Mossad-Chef gab Shabtai Shavit einem »schwarzen Agenten« in Damaskus den Auftrag, die elektronische Überwachung der Wohnung Shkakis wiederaufzunehmen. Die aus den USA stammende Ausrüstung des Agenten war technisch so ausgereift, daß sie Shkakis russische Abhörschutzvorrichtungen ohne weiteres überwand.

Die Details der geplanten Reise Shkakis nach Libyen und Malta gelangten umgehend nach Tel Aviv.

Jetzt, an jenem Oktoberabend des Jahres 1995, bahnten sich die Führungsspitzen der drei israelischen Geheimdienste ihren Weg durch die Menschenmenge auf der Pinskerstraße. Sie alle waren mit den Regeln einverstanden, die Meir Amit in seiner Zeit als Generaldirektor des Mossad für den Fall der Liquidierung geschworener Feinde Israels formuliert hatte:

»Es gibt keine Ermordung politischer Führer. Mit ihnen muß man mit politischen Mitteln umgehen. Die Familien von Terroristen werden nicht ermordet. Wenn sie uns in den Weg geraten, ist das allerdings nicht unser Problem. Jede Exekution bedarf der Genehmigung durch den Ministerpräsidenten. Und alles muß planmäßig ablaufen. Die getroffene Entscheidung muß sauber und genau umgesetzt werden. Unsere Handlungen dürfen nicht als Akte des Staatsterrorismus betrachtet werden, sondern als die äußerste gesetzmäßige Strafe, die der Staat verhängen kann. Wir unterscheiden uns nicht von dem Henker oder einem anderen staatlich bestellten Vollstreckungsbeamten.«

Seit der erfolgreichen Jagd auf die Terroristen, die für das Attentat auf die israelischen Sportler bei den Olympischen Spielen von 1972 verantwortlich waren, hatten sich alle Hinrichtungen im großen und ganzen an diese Vorgaben gehalten. Jetzt, fast genau dreiundzwanzig Jahre nach dem blutigen Anschlag von München, näherten sich die Nachfolger Meir Amits eilig dem sicheren Haus in der Pinskerstraße. Als erster kam Shabtai Shavit. In nicht eben schmeichelhaften Beschreibungen von Kollegen hieß es, er gleiche einem Portier in einem der weniger feinen Hotels Tel Avivs: die gleiche sorgfältig gebügelte Kleidung; der gleiche flüchtige Händedruck. Er war seit drei Jahren im Amt und vermittelte stets den Eindruck, er wisse selbst nicht genau, wie lange er sich noch auf dem Posten würde halten können. Als nächster kam Brigadegeneral Doran Tamir, der oberste Geheimdienstoffizier der israelischen Streitkräfte. Von behender Auffassungsgabe und in der Blüte seiner Jahre, strahlte er eine Autorität aus, die er der langjährigen Gewöhnung an das Befehlen verdankte.

Schließlich kam auch Uri Saguy. Er schritt in das sichere Haus wie ein Kriegsgott auf dem Weg zu noch glänzenderem Ruhm als auf dem Posten des Amandirektors, des militärischen Nachrichtendienstes. Obwohl leise und bescheiden auftretend, sorgte er bei seinen Kollegen für Kontroversen, da er weiterhin darauf bestand, Syrien sei unter der Oberfläche des erneuten Säbelrasselns ernsthaft an Friedensverhandlungen interessiert.

Das Verhältnis der drei Männer zueinander war nach den Worten Shavits »von vorsichtiger Freundlichkeit«.

Uri Saguy erklärte: »Wir sind kaum miteinander zu vergleichen. Als Chef des Aman gab ich den beiden anderen Aufträge. Sicher gab es Konkurrenz zwischen uns, aber solange wir derselben Sache dienen, ist das nur gut.«

Zwei Stunden lang saßen sie um den Tisch im Wohnzimmer und erörterten den Plan zur Ermordung Fathi Shkakis. Seine Exekution wäre ein reiner Racheakt nach dem biblischen Prinzip »Auge um Auge, Zahn um Zahn«, mit dem die Israelis gern solche Tötungsaktionen rechtfertigten. Doch manchmal tötete der Mossad auch jemanden, der sich hartnäckig weigerte, seine Fähigkeiten den Wünschen Israels zur Verfügung zu stellen. Damit solche Talente nicht in die Hände von Feinden fielen, konnte der Mossad rücksichtslos und entschieden vorgehen.

Der kanadische Forscher Dr. Gerald Bull galt als der Welt größter Experte für Kanonenballistik. Israel hatte mehrere erfolglose Versuche unternommen, ihm sein Expertenwissen abzukaufen. Jedes Mal hatte Bull deutlich seine Ablehnung des jüdischen Staats zu verstehen gegeben.

Statt dessen hatte er Saddam Hussein seine Dienste für den Bau einer Superkanone angeboten, deren Geschosse atomare, chemische oder biologische Sprengköpfe vom Irak aus bis hinein nach Israel tragen könnten. Der Lauf dieser Kanone hatte eine Länge von 146 Metern und war von 32 Tonnen Stahl ummantelt, den britische Firmen in den Irak geliefert hatten. Ende 1989 war ein Prototyp auf einer Kanonenabschußrampe bei Mosul im Nordirak getestet worden. Saddam Hussein ordnete an, für 20 Millionen Dollar drei derartige Kanonen zu bauen. Bull wurde als Berater für eine Million Dollar weiter engagiert. Das Projekt erhielt den Decknamen Babylon.

Bulls Firma, die Space Research Corporation (SRC), war in Brüssel als eine Gesellschaft zur Entwicklung von Waffen registriert. Von dort wurde eine Liste aller gewünschten Hochtechnologie-Bauteile an europäische Zulieferer versandt, darunter auch an zwanzig britische Firmen.

Am 17. Februar 1990 erhielt ein *Katsa* in Brüssel Kopien von Dokumenten, welche die technischen Ziele des Projekts Babylon umrissen: Die Superkanone sollte die Reichweite einer Mittelstreckenrakete haben. Achtfach gebündelte Scud-Raketen sollten den Sprengköpfen eine Reichweite von 2500 Kilometern geben. Damit wäre nicht nur Israel, sondern auch viele europäische Städte in den Zielbereich von Saddams Geschützen gekommen. Bull war der Überzeugung, er könnte schließlich eine Kanone bauen, mit der es möglich wäre, von Bagdad aus sogar London unter Feuer zu nehmen.

Mossad-Generaldirektor Nahum Admoni ersuchte um ein Treffen mit Ministerpräsident Jitzhak Schamir. Der frühere Untergrundkämpfer Schamir, der am Ende der Mandatszeit die Briten rücksichtslos bekämpft hatte, war ein politischer Führer nach dem Geschmack des Mossad. Er unterstützte uneingeschränkt die Ansicht, Israels Feinde müßten getötet werden, wenn die Situation kritisch war und alle anderen Maßnahmen versagten. In den sechziger Jahren, als ehemalige Raketenforscher der Nazis für die ägyptische Regierung an Flugkörpern bauten, mit denen Israel über die Sinai-Halbinsel hinweg beschossen werden sollte, hatte der Mossad Schamir hinzugezogen, um sein Expertenwissen bei der Planung von Mordanschlägen zu nutzen. In der Zeit der britischen Mandatsherrschaft war es Schamirs Spezialität gewesen, Mittel zu ersinnen, um britische Soldaten zu beseitigen. Schamir hatte ehemalige Mitglieder seiner Untergrundtruppen nach Ägypten geschickt, um deutsche Nazi-Wissenschaftler zu exekutieren. Einige dieser Attentäter wurden später Gründungsmitglieder der *Kidon*-Einheit des Mossad.

Schamir verwendete nur kurze Zeit auf das Studium des Mossad-Dossiers über Bull. Wie üblich hatte der Dienst gründlich dessen Karriere seit der Zeit aufgezeichnet, als er als Zweiundzwanzigjähriger seinen Doktor in Physik gemacht und anschließend einen Posten in der Waffenentwicklungsabteilung der kanadischen Regierung angetreten hatte. Dort war er mit Vorgesetzten aneinandergeraten – und hegte seitdem einen unauslöschlichen Haß auf alle Bürokraten. Er hatte sich als privater Berater niedergelassen; »wortwörtlich ein mietbares Gewehr«, wie das Dossier mit einem Anflug schwarzen Humors bemerkte.

Seinen Ruf als Waffenerfinder begründete 1976 die Entwicklung einer Haubitze vom Kaliber 45, mit der sich noch Ziele in einer Entfernung von vierzig Kilometern erreichen ließen; die einzige vergleichbare Waffe, über welche die NATO zu jener Zeit verfügte, hatte nur eine Reichweite von 27 Kilometern. Doch wieder einmal geriet Bull mit der Haltung der Regierungen in Konflikt. Die NATO-Mitgliedsstaaten konnten die neue Waffe nicht kaufen, weil die wichtigsten europäischen Waffenproduzenten eine einflußreiche politische Lobby hatten. Bull verkaufte die Haubitze schließlich an Südafrika.

Danach begab er sich nach China, um die Raketenausrüstung der Volksbefreiungsarmee zu verbessern. Bull verstärkte die vorhandenen Raketen des Typs Seidenraupe, so daß sie eine größere Reichweite bei gesteigerter Sprengstofftraglast erhielten. Eine ganze Reihe dieser Raketen wurde dann von China an Saddam Hussein verkauft. Anfangs setzte sie der Irak im 1. Golfkrieg gegen den Iran ein. Es blieb jedoch eine genügende Anzahl von Seidenraupen-Raketen auf irakischen Raketenbasen zurück, um den Mossad zu der Überzeugung zu bringen, diese sollten schließlich gegen Israel eingesetzt werden.

Unterdessen gewann das Projekt Babylon an Fahrt. Ein weiterentwickelter Prototyp war getestet worden. Gegner des Saddam-Regimes, die der Mossad als Informanten im Irak angeworben hatte, berichteten, die Raketenspitzen seien so entworfen, daß sie chemische oder biologische Kampfstoffe aufnehmen könnten.

Am Nachmittag des 20. März 1990 schloß sich Ministerpräsident Jitzhak Schamir bei einem Treffen in seinem Büro der Ansicht Nahum Admonis an, daß Gerald Bull beseitigt werden müsse.

Zwei Tage nach dieser Entscheidung kam ein zweiköpfiges *Kidon*-Team in Brüssel an. Dort erwartete sie der *Katsa*, der Bulls Aktivitäten genau überwacht hatte.

Am 22. März 1990 um 18.45 Uhr fuhren die drei Männer in einem Mietwagen zu dem Wohnblock, wo Bull lebte. Die *Kidons* trugen Handfeuerwaffen in den Halftern unter ihren Jacken.

Zwanzig Minuten später ging der einundsechzigjährige Bull zur Tür, als es klingelte. Er wurde von fünf Schüssen in Kopf und Nacken getroffen. Die *Kidons* feuerten abwechselnd ihre Pistolen vom Kaliber 7,65 Millimeter ab und ließen Bull dann tot vor der Tür seines Luxusappartements liegen. Später erklärte Bulls Sohn Michael, sein Vater sei vor einem Mordanschlag des Mossad gewarnt worden. Michael Bull konnte nicht sagen, von wem die Warnung gekommen war und weshalb sein Vater sie ignoriert hatte.

Als das *Kidon*-Team wieder sicher zu Hause angekommen war, ließ die Mossad-Abteilung für psychologische Kriegsführung »Hintergrundinformationen« in die Medien gelangen, denen zufolge Bull sterben mußte, weil er den Handel mit Saddam Hussein platzen lassen wollte. Jetzt, fünf Jahre später, sollte gegen den Islamisten Fathi Shkaki die gleiche Taktik angewandt werden wie seinerzeit gegen Gerald Bull, den Wissenschaftler, die Israel beide unterschiedslos für Terroristen hielt. Die Anordnung kam nun von einem neuen Ministerpräsidenten, von Jitzhak Rabin.

Am 24. Oktober 1995 verließen zwei noch nicht ganz dreißig Jahre alte Männer mit den Decknamen Gil und Ran Tel Aviv mit unterschiedlichen Zielen: Ran flog nach Athen, Gil nach Rom. Auf den Flughäfen nahmen sie britische Pässe in Empfang, die ein örtlicher *Sajan* überbrachte. Am späten Nachmittag kamen sie per Flugzeug in Malta an und mieteten sich im Hotel Diplomat ein, von wo man einen Ausblick auf den Hafen von La Valetta hat.

Am gleichen Abend wurde Ran ein Motorrad geliefert. Den Hotelangestellten erklärte er, er wolle damit auf der Insel herumfahren.

Niemand von den Hotelangestellten konnte sich später erinnern, daß die Männer irgendwelche Kontakte gehabt hätten. Sie verbrachten die meiste Zeit in ihren Zimmern. Als einer der Pagen feststellte, daß Gils Samsonite-Koffer schwer sei, hatte Gil nur gezwinkert und gewitzelt, er sei voller Goldbarren.

Am gleichen Abend funkte ein Frachter, der am Vortag Haifa mit einem italienischen Bestimmungsziel verlassen hatte, den maltesischen Schiffahrtsbehörden Maschinenschaden; solange die Reparaturen es erforderten, werde das Schiff vor der Insel beidrehen. An Bord des Frachters befanden sich Shabtai Shavit und ein kleines Team von Nachrichtentechnikern des Mossad. Sie stellten eine Funkverbindung zu Gil her, dessen Koffer ein kleines, aber leistungsstarkes Funkgerät enthielt.

Die Schlösser des Koffers mußten gegen den Uhrzeigersinn aufgeschlossen werden, um die Sicherungen der beiden im Deckel angebrachten Sprengsätze zu deaktivieren. Jeder, der versucht hätte, die Schlösser im Uhrzeigersinn aufzuschließen, hätte die volle Sprengladung abbekommen. Die rhombische Antenne des Funkgeräts, etwa 400 Meter an Glasfaserkabel, war zu einer Scheibe von einem Durchmesser von 15 Zentimeter zusammengerollt. Gabelschaltungen verbanden diese Scheibe mit vier Dipolen, die an die Innenseite des Samsonite-Koffers geschweißt waren. Während der Nacht sendete der Frachter eine Reihe von Funksprüchen an Gil.

Fathi Shkaki war am gleichen Tag mit der Fähre Tripolis–La Valetta angekommen. Libysche Sicherheitsbeamte hatten ihn auf der Fahrt begleitet. Sie blieben an Bord; ihr Auftrag war erfüllt, als Shkaki allein an Land ging. Zuvor hatte er sich den Bart abrasiert. Gegenüber den maltesischen Zollbeamten gab er sich als Ibrahim Dawish aus und zeigte einen libyschen Paß vor. Nachdem er ein Zimmer im Hotel Diplomat genommen hatte, verbrachte er die nächsten Stunden in Strandcafés, trank viele Tassen Kaffee und knabberte süßes arabisches Gebäck. Mehrfach telefonierte er.

Am nächsten Morgen war Shkaki gerade mit den versprochenen Hemden für seine Söhne auf dem Rückweg zum Hotel. Er schlenderte die Uferstraße entlang, als zwei Männer auf einem Motorrad neben ihm die Fahrt verlangsamten. Einer der Männer schoß dem Dschihad-Führer sechsmal aus kürzester Distanz in den Kopf. Shkaki war auf der Stelle tot. Die Motorradfahrer machten sich davon, man fand keine Spur mehr von ihnen. Doch eine Stunde später verließ ein Fischerboot den Hafen von La Valetta und ankerte auf der windgeschützten Seite des Frachters. Kurz darauf informierte der Kapitän die maltesischen Schiffahrtsbehörden, der Maschinenschaden sei provisorisch behoben, der Frachter müsse aber zu weiteren Reparaturen nach Haifa zurückkehren.

Im Iran, der geistigen Heimat Shkakis, riefen die Mullahs einen landesweiten Trauertag aus. In Tel Aviv erklärte Ministerpräsident Jitzhak Rabin auf die Frage nach einem Kommentar zur Ermordung Shkakis: »Ich kann wahrlich nicht behaupten, daß mich der Vorfall traurig stimmt.«

Nur wenige Tage später, am 4. November 1995, wurde Rabin in Tel Aviv bei einer Friedenskundgebung ermordet – unweit des sicheren Hauses, wo die Umsetzung seines Befehls zur Exekution Shkakis geplant worden war. Rabin starb durch die Tat eines jüdischen Fanatikers, Jigal Amir, der in vielfacher Hinsicht die gleiche Rücksichtslosigkeit besaß, die der Ministerpräsident so am Mossad bewundert hatte.

Jitzhak Rabin, der mächtige politische Führer, der einstige Falke, der sich zur Taube gemausert hatte, hatte erkennen müssen, daß der Nahe Osten Frieden brauchte. »Wir müssen unsere Schwerter in Pflugscharen verwandeln und den Boden gemeinsam mit unseren arabischen Nachbarn bebauen«, zitierte er einmal etwas abgewandelt sein Lieblingsbuch, die Bibel. Er wurde von einem Angehörigen seines eigenen Volks ermordet, weil er nicht glauben wollte, daß seine jüdischen Feinde mit der gleichen Härte vorgehen würden wie die Fanatiker auf der arabischen Seite: Diese Kräfte waren entschlossen, Rabins Zukunftsvision nicht Wirklichkeit werden zu lassen.

1998 umfaßte die *Kidon*-Einheit des Mossad 48 Mitglieder, darunter sechs Frauen. Alle waren zwischen zwanzig und dreißig Jahre alt und in bester körperlicher Verfassung. Sie lebten und arbeiteten außerhalb des Mossad-Hauptquartiers in Tel Aviv; ihre Basis befand sich in einem für die Öffentlichkeit unzugänglichen Areal im Negev. Auf diesem Stützpunkt ließen sich die Straßen oder Gebäude, wo eine Mordaktion durchgeführt werden sollte, recht originalgetreu nachbauen. Es gab Fluchtautos und eine Hindernisstrecke.

Zu den Ausbildern gehörten ehemalige Angehörige der Einheit, die jetzt die Übungen an den verschiedenen Waffen überwachten und die Rekruten darin unterrichteten, wie man Bomben verstecken, einer

Zielperson in einer Menschenmenge eine tödliche Injektion verabreichen oder einen Mord als Unfall tarnen konnte. Die *Kidons* studierten Videoaufnahmen erfolgreicher Attentate – beispielsweise von der Ermordung John F. Kennedys. Sie prägten sich die Gesichter und Gewohnheiten der unzähligen Zielpersonen ein, die in dem Spezialcomputer gespeichert waren, und ebenso die jeweils neuesten Pläne von Städten, Häfen und Flughäfen.

Die *Kidons* arbeiteten in Vier-Personen-Teams. Sie flogen regelmäßig ins Ausland, um sich mit London, Paris, Frankfurt am Main oder anderen europäischen Städten vertraut zu machen. Gelegentlich reisten sie auch nach New York, Los Angeles oder Toronto. Bei all diesen Außenübungen waren Ausbilder dabei. Sie sollten die Fähigkeit der *Kidons* bewerten, eine Operation vorzubereiten, ohne Aufmerksamkeit auf sich zu ziehen. Als Zielpersonen wurden Freiwillige unter den örtlichen *Sajanim* ausgewählt, die nur erfuhren, daß es sich um eine Übung zum Schutz einer israelischen Einrichtung handelte, meist einer Synagoge oder einer Bank. Diese Freiwilligen wurden dann plötzlich in einer ruhigen Straße angefallen und in ein Auto gezerrt, oder sie wurden mitten in der Nacht in ihren Wohnungen überfallen und starrten beim Erwachen in einen Pistolenlauf.

Die *Kidons* nahmen diese Übungseinsätze sehr ernst, denn jedes Team wußte nur zu genau um das »Lillehammer-Fiasko«.

Im Juli 1973, als sich die Jagd nach den Verantwortlichen für den Anschlag auf die israelischen Sportler in München auf dem Höhepunkt befand, erhielt der Mossad den Hinweis, der »Rote Prinz« Ali Hassan Salameh, der jene Operation geplant hatte, arbeite in der norwegischen Kleinstadt Lillehammer als Kellner.

Michael Harari, der damalige Einsatzleiter des Mossad, hatte ein Team zusammengestellt, das nicht aus *Kidons* bestand, denn die Mitglieder dieser Einheit waren gerade in aller Welt unterwegs, um die Terroristen des »Schwarzen September« aufzuspüren und zu töten. Hararis Team hatte keine Erfahrung im Außendienst, doch er nahm an, daß seine eigenen Erfahrungen als in Europa eingesetzter *Katsa* für die geplante Operation ausreichen würden. Zu Hararis Team gehörten zwei Frauen, Sylvia Rafael und Marianne Gladnikoff, sowie der Algerier Kemal Bename, der als Kurier für den Schwarzen September tätig gewesen war, bevor ihn Harari durch Erpressung gezwungen hatte, zum Doppelagenten zu werden.

Die Operation war von Anfang an auf ein Desaster zugelaufen. Die Ankunft eines Dutzends von Ausländern in Lillehammer, wo es seit vierzig Jahren keinen Mordfall gegeben hatte, erweckte Verdacht. Die örtliche Polizei nahm die Überwachung auf. Die Polizisten waren in der Nähe, als Harari und seine Leute einen marokkanischen Kellner namens Ahmed Bouchiki erschossen, der keine Kontakte zum Terrorismus hatte und Salameh nicht einmal ähnlich sah. Harari und einigen seiner Mitarbeiter gelang es, zu entkommen. Sechs Mossad-Agenten aber wurden gefaßt, darunter auch die beiden Frauen. Die Verhafteten legten ein volles Geständnis ab und enthüllten damit zum ersten Mal die Mordmethoden des Mossad und andere Einzelheiten über die geheimen Aktivitäten dieser Organisation. Die zwei Frauen und vier Männer wurden wegen Totschlags angeklagt und zu je fünf Jahren Gefängnis verurteilt.

Nach seiner Rückkehr nach Israel wurde Harari entlassen, und das gesamte verdeckte Netzwerk an sicheren Häusern, toten Briefkästen und geheimen Telefonen, das der Mossad in Europa unterhielt, wurde aufgegeben.

Es sollte sechs Jahre dauern, bevor Ali Hassan Salameh schließlich dem von Rafi Eitan geplanten Attentat zum Opfer fiel. Rafi Eitan meinte: »Lillehammer war das Beispiel einer falschen Aufgabe für die falschen Leute. Das soll nie wieder passieren, das darf nie wieder passieren.«

Und es passierte doch.

Am 31. Juli 1997, einen Tag nachdem zwei Selbstmord-Attentäter auf dem Jerusalemer Mahane Jehuda, dem »Jüdischen Markt«, fünfzehn Menschen getötet und 157 verletzt hatten, nahm Mossad-Chef Danny Jatom an einem von Ministerpräsident Benjamin Netanjahu geleiteten Treffen teil. Der Premier kam gerade von einer aufwühlenden Pressekonferenz, bei der er angekündigt hatte, er werde nicht eher ruhen, bis diejenigen, die das Bombenattentat geplant hatten, keine Bedrohung mehr darstellten.

Bei der Pressekonferenz war Netanjahu kühl und entschlossen aufgetreten, seine Antworten hatten überlegt und beherrscht geklungen. Die Hamas würde der Vergeltung nicht entgehen; welche Form sie annehmen würde, sei kein Gegenstand für öffentliche Erörterungen. Das war der »Bibi«, wie man ihn während des Golfkriegs kannte, als Netanjahu für seine überzeugenden Einschätzungen der Reaktionen Saddams und der Lage in Israel im amerikanischen Nachrichtensender CNN viel Bewunderung geerntet hatte.

Doch an diesem stickigen Tag, im überfüllten Konferenzraum neben seinem Büro, fern von den Kameras und nur von Jatom, hohen Geheimdienstoffizieren und seinen politischen Beratern umgeben, bot Netanjahu ein ganz anderes Bild. Er war weder kühl noch analytisch.

»Ich werde diese Hamas-Bastarde kriegen«, brüllte er wiederholt, »und wenn es das letzte ist, was ich tue.«

Nach Aussage eines der Anwesenden fügte er hinzu: »Ihr werdet mir sagen, wie wir das machen. Und danach will ich in den Zeitungen nichts über ›Bibis Rache‹ lesen. Hier geht es um Gerechtigkeit, um gerechte Vergeltung.«

Damit war die Aufgabe definiert.

Jatom, der an die abrupten Stimmungsumschwünge des Ministerpräsidenten gewöhnt war, saß ruhig am Tisch, während Netanjahu weiter tobte: »Ich will ihre Köpfe haben. Ich will sie tot sehen. Es ist mir egal, wie es gemacht wird. Ich will, daß es gemacht wird. Und je eher, je besser.«

Netanjahu forderte, Jatom solle unverzüglich eine Liste aller Hamas-Führer vorlegen und ihren gegenwärtigen Aufenthaltsort nennen. Kein Ministerpräsident hatte zuvor in einem so frühen Stadium derart sensible operative Details haben wollen. Mehr als einer der Anwesenden dachte, daß »Bibi ein Signal setzte. Er würde diesmal die Zügel in die Hand nehmen.«

Die Mossad-Offiziere befürchteten ohnehin, daß dem Dienst eine zu große Nähe zu Netanjahu aufgezwungen werden könnte. Jatom, der ihre Aufregung spürte, erklärte dem Ministerpräsidenten, er werde die gewünschte Liste vorlegen. Jetzt, so meinte der Mossad-Chef, sei es »an der Zeit, sich der praktischen Seite der Dinge zuzuwenden«. Die Hamas-Führer aufzuspüren gleiche »der Suche nach einzelnen Ratten in einem Beiruter Abwasserkanal«.

Wieder brauste Netanjahu auf. Er wolle keine Ausflüchte, sondern Taten. Und zwar sollten sie »hier und jetzt« beginnen.

Nach dem Treffen waren sich etliche Geheimdienstoffiziere einig, daß Bibi Netanjahu die schmale Grenze zwischen politischen Interessen und operativen Erfordernissen überschritten hatte. Jeder in dem Raum hatte verstanden, daß Netanjahu dringend einen öffentlichkeitswirksamen Schlag benötigte. Netanjahu war zum Premier gewählt worden, weil er eine harte Hand im Umgang mit dem Terrorismus versprochen hatte. Auf keinen Fall durfte der Eindruck entstehen, dies sei nichts als leere Rhetorik. Als Ministerpräsident hatte er sich durch eine Reihe von Skandalen gehangelt, die er nur deshalb überstand, weil er anderen die Schuld anhängte. Seine Popularität hatte einen absoluten Tiefpunkt erreicht. Sein Privatleben wurde in der Presse ausgebreitet. Er mußte dringend beweisen, daß er alles im Griff hatte. Der Öffentlichkeit den Kopf eines Hamas-Führers zu liefern war dafür ein sicherer Weg.

Ein hoher israelischer Geheimdienstoffizier sprach zweifellos für viele, als er sagte:

»Während wir alle einig waren, daß es gegen das Prinzip ›Der Schlange den Kopf abschlagen heißt, sie töten‹ nichts einzuwenden gab, fanden wir den Zeitdruck höchst bedenklich. Das ganze Gerede von Bibi, es müsse ›jetzt‹ gehandelt werden, war reiner Quatsch. Eine jede derartige Operation erfordert sorgfältige Planung. Bibi wollte Resultate, als handelte es sich um ein Computerspiel oder einen der alten Actionfilme, die er so gerne anschaut. Aber so geht es in der Wirklichkeit nun einmal nicht zu.«

Jatom ordnete eine gründliche Nachforschung in allen arabischen Ländern an. *Katsas* wurden in den Gazastreifen und auf die Westbank geschickt, um mehr über den Aufenthaltsort der schattenhaften Figuren zu erfahren, welche die Hamas beherrschen. Im August 1997 wurde Jatom mehrfach in das Büro des Ministerpräsidenten bestellt, um über seine Fortschritte zu berichten. Es gab aber keine. In den israelischen Geheimdiensten kursierten Gerüchte: Der Ministerpräsident habe von Jatom gefordert, mehr Agenten einzusetzen; falls er nicht bald Resultate sähe, könnte er gezwungen sein, »andere Maßnahmen« zu ergreifen. Falls Netanjahu mit dieser Bemerkung eine plumpe Drohung an die Adresse seines Mossad-Chefs beabsichtigt hatte, so verfing sie nicht. Jatom erklärte nur schlicht, er tue »alles, was möglich ist«. Unausgesprochen sagten diese Worte, daß es zwar das Vorrecht des Ministerpräsidenten sei, ihn zu feuern. Die zwangsläufig folgende öffentliche Debatte aber würde auch Netanjahus Rolle nicht unerörtert lassen. Doch der Ministerpräsident forderte weiter mit Nachdruck die Tötung von Hamas-Führern, und zwar je früher, desto besser.

Im September 1997 rief Netanjahu dann Jatom zu allen Tages- und Nachtzeiten an, um sich über die Fortschritte der Operation zu erkundigen. Der unter Druck gesetzte Mossad-Chef fügte sich. Er zog *Katsas* aus anderen Operationsgebieten hinzu. Jemand bemerkte: »In einer Art Reflexreaktion auf Bibis Forderungen arrangierte Jatom die Karte neu. Jatom ist eigentlich ein harter Bursche. Als es aber auf Schlag und Gegenschlag ankam, war er Bibi einfach nicht gewachsen, wenn der ihm erzählte, wie schnell damals sein Bruder geholfen hatte, den Luftangriff auf Entebbe zu organisieren. Dieser Vergleich ist völlig irrelevant. Aber so ist Bibi nun einmal: Er setzt alles ein, was seine Sache voranbringt.«

Am 9. September erreichte die Nachricht Tel Aviv, daß die Hamas erneut zugeschlagen hatte. Dieses Mal waren zwei israelische Leibwächter des Kulturattachés der neu eröffneten israelischen Botschaft in der jordanischen Hauptstadt Amman schwer verletzt worden.

Drei Tage später, kurz vor Büroschluß am Freitag mittag, forderte Netanjahu den Mossad-Chef auf, ihn zum Mittagessen in seiner Wohnung in Jerusalem aufzusuchen. Die zwei Männer setzten sich zu einem Essen, das aus Suppe, Salat und einem Fischgericht bestand. Als Getränke gab es Bier und Mineralwasser. Der Ministerpräsident brachte sofort die Rede auf den Anschlag in Amman. Wieso waren die Hamas-Schützen so nahe herangekommen, daß sie schießen konnten? Hatte es keine Vorwarnung gegeben? Was hatte die Mossad-Stelle in Amman unternommen?

Jatom unterbrach Netanjahu mitten im schönsten Redefluß: In Amman gab es einen Hamas-Führer namens Khalid Meshal. Von einem Büro in der Stadt aus leitete er das Politbüro der Organisation. Wochenlang war Meshal durch verschiedene arabische Länder gereist, doch nun, so hatte die Mossad-Stelle gemeldet, war er zurück in Amman.

Netanjahu war elektrisiert. »Dann geht los und verpaßt ihm eine«, sagte er über den Tisch hinweg. »Das müßt ihr machen. Verpaßt ihm eine! Schicken Sie Ihre Leute in Amman los, daß sie das machen!«

Aufgestachelt von dem bereits sechs Wochen andauernden, nie nachlassenden Druck eines Ministerpräsidenten, der zusehends weniger die politische Tragweite von Geheimdienstoperationen zu begreifen schien, erteilte Danny Jatom ihm eine scharfe Lektion. Seine Augen hinter den Brillengläsern blitzten, als der Mossad-Chef Netanjahu unmißverständlich vor einem Attentat in Amman warnte. Es würde die Beziehungen zu Jordanien zerstören, die Netanjahus Vorgänger Jitzhak Rabin aufgebaut hatte. Meshal auf jordanischem Boden zu töten würde alle Mossad-Aktivitäten in diesem Land gefährden, das in der Vergangenheit einen kontinuierlichen Informationsfluß über syrische, irakische und palästinensische Extremisten geliefert hatte. Jatom schlug vor, abzuwarten, bis Meshal einmal wieder Amman verließ, und dann zuzuschlagen.

»Ausflüchte! Das ist alles, was Sie für mich haben! Ausflüchte!« soll Netanjahu geschrien haben. »Ich will Taten sehen. Und zwar jetzt. Die Leute wollen Taten sehen. Bald ist Rosch Haschanah!« fügte er in Anspielung an den jüdischen Neujahrstag hinzu. »Das soll mein Neujahrsgeschenk für die Leute sein!«

Von diesem Augenblick an wurde jeder Schritt, den Jatom unternahm, von Netanjahu persönlich gebilligt. Kein anderer israelischer Ministerpräsident hatte je ein so persönliches Interesse an einem staatlich betriebenen Tötungsakt genommen.

Khalid Meshal war 41 Jahre alt und wohnte in der Nähe von König Husseins Palast. Er war ein kräftiger Mann mit vollem Bart und allen Berichten nach ein treusorgender Ehemann und Vater seiner sieben Kinder. Kultiviert und beredt, war er eine wenig bekannte Figur in der Bewegung der islamischen Fundamentalisten geblieben. Doch die von dem Mossad-Büro in Amman geschwind zusammengestellten

Daten deuteten darauf hin, daß Meshal die treibende Kraft hinter den Selbstmord-Bombenattentaten gegen israelische Zivilisten war.

Das Mossad-Büro in Amman ermittelte Meshals Tagesablauf. Es schickte auch ein Foto des Mannes, das der Bürochef heimlich geschossen hatte. Den Bericht begleitete die persönliche Bitte, daß Jatom noch einmal versuchen sollte, Netanjahu von dem geplanten Attentat in Amman abzubringen. Eine solch rücksichtslose Aktion würde zwei Jahre wichtiger Spionageabwehrarbeit aufs Spiel setzen, die der Mossad in Zusammenarbeit mit Jordanien durchgeführt hatte. Netanjahu aber wies das Gesuch zurück: Es klinge wie eine Vorhersage des Scheiterns, und das werde er nicht dulden.

Unterdessen bereitete sich ein achtköpfiges *Kidon*-Team auf den Einsatz vor. Zwei Männer sollten das Attentat am hellichten Tag durchführen, die anderen im Hintergrund Unterstützung geben, beispielsweise die Autos besorgen. Das gesamte Team sollte danach über die Allenby-Brücke nach Israel zurückkehren.

Die vorgesehene Mordwaffe war ungewöhnlich. Der Mossad wollte keine Pistole, sondern eine mit Nervengift gefüllte Spraydose verwenden. Es war das erste Mal, daß ein *Kidon*-Team diese Tötungsmethode anwenden sollte, die allerdings schon längst vom KGB und anderen Ostblockdiensten zur Perfektion gebracht worden war. Der Mossad hatte kürzlich nach Israel emigrierte russische Forscher angeworben, um eine Reihe tödlicher Gifte herzustellen, darunter Tabun, Sarin und Soman, alles Nervengifte, deren Produktion und Einsatz laut internationalen Verträgen verboten war. Diese Substanzen konnten einen schnellen oder langsamen Tod verursachen. In allen Fällen verlor das Opfer die Kontrolle über seine inneren Organe und erlitt so starke Qualen, daß der Tod schließlich eine Erlösung war. Dies hatte man für die Meshal angemessene Todesart gehalten.

Am 24. September 1997 flog die *Kidon*-Einheit nach mehrtägigem Aufenthalt der einzelnen Mitglieder in Athen, Rom und Paris getrennt nach Amman. Französische und italienische Pässe wurden benutzt; die beiden Attentäter erhielten kanadische Pässe auf die Namen Barry Beads und Sean Kendall. Bei der Ankunft in Ammans Intercontinental gaben sie sich als Touristen aus. Die anderen *Katsas* übernachteten in der unweit gelegenen israelischen Botschaft.

Beads und Kendall schlossen sich ihnen am folgenden Tag an. Die beiden Männer inspizierten noch einmal die Spraydose. Keiner wußte, welches Nervengift sie enthielt. Die Agenten vermuteten, das Zeug könnte vor dem Tod alles mögliche verursachen, von Halluzinationen bis zu Herzversagen. Der Büroleiter informierte sie über die jüngsten Schritte Meshals.

Der Büroleiter war im September 1978 in London gewesen, als der bulgarische Überläufer Georgi Markov Opfer eines Anschlags mit Nervengift geworden war. Ein Passant hatte ihm mit der Spitze eines Regenschirms in den Oberschenkel gestochen. Markov war einen qualvollen Tod gestorben. Das verwendete Gift war Rizin, ein Produkt aus dem Samen der Rizinusölpflanze. Der Passant, ein KGB-Agent, war nicht gefaßt worden.

Optimistisch gestimmt kehrten Beads und Kendall kurz vor Mitternacht in ihr Hotel zurück. Beide bestellten sich ein Frühstück mit Kaffee, Orangensaft und dänischem Gebäck auf ihre Zimmer. Am nächsten Morgen kam Beads um 9.00 Uhr in die Hotellobby und unterschrieb den Mietvertrag für den ersten Leihwagen, einen blauen Toyota. Der zweite, ein grüner Hyundai, wurde kurz darauf geliefert und von Kendall übernommen. Er erklärte einem der Portiers, er und »sein Freund« wollten eine Tour in den Süden des Landes unternehmen.

Um 10.00 Uhr wurde Meshal von seinem Chauffeur zur Arbeit gefahren; hinten im Auto saßen drei seiner kleinen Kinder, ein Junge und zwei Mädchen. Beads folgte dem Fahrzeug mit seinem Mietwagen in gebührendem Sicherheitsabstand. Andere Mitglieder des Teams waren in ihren Autos ebenfalls auf der Straße unterwegs.

Als sie den Gartenbezirk der Stadt erreichten, wurde Meshal von seinem Fahrer unterrichtet, daß sie verfolgt würden. Mit dem Autotelefon teilte Meshal dem Polizeihauptquartier von Amman Fabrikat und Zulassungsnummer von Beads' Auto mit.

Als der gemietete Toyota sie überholte, winkten Meshals Kinder Beads zu, wie es Kinder so tun. Beads ignorierte das. Als nächstes überholte auch Kendalls grüner Hyundai, und beide Autos verschwanden im Verkehrsgewühl.

Einen Augenblick später teilte ein Ammaner Polizeibeamter Meshal mit, ein kanadischer Tourist habe das verdächtige Auto gemietet. Meshal beruhigte sich und sah seinen Kindern zu, die weiter mit an die Scheibe gepreßten Nasen vorbeifahrenden Autofahrern zuwinkten. Jeden Morgen durften sie ihren Vater zu seinem Büro begleiten, bevor der Fahrer sie an der Schule absetzte.

Kurz vor 10.30 Uhr bog das Auto in die Wasfi-al-Tal-Straße ein, wo eine Menge Leute vor dem Hamas-Büro warteten, unter ihnen auch Beads und Kendall. Ihre Anwesenheit verursachte weder Verwunderung noch Sorge; Touristen kamen häufig, um Näheres über die Ziele der Hamas zu erfahren.

Meshal gab noch schnell seinen Kindern einen Abschiedskuß und stieg dann aus dem Auto. Beads trat auf ihn zu, als wollte er ihm die Hand schütteln. Kendall stand seitlich hinter ihm und fummelte in einer Plastiktüte herum.

»Mr. Meshal?« fragte Beads freundlich.

Meshal blickte unsicher auf den Frager. In diesem Moment zog Kendall die Spraydose hervor und versuchte, Meshal ihren Inhalt ins linke Ohr zu sprühen.

Der Hamas-Führer wich erschrocken zurück und wischte sich über das Ohrläppchen.

Kendall machte einen zweiten Versuch, Meshal die Substanz ins Ohr zu sprühen. Um ihn herum begann die Menge sich von ihrer Verblüffung zu erholen. Hände streckten sich aus, um die Agenten festzuhalten.

»Lauf los!« rief Beads auf hebräisch.

Von Kendall gefolgt, rannte Beads zu seinem Auto, das ein kurzes Stück entfernt in der Straße parkte. Meshals Chauffeur hatte gesehen, was geschehen war, und setzte zurück, um den Toyota zu rammen.

Meshal taumelte und stöhnte. Einige der versammelten Leute versuchten, ihn zu stützen. Andere schrien nach einem Krankenwagen.

Kendall saß neben Beads und hielt noch immer die halbleere Spraydose in der Hand. Beads gelang es, Meshals Auto auszuweichen, dann gab er Gas.

Andere Autos machten sich an die Verfolgung. Einer der Fahrer forderte über sein Handy Straßensperren; Meshals Fahrer benutzte das Autotelefon, um die Polizei zu informieren.

Jetzt waren auch die anderen Mitglieder des *Kidon*-Teams da. Einer hielt an und winkte Beads zu, er solle halten und das Auto wechseln. Als die beiden Mossad-Agenten aus dem Toyota sprangen, blockierte ein weiteres Fahrzeug den Weg. Aus ihm sprangen bewaffnete Männer. Diese zwangen Beads und Kendall, sich auf den Boden zu legen. Einige Augenblicke später war die Polizei da. Die übrigen Mitglieder des *Kidon*-Teams, die begriffen, daß sie nichts mehr tun konnten, fuhren davon und gelangten unentdeckt zurück nach Israel.

Beads und Kendall hatten weniger Glück. Sie wurden in das Hauptquartier der Ammaner Polizei gebracht, wo sie ihre kanadischen Pässe vorlegten und behaupteten, sie seien Opfer einer »schrecklichen Verschwörung« geworden. Die Ankunft von Samih Batihi, dem gefürchteten Chef der jordanischen Spionageabwehr, brachte die Legende zum Einsturz. Er sagte, er wüßte, wer sie wären; er hatte gerade mit dem Leiter des Ammaner Mossad-Büros telefoniert. Nach Batihi hat der Mossad-Leiter später »reinen Tisch gemacht. Er sagte, es seien seine Leute, und Israel wolle direkt mit dem König verhandeln.«

Batihi ordnete an, die beiden Attentäter in Einzelzellen zu sperren, ihnen aber kein Leid anzutun.

In der Zwischenzeit war Meshal in die Intensivstation des Ammaner Krankenhauses gebracht worden. Er klagte über ein beständiges »Sausen« im linken Ohr, ein »Gefühl, als liefe ein Schock durch meinen Körper«, und zunehmende Atemnot.

Die Ärzte schlossen ihn an ein Beatmungsgerät an.

Jatom erfuhr durch einen Anruf des örtlichen Mossad-Chefs über die gesicherte Leitung in der israelischen Botschaft in Amman vom Scheitern der Operation. Beide Männer sollen über das Debakel »ganz außer sich« gewesen sein.

Als Jatom Netanjahus Büro erreichte, hatte der Ministerpräsident bereits über das zwischen beiden Staaten eingerichtete Krisentelefon einen Anruf des jordanischen Königs Hussein erhalten. Was das für ein Anruf war, erfuhr man später von einem israelischen Geheimdienstoffizier:

»Hussein hatte zwei Fragen an Bibi. Was zum Teufel hatte er sich dabei gedacht? Gab es ein Gegenmittel gegen das Nervengas?«

Der König erklärte, er fühle sich wie ein Mann, dessen bester Freund gerade seine Tochter vergewaltigt habe. Falls Netanjahu auf die Idee käme, alles abstreiten zu wollen, solle er sich gesagt sein lassen, daß seine beiden Agenten auf Video ein volles Geständnis abgelegt hätten. Das Band sei schon auf dem Weg nach Washington, damit es sich die amerikanische Außenministerin Madeleine Albright anschauen könnte. Netanjahu saß da, über sein Telefon gebeugt, »kreidebleich wie ein Mensch, der mit der Hand in der Ladenkasse erwischt worden ist«.

Netanjahu bot an, sofort nach Amman zu fliegen, um dem König »den Sachverhalt zu erklären«. Hussein meinte, Netanjahu brauche keine Zeit darauf zu verschwenden. Der Geheimdienstoffizier erinnert sich:

»Man konnte regelrecht das Eis in der Telefonleitung knacken hören. Bibi protestierte nicht einmal, als Hussein ihm sagte, er erwarte jetzt, daß Israel Scheich Ahmed Jassin [den Hamas-Führer, der seit einiger Zeit in israelischer Haft saß] und eine Reihe weiterer palästinensischer Gefangener freiließe. Der Anruf dauerte nur ein paar Minuten. Es muß der schlimmste Augenblick in Bibis politischer Laufbahn gewesen sein.«

Die Ereignisse nahmen nun ihren Lauf. Binnen einer Stunde wurde mit einem israelischen Militärflugzeug ein Gegenmittel gegen das Nervengas nach Amman eingeflogen und Meshal verabreicht. Sein Zustand begann sich zu bessern; nach einigen Tagen ging es ihm gut genug, um eine Pressekonferenz abzuhalten, bei der er sich über den Mossad lustig machte. Es gab ein kurzes Treffen zwischen dem Mossad-Sektionschef und Samih Batihi, wobei auch ein kurzes Telefonat mit Jatom geführt wurde. Der Mossad-Generaldirektor versprach hoch und heilig, es werde niemals wieder einen Attentatsversuch seiner Organisation auf jordanischem Boden geben. Am nächsten Tag empfing Netanjahu zwei kurze Telefonanrufe von Madeleine Albright. Sie machte keinen Hehl daraus, was sie von den Vorkommnissen hielt; ihre Worte waren nicht weniger deutlich als die, welche sich Netanjahu zuvor vom jordanischen König hatte anhören müssen.

Als Kanada erfuhr, welchen Mißbrauch man mit seinen Pässen getrieben hatte, wurde der kanadische Botschafter aus Israel abberufen – ein unfreundlicher Akt, der nur durch den Abbruch der diplomatischen Beziehungen übertroffen wird.

Als die Einzelheiten aus Licht kamen, wurde Netanjahu in der israelischen und internationalen Presse so mit Vorwürfen überschüttet, daß andere an seiner Stelle zurückgetreten wären.

Binnen einer Woche war Scheich Jassin freigelassen und wurde bei seinem Einzug in Gaza wie ein Held gefeiert. Zu dieser Zeit waren auch Beads und Kendall wieder daheim in Israel, allerdings ohne ihre kanadischen Pässe; die waren »zur sicheren Aufbewahrung« der kanadischen Botschaft in Amman ausgehändigt worden.

Die beiden *Katsa* kehrten nicht mehr in die *Kidon*-Truppe zurück, sondern wurden auf untergeordnete Schreibtischposten im Mossad-Hauptquartier abkommandiert. Ein israelischer Geheimdienstoffizier erklärt, was das heißen konnte: »Vielleicht hat man ihnen die Sicherheit der Toiletten anvertraut.«

Jatom war nun Mossad-Chef auf Abruf. Die obersten Geheimdienstler hatten den Eindruck, er habe es nicht geschafft, sich gegen Netanjahu zu behaupten. Die Moral innerhalb des Mossad sank auf einen Tiefpunkt. Aus dem Büro des Ministerpräsidenten sickerte durch, es sei »nur eine Frage der Zeit, wann Jatom gehen muß«.

Jatom versuchte, sich der »Welle der Verachtung« entgegenzustemmen, »in der wir ertrinken«, wie ein höherer Mossad-Offizier es nannte. Jatom nahm die von ihm gepriesene »preußische Haltung« ein und versuchte das Mossad-Personal unter moralischen Druck zu setzen. Es kam zu wütenden Auseinandersetzungen und Rücktrittsdrohungen.

Im Februar 1998 war es schließlich Jatom, der zurücktrat, um einen Zustand zu beenden, der »fast schon an Meuterei« grenzte. Ministerpräsident Netanjahu verweigerte seinem gestürzten Mossad-Chef das übliche Dankschreiben für die geleisteten Dienste.

Kapitel 7
DER GENTLEMAN-SPION

An einem regnerischen Frühlingsmorgen im Jahr 1997 besprach David Kimche in seinem Haus in einem Vorort von Tel Aviv mit arabischen Gärtnern, wie sie seinen Garten umgestalten sollten. Kimche wirkte zurückhaltend, seine wohltönende Stimme schien eher für den akademischen Unterricht gemacht zu sein als für das Gespräch mit einfachen Leuten. Man hatte den Eindruck, daß seine Vorfahren über Generationen hinweg Verwaltungsbeamte für das britische Kolonialreich gestellt hatten. In England als Sohn jüdischer Eltern aus der Mittelschicht geboren, verkörperte Kimche mit seinen tadellosen Manieren den typischen Engländer. Maßgeschneiderte Kleidung betonte die durch Training und Diät in Form gehaltene Figur. Der fast sechzigjährige Mann hatte etwas Jungenhaftes an sich und wirkte zwanzig Jahre jünger. Während er den Gärtnern Anweisungen gab, vermittelten alle seinen Gesten – die Art, wie er sich die Haare aus der Stirn strich, die langen Sprechpausen, der gedankenvolle Blick – den Eindruck, er hätte sein Leben in der klösterlichen Atmosphäre eines College-Campus verbracht.

In Wahrheit hatte David Kimche zu denen gehört, die Meir Amit als »die treibenden intellektuellen Kräfte« hinter den Mossad-Operationen bezeichnete. Sein scharfer Verstand war mit atemberaubender Nervenstärke gepaart; seine Fähigkeit, selbst den Wachsamsten mit einem unvorhersehbaren Schachzug zu überwältigen, hatte ihm rasch den Respekt selbst seiner zynischen Kollegen eingebracht. Aber genau diese Intellektualität hatte sie auch auf Distanz zu ihm gehalten: Er war ihnen zu abstrakt und stand ihren handfesten Methoden zu fern. Einige stimmten mit Rafi Eitan darin überein, »daß David, wenn man ihm ›Guten Morgen‹ wünschte, sogleich überlegte, wie ›gut‹ der Morgen war und wie lange er noch dauern würde«.

Den meisten Mitarbeitern des Mossad galt Kimche als der Inbegriff des Gentleman-Spions mit der Verschlagenheit eines streunenden Katers. Sein Weg in die Mossad-Gemeinschaft begann, nachdem er 1968 an der Oxford University ein Prädikatsexamen in Sozialwissenschaften abgelegt hatte. Wenige Monate später wurde er vom Mossad rekrutiert. Meir Amit hatte eine Reihe von Hochschulabsolventen in den Dienst aufgenommen, als Ergänzung zu so erbarmungslosen Männern wie Rafi Eitan, die ihr Handwerk in der Praxis gelernt hatten.

Wie, wo und von wem er angeworben worden war, würde Kimche niemals verraten. Die Gerüchteküche der israelischen Geheimdienste bot ein paar Szenarien an: daß er bei einem guten Abendessen mit einem Londoner Verleger angeheuert worden wäre, einem Juden, der schon lange als *Sajan* arbeitete; daß man ihm den Vorschlag in einer Synagoge in Golders Green gemacht hätte; daß ein entfernter Verwandter an ihn herangetreten sei.

Fest steht nur, daß Kimche im Frühjahr 1969 das Foyer des Mossad-Hauptquartiers in Tel Aviv als neuestes Mitglied der Planungs- und Strategieabteilung betreten hatte. An der einen Seite befanden sich eine Niederlassung der Bank von Israel, mehrere Geschäftsbüros und ein Café. Unschlüssig, was er tun oder wohin er sich wenden sollte, wartete Kimche in der düsteren Eingangshalle. Wie sehr unterschied sie sich von dem imponierenden Foyer der CIA-Zentrale, von dem er gelesen hatte. In Langley bekundete der Nachrichtendienst voller Stolz seine Existenz. Dort gab es einen Marmorfußboden mit einem eingelegten Schild. Auf dem Schild war ein sechzehnstrahliger Stern, darüber ein Adlerkopf im Profil. Um das Emblem standen die Worte »Central Intelligence Agency of the United States of America«. An einer Wand waren die Worte des Apostels Johannes angebracht, daß die Menschen durch die Wahrheit frei würden. Neben der Tafel waren Reihen von Fahrstühlen, die von bewaffneten Wachleuten gesichert wurden.

Aber hier, in der etwas schäbigen Eingangshalle des Gebäudes am König-Saul-Boulevard, zeigten sich bloß Bankangestellte an ihren

Schaltern und Menschen, die sich auf den Plastikstühlen des Cafés niederließen. Keiner von ihnen sah auch nur entfernt wie ein Mossad-Angestellter aus. Schließlich öffnete sich in einer abgelegenen Ecke eine unauffällige Tür, und eine vertraute Gestalt tauchte auf. Es war der Konsularbeamte an der israelischen Botschaft in London, der Kimches Visum ausgestellt hatte. Als er mit Kimche zurück zu der Tür ging, erklärte er ihm, daß sein Diplomatenstatus seine wirkliche Tätigkeit als Mossad-*Katsa* in Großbritannien schütze. An der Tür überreichte er Kimche zwei Schlüssel und sagte ihm, daß er damit von nun an Zugang zur Mossad-Zentrale habe. Der eine Schlüssel öffnete die Tür, der andere die Fahrstühle, die zu den acht Stockwerken des Mossad führten. Das Hauptquartier war fast »ein Gebäude für sich«, mit eigenen, vom Rest des Hochhausblocks getrennten Versorgungseinrichtungen für Strom, Wasser und Kanalisation. Es diente seit Ende 1956, kurz nach dem Suezkrieg, als Mossad-Hauptquartier.

Im Oktober jenes Jahres hatten britische, französische und israelische Streitkräfte Ägypten angegriffen, um den von Staatspräsident Gamal Abdel Nasser unter ägyptische Hoheit gestellten Suezkanal zurückzuerobern. Die Suezkrise trug alle Merkmale der »Kanonenbootdiplomatie«, die so lange die Politik der alten Kolonialmächte in der Region bestimmt hatte. Die USA hatten fast keine Hinweise auf den Angriff gehabt, mit dem die Briten und Franzosen zum letzten Mal versuchten, ihre Vorherrschaft im Nahen Osten zu behaupten. Washington hatte massiven diplomatischen Druck ausgeübt, die Kämpfe einzustellen. Die USA befürchteten, die Sowjetunion könnte sich auf der Seite Ägyptens in den Konflikt einmischen und eine Konfrontation der Supermächte herausfordern. Als die Auseinandersetzungen an den Ufern des Suezkanals beendet waren, hatten die USA Großbritannien und Frankreich als Vormächte im Nahen Osten abgelöst.

Während der Fahrt mit dem Lift erklärte Kimches Begleiter, daß im untersten der dem Mossad zur Verfügung stehenden Stockwerke das Abhör- und Nachrichtenzentrum war; darüber lagen die Büros der untergeordneten Mitarbeiter. In den anschließenden Stockwerken befanden sich die Auswerter, Planer und das Einsatzpersonal. Die Abteilung für Forschung und Entwicklung saß in einem eigenen

Stockwerk. Ganz oben waren die Büros des Generaldirektors und seiner hochrangigen Berater.

Kimche wurde ein Platz bei den Planern und Einsatzvorbereitern zugewiesen. Sein Büro war wie alle anderen ausgestattet: ein billiger Holzschreibtisch, ein Aktenstahlschrank mit nur einem Schlüssel, ein schwarzes Telefon und das mit dem Stempel »Mitnahme verboten« versehene interne Telefonnummernverzeichnis. Ein schmaler Teppichläufer vervollständigte die Einrichtung. Das Büro war olivgrün gestrichen und bot einen schönen Panoramablick über die Stadt. Nach dreizehn Jahren wies die Zentrale die üblichen Abnutzungsspuren auf: An einigen Wänden war die Farbe abgeblättert, und der Teppichboden hätte erneuert werden müssen.

Aber trotz dieser Mängel spürte David Kimche, daß er zu einer ereignisreichen Zeit in den Dienst eingetreten war. Meir Amits Ausscheiden stand kurz bevor, und ihm sollten bald Rafi Eitan und andere leitende Mossad-Offiziere folgen.

Kimche hatte schnell die Marotten einzelner Kollegen erkannt: Da gab es den Auswerter, der unweigerlich jeder Einschätzung die Worte »Das ist ein europäisches Manöver, geradezu klassisch, wie von Clausewitz« vorausschickte; den Abteilungsleiter, der eine Aktion dadurch ankündigte, daß er seine Pfeife mit schwarzem Tabak stopfte, und wenn weißer Rauch herauskam, hatte er eine Entscheidung getroffen; den Einsatzplaner, der jede Besprechung mit dem Satz beendete, daß Spionage eine permanente Lektion über menschliche Schwächen sei. All diese respektablen Männer hatten Kimches Enthusiasmus und seine Fähigkeit, ein Problem von allen Seiten zu betrachten, begrüßt. Sie hatten auch gespürt, daß er begriffen hatte, daß es nicht nur darum ging, den Feind in die Irre zu führen, sondern daß es genauso wichtig war, die gegnerischen Täuschungsmanöver zu durchschauen.

Zu dieser Arbeit gehörte es, die Vorgänge in Marokko zu verfolgen, wo immer noch eine beträchtliche Zahl von Juden unter dem repressiven Regime von König Hassan lebte. Um ihr Leben zu erleichtern, hatte Meir Amit ein »Arbeitsverhältnis« zu dem gefürchteten Sicherheitsdienst des Monarchen aufgebaut. Es hatte seine Grundlage in dem gemeinsamen Interesse, Ägyptens Staatspräsidenten Nasser zu stürzen, der den König nicht weniger haßte als die Israelis. Nasser sah den Monarchen als Hindernis für die Verwirklichung seines Traums einer starken arabischen Koalition vom Suezkanal bis zur Atlantikküste Marokkos. Die potentielle Bedrohung Israels durch eine solche Koalition hatte Meir Amit dazu gebracht, die Männer des königlichen Geheimdienstes in Spionageabwehr und Verhörtechniken, die bis an den Rand ausgeklügelter Folter gingen, auszubilden.

In Marokko gab es immer noch eine gleichermaßen kleine wie radikale Opposition, an ihrer Spitze stand Mehdi Ben Barka. Kimche hatte die Stationen von Ben Barkas politischer Laufbahn aufgelistet: loyaler Ratgeber des Königs; dann zeitweilig Präsident der Nationalversammlung, eines fast völlig ohnmächtigen Parlamentes, das bloß die zunehmend schärferen Verordnungen des Königs zur Unterdrükkung des eigenen Volkes absegnete. Schließlich war Ben Barka zur einzigen authentischen Oppositionsstimme gegen Hassan geworden. Immer wieder war es ihm knapp gelungen, der Festnahme durch die Leute des Königs zu entgehen. Aber da er wußte, daß sie ihn irgendwann doch in ihre Hände bekommen würden, war der charismatische frühere Schullehrer nach Europa geflohen. Von dort aus betrieb er weiterhin Hassans Sturz.

Zweimal war Ben Barkas kleine, aber wirkungsvolle Widerstandsbewegung kurz davor gewesen, erfolgreich einen Bombenanschlag auf den Monarchen durchzuführen. Hassan hatte befohlen, Ben Barka in Abwesenheit anzuklagen und zum Tode zu verurteilen. Ben Barka hatte mit neuen Angriffen auf den König geantwortet.

Im Mai 1965 hatte Hassan den Mossad gebeten, ihm zu helfen, mit Ben Barka fertigzuwerden. Mit der Bewertung dieses Ersuchens wurde David Kimche beauftragt. Gegen Ende des Monats reiste er mit seinem britischen Paß nach London. Angeblich hatte er Urlaub, während er in Wahrheit letzte Hand an seine Pläne legte. Ausgestattet mit einem von einem *Sajan* besorgten perfekt frisierten zweiten britischen Paß und einem Visum für Marokko, flog er nach Rom. Hier unternahm er eine eintägige Besichtigungstour, um sicherzugehen, daß ihm niemand folgte, und reiste dann nach Marokko weiter.

Am Flughafen in Rabat wurde er von Muhammed Oufkir abgeholt, dem furchterregenden Innenminister des Landes. An diesem Abend erklärte Oufkir bei einem Essen, das von Darbietungen einiger der besten Bauchtänzerinnen des Landes begleitet wurde, ganz offen, was der König haben wollte: den Kopf Ben Barkas. Mit derbem Humor und unter Anspielung auf die jüdische Geschichte fügte er hinzu: »Schließlich hat auch die Jüdin Salome euren König Herodes um das Haupt eines Unruhestifters gebeten.«

Das sei nicht ganz falsch, entgegnete ihm Kimche. Nur sei er selbst in dieser Sache nicht entscheidungsbefugt. Oufkir solle ihn nach Israel begleiten.

Am nächsten Tag flogen die beiden Männer über Rom nach Tel Aviv. Meir Amit traf in einem sicheren Haus mit ihnen zusammen. Er war höflich und zugleich vorsichtig. Zu Kimche sagte er, daß ihn die Aussicht, für Oufkir die Dreckarbeit zu erledigen, nicht gerade begeistere und er darauf bestehe, daß ihr Engagement sich auf Vorarbeiten beschränke.

Meir Amit wußte nicht, daß Oufkir bereits mit einer Gruppe im französischen Geheimdienst SDECE eine Vereinbarung getroffen hatte, Ben Barka zu ermorden, wenn es gelänge, ihn aus seinem festungsartigen Haus in Genf über die Schweizer Grenze nach Frankreich zu locken. Meir Amit zögerte immer noch. Er müsse darauf bestehen, daß Ministerpräsident Levy Eschkol persönlich die Mitwirkung des Mossad genehmige. Der Ministerpräsident gab seine Einwilligung.

Der Mossad begann mit der Operation. Ein in Marokko geborener *Katsa* fuhr nach Genf und verschaffte sich Zugang zu Ben Barkas Umfeld. Er gab vor, daß er Kontakt zu einem gleichgesinnten französischen Millionär habe, der das Verschwinden von König Hassan und die Einrichtung einer echten Demokratie in Marokko begrüßen würde. David Kimche hatte ihm empfohlen, diese Geschichte in Umlauf zu bringen. Am 26. Oktober 1965 erfuhr Kimche, daß Ben Barka, »nichtsahnend wie einst das kleine Rotkäppchen«, sich anschickte, nach Paris zu fahren.

Das Nachrichtenzentrum des Mossad sandte eine verschlüsselte Botschaft an Oufkir nach Marokko. Tags darauf flogen der Minister und ein kleines Team von Sicherheitsleuten nach Paris. In der Nacht hatte der Minister ein Informationstreffen mit der SDECE-Gruppe. Der Mossad-Agent, der Ben Barka in die französische Hauptstadt begleitet hatte, war irritiert, daß er von diesem Treffen ausgeschlossen war, und er bat Kimche über eine abhörsicherere Leitung um Instruktionen. Kimche zog Meir Amit zu Rate. Beide stimmten überein, daß, so Meir Amits spätere Worte, »sich etwas Unangenehmes anbahnte und wir uns da besser völlig raushielten«.

Am nächsten Abend stand ein SDECE-Überwachungswagen vor dem Restaurant im Bezirk St. Germain, das Ben Barka zum Essen aufsuchte. Der Politiker glaubte, er würde hier den gleichgesinnten Millionär treffen. Als er eine Stunde gewartet hatte und niemand erschienen war, verließ Ben Barka das Restaurant. Auf dem Bürgersteig wurde er von zwei SDECE-Agenten gepackt und in den Wagen gezerrt, der ihn zu einer Villa im Bezirk Fontenay-le-Vicomte fuhr, die der SDECE bisweilen benutzte, um Verdächtige zu verhören. Die ganze Nacht lang wurde Ben Barka, unter Aufsicht Oufkirs, verhört und gefoltert, bis der gebrochene Mann in der Morgendämmerung hingerichtet wurde. Oufkir fotografierte die Leiche, bevor sie im Garten der Villa begraben wurde, und flog mit dem Film nach Hause, um ihn dem König zu zeigen.

Als der Leichnam entdeckt wurde, ging ein Aufschrei der Empörung durch ganz Frankreich bis hin zum Palast des Staatspräsidenten. Charles de Gaulle ordnete eine Untersuchung an, die es in diesem Umfang noch nie gegeben hatte und die zu einer durchgreifenden Säuberung beim SDECE führte. Dessen Direktor war bemüht, das kollegiale Verhältnis zwischen den Geheimdiensten unangetastet zu lassen, und kämpfte deshalb darum, den Namen des Mossad aus der Affäre herauszuhalten. Aber de Gaulle, kein Freund Israels, war von der Beteiligung des Mossad überzeugt. Seinen Beratern gegenüber äußerte er aufgebracht, die Operation trüge »den Stempel von Tel Aviv«. Nur die Israelis würden solch eine totale Mißachtung des Völkerrechts wagen. Die einstmals enge, aus der Zeit des Suezkriegs von 1956 stammende Beziehung zwischen Israel und Frankreich war vorbei. De Gaulle ließ sofort die Waffenlieferungen an Israel einstellen, ebenso jegliche geheimdienstliche Zusammenarbeit. Meir Amit sollte sich »der Prügel, die von Paris über den Mossad niedergingen«, noch lange erinnern.

In den Augen Kimches war es »heldenhaft, wie Meir Amit sich verhielt. Er hätte versuchen können, mir die Schuld aufzuladen oder anderen, die an der Aktion beteiligt waren. Statt dessen übernahm er die volle Verantwortung. Er war ein Anführer im wahren Sinne des Wortes.«

Erschüttert über die Reaktion aus Paris, distanzierte sich die Regierung von Ministerpräsident Eschkol jedoch von dem Mossad-Chef. Weitere Kritik kam aus einer unerwarteten Richtung. Je mehr Meir Amit darauf beharrte, daß die Rolle des Mossad »unbedeutend« gewesen sei, man habe nur »ein paar Pässe besorgt und Wagen angemietet«, desto mehr insistierte sein Vorgänger Isser Harel darauf, daß sich ein Fall wie die Ben-Barka-Affäre in seiner Amtszeit niemals ereignet hätte. Meir Amit warnte den Premier, daß derart niederträchtige Vorwürfe sie beide den Kopf kosten könnten. Eschkol antwortete mit der Einsetzung eines Untersuchungsausschusses, den die damalige Außenministerin Golda Meir leitete. Der Ausschuß kam zu dem Schluß, daß Meir Amit zurücktreten sollte, aber der war dazu nur bereit, wenn Eschkol den gleichen Schritt vollzöge. Die Partie war in eine Pattsituation geraten. Erst ein Jahr später stellte Meir Amit fest, daß der Tod von Ben Barka ihn nicht länger kümmern mußte. Aber die Entscheidung hatte auf des Messers Schneide gestanden.

Zu diesem Zeitpunkt war Kimche schon längst mit anderen Dingen beschäftigt. Die Palästinenser hatten insgeheim eine Kommandoeinheit ausgebildet, die einen Schwachpunkt der internationalen Sicherheitsmaßnahmen ausnutzen sollte: Sie sollte in der Luft befindliche Flugzeuge entführen. Darauf war auch der Mossad nicht gefaßt. Sobald die Terroristen eine Maschine in ihre Gewalt gebracht hatten, ließen sie sie in ein mit den Palästinensern befreundetes arabisches Land fliegen. Dort wurden die Passagiere als Geiseln festgehalten und erst gegen Zahlung hoher Lösegeldsummen oder im Austausch gegen Araber in israelischen Gefängnissen wieder freigelassen. Die Flugzeugentführungen sorgten außerdem für weltweite Publizität für die Sache der PLO.

Im Juli 1968 wurde eine aus Rom kommende El-Al-Maschine nach Algerien entführt. Der Mossad war verblüfft über die Dreistigkeit der Aktion. Ein *Katsa*-Team flog nach Algerien, während Kimche und weitere Einsatzplaner rund um die Uhr überlegten, wie man die in

Angst und Schrecken versetzten Passagiere befreien könnte. Aber jeder Versuch, das Flugzeug zu stürmen, würde durch die Anwesenheit von Presse- und Fernsehteams aus der ganzen Welt behindert. Kimche empfahl, auf Zeit zu spielen, in der Hoffnung, die Geschichte würde ihren Reiz für die Journalisten verlieren und die *Katsas* könnten eingreifen. Aber die Entführer hatten das vorausgesehen und drohten die Geiseln zu ermorden, wenn Israel ihrer Forderung nach der Freilassung inhaftierter Palästinenser nicht nachkäme. Die algerische Regierung unterstützte die Entführer. »Wir befanden uns zwischen Skylla und Charybdis«, erinnert sich Kimche. Er gehörte zu denen, die widerstrebend zum Nachgeben rieten. »Mir war klar, welche Konsequenzen ein solches Vorgehen haben würde. Wir würden damit weitere Entführungen begünstigen. Dadurch war garantiert, daß die Sache der PLO von nun an ein Maximum an Medienpräsenz erhielt. Israel war in die Defensive gedrängt, und mit ihm die westlichen Staaten, die ebenfalls keine Antwort auf die Entführungen wußten. Aber was konnten wir tun, außer voller Wut auf die nächsten Entführungen zu warten?«

Und sie kamen, eine besser vorbereitet als die vorhergehende. In kurzer Zeit waren sechs weitere Passagiermaschinen in die Gewalt von Entführern geraten, die nicht allein Experten im Verstecken von Waffen und Anbringen von Sprengkörpern an Bord waren, sondern die auch geschult waren, die jeweilige Maschine selbst zu fliegen oder die Tätigkeit der Crew im Cockpit sachgerecht zu überwachen. In der Libyschen Wüste übten sie den Schußwechsel in einer engen Flugzeugkabine, da sie wußten, daß bei der El Al nun bewaffnetes Wachpersonal mit an Bord war – eine der ersten von Kimche empfohlenen Maßnahmen. Er hatte auch richtig vorausgesagt, daß die Entführer sich mit den Gesetzen der Länder vertraut machen würden, die sie mit den entführten Maschinen anflogen. Würden sie gefangengenommen, hätten es ihre Kumpane leichter, sie durch Verhandeln oder Drohen wieder freizubekommen.

Kimche wußte, daß der Mossad dringend eine Gelegenheit brauchte, die es dem Dienst erlaubte, die Entführer mit Gerissenheit und Härte zu überwältigen, zwei Eigenschaften, für die er zu Recht berühmt war. So wie die Entführer wirkungsvoll auf Publizität setzten, so wollte Kimche eine Aktion, deren Ergebnis es mit der Entführung Adolf Eichmanns aufnehmen könnte, die Israel weltweites Lob eingebracht hatte. Der Vorfall, auf den Kimche wartete, mußte hochdramatisch sein, ein hohes Risiko enthalten und wider alle Wahrscheinlichkeit Erfolg haben. Das würde beweisen, daß der Mossad wirkungsvoll zurückschlagen konnte.

Am 27. Juni 1976 wurde eine Air-France-Maschine mit vielen jüdischen Passagieren an Bord, die auf dem Weg von Tel Aviv nach Paris war, nach einer Zwischenlandung auf dem Flughafen von Athen entführt. Der Flughafen war für seine laxen Sicherheitsmaßnahmen bekannt. Die Entführer waren Mitglieder der extremistischen Wadi-Haddad-Gruppe, und sie stellten zwei Forderungen: Vierzig Palästinenser sollten aus israelischen Gefängnissen und weitere zwölf aus europäischen Gefängnissen entlassen werden. Außerdem sollten zwei deutsche Terroristen freigelassen werden, die in Kenia festgenommen worden waren, als sie versucht hatten, eine El-Al-Maschine beim Start in Nairobi mit einer Sam-7-Rakete abzuschießen.

Nach Zwischenlandung in Casablanca und einem Landeverbot für Khartum flog die Maschine weiter nach Entebbe in Uganda. Dort gaben die Entführer bekannt, daß das Flugzeug mit allen Passagieren in die Luft gesprengt werden würde, wenn bis zum 30. Juni ihre Forderungen nicht erfüllt wären.

Bei Kabinettssitzungen hinter verschlossenen Türen geriet in Tel Aviv die in der Öffentlichkeit so gepriesene Haltung »keine Kapitulation gegenüber dem Terrorismus« ins Wanken. Einzelne Minister plädierten für die Freilassung von Israels PLO-Gefangenen. Ministerpräsident Rabin zog einen Shin-Bet-Bericht hervor, um zu zeigen, daß es einen Präzedenzfall für die Freilassung verurteilter Verbrecher gab. Stabschef Mordechai Gur verkündete, daß er wegen der unzureichenden Informationen aus Entebbe eine militärische Aktion nicht empfehlen könne. Während sie ihre qualvollen Überlegungen fortsetzten, traf aus Entebbe die Nachricht ein, daß nur noch die jüdischen Passagiere an Bord des entführten Flugzeugs festgehalten würden. Die anderen waren freigelassen worden und auf dem Weg nach Paris.

Das war die Eröffnung, die der Mossad brauchte. Der damalige Chef

Jitzhak Hofi verlangte in der größten Stunde seines Lebens mit leidenschaftlicher Kraft, eine Rettungsaktion vorzubereiten. Er erinnerte daran, wie entschlossen Rafi Eitan bei der Festnahme Eichmanns vorgegangen war. Jetzt stehe das Land vor einer ähnlichen Aufgabe. Rafi Eitan und seine Männer waren weit von zu Hause entfernt in einer feindlichen Umgebung tätig gewesen. Sie hatten improvisieren müssen und geblufft – die berühmte jüdische Chuzpe. Das ließe sich wiederholen. Schweißgebadet und heiser vom Flehen und Argumentieren hatte Hofi im Kabinettssaal umhergeblickt.

»Wenn wir unsere Leute sterben lassen, ist die Flut nicht mehr zu stoppen. Kein Jude wird irgendwo mehr sicher sein. Hitler hätte aus dem Grab heraus doch noch gesiegt!«

»Das ist der Punkt«, sagte Rabin schließlich. »Wir versuchen es.«

Zusammen mit Kimche wurden alle anderen Einsatzplaner beim Mossad mobilisiert. Der erste Schritt war die Einrichtung einer abhörsicheren Leitung zwischen Tel Aviv und Nairobi. Der Informationsaustausch zwischen dem Mossad und seinem kenianischen Pendant war von Meir Amit initiiert und von Hofi sorgfältig gepflegt worden. Die Verbindung, die in der Öffentlichkeit nicht bekannt geworden war, sollte jetzt Früchte tragen. Ein halbes Dutzend *Katsas* begab sich nach Nairobi und wurde in einem sicheren Haus des kenianischen Geheimdienstes untergebracht. Sie bildeten den Brückenkopf für den Hauptangriff. In der Zwischenzeit hatte Kimche ein weiteres Problem gemeistert. Keine Rettungsaktion in Uganda würde ohne Auftanken in Nairobi auskommen. Über das Telefon war es ihm innerhalb von Stunden gelungen, hierfür von Kenia »aus humanitären Gründen« das Einverständnis zu bekommen.

Aber damit war noch nicht das enorme Problem gelöst, nach Entebbe zu gelangen. Die PLO hatte den Flughafen zu ihrem Eingangstor nach Uganda gemacht, von hier aus betrieb sie ihre Operationen gegen das pro-israelische Apartheid-Regime in Südafrika. Idi Amin, Ugandas despotischer Diktator, hatte nach dem Abbruch der diplomatischen Beziehungen mit Jerusalem im Jahre 1972 das Gebäude der israelischen Botschaft der PLO als Hauptquartier überlassen. Kimche wußte, daß es darauf ankam, in Erfahrung zu bringen, ob die PLO noch im Land war. Ihre kampferprobten Guerilleros wären in der kurzen Zeit, die für die Befreiungsaktion zur Verfügung stand, ein gefährliches Hindernis gewesen: Die israelischen Kräfte durften sich nur für Minuten auf dem Boden aufhalten, da sie sonst einen Gegenangriff riskierten. Kimche schickte zwei *Katsas* los. Von Kenia aus überquerten sie den Viktoriasee und landeten in der Nähe von Entebbe. Sie stellten fest, daß das PLO-Hauptquartier verlassen war; die Palästinenser waren vor kurzem nach Angola weitergezogen.

Dann kam der Funken Glück zu Hilfe, der zu jeder erfolgreichen Operation gehört: Einer der kenianischen Sicherheitsleute, die die *Katsas* begleitet hatten, entdeckte unter den Wachen für die Geiseln einen Verwandten seiner Frau. So gelangte der Kenianer unter einem Vorwand in den Flughafen und konnte feststellen, daß alle Geiseln lebten, jedoch von fünfzehn sehr angespannten und nervösen Männern bewacht wurden. Die Information wurde nach Tel Aviv gefunkt. Zur gleichen Zeit mieteten zwei andere *Katsas*, die hervorragende Piloten waren, eine Cessna und flogen von Nairobi los, angeblich, um den Viktoriasee für einen Reiseprospekt zu fotografieren. Ihre Maschine flog direkt über den Flughafen von Entebbe, dabei konnte einer der *Katsas* ausgezeichnete Aufnahmen von der Start- und Landebahn sowie den umliegenden Gebäuden machen. Der Film wurde nach Tel Aviv gebracht. Dort empfahl Kimche eine Doppelstrategie, um die Entführer zu verwirren.

Bei Telefonaten mit Amins Palast hatten die israelischen Unterhändler in Tel Aviv klargemacht, daß ihre Regierung bereit sei, die Bedingungen der Entführer zu akzeptieren. Ein Diplomat aus einem europäischen Konsulat in Uganda wurde eingeschaltet, um dieser vorgeblichen Kapitulation noch größere Glaubwürdigkeit zu verleihen. Er wurde in einer »vertraulichen Mitteilung« ersucht, zu prüfen, ob er eine passende Formulierung aushandeln könnte, die die Entführer akzeptieren würden. Kimche sagte dem Gesandten, »sie dürfe für Israel nicht zu demütigend sein und müsse von den Entführern akzeptiert werden können«. Der Diplomat fuhr mit der Nachricht sofort zum Flughafen und begann passende Wendungen zu entwerfen. Als die »Operation Donnerschlag« in ihre letzte Phase trat, war er immer noch damit beschäftigt.

Eine nicht gekennzeichnete israelische Boeing 707 landete auf dem

Flughafen von Nairobi, sie diente als Lazarettflugzeug und wurde von zwei Militärpiloten, die den Flughafen von Entebbe kannten, geflogen. Rund um diesen Flughafen befanden sich jetzt sechs *Katsas*, jeder von ihnen hatte ein Kurzwellenfunkgerät und elektronisches Gerät bei sich, das die Radaranlage im Kontrollturm stören sollte. Es war niemals zuvor unter Kampfbedingungen erprobt worden.

Fünfzig israelische Fallschirmjäger verließen im Schutz der Dunkelheit das Lazarettflugzeug und rannten blitzschnell zum Viktoriasee. Dort bliesen sie ihre Gummiboote auf und ruderten ein Stück hinaus aufs Wasser. In Ufernähe hielten sie sich bereit, um nötigenfalls den Flughafen von Entebbe zu stürmen. In Tel Aviv war die Rettungsaktion bis zur Perfektion geübt worden. Als es soweit war, überquerten drei Transportflugzeuge vom Typ Herkules C-130 das Rote Meer in Richtung Süden, tankten in Nairobi auf und flogen danach im Tiefflug Entebbe an.

Die Radarstörung funktionierte einwandfrei. Die Flugleitung rätselte noch, was passiert sei, als das Lazarettflugzeug und die drei Herkulestransporter bereits gelandet waren. Kommandoeinheiten rannten in das Flughafengebäude, wo die Geiseln festgehalten wurden. Die Gruppe bestand jetzt nur noch aus Juden, da Idi Amin vor Freude, auf der weltpolitischen Bühne umherstolzieren zu können, die Freilassung der Geiseln anderer Nationalität erreicht hatte. Die sich in ihren Booten bereithaltenden Fallschirmjäger brauchten nicht einzugreifen. Sie überquerten den See und kehrten nach Nairobi zurück, von wo aus sie mit einer israelischen Transportmaschine nach Hause flogen.

Innerhalb von fünf Minuten – zwei Minuten weniger als eingeplant – waren die Geiseln frei. Die Terroristen und sechzehn ugandische Soldaten, die die Gefangenen bewacht hatten, waren getötet worden. Die Einsatztruppe verlor einen Offizier, den Oberstleutnant Jonathan Netanjahu, einen älteren Bruder des späteren Ministerpräsidenten Benjamin Netanjahu. Seine harte Haltung gegenüber Terroristen sei durch Jonathans Tod ausgelöst worden, würde Benjamin Netanjahu später sagen. Drei Geiseln waren bei dem Einsatz ums Leben gekommen.

David Kimches Wunsch nach einem schlagzeilenträchtigen Erfolg gegen die Flugzeugentführer war mehr als erfüllt worden. Die Rettungsaktion von Entebbe war ein Ereignis, das noch stärker als die Eichmann-Entführung als Visitenkarte des Mossad angesehen werden sollte.

Kimche fand sich selbst immer mehr in den Kampf des Mossad gegen die PLO eingebunden. Diese Auseinandersetzung auf Leben und Tod wurde außerhalb Israels ausgetragen, auf den Straßen europäischer Städte. Kimche gehörte zu den Planern, die Einsätze der *Kidons*, der für Exekutionen zuständigen Mossad-Einheit, vorbereiteten. Sie schlugen in Paris, München, Athen und auf Zypern zu. Für Kimche waren diese Anschläge weit weg; er glich dem Bomberpiloten, der nicht sieht, wohin die Bomben fallen. Die erfolgreichen Aktionen erzeugten im Mossad ein sich ständig steigerndes Gefühl der Unbesiegbarkeit: Die hervorragenden Informationen der Einsatzplaner sorgten dafür, daß die *Kidons* dem Gegner immer einen Schritt voraus waren.

Eines Morgens fand Kimche bei Arbeitsbeginn seine Kollegen in einer Art Schockzustand vor. Einer der erfahrensten *Katsas* war in Madrid von einem PLO-Mann erschossen worden. Der Täter war eine Person, zu der der *Katsa* einen Kontakt aufbauen wollte, um in die Gruppe einzudringen.

Aber es gab keine Zeit zu trauern. Alle verfügbaren Kräfte waren damit beschäftigt, Feuer mit Feuer zu bekämpfen. Für Kimche war dies eine Zeit, in der »wir mit keiner Gnade rechnen konnten und selbst auch keine Gnade übten«.

Unter erbarmungslosem Druck wurde nach Wegen gesucht, möglichst nah an die PLO-Führung heranzukommen und Informationen über interne Vorgänge zu erhalten, um die Drahtzieher zu töten. »Man mußte der Bestie den Kopf abschlagen, um zu verhindern, daß sie mit dem Schwanz wedelte«, meinte David Kimche. Jassir Arafat war der erste Kopf auf der Liste der *Kidons*.

Im Jahr 1973 sah Kimche eine noch ernstere Bedrohung heraufziehen: die Möglichkeit eines weiteren, von Ägypten angeführten Krieges der Araber gegen Israel. Aber der Mossad stand mit seinen Warnungen unter den israelischen Geheimdiensten alleine da. Kimches Sorgen, die auch von seinen Vorgesetzten geteilt wurden, waren vom Aman, dem militärischen Geheimdienst, rundweg zurückgewiesen worden. Dessen Auswerter hoben hervor, daß Ägypten gerade zwanzigtausend sowjetische Militärberater des Landes verwiesen habe, was als klares Anzeichen dafür interpretiert werden könne, daß der ägyptische Staatspräsident Anwar as-Sadat für den Nahen Osten eine politische Lösung anstrebe.

Kimche überzeugte dies nicht. Alle über seinen Schreibtisch gehenden Informationen sprachen dafür, daß Sadat einen Präventivschlag führen würde – schon allein deshalb, weil Israel die arabischen Forderungen nicht akzeptiert hatte: Ägypten verlangte die Rückgabe des im Sechstagekrieg eroberten Gebiets und die Einrichtung einer Heimatstätte der Palästinenser innerhalb der Grenzen Israels. Kimche war der Ansicht, daß die PLO ihren mörderischen Feldzug gegen den jüdischen Staat auch dann fortsetzen würde, wenn Israel ein solches Zugeständnis machte.

Kimches Besorgnis wuchs, als Sadat seinen Kriegsminister durch einen zu den Falken gerechneten Mann ersetzte, der als erstes die ägyptischen Verteidigungsanlagen am Suezkanal verstärkte. Außerdem reisten ägyptische Kommandeure in die anderen arabischen Hauptstädte, um dort für Unterstützung zu werben. Sadat hatte ein neues Waffenlieferungsabkommen mit Moskau unterzeichnet.

Für Kimche bedeuteten diese Signale Unheil: »Die Frage war nicht, ob es Krieg geben würde, sondern wann.«

Aber die Aman-Chefs fuhren fort, die Warnungen des Mossad herunterzuspielen. Selbst wenn ein Krieg bevorstünde, sagten sie den Kommandeuren der Streitkräfte, würde es »zumindest eine fünftägige Vorwarnzeit« geben, die völlig ausreichend sei, damit Israels Luftwaffe ihren großen Erfolg aus dem Sechstagekrieg wiederholen könnte.

Die Araber hätten aller Wahrscheinlichkeit nach aus den Fehlern der Vergangenheit gelernt, hielt Kimche ihnen vor. Er wurde als Mitglied des »kriegsbesessenen Mossad« abgestempelt, ein Vorwurf, der schlecht zu einem Mann paßte, der jedes seiner Worte sorgsam abwog. Ihm blieb nichts anderes übrig, als die Beobachtung der ägyptischen Kriegsvorbereitungen zu intensivieren, um das wahrscheinliche Datum für den Angriff voraussagen zu können.

Die brütende Hitze, von der Tel Aviv im August 1973 heimgesucht worden war, ließ im September nach. Die neuesten Berichte der Mossad-*Katsas*, die sich auf der Sinai-Seite des Suezkanals aufhielten, bewiesen, daß Ägypten seine Kriegsvorbereitungen beschleunigt hatte. Armeeingenieure legten letzte Hand an die Pontonbrücken, über die Truppen und Panzer auf die andere Seite der Wasserstraße gelangen sollten. Als der Mossad Israels Außenminister dazu gebracht hatte, die besorgniserregenden Vorgänge bei der UNO zur Sprache zu bringen, sagte Ägyptens Vertreter abwiegelnd, es handele sich dabei um reine Routine. Auf Kimche wirkten diese Worte »genauso vertrauenswürdig« wie jene, die der japanische Botschafter in Washington am Vorabend des Angriffs auf Pearl Harbor von sich gegeben hatte.

Doch der Aman akzeptierte die ägyptische Erklärung, und das, obwohl Kimche, wo immer er auch hinschaute, überall nur Zeichen des sich zusammenbrauenden Unheils erkennen konnte: Libyen hatte gerade die westlichen Ölgesellschaften verstaatlicht; in den ölexportierenden Golfstaaten war die Rede davon, alle Lieferungen an den Westen einzustellen.

Anfang Oktober interpretierten die Auswerter des Aman das Bild immer noch jämmerlich falsch. Düsenjets der israelischen Luftwaffe waren über Syrien von MiGs angegriffen worden. Das Gefecht endete siegreich für die israelischen Piloten. Seit dem Diebstahl einer MiG aus dem Irak kannten die Streitkräfte das Flugverhalten des russischen Kampfflugzeugs. Der Aman hielt den Abschuß von zwölf syrischen Maschinen für einen erneuten Beweis, daß die Araber im Falle eines Krieges eine vernichtende Niederlage erleiden würden.

In der Nacht vom 5. auf den 6. Oktober gingen beim Mossad Informationen ein, die unwiderlegbar zeigten, daß die Feindseligkeiten unmittelbar bevorstünden, vielleicht sogar innerhalb von Stunden ausbrechen würden. *Katsas* und Informanten in Ägypten berichteten, daß das ägyptische Militäroberkommando die höchste Mobilmachungsstufe angeordnet habe. Diese Nachricht konnte nicht mißverstanden werden.

Um 6.00 Uhr morgens traf der Chef des Mossad, Zwi Zamir, im Verteidigungsministerium mit den Chefs des Aman zusammen. Das Gebäude war fast menschenleer: Es war Jom Kippur, der heiligste jüdische Feiertag, den selbst nicht-religiöse Juden einhalten und an dem alle öffentlichen Einrichtungen einschließlich des staatlichen Rundfunks den Betrieb einstellen. Der Rundfunk war immer das Mittel gewesen, über das im Falle eines nationalen Notstandes die Reservetruppen mobilisiert worden waren.

Die vom Mossad vorgelegten unbestreitbaren Beweise für einen bevorstehenden Angriff zwangen dazu, schnell zu handeln. Im ganzen Land begannen die Alarmglocken zu verkünden, daß Israel angegriffen würde – an zwei Fronten gleichzeitig, im Norden von Syrien und im Süden von Ägypten.

Der Krieg begann um 13.55 Uhr Ortszeit, als das israelische Kabinett sich zu einer Krisensitzung versammelt hatte. Die Auswerter des Aman hatten versichert, die Feindseligkeiten würden erst um 18.00 Uhr beginnen. Der Zeitpunkt stellte sich als reine Vermutung heraus.

Niemals zuvor hatte ein israelischer Geheimdienst bei der Voraussage eines wichtigen Ereignisses so schmählich versagt. Die schlüssigen Beweise, die David Kimche und andere vorgelegt hatten, waren völlig ignoriert worden.

Nach dem Ende des Krieges, in dem Israel, obwohl hart am Rande der Niederlage, schließlich doch wieder den Sieg erkämpft hatte, gab es eine großangelegte Säuberung in den oberen Rängen des Aman. Der Mossad hatte erneut die Vorherrschaft innerhalb der Geheimdienste erlangt. Aber der Mann an der Spitze wurde ausgewechselt: Weil er nicht fest genug gegen seinen Konkurrenten vom Aman aufgetreten war, wurde Zamir als Generaldirektor abgelöst. Seinen Platz nahm Jitzhak Hofi ein.

Kimche betrachtete Hofis Amtsantritt mit gemischten Gefühlen. In bestimmter Hinsicht war Hofi aus ähnlichem Holz geschnitzt wie Meir Amit: Er hatte die gleiche gerade Haltung, die gleiche bewährte Kampferfahrung, die gleiche prägnante Art und bedingungslose Unduldsamkeit gegenüber Dummköpfen. Aber Hofi war auch schroff bis zur Grobheit, und die Spannung zwischen ihm und Kimche stammte aus der Zeit, als sie, neben ihren anderen Pflichten, an der

Ausbildungsstätte des Mossad Rekruten unterrichtet hatten. Hofi mit seiner humorlosen Kibbuz-Mentalität hatte keinen Sinn für Kimches lässige Intellektualität und seinen kultivierten englischen Akzent, mit dem er vor die Studenten trat. Aber Kimche war nicht nur ein erfahrener Einsatzagent, sondern auch stellvertretender Generaldirektor des Mossad, wozu er kurz vor Zamirs Weggang ernannt worden war. Hofi und Kimche sahen ein, daß sie ihre persönlichen Differenzen beiseite lassen mußten, wenn der Mossad mit der größtmöglichen Effizienz weiterarbeiten sollte.

Kimche wurde mit einer der schwierigsten Aufgaben innerhalb des Mossad beauftragt: Ihm wurde die Verantwortung für den »Libanon-Bericht« des Dienstes übertragen. Zwei Jahre nach dem Jom-Kippur-Krieg war in diesem Land der Bürgerkrieg ausgebrochen, und als Kimche die Verantwortung für den »Bericht« übernahm, standen die libanesischen Christen kurz vor der Niederlage. Genauso wie »Salman« vor vielen Jahren die israelische Botschaft in Paris aufgesucht hatte, um die ersten Schritte für den Diebstahl der irakischen MiG einzuleiten, hatte im September 1975 ein Abgesandter der Christen über die Botschaft die Bitte an Israel übermittelt, ihnen Waffen zu liefern, weil sie sonst vernichtet würden. Das Ersuchen landete auf Kimches Schreibtisch. Er erkannte, daß hier dem Mossad ein Weg ins »libanesische Unterholz« angeboten wurde.

Er informierte Hofi, daß es politisch sinnvoll sei, die Christen gegen die Muslime, die geschworen hatten, Israel zu vernichten, »partiell zu unterstützen«. Einmal mehr wurde seine Einschätzung übernommen. Die Israelis gaben den Christen Waffen, genug, um sich der Muslime zu erwehren, aber nicht genug, um eine Bedrohung für den jüdischen Staat darzustellen. Der Mossad begann mit der Versendung von Waffen aus Israel in den Libanon. Als nächstes schickte Kimche Mossad-Offiziere in das Oberkommando der Christen. Ihre offizielle Aufgabe war, beim optimalen Einsatz der Waffen zu helfen. In Wahrheit lieferten sie Nachrichten an Kimche, die ihn in die Lage versetzten, den Verlauf des Bürgerkriegs zu überblicken. Durch die Informationen gelang dem Mossad eine Reihe von erfolgreichen Angriffen gegen PLO-Stützpunkte im Südlibanon.

Aber im Januar 1976 kühlte das Verhältnis des Geheimdienstes zu den Christen ab, als deren Anführer die syrische Armee ins Land riefen, um sie gegen die pro-iranische Hizbollah zu unterstützen, eine Gruppe, die man in Damaskus als Bedrohung ansah. Nach wenigen Tagen befanden sich Tausende von kampfgestählten syrischen Soldaten im Libanon und rückten in Richtung israelischer Grenze vor. Zu spät erkannten die Christen, daß sie, wie es Kimche ausdrückte, »den sieben Geißlein ähnelten, die den bösen Wolf ins Haus gelassen hatten«.

Wieder baten die libanesischen Christen den Mossad um Hilfe. Aber Kimche sah, daß sein sorgfältig aufgebautes Netzwerk für die Versorgung mit Waffen nicht ausreichte. Benötigt wurde eine groß angelegte logistische Operation der Israelis. Hunderte von Panzern der israelischen Streitkräfte, Panzerabwehrraketen und andere Waffen wurden den Christen geschickt. Der Bürgerkrieg im Libanon begann auf fürchterliche Weise außer Kontrolle zu geraten.

Unter dem Deckmantel der Bürgerkriegshilfe für die Christen setzte Kimche seinen eigenen Guerillakampf gegen die PLO, Israels schlimmsten Feind, in Gang. Nach kurzer Zeit wurden auch die libanesischen Schiiten in diesen Kampf einbezogen. Der Libanon wurde für den Mossad zum Übungsplatz, auf dem er nicht nur seine Taktik bei Anschlägen perfektionierte, sondern auch die psychologische Kriegsführung. Für die Männer, die aus dem unscheinbaren Hochhaus am König-Saul-Boulevard heraus operierten, war es eine glückliche Zeit.

Innerhalb des Gebäudes verschlechterte sich die Beziehung zwischen Hofi und Kimche. Es gab Gerüchte über heftige Auseinandersetzungen in operativen Fragen; Hofi fürchtete angeblich, daß Kimche seinen Posten haben wollte; Kimche hatte das Gefühl, seine Leistungen würden nicht genügend geschätzt. Bis heute weigert sich Kimche, über derartige Dinge zu sprechen, da er sich strikt daran hält, »niemals einem Gerücht durch Kommentierung Seriosität zu verschaffen«.

An einem Frühlingsmorgen im Jahre 1980 betrat Kimche mit Hilfe der Plastikkarte, die seine beiden Schlüssel ersetzt hatte und ihm uneingeschränkten Zutritt verschaffte, die Mossad-Zentrale. In seinem Büro erfuhr er, daß Hofi ihn sofort sehen wollte. Kimche schlenderte über den Flur zum Büro des Generaldirektors, klopfte an, trat ein und schloß die Tür hinter sich.

Was dort drinnen passierte, ist in die Mossad-Legenden eingegangen: Die Stimmen wurden lauter, es gab wechselseitige Anwürfe. Der Lärm hielt zwanzig spannungsgeladene Minuten an. Dann kam Kimche schmallippig aus dem Büro heraus. Seine Laufbahn beim Mossad war beendet. Aber seine Geheimdiensttätigkeit für Israel sollte sich in eine vertraute Arena verlagern, in die USA. Diesmal würde es nicht um den Diebstahl von Nuklearmaterial gehen, sondern um jenen Vorgang, der schließlich in den »Irangate«-Skandal mündete.

Nachdem er eine gewisse Zeit überlegt hatte, was er in Zukunft tun sollte, hatte David Kimche den Posten eines Abteilungsleiters im israelischen Außenministerium angenommen. Diese Stelle war ideal geeignet für seine Fähigkeit, sich auf eine spezielle Weise in eine Situation hinein und wieder hinaus zu denken. Sie bot Kimche die Gelegenheit, seine Talente auf der internationalen Bühne einsetzen zu können.

In den USA war der CIA ein paar Jahre zuvor im Watergate-Skandal ins Gerede gekommen, der mit dem Rücktritt von Präsident Nixon geendet hatte. Seit nach und nach immer mehr Enthüllungen über seine Aktivitäten während der Nixon-Ära auftauchten, schlug dem Geheimdienst ein Mißtrauen entgegen, wie es das Land seit dem Tod von Präsident Kennedy nicht mehr gekannt hatte.

Kimche studierte jede Facette des Dramas. »Was ließ sich aus einem Debakel lernen, das niemals hätte passieren dürfen? Die Lektion lautete, daß Nixon auf gar keinen Fall jene Tonbänder hatte aufheben dürfen. Ohne sie wäre er höchstwahrscheinlich Präsident geblieben.«

Von den Dingen, die Israel näher lagen, beschäftigten ihn die Vorgänge im Iran – ihn hatte das Land schon seit langem interessiert. Angesichts der gefestigten Machtstellung Khomeinis und seiner Ajatollahs war es für Kimche schockierend, wie grundlegend falsch der CIA und das US-Außenministerium die Situation beurteilt hatten.

Mit Ronald Reagan saß jetzt ein Präsident im Weißen Haus, der eine neue Morgenröte für den CIA versprach. Der Geheimdienst, so erfuhr Kimche über seine Kontakte in Washington, sollte Reagans »geheime Trumpfkarte« in der Außenpolitik werden. An der Spitze des CIA stand William Casey. Kimche spürte instinktiv, daß er kein Freund Israels war – aber jemand, den man im Bedarfsfall ausmanövrieren könnte.

In den nächsten beiden Jahren verfolgte Kimche aufmerksam die CIA-Operationen in Afghanistan und Mittelamerika. Viele von ihnen kamen ihm vor wie »Zeug aus dem Kindergarten: veraltete Methoden der Informationsbeschaffung, gepaart mit ziemlich brutalem Töten«.

Dann wurde Kimches Aufmerksamkeit wieder auf den Iran gelenkt – und auf die Vorgänge in Beirut.

Wenige Monate nach Kimches Dienstantritt im Außenministerium hatte Israel begonnen, den Iran unter stillschweigender Billigung der USA mit Waffen zu beliefern. Mit dieser Hilfe wollte es das Regime in Bagdad schwächen – so etwas gehörte zu Jerusalems seit langem gepflegter Taktik, »an beiden Enden zu bohren«, wie Kimche sie umschrieb.

Drei Jahre später gab es zwei Ereignisse, die sich auf den Fortgang dieser Angelegenheit auswirkten. Da war das Autobombenmassaker in Beirut, dem 241 US-Marineinfanteristen zum Opfer fielen. Bei den Amerikanern wuchs der Verdacht, daß der Mossad vorher von dem Anschlag gewußt hatte. Außerdem glaubten sie, daß der iranische Geheimdienst an dem Anschlag beteiligt gewesen war. Sie setzten Israel unter Druck, die Waffenlieferungen an Teheran einzustellen. Ihr Argwohn gegen den israelischen Geheimdienst wuchs, als William Buckley, der Chef der CIA-Außenstelle in Beirut, entführt, gefoltert und schließlich umgebracht worden war. In rascher Folge nahmen vom Iran unterstützte Gruppen sieben weitere US-Bürger als Geiseln. Die Reagan-Regierung war mit starken Worten angetreten. Sie hatte versprochen, dem Terrorismus das Genick zu brechen. Daß jetzt Bürger ihres Landes in den Trümmern Beiruts gefangengehalten wurden, setzte sie unter Zugzwang. Aber ein Vergeltungsschlag kam nicht in Frage; Teheran zu bombardieren, wie Reagan vorschlug, schlossen selbst seine hartgesottenen Berater aus. Nach Einschätzung der Delta-Force-Kommandeure würde auch eine Rettungsaktion mit hoher Wahrscheinlichkeit scheitern.

Dann kam es zu einer Unterhaltung zwischen dem Präsidenten und Robert McFarlane, einem ehemaligen begeisterten Marineinfanteristen, der zum Nationalen Sicherheitsberater aufgestiegen war. Kimche erzählt, daß McFarlane ihm das Gespräch folgendermaßen wiedergab:

»Was brauchen die Iraner am dringendsten, Mr. Präsident?«

»Sag es mir, Bob.«

»Waffen für den Krieg gegen den Irak.«

»Dann geben wir ihnen doch, was sie haben wollen. Und sie geben uns unsere Leute zurück.«

Entgegen dem Rat von Casey und anderen US-Geheimdienstchefs hegten Reagan und McFarlane die einfältige Ansicht, daß die Aufrüstung des Irans die Mullahs veranlassen würde, sich bei den Beiruter Gruppen nachdrücklich für die Freilassung der Geiseln einzusetzen. Außerdem, so glaubten sie, ließen sich so die Beziehungen zu Teheran verbessern, was die Position Moskaus im Iran schwächen würde. Die Karten für »Irangate« waren gemischt.

Für die Waffenlieferungen war der Marineoberst Oliver North verantwortlich. Zusammen mit McFarlane entschied er, den CIA nicht an ihrem Vorhaben mitwirken zu lassen. Den beiden Haudegen war in Vietnam ihre zupackende Art zustatten gekommen, und nach allem, was sie gehört hatten, waren die Israelis von gleicher Mentalität. So war es für North »Zeit, Israel ins Spiel zu bringen«. Für ihn als engagierten Christen bot sich damit auch die verlockende Aussicht, das Heilige Land besuchen und auf Jesu Spuren wandeln zu können.

Für Israels Ministerpräsidenten Jitzhak Schamir gab es nur eine Person, die in der Lage wäre, mit dem Hilfeersuchen aus Washington richtig umzugehen – und gleichzeitig die israelischen Interessen zu wahren. David Kimche flog zu einem Treffen mit McFarlane im Weißen Haus. Dort erklärte er ihm, seiner Ansicht nach könnte der Tausch von Waffen gegen Geiseln funktionieren. Seine Frage, ob der CIA »aktiv beteiligt« sei, wurde mit »nein« beantwortet.

McFarlane fragte, wie es sich mit dem Mossad verhielte, denn »schließlich sind das die Jungs, die für euch die Geheimdienstarbeit erledigen«. Kimche antwortete, daß der Verteidigungsminister Jitzhak Rabin beschlossen habe, den Mossad nicht zu beteiligen und die ganze Angelegenheit ihm zu überlassen. McFarlane erwiderte, damit sei er sehr einverstanden. Kimche verschwieg, daß Mossad-Chef Nahum Admoni Caseys Befürchtungen teilte, daß das Geschäft Waffen gegen Geiseln viel zu riskant war.

McFarlane fuhr zum Bethesda Naval Hospital, um den von einer Darmkrebsoperation genesenden Reagan über Kimches Absichten zu unterrichten. Der Präsident stellte eine Frage: Könnte Kimche garantieren, daß Israel den Handel geheimhält? Eine undichte Stelle könnte die Beziehungen der Amerikaner zu den gemäßigteren arabischen Staaten beeinträchtigen, die jetzt schon Angst vor dem wachsenden Radikalismus in Teheran hatten. Laut Kimche versicherte McFarlane Reagan, daß Israel »die Schotten dicht halten würde«. Das Geschäft war in Gang gesetzt. Kimche flog nach Israel zurück, um zwei Wochen darauf wieder in Washington zu sein und McFarlane bei einem gemeinsamen Essen seinen Schlachtplan vorzulegen. Kimche erinnert sich an ihre Unterhaltung:

»Wollen Sie zuerst die gute oder die schlechte Nachricht hören?«

McFarlane antwortete ihm: »Die gute.«

»Wir werden die Waffen für euch verschicken, über die Wege, die wir schon früher benutzt haben.«

McFarlane war einverstanden. Kimches Plan würde gewährleisten, daß die USA keinen direkten Kontakt mit dem Iran hätten, so daß niemand die kompromißlose Haltung der Regierung gegenüber dem Terrorismus anzweifeln könnte: Das Waffenembargo gegen den Iran würde aufrechterhalten, und die Geiseln wären bei ihrer Freilassung nicht direkt gegen Waffen ausgetauscht worden.

»Und die schlechte Nachricht?« setzte McFarlane nach.

Kimche sagte, daß seine gutplazierten Kontakte im Iran daran zweifelten, daß die Mullahs die Freilassung der Beiruter Geiseln bewerkstelligen könnten.

»Teheran verliert die Kontrolle über die dortigen radikalen Kräfte«, teilte er seinem Gastgeber mit.

Falls McFarlane enttäuscht gewesen sein sollte, so zeigte er es zumindest nicht. Am nächsten Tag erklärte Außenminister George Shultz dem ins Oval Office zurückgekehrten Reagan, daß die Risiken zu groß seien. Was wäre, wenn die Iraner die Waffen nähmen und anschließend das Geschäft der Öffentlichkeit bekanntgäben, um den »Großen Satan«, wie die Mullahs die USA nannten, bloßzustellen? Würde das den Irak nicht weiter in die Arme der Sowjets treiben? Und was geschähe mit den Geiseln, die dann in einer noch viel schlimmeren Lage wären? Den ganzen Vormittag über wurde hin und her überlegt. Zur Mittagszeit zeigte der Präsident sichtlich Ermüdungserscheinungen. Die Entscheidung fiel abrupt. Reagan stimmte dem Vorschlag zu, daß die USA Israel alle an den Iran verkauften Waffen ersetzen sollten. Wieder hatte Kimche sein Ziel erreicht. Dennoch bestand Schamir darauf, daß zusätzlich alle Schritte vorbereitet werden sollten, damit er »jegliche Verbindung mit der ganzen Sache abstreiten könnte, wenn es Probleme gäbe«.

Zu diesem Zweck versammelte Kimche eine Reihe schillernder Figuren, die die Operation durchführen sollten. Dazu gehörten: Adnan Kashoggi, der saudiarabische Ölmilliardär, der den Kaviar pfundweise zu sich zu nehmen pflegte und immer ein Auge auf die gerade aktuellen Covergirls hatte; Manuscher Ghorbanifar, ein ehemaliger Agent des SAVAK, des Geheimdienstes des Schah-Regimes, der sich immer noch wie ein Spion aufführte, wenn er Treffen mitten in der Nacht anberaumte. Dann gab es den gleichermaßen mysteriösen Jaakov Nimrodi, der für den Aman, Israels militärischen Geheimdienst, als Agentenführer tätig gewesen war. Zur Zeit des Schahs war er Israels Militärattaché im Iran. Er wurde wie stets von Al Schwimmer begleitet, dem verschwiegenen Gründer von Israel Aircraft Industries. Kashoggi handelte eine Vereinbarung aus, die das Vorspiel für alles Folgende sein sollte. Er würde ein Konsortium leiten, das den USA Schadensersatz leisten sollte, wenn der Iran seinen Verpflichtungen nicht nachkäme, und es würde genauso dem Iran bürgen, wenn die Waffen nicht den ausgehandelten Bedingungen entsprächen. Für diese Garantien sollte das Konsortium eine Provision in Höhe von 10 Prozent der Kaufsumme aller Waffen erhalten, und zwar in bar von den USA. Auf der anderen Seite würde es als Prellbock dienen, wenn es im Falle irgendwelcher Mißgeschicke für die iranische oder für die amerikanische Regierung darauf ankäme, eine glaubwürdige

Strategie beim Ableugnen aufrechtzuerhalten. Allen Beteiligten war klar, daß das Konsortium letztendlich ohne jede politische Aufsicht arbeiten würde und hauptsächlich von der Aussicht auf Profit angetrieben wurde.

Ende August 1985 traf in Teheran die erste Waffenladung aus Israel ein. Am 14. September wurde in Beirut eine US-Geisel, der Reverend Benjamin Weir, freigelassen. Als die Dinge immer schneller vorangingen, traten noch raffgierigere Akteure dem Konsortium bei, darunter Miles Copeland, ein ehemaliger CIA-Offizier. Als der Schah gestürzt wurde, hatte er CIA-Agenten in die Basare des Landes geschickt, das bald darauf die Islamische Republik Iran werden sollte. Sie sollten dort Hundertdollarscheine an alle verteilen, die es wagten »Lang lebe der Schah« zu rufen. Andere zwielichtige Gestalten tauchten in dem Konsortium auf, so etwa ein früherer SAS-Agent, der in London eine Firma betrieb, die für den Mossad nicht näher bekannte Dienste leistete. Mittlerweile schauten die politisch Verantwortlichen über Begleiterscheinungen dieser Art hinweg. Es zählte nur, daß die Operation vor den Augen einer – zumindest zu diesem Zeitpunkt – ahnungslosen Weltöffentlichkeit verborgen blieb.

Insgesamt sollte der Iran erhalten: 128 US-Panzer; zweihunderttausend im Südlibanon erbeutete Katjuscha-Raketen; zehntausend Tonnen Granaten aller Kaliber; dreitausend Luft-Luft-Raketen; viertausend Gewehre und fast fünfzig Millionen Schuß Munition.

Von der US-Luftwaffenbasis Marama in Arizona aus wurden über viertausend TOW-Raketen nach Guatemala geflogen, um von dort ihre lange Reise nach Tel Aviv anzutreten. Aus Polen und Bulgarien wurden zusammen mit hunderttausend AK-47 achttausend Boden-Luft-Raketen vom Typ Sam-7 verschickt. China lieferte Hunderte Wasser-Wasser-Raketen des Typs Seidenraupe, Panzerwagen und Amphibienfahrzeuge. Schweden steuerte 105-mm-Granaten bei und Belgien Luft-Luft-Raketen.

In den Frachtpapieren war Israel als Empfänger ausgewiesen. Das Konsortium sorgte dafür, daß gecharterte Transportmaschinen die Waffen von israelischen Militärbasen im Negev aus in den Iran flogen. Es kassierte für jede Lieferung eine »Vermittlungsprovision«, die der Iran mit Geldern auf Schweizer Bankkonten bestritt. Die Provision belief sich am Ende auf sieben Millionen US-Dollar. Israel bekam kein Honorar. Dafür konnte es mit Genugtuung zusehen, wie der Iran in dem sich lang hinziehenden Krieg mit gesteigerter Kampfkraft auf den Irak einschlug. Für David Kimche war es ein weiteres Beispiel für die von ihm favorisierte Politik des »Teile und herrsche«.

Dennoch sagte ihm sein wachsamer Instinkt, daß die so prächtig angelaufene Operation in Gefahr war, außer Kontrolle zu geraten: »Im Konsortium hatten die falschen Männer zuviel Macht.«

Als er das Konsortium zusammenbrachte, hatte er erneut Israels Sinn für Realpolitik bewiesen: Das Land war bereit, den USA zu helfen, weil es wußte, daß es ohne Washingtons Unterstützung nicht überleben konnte. Israel hatte auch gezeigt, daß es sich auf der internationalen Bühne sicher bewegen konnte und zur Geheimhaltung in der Lage war.

Aber Kimche spürte, daß die Gefahr der Aufdeckung wuchs, je länger die Waffen-für-Geiseln-Operation dauerte. Im Dezember gab er dem Konsortium bekannt, er könne nicht mehr an dessen Aktivitäten teilnehmen – als Grund schützte er Überarbeitung im Außenministerium vor.

Das Konsortium dankte ihm mit einem Abschiedsessen in einem Tel Aviver Hotel und eröffnete ihm, daß Amiran Nir, der eifrige Berater von Schimon Peres in Antiterrorismus-Fragen, ihn als Verbindungsmann zu den Israelis ersetzen würde. Das war der Moment, ab dem – wie Kimche später einräumen sollte – das Geschäft Waffen gegen Geiseln auf seine Selbstzerstörung zulief. Wenn irgend jemand es zum Entgleisen bringen konnte, dann Nir. Der ehemalige Journalist besaß die beunruhigende Eigenschaft, die wirkliche Geheimdienstarbeit mit den phantastischen Abenteuern des von ihm bewunderten James Bond zu verwechseln. Er teilte diese fatale Schwäche mit denjenigen Mossad-Leuten, die auf die Idee gekommen waren, daß auch Journalisten für operative Zwecke eingesetzt werden könnten.

Kapitel 8

ORA UND DAS MONSTER

Am letzten Freitag des April 1988 war die höhlenartige Lobby des Hotels Palästina-Meridian in Bagdad so überfüllt wie stets, und es herrschte eine fröhliche Stimmung. Der Irak hatte gerade bei Basra einen entscheidenden Sieg über den Iran errungen, und man war sich einig, daß sich der Krieg nach sieben verlustreichen Jahren seinem Ende näherte.

Der irakische Sieg verdankte sich zum Teil jenen Ausländern, die in gut geschnittenen Blazern und Hosen mit scharf gezogenen Bügelfalten in der Lobby saßen. Ihre Gesichter zeigten stets das aufgesetzte Lächeln erfolgreicher Verkäufer. Sie verkauften die modernsten Waffen, drückten sich aber lieber neutraler aus und sprachen von »Kontrollsystemen«, »Schnittstellenoptimierern« oder »Kapazitätsverstärkern«. Die Waffenhändler vertraten die Rüstungsindustrien Europas, der Sowjetunion, der Vereinigten Staaten und der Volksrepublik China. Ihre Geschäfte wickelten sie in Englisch ab, das sie mit verschiedenen Akzenten sprachen.

Ihre irakischen Gastgeber brauchten keine Übersetzung: Es ging um Bomben, Torpedos, Minen und anderes todbringendes Gerät. Die herumgereichten Werbebroschüren zeigten Helikopter mit Namen wie aus einem Comic – Sea Knight, Chinook, Sea Stallion. Ein Hubschrauber, »Big Mother«, konnte eine kleinere Pontonbrücke befördern; ein anderer namens »The Incredible Machine« einen ganzen Zug Soldaten in die Luft heben. Die bunten Heftchen informierten über Gewehre, die zweitausend Schuß in der Minute abfeuerten oder ein bewegliches Ziel mittels eines eingebauten Computerchips auch in pechschwarzer Nacht treffen konnten. Waffen jeglicher Art waren im Angebot.

Auch die Gastgeber bedienten sich einer Geheimsprache, die den Verkäufern kein Buch mit sieben Siegeln war: »zwanzig pro Tag«, »dreißig halbe-halbe minus eins«: zwanzig Millionen Dollar am Tag der Auslieferung, beziehungsweise dreißig Millionen Dollar für die Lieferung, zahlbar zur Hälfte als Anzahlung bei Vertragsschluß, zur Hälfte einen Tag vor Auslieferung. Alle Zahlungen wurden in US-Dollar abgewickelt, der bevorzugten Währung in dieser in sich geschlossenen Welt.

Das rege Markttreiben der Verkäufer und Kunden, die bei Pfefferminztee ihre Geschäfte besprachen, beobachteten Agenten des Da'lrat Al-Mukhabarat Al-Amah, des wichtigsten irakischen Geheimdiensts. Er wurde von Sabba'a al-Tikriti geleitet, einem Halbbruder Saddam Husseins, den die Leute fast genauso fürchteten wie den Diktator.

Manche der Waffenhändler waren schon an jenem Tag vor sieben Jahren dabeigewesen, der für die Iraker alles andere als erfreulich war. Die Iraker hatten den Händlern bestürzt mitteilen müssen, daß Israel, der Feind, den sie noch mehr haßten als den Iran, einen machtvollen Schlag gegen die irakische Militärmaschinerie geführt hatte.

Seit der Gründung des jüdischen Staates hatte zwischen dem Irak und Israel stets der Kriegszustand geherrscht. Israel war sich sicher, daß seine Truppen einen konventionellen Krieg gewinnen könnten. Doch 1977 entdeckte der Mossad, daß die französische Regierung, die Israel seine atomare Ausrüstung verkauft hatte, auch den Irakern einen Reaktor und »technische Hilfe« zur Verfügung gestellt hatte. Die Anlage befand sich in Al-Tuweitha nördlich von Bagdad.

Die israelische Luftwaffe plante einen Angriff, der erfolgen sollte, noch bevor die Uranbrennstäbe im Reaktor »heiß« waren. Hätte man die Anlage erst bei laufendem Betrieb zerstört, wäre eine atomare Katastrophe entstanden: Bagdad und große Teile des Iraks wären in eine strahlenverseuchte Wüste verwandelt worden – und zudem wäre Israel von der Weltgemeinschaft verdammt worden.

Aus diesen Gründen sprach sich der damalige Mossad-Chef Jitzhak Hofi gegen einen Luftangriff aus. Er erklärte, der Luftschlag werde einen hohen Blutzoll unter den französischen Technikern fordern und europäische Länder auf Distanz bringen, die Israel eigentlich von seinen friedlichen Intentionen überzeugen wollte. Der Luftangriff auf den Reaktor würde zudem die diffizilen Verhandlungen scheitern lassen, in denen Israel Ägypten zu einem Friedensschluß überreden wollte.

Hofis Meinung wurde aber innerhalb des Mossad nicht einhellig geteilt. Mehrere der Abteilungsleiter behaupteten, zu einer Zerstörung des Reaktors gebe es keine Alternative. Saddam war ein rücksichtsloser Feind; hatte er eine Atombombe, würde er sie auch bedenkenlos einsetzen. Und seit wann schenkte Israel dem Anliegen, Freunde in Europa zu gewinnen, eine solche Beachtung? Einzig Amerika zählte, und von dort war zu hören, daß die Zerstörung des Reaktors die Regierung allenfalls dazu veranlassen würde, den Israelis einmal kurz auf die Finger zu klopfen.

Hofis Überlegungen gingen in eine andere Richtung. Er schlug vor, die Vereinigten Staaten sollten auf Frankreich diplomatischen Druck ausüben, keine weiteren Reaktorteile zu exportieren. Doch Washington erhielt aus Paris eine kurz angebundene Abfuhr. Da entschied sich Israel für ein direkteres Vorgehen. Hofi schickte ein Team von *Katsas* los, die die Fabrik in La-Seyne-sur-Mer bei Toulon angreifen sollten, dem Ort Frankreichs, wo der Kern für den irakischen Reaktor gebaut wurde. Der Reaktorkern wurde von einer Gruppe zerstört, von der noch niemand etwas zuvor gehört hatte, den »französischen Ökologen«. Hofi hatte sich diesen Namen persönlich ausgedacht.

Während die Franzosen mit dem Bau eines neuen Reaktorkerns begannen, entsandten die Iraker Yahya Al-Meshad, ein Mitglied ihrer Atomenergiekommission, nach Paris, um die Lieferung von nuklearen Brennstäben nach Bagdad in die Wege zu leiten. Hofi ließ ein *Kidon*-Team in Paris einfliegen, das ihn töten sollte. Während die anderen in den umliegenden Straßen Schmiere standen, drangen zwei Agenten mit einem Hauptschlüssel in das Zimmer ein, in dem Al-Meshad schlief. Sie schnitten ihm die Kehle durch und stießen ihm ein Messer ins Herz. Danach wurde das Zimmer durchwühlt, um einen Raubmord vorzutäuschen. Eine Prostituierte aus einem Nachbarzimmer erzählte später der Polizei, der Wissenschaftler habe einige Stunden vor seinem Tod ihre Dienste in Anspruch genommen.

Während sie dann gerade mit einem anderen Kunden zusammen war, hätte sie aus Al-Meshads Zimmer »ungewöhnliche Geräusche« gehört. Stunden nach ihrer Aussage vor der Polizei wurde sie bei einem Unfall mit Fahrerflucht getötet. Das dabei verwendete Auto tauchte nie wieder auf. Das *Kidon*-Team flog mit der El Al zurück nach Tel Aviv.

Auch dieser neue Schlag brachte den Irak nicht davon ab, mit der Hilfe Frankreichs Atommacht zu werden. In Tel Aviv bereitete sich die israelische Luftwaffe auf eine Luftattacke vor, während die Chefs der anderen Dienste immer noch mit Hofi stritten, der seine Einwände aufrechterhielt. Dabei erntete der Mossad-Chef auch Widerspruch von unerwarteter Seite. Sein Stellvertreter Nahum Admoni erklärte, die Zerstörung des Reaktors sei zwar nicht wesentlich, werde aber »für andere Araber mit großen Plänen eine Lektion sein«.

Im Oktober 1980 schließlich stand diese Debatte im Mittelpunkt jeder Kabinettssitzung, die Menachem Begin leitete. Alle Argumente wurden immer wieder geprüft. Am Ende stand Hofi mit seiner Ablehnung des Angriffs praktisch allein. Doch er kämpfte weiter für seine Ansicht, legte gut ausgearbeitete Positionspapiere vor, wohl wissend, daß er damit den Nachruf auf seine berufliche Karriere schrieb.

Admoni machte aus seiner Verachtung für Hofis Einstellung kaum noch ein Hehl. Die Beziehung zwischen den beiden Männern, die einst enge Freunde gewesen waren, vereiste. Dennoch gab es noch sechs Monate lang erbitterten Streit zwischen dem unnachgiebigen Mossad-Chef und seinen leitenden Mitarbeitern, ehe der Generalstab am 15. März 1981 den Angriff billigte.

Dieser Luftangriff war ein taktisches Meisterstück. Eskortiert von sechs Abfangjägern des Typs F-15 unterflogen acht Bomber vom Typ F-16 knapp über den Sanddünen der jordanischen Wüste die Radarerfassung und fielen blitzartig in den Irak ein. Sie erreichten das Ziel im vorgesehenen Augenblick, um 17.34 Uhr Ortszeit, einige Minuten nachdem die französischen Fachleute gegangen waren. Bei dem Angriff kamen neun Menschen ums Leben. Die Atomanlage wurde vollständig zerstört. Alle israelischen Flugzeuge kehrten unversehrt nach Hause zurück. Das war das Ende von Hofis Mossad-Karriere. Bald darauf nahm Nahum Admoni seinen Sessel ein.

An diesem Aprilmorgen des Jahres 1988 wären die Waffenhändler in der Hotellobby, die sieben Jahre zuvor den schockierten Gastgebern ihr Mitgefühl über den israelischen Luftangriff ausgesprochen und ihnen anschließend verbesserte Radareinrichtungen verkauft hatten, sehr erstaunt gewesen, wenn sie gewußt hätten, daß in diesem iraki-schen Hotel ein Mossad-Agent in aller Ruhe ihre Namen und ihre Angebote notierte.

Kurz zuvor waren an diesem Freitag die Geschäftsverhandlungen für ein paar Augenblicke verstummt, als Geheimpolizeichef Sabba'a al-Tikriti, begleitet von der Prätorianergarde seiner Leibwächter, in das Hotel kam. Saddam Husseins Halbbruder ging auf den Fahrstuhl zu, um in ein Penthouse hinaufzufahren. Dort erwartete ihn eine gro-ße, mollige Prostituierte, die speziell zu seiner Unterhaltung aus Paris eingeflogen worden war. Es war ein hochbezahlter und sehr riskanter Job. Manche der Prostituierten, die sich Sabba'a hatte kommen las-sen, blieben anschließend auf immer verschwunden.

Der Sicherheitschef ging am Nachmittag. Kurz darauf kam aus der Suite neben der der Prostituierten ein großer junger Mann, der mit einem blauen Baumwollsakko und khakifarbenen Hosen bekleidet war. Er sah gut aus, wirkte aber etwas schwächlich. Er hatte die ner-vöse Angewohnheit, sich über den Schnurrbart zu streichen oder das Gesicht zu reiben, was seine Verletzlichkeit noch deutlicher hervor-hob.

Der Name des Mannes war Farzad Bazoft. Auf dem Anmeldeformu-lar des Hotels – ein Durchschlag wurde routinemäßig in Sabba'as Ministerium geschickt – hatte sich Bazoft als Auslands-Chefkorres-pondent der Londoner Sonntagszeitung *The Observer* ausgegeben. Diese Bezeichnung traf nicht ganz zu: nur festangestellte Mitarbeiter in den Auslandsbüros hatten das Recht, sich »Auslandskorrespon-denten« zu nennen. Bazoft war jedoch ein freier Journalist, der dem *Observer* in den letzten Jahren mehrere Stories über Nahost-Themen verkauft hatte. Bazoft hatte gegenüber Reportern anderer Zeitungen und Nachrichtenagenturen, die ebenfalls die Reise nach Bagdad ge-macht hatten, freimütig zugegeben, daß er sich bei Reisen in Städte wie Bagdad stets als Auslands-Chefkorrespondent des *Observer* aus-gäbe, weil ihm dadurch das beste verfügbare Hotelzimmer sicher wäre. Dieser harmlose kleine Schwindel galt als ein weiteres Merkmal seiner gewinnenden Jungenhaftigkeit.

Seinen Journalistenkollegen war unbekannt, daß er eine dunklere Seite besaß, eine, die ihnen gefährlich werden konnte, falls man sie verdächtigen sollte, sie wären in die wirkliche Ursache seines Bagdad-Aufenthalts verwickelt. Bazoft war ein Spion des Mossad.

Er war vor drei Jahren in London angeworben worden, kurz nach seiner Ankunft aus dem Iran. Weil er seine Meinung über das Khomeini-Regime immer deutlicher aussprach, hatte er Teheran verlassen, bevor er in Lebensgefahr geriet. Wie viele Exilanten vor ihm wurde Bazoft in London nicht heimisch. Die Engländer fand er reserviert. Er hatte versucht, mit den Exil-Iranern in Kontakt zu kommen, und war eine Zeitlang dank seiner beträchtlichen Kenntnisse über das Teheraner Machtgefüge ein willkommener Gast bei ihren Dinnerparties gewesen. Doch der Anblick der immer gleichen Gesichter verlor für den ehrgeizigen und ruhelosen jungen Mann bald seinen Reiz.

Bazoft begann nach Aufgaben Ausschau zu halten, die spannender wären, als ständig über irgendwelche Meldungen aus dem Iran zu spekulieren. Er nahm Kontakte zum Feind des Iran, dem Irak, auf. Mitte der achtziger Jahre befanden sich viele Iraker in London. Sie waren willkommene Besucher, weil Großbritannien den Irak nicht nur als einen wichtigen Importeur englischer Waren, sondern auch als eine Nation betrachtete, die unter der Führung Saddam Husseins den bedrohlichen islamischen Fundamentalismus des Khomeini-Regimes überwältigen könnte.

Auf Parties der Iraker sorgte Bazoft für Unterhaltung. Seine neuen Gastgeber waren entspannter und offenherziger als die Iraner. Ihnen gefielen seine eleganten Manieren und die endlosen Bosheiten, die er über die Teheraner Ajatollahs zum besten gab.

An einer dieser Parties hatte der irakische Geschäftsmann Abu Al-Hibid teilgenommen. Er hatte Bazoft zugehört, der – am Ende des Abends leicht angetrunken – immer wieder erklärte, wie gern er Reporter würde. Seine Helden seien Bob Woodward und Carl Bernstein, die beiden Journalisten, die Richard Nixon zur Strecke gebracht hatten. Bazoft erklärte Abu Al-Hibid, er würde zufrieden sterben, wenn es ihm gelänge, Ajatollah Khomeini zu stürzen. Damals schrieb Bazoft Artikel für eine in Großbritannien ansässige Zeitung der Exil-Iraner mit kleiner Auflage.

Abu Al-Hibid war der Deckname eines im Irak geborenen *Katsas*. In seinem nächsten Bericht nach Tel Aviv erwähnte er auch Bazoft, dessen gegenwärtige Tätigkeit und seinen Ehrgeiz. Daran war nichts Ungewöhnliches: Jede Woche wurden Hunderte von Namen nach Tel Aviv gemeldet und fanden ihren Platz in der Datenbank des Mossad.

Doch jetzt war Nahum Admoni Chef des Mossad, und er war bestrebt, Kontakte in den Irak aufzubauen. Der Londoner *Katsa* wurde angewiesen, seine Bekanntschaft mit Bazoft zu pflegen. Beim Abendessen in entspannter Atmosphäre beklagte sich der Iraner gegenüber Al-Hibid, daß seine Zeitung ihm nicht die Gelegenheit gebe, seine Begabung als Journalist voll auszuschöpfen. Bazoft sollte versuchen, bei der britischen Presse unterzukommen, riet ihm sein Gastgeber. Für einen Reporter mit guten Sprachkenntnissen und Hintergrundwissen über den Iran müßte ein Einstieg zu schaffen sein. Al-Hibid schlug Bazoft vor, es bei der BBC zu versuchen.

Innerhalb des Senders arbeiteten mehrere *Sajanim*, deren Aufgabe unter anderem in der Überwachung von Sendungen über Israel bestand. Außerdem sollten sie ein wachsames Auge auf die Mitarbeiter des arabischsprachigen Dienstes der BBC haben. Ob bei der Beschäftigung Bazofts durch den Sender ein *Sajan* seine Hand im Spiel hatte, wird sich niemals genau feststellen lassen, jedenfalls wurde er kurz nach seinem Treffen mit Al-Hibid von der BBC für eine Hintergrundanalyse engagiert. Er bewährte sich. Weitere Aufträge folgten. Die zuständigen Ressortchefs kamen zu der Ansicht, sie könnten Bazofts Analysen der Teheraner Intrigen vertrauen.

In Tel Aviv sah Nahum Admoni die Zeit gekommen, eine andere Karte auszuspielen. Als immer neue Enthüllungen über Irangate die amerikanische Öffentlichkeit beunruhigten, entschied sich der Mossad-Chef, die Rolle von Jaakov Nimrodi, einem ehemaligen Aman-Agenten, bei dem großangelegten Waffenhandel mit Iran offenzulegen. Nimrodi war Mitglied des von David Kimche geschaffenen Konsortiums gewesen; er hatte seine Geheimdiensterfahrungen genutzt, um den Mossad aus den Vorgängen herauszuhalten. Der hinterlistige, schnellsprechende Mann hatte, als das Geschäft Waffen gegen Geiseln anlief, den amerikanischen Außenminister George Shultz zu folgender Aussage verleitet: »Israels Prioritäten sind nicht dieselben wie unsere. Auf eine geheimdienstliche Zusammenarbeit mit Israel betreffs des Iran würden wir uns nicht voll verlassen können.«

Als Kimche schon aus dem Konsortium ausgeschieden war, blieb Nimrodi noch. Erst als die Probleme in Washington größer und für Israel unangenehmer wurden, verschwand der frühere Aman-Agent wieder im Hintergrund. Doch Admoni, den es ärgerte, wie Nimrodi den Mossad ausgebootet hatte, hatte andere Pläne: Er würde Nimrodi öffentlich bloßstellen und zugleich Bazoft zu einem Karrieresprung verhelfen, durch den er für den Mossad nützlicher werden würde.

Al-Hibid versorgte den Reporter so reichlich mit Details, daß Bazoft klar wurde, welche Chance hier für seinen journalistischen Durchbruch lag. Er bot die Geschichte dem *Observer* an, der sie mit dem Hinweis auf »einen mysteriösen Israeli namens Nimrodi, der in den Irangate-Skandal verwickelt ist«, veröffentlichte. Bald schon schrieb Bazoft regelmäßig Beiträge für die Zeitung. Schließlich erhielt er – eine begehrte Auszeichnung für einen freien Mitarbeiter – sogar einen eigenen Schreibtisch in der Redaktion. Denn damit mußte er nicht länger von zu Hause aus recherchieren und die Telefonkosten dafür selber tragen, und er konnte auch Spesen geltend machen. Dennoch arbeitete Bazoft weiterhin nur für Zeilenhonorar. Er mußte also ständig neue Geschichten liefern und hart um Reisen in den Nahen Osten kämpfen. Auf solchen Reisen konnte er dann auf Spesen leben und, wie alle Reporter, die Abrechnungen manipulieren, um sich ein Zubrot über das hinaus zu verschaffen, was er tatsächlich ausgegeben hatte und zu Recht fordern konnte. Bazoft litt dauernd unter Geldknappheit, was er jedoch vor seinen Kollegen beim *Observer* sorgfältig verbarg. Gewiß wäre niemand auf die Idee gekommen, daß der Reporter, der sich stundenlang am Telefon auf persisch mit seinen Gewährsleuten unterhielt, ein verurteilter Dieb war. Bazoft war für den Überfall auf eine Baufirma zu achtzehn Monaten Haft verurteilt worden. Der Richter ordnete an, daß er nach Verbüßung seiner Haftstrafe abgeschoben werden sollte. Bazoft focht diese Entscheidung mit der Begründung an, daß er bei einer Rückkehr in den Iran mit seiner Hinrichtung rechnen müßte. Obwohl sein Einspruch verworfen wurde, erhielt er die »Ausnahmeerlaubnis«, auf unbestimmte Zeit in Großbritannien bleiben zu dürfen. Die Gründe für diese außergewöhnliche Entscheidung ruhen sicher verwahrt in den Akten des britischen Innenministeriums.

Ob der Mossad schon damals das Potential entdeckt hatte, das in Bazoft schlummerte, und einen seiner gutplazierten *Sajanim* in Whitehall benutzte, um die Sache zu einem guten Ende zu bringen, ist eine ungelöste Frage. Die Möglichkeit kann jedenfalls nicht ausgeschlossen werden.

Seit Bazoft aus der Haft entlassen worden war, litt er unter Depressionen, die er mit homöopathischen Mitteln bekämpfte. Das hatte der Mossad-*Katsa* herausgefunden. Ein englischer Schriftsteller und anerkannter Experte für die Anwerbungsmethoden von Geheimdiensten, der konservative Parlamentsabgeordnete Rupert Alison, erklärte später, ein Mensch mit der Persönlichkeitsstruktur Bazofts sei ein ideales Ziel für den Mossad.

Ein Jahr nachdem sie sich kennengelernt hatten, wurde Bazoft von Al-Hibid angeworben. Wo und wie das geschah, ist ein Geheimnis geblieben. Das zusätzliche Geld spielte für den Reporter, der immer noch knapp bei Kasse war, sicherlich eine Rolle. Außerdem eröffnete sich für Bazoft, der das Leben häufig durch eine dramatische Brille sah, die Möglichkeit, einen anderen Traum auszuleben: Er konnte das Leben eines Spions führen und sich in der Tradition eines anderen früheren Auslandskorrespondenten fühlen, der zeitweilig für den *Observer* gearbeitet hatte und den er bewunderte: Kim Philby benutzte diese Tätigkeit als Deckmantel für seine Aktivitäten als sowjetischer Spion. Auch dieses Motiv kann eine Rolle gespielt haben.

Fest steht, daß sich Bazoft eine kleine Reputation zu schaffen verstand. Was ihm an stilistischer Brillanz fehlte, glich er durch solide Recherche aus. Was er aus dem Iran erfuhr, gab er an den Londoner *Katsa* weiter. Außer vom *Observer* erhielt er auch von Independent Television News und den Zeitungen der Mirror-Gruppe Aufträge. Zu dieser Zeit war Nicholas Davies beim *Daily Mirror* Redakteur des Auslandsressorts. In seinen Safarianzügen hätte Davies direkt aus der Zeit des Empire stammen können. Er besaß, wie es sich für einen Journalisten gehörte, ein geschultes Ohr für Gerüchte, vertrug eine Menge Alkohol und wußte, wann er eine Runde auszugeben hatte. Sein nordenglischer Akzent war fast verschwunden; Kollegen behaupteten, er habe viele Stunden darauf verwandt, sich seine wohlklingende Sprechweise anzugewöhnen. Frauen fanden seine nonchalanten Manieren reizvoll und die überlegene Art, mit der er ein Abendessen bestellte und eine gute Flasche Wein wählte. Sie liebten seine leicht hingeworfenen Bemerkungen über seine Reisen, über ferne Orte, die er im Gespräch anführte, als wären sie sein persönlicher Besitz. Später am Abend pflegte er bei einem Drink Abenteuer zu erzählen, die nach Ansicht von Zynikern frei erfunden waren.

Nicht für einen Augenblick hätten seine Kollegen beim *Mirror* oder seine Freunde und auch nicht seine Frau Janet, eine in Australien geborene Schauspielerin, die in der erfolgreichen BBC-Fernsehserie *Dr. Who* mitspielte, vermutet, daß Nahum Admoni Nicholas Davies für den Mossad anwerben wollte.

Davies bestand später immer darauf, daß er nie für den Mossad als Agent gearbeitet hätte, auch wenn man an ihn »herangetreten« wäre, und daß seine Anwesenheit in der Hotellobby an jenem Freitagnachmittag im April 1988 rein journalistisch begründet gewesen sei: Er habe die Waffenhändler bei der Abwicklung ihrer Geschäfte beobachtet. Er konnte sich später nicht erinnern, was er mit Bazoft in der Lobby gesprochen hatte, erklärte aber: »Ich denke, es ging um die Vorgänge dort.« Die Weigerung, weitere Ausführungen zu machen, hielt er standhaft durch.

Davies und Bazoft waren mit einer kleinen Journalistengruppe in den Irak gereist (unter ihnen auch der Autor dieses Buches, der im Auftrag der Press Association, einer britischen Nachrichtenagentur, unterwegs war). Auf dem Flug hatte Davies die Gesellschaft mit deftigen Geschichten über Robert Maxwell unterhalten, der gerade die Mirror-Gruppe gekauft hatte. Er nannte ihn »ein Sex-Monster mit einem gierigen Appetit auf alle Sekretärinnen«. Er betonte, daß er Maxwell sehr nahe stehe, fügte aber hinzu: »Mit Captain Bob zu tun zu haben ist die absolute Hölle, aber er weiß, daß ich zuviel weiß, als daß er mich rausschmeißen könnte.« Davies' Behauptung, daß er nichts zu befürchten habe, weil er zuviel über den Tycoon wußte, wurde von den Zuhörern als Übertreibung abgetan.

Auf dem Flug war Farzad Bazoft ruhig, sprach wenig mit den anderen und beschränkte sich darauf, sich mit dem Bordpersonal auf persisch zu unterhalten. Auf dem Bagdader Flughafen erleichterten seine Sprachkenntnisse die Verständigung mit den irakischen »Aufpassern«, die sich um die Journalistengruppe kümmern sollten. Dramatisch flüsternd erklärte Davies, diese Leute seien Agenten der Geheimpolizei, und fügte prophetisch hinzu: »Diese verschnarchten Scheißer würden einen Spion nicht einmal erkennen, wenn man auf ihn zeigt.«

Im Hotel angekommen, erklärte der Mann vom *Mirror*, er sei nur deshalb hier, weil »mich London so schrecklich langweilt«. Zugleich verkündete er, daß er nicht die Absicht habe, an dem offiziellen Besuchsprogramm für die Journalisten teilzunehmen. Darin war auch ein Besuch des Schlachtfelds von Basra enthalten, wo die irakische Armee nach dem Sieg über die iranischen Streitkräfte stolz ihre Kriegsbeute zur Schau stellte. Auch Bazoft behauptete, dieser Abstecher nach Süden an den Golf würde seiner Ansicht nach seine Zeitung nicht interessieren.

Am Abend dieses Freitags im April 1988 aß Farzad Bazoft allein in dem Café des Hotels, nachdem er stundenlang das Kommen und Gehen der Waffenhändler in der Lobby beobachtet und einige Male mit Davies gesprochen hatte. Er schlug eine Einladung anderer Londoner Reporter, den Abend gemeinsam zu verbringen, aus, weil er sein »Programm durchdenken« müsse. Während er zu Abend aß, wurde er einmal ans Telefon der Lobby gerufen. Bei seiner Rückkehr ein paar Minuten später wirkte er nachdenklich. Nachdem er sein Dessert bestellt hatte, verließ er abrupt den Tisch und ignorierte die deftigen Scherze einiger seiner Kollegen, daß er sich wohl ein Mädchen bestellt habe.

Bazoft kam erst am nächsten Tag zurück. Er wirkte noch angespannter und erklärte unter anderem Kim Fletcher – einem freien Journalisten, der damals für die *Daily Mail* arbeitete: »Für euch ist das hier kein Problem, ihr seid in Großbritannien geboren und aufgewachsen. Ich bin Iraner. Deswegen bin ich anders.« Fletcher war nicht der einzige der englischen Journalisten, der sich fragte, ob »Bazoft wieder einmal herausstellen wollte, wie schwer das Leben für jemanden mit seinem Hintergrund sei«.

Den größten Teil des Tages verbrachte Bazoft in seiner Suite, oder er schlenderte in der Hotellobby herum. Zweimal verließ er auf kurze Zeit das Hotel. Er unterhielt sich in der Lobby mehrmals mit Nicholas Davies, der später erklärte: »Bazoft verhielt sich wie jemand, der hinter einer Geschichte her ist und sich fragt, ob er kriegen wird, was er haben will.« Der Auslandsredakteur des *Mirror* dagegen verkündete, er werde nichts schreiben: »Hier gibt es nichts, was Captain Bob interessieren würde.«

Am späten Nachmittag verließ Bazoft erneut das Hotel. Wie üblich folgte ihm ein irakischer Aufpasser. Als Bazoft aber zurückkehrte, war er allein. Journalisten hörten, wie er zu Davies sagte: »Ich habe keine Lust, mich wie eine läufige Hündin beschnüffeln zu lassen.«

Davies' Gelächter trug allerdings wenig dazu bei, Bazofts Stimmung zu verbessern. Wieder ging er hinauf in seine Suite. Als er dann in die Lobby zurückkam, sagte er zu mehreren Journalistenkollegen, er werde nicht mit ihnen nach London zurückkehren. »Es ist etwas im Busch«, sagte er mit der Verschwörermiene, die er manchmal an den Tag legte.

»Das müßte schon eine sehr gute Geschichte sein, damit ich hierbleiben würde«, bemerkte Fletcher.

Stunden später verließ Bazoft das Hotel. Es war das letzte Mal, daß seine Kollegen ihn sahen, bevor er in einem Video wieder auftauchte, das vom irakischen Regime weltweit verbreitet wurde und auf dem er gestand, daß er ein Spion des Mossad sei. Das war sieben Wochen nach seiner Verhaftung.

In der Zwischenzeit hatte er versucht, einen Auftrag des Mossad zu erfüllen, der selbst die Fähigkeiten eines erfahrenen *Katsas* auf eine harte Probe gestellt hätte. Bazoft sollte herausfinden, wie weit Gerald Bulls Pläne gediehen waren, den Irak mit einer Superkanone auszurüsten. Daß dem Journalisten eine solche Aufgabe anvertraut wurde, zeigte, wie sehr seine Führungsoffiziere ihn auszunutzen gedachten. Der Mossad hatte zudem Schritte unternommen, damit es, falls Bazoft erwischt würde, den Anschein hätte, er arbeite für eine Londoner

Waffenfirma, die Defence Systems Limited (DSL). Als Bazoft in der Nähe eines der Testgelände für die Superkanone gefangengenommen wurde, fanden die irakischen Agenten bei ihm eine Reihe von Papieren, die darauf hinwiesen, daß er vom Hotel aus mehrfach bei der DSL angerufen hatte. Die Firma bestreitet immer noch jeden Kontakt zu Bazoft oder zum Mossad.

Auf dem Videoband starrte Bazoft manchmal leer vor sich hin, blinzelte dann plötzlich schnell und ließ die Augen durch das Zimmer wandern, dessen freundlichen Hintergrund ein bunter Vorhang mit einem Rankenmuster bildete. Er wirkte wie ein Mensch, der glaubt, keine Chance mehr zu haben, seiner Vernichtung zu entgehen.

Die Psychologen des Mossad studierten in Tel Aviv jede einzelne Einstellung. Nach ihrer Ansicht verliefen die Stadien der Persönlichkeitsauflösung nach dem gleichen Muster, das die israelischen Verhörspezialisten wahrnahmen, wenn sie gefangene Terroristen zu Geständnissen zwangen. Zunächst hätte Bazoft ungläubig reagiert, instinktiv verleugnet, was ihm tatsächlich geschah. Danach kam die plötzliche, erschütternde Einsicht: Es geschah mit ihm. In diesem Stadium kann der hilflose Reporter auf zweierlei Weise reagiert haben: Entweder überfiel ihn eine lähmende Furcht oder aber der Zwang zu reden. Zu diesem Zeitpunkt kann er das auf dem Videoband festgehaltene Geständnis abgelegt haben, daß er ein Mossad-Agent war.

Seine monotone Sprechweise ließ vermuten, daß er in der Gefangenschaft Schübe einer exogenen Depression hatte, deren Ursache das plötzliche Abgeschnittensein von der vertrauten Umgebung und seinem gewohnten Lebensstil war. Er dürfte beständige Müdigkeit empfunden haben, und der Schlaf, der ihm noch gestattet war, brachte keine Erholung. Zu diesem Zeitpunkt erreichten die Selbstanklagen ihren destruktiven Höhepunkt, und das Gefühl tiefster Hoffnungslosigkeit bemächtigte sich seiner. Die Selbstanklage hatte ihn völlig im Griff. Wie der Gefangene in Kafkas *Der Prozeß* wird er sein eigenes Verhalten als »töricht« und für andere gefährlich beurteilt haben.

Auf dem Video war an Bazofts Augen erkennbar, daß man ihn unter Drogen gesetzt hatte, doch reichte das Bildmaterial für die Pharmakologen des Mossad nicht aus, um die Droge genauer zu bestimmen. Nahum Admoni wußte, daß dem erbärmlichen Geständnis auf dem

Video die Hinrichtung Bazofts folgen würde. Der Mossad-Chef wies seine Spezialisten für psychologische Kriegsführung an, eine Kampagne zu initiieren, die von den Kontakten Bazofts zum Mossad ablenken sollte.

Britische Parlamentarier kritisierten bald darauf den *Observer* öffentlich für die Entsendung von Bazoft in den Irak. Zugleich wurden freundlich gesinnten Journalisten Geschichten zugespielt, die besagten, Saddam Hussein betrachte sich Videos, die alle Phasen von Bazofts Verhör festhielten. Diese Geschichten mögen durchaus auf Wahrheit beruht haben. Mit größerer Wahrscheinlichkeit war diese Nachricht nur ein Vorwand, um die Welt daran zu erinnern, daß Folter und Mord im Irak Mittel der staatlichen Politik waren. Bazoft wurde im März 1990 in Bagdad gehängt. Seine letzten Worte auf dem Galgen sollen gelautet haben: »Ich bin kein israelischer Spion.«

In London erfuhr Nicholas Davies im Auslandsressort des *Daily Mirror* durch eine Reuter-Meldung von der Hinrichtung Bazofts. Da es die Anweisung gab, alle den Nahen Osten betreffenden Meldungen, die Davies für wichtig hielt, direkt an den Chef weiterzugeben, brachte er die Nachricht in Robert Maxwells Büro.

Der Verleger war seit 1974 der mächtigste *Sajan* in Großbritannien. Davies erinnerte sich: »Bob las den Bericht über die Hinrichtung ohne einen Kommentar.« Was er selbst bei der Nachricht über Bazofts Tod empfunden hatte, daran konnte er sich »wirklich nicht mehr erinnern«.

In Tel Aviv erfuhr auch Ari Ben-Menashe, eine der schillerndsten Gestalten, die jemals Israels legendären Agentenführern gedient haben, von der Hinrichtung. Bis zu diesem Zeitpunkt hatte er nichts von der Existenz Bazofts gewußt. Typischerweise empfand der temperamentvolle Mann trotzdem eine gewisse Trauer, daß »wieder ein guter Mann zur falschen Zeit am falschen Ort gewesen« war.

Emotionale Urteile dieser Art ließen es unwahrscheinlich erscheinen, daß der dunkle, gutaussehende und geistig bewegliche Ben-Menashe jemals eine Schlüsselposition in den israelischen Geheimdiensten einnehmen würde. Gleichwohl hatte er zehn Jahre lang, von 1977 bis 1987, einen wichtigen Posten im External Relations Department

(ERD), der Abteilung für Auslandsbeziehungen der israelischen Streitkräfte, eine der mächtigsten und geheimsten Organisationen innerhalb der israelischen Dienste.

Das ERD war 1974 von dem damaligen Ministerpräsidenten Jitzhak Rabin geschaffen worden. Rabin war noch immer außer sich, daß Israel von dem ägyptisch-syrischen Angriff im Jom-Kippur-Krieg überrascht worden war. Weil er ein neuerliches Versagen der geheimdienstlichen Aufklärung ausschließen wollte, beschloß er, einen Beobachtungsposten einzurichten, dessen Aufgabe die Überwachung der anderen Geheimdienste sowie das eigenständige Sammeln von Informationen sein sollte.

Vier Ressorts arbeiteten unter dem Dach der ERD. Das wichtigste war die SIM, die »spezielle Hilfe« für die wachsende Zahl von »Befreiungsbewegungen« bot, die im Iran, im Irak und, in geringerem Ausmaß, auch in Syrien und Saudi-Arabien operierten. Das zweite Ressort, RESH, war für die Beziehungen zu befreundeten Geheimdiensten zuständig, deren wichtigster das südafrikanische Büro für Staatssicherheit war. Der Mossad besaß eine ähnliche Einheit, die TEVEL genannt wurde und ebenfalls enge Beziehungen zu den Geheimdiensten der südafrikanischen Republik unterhielt. Aufgrund der unvermeidlichen Überschneidung der Zuständigkeiten waren die Beziehungen zwischen RESH und TEVEL häufig angespannt.

Ein drittes ERD-Ressort, »Auslandsverbindung«, war für die israelischen Militärattachés und andere Angehörige der israelischen Streitkräfte zuständig, die im Ausland arbeiteten. Dieses Ressort überwachte auch die Aktivitäten der ausländischen Militärattachés in Israel. Auch das schuf Konflikte, da die Zuständigkeit dafür bisher ausschließlich in den Händen des Shin Bet gelegen hatte. Das vierte ERD-Ressort hieß »Aufklärung Zwölf« und sollte als Verbindungsstelle zum Mossad fungieren. Doch hatte diese Einheit die Beziehungen zu den Männern im obersten Stockwerk des Gebäudes am König-Saul-Boulevard nur weiter verschlechtert. Sie hatten den Eindruck, die ERD würde ihren Einfluß verringern.

Ben-Menashe war dem RESH zugeordnet, sein spezielles Arbeitsgebiet war der Iran-»Bericht«. Ben-Menashe trat zu einer Zeit auf, als Israel gerade dabei war, seinen mächtigsten Verbündeten in der Region zu verlieren. Mehr als ein Vierteljahrhundert lang hatte der iranische Schah eifrig hinter den Kulissen auf Israels arabische Nachbarn eingewirkt, die Feindseligkeiten gegen den jüdischen Staat einzustellen. Er erzielte noch begrenzte Fortschritte, vor allem bei Jordaniens König Hussein, als die islamisch-fundamentalistische Revolution des Ajatollah Khomeini im Februar 1979 seinen Pfauenthron hinwegfegte. Khomeini übertrug das Gebäude der israelischen Botschaft in Teheran sofort an die PLO. Genauso schnell ging Israel dazu über, die Kurden in ihrem Kampf gegen das neue Regime im Iran zu unterstützen. Trotzdem lieferten die Israelis weiterhin Waffen an Teheran, die gegen den Irak eingesetzt werden sollten. Hier wurde auf den Buchstaben genau die von David Kimche und anderen führenden Männern des Mossad verfochtene Politik umgesetzt: »Töte beide Seiten.«

Bald war Ben-Menashe in David Kimches großangelegten Plan einbezogen, mit dem Iran Geiseln gegen Waffen zu tauschen. Die beiden Männer reisten zusammen nach Washington. Dort, so behauptet Ben-Menashe, durchstreifte er die weiträumigen Korridore des Weißen Hauses, traf Präsident Reagan und war mit dessen führenden Mitarbeitern auf du und du.

Der charmante und forsche Ben-Menashe war ein gern gesehener Gast bei den Parties der israelischen Geheimdienste, wo wichtige Politiker mit hochrangigen Offizieren zu beiderseitigem Nutzen Informationen austauschten. Wenige konnten eine Geschichte besser erzählen als Ben-Menashe. Als Kimche das Geschäft Geiseln gegen Waffen in Gang setzte, wurde Ben-Menashe zu Ministerpräsident Jitzhak Schamirs »persönlichem Berater« in Geheimdienstangelegenheiten ernannt, weil er Schamir erzählt hatte, er wüßte, »wer welche Leiche im Keller hat«.

Kimche entschied, Ben-Menashe wäre die richtige Wahl, um mit jenem Geheimdienstmann zusammenzuarbeiten, den er mehr bewunderte als jeden anderen, mit Rafi Eitan. Mit der vollen Billigung des Ministerpräsidenten wurde Ben-Menashe für diese Zusammenarbeit von all seinen anderen Verpflichtungen entbunden. Die beiden Männer gingen im März 1981 nach New York. Ihre Aufgabe war klar umrissen, Ben-Menashe beschreibt sie folgendermaßen: »Unsere Freunde in Teheran benötigten verzweifelt moderne elektronische Ausrüstung für ihre Luftwaffe und für ihre Luft- und Bodenabwehr. Israel wollte ihnen natürlich so weit wie möglich in ihrem Krieg gegen den Irak helfen.«

Ben-Menashe und Eitan, die mit den beim Mossad stets geschätzten britischen Pässen reisten, gründeten eine Firma im New Yorker Bankenviertel. Schnell brachten sie ein Team von fünfzig Maklern zusammen, die die amerikanische Elektronikindustrie nach geeigneter Ausrüstung durchforsteten. Bei allen Käufen wurden Garantien ausgestellt, daß die Geräte ausschließlich in Israel zum Einsatz kommen sollten. Ben-Menashe erinnert sich: »Wir hatten Packen von Bescheinigungen, die wir ausfüllten und nach Israel schickten, wo sie aufbewahrt wurden, falls sich jemand die Mühe machen würde, den Vorgang einmal zu überprüfen.«

Die Geräte wurden nach Tel Aviv geflogen. Dort wurden sie, ohne den Zoll zu durchlaufen, in eine gecharterte Frachtmaschine, die der angesehenen irischen Luftfrachtgesellschaft Guinness Peat gehörte, umgeladen und nach Teheran geflogen. Die Idee, irische Piloten einzusetzen, lag nahe und stammte ebenfalls von Rafi Eitan. Er hatte seine von ihm selbst so genannten »irischen Verbindungen« aufrechterhalten, weil er meinte: »Wenn es um ein Geschäft geht, verstehen die Iren die Regeln. Das einzige, was für sie zählt, ist, daß pünktlich gezahlt wird.«

Als der Umfang der Geschäfte in New York zunahm, brauchte man eine zentrale Dachgesellschaft, um die Milliardensummen von US-Dollar zu bewegen, die für den An- und Weiterverkauf der Waffen erforderlich waren. Als Name wurde ORA ausgewählt; »or« ist das hebräische Wort für Licht.

Im März 1983 forderte Rafi Eitan Ben-Menashe auf, Nicholas Davies für ORA anzuwerben. Der alte Meisterspion hatte wahrscheinlich durch den Mossad von Davies erfahren; der Dienst wiederum hatte seine Kenntnisse über Davies von Bazoft, der als freier Journalist Artikel für das außenpolitische Ressort des *Daily Mirror* geschrieben hatte. Einige Tage später trafen sich Ben-Menashe und Davies in der Lobby des Churchill Hotels in London. Als das Treffen zu Ende war, wußte Ben-Menashe, daß er den »richtigen Mann« gefunden hatte. Am nächsten Tag trafen sie sich in Davies' Wohnung zum Mittagessen. Dabei war auch Davies' Frau Janet anwesend. Ben-Menashe gewann schnell den Eindruck, daß der gebildete, redegewandte Davies Angst hatte, sie zu verlieren. »Das war gut. Es machte ihn verwundbar.«

Davies' Rolle als Berater bei ORA wurde endgültig bei einem Treffen im Tel Aviver Strandhotel Dan Arcadia unter Dach und Fach gebracht. Ben-Menashe berichtet: »Wir kamen überein, daß er unser Londoner Durchlauf sein würde, unser Kontaktmann für verschiedene Geschäfte mit den Iranern und anderen Ländern und Leuten. Seine Anschrift würde auf dem ORA-Briefpapier stehen, und tagsüber würden unsere iranischen Kontaktpersonen seine Bürodurchwahl – 822 3530 – anwählen.«

Als Entschädigung erhielt Davies Vergütungen, die seiner neuen Schlüsselrolle in den Waffengeschäften mit dem Iran angemessen waren – insgesamt 1,5 Millionen US-Dollar, die auf Konten auf den Kaiman-Inseln, in Belgien und Luxemburg deponiert wurden. Ein Teil des Geldes wurde für die Scheidungskosten ausgegeben. Janet erhielt eine einmalige Abfindung in Höhe von fünfzigtausend Dollar. Davies bezahlte all seine Bankschulden und kaufte sich ein vierstöckiges Haus. Es wurde die europäische ORA-Zentrale, und seine Telefonnummer – 231 0015 – eine weitere Kontaktmöglichkeit für die Waffenhändler, die nun zu einem Bestandteil im Leben des Journalisten geworden waren. Dank seiner Position als Auslandsredakteur reiste Davies in die USA, das europäische Ausland, in den Iran und Irak. Ben-Menashe stellte zufrieden fest, daß Davies sich »bei seinen Reisen als Repräsentant der ORA-Gruppe vorstellte. Er machte ein Treffen aus, üblicherweise an einem Wochenende, und flog dann in die entsprechende Stadt. Dort handelte er die Stückzahl der zu liefernden Waffen und die Zahlungsmodalitäten aus.«

1987 erhielt Ali Akbar Haschemi Rafsandschani in Teheran ein Telegramm der ORA, in dem es um den Verkauf von viertausend TOW-Raketen zum Stückpreis von 13 800 US-Dollar an den Iran ging. Das Telegramm schloß mit der Bestätigung, daß »Nicholas Davies ein Repräsentant der ORA Ltd. und für sie bei Verträgen zeichnungsberechtigt ist«.

Für Ari Ben-Menashe, Nicholas Davies und Robert Maxwell, den mächtigen Mann, dessen Schatten immer deutlicher im Hintergrund sichtbar wurde, war es eine hochgestimmte Zeit. Keiner konnte zu dem Zeitpunkt schon die grimmige Wahrheit ahnen, die für sie in dem von Davies gern zitierten Ausspruch stecken sollte: »Für alles muß man irgendwann den Preis bezahlen.«

Kapitel 9

SCHMIERGELD, SEX UND LÜGEN

Als Ari Ben-Menashe an einem der letzten Märztage des Jahres 1985 auf dem Flug von Tel Aviv nach London sein koscheres Frühstück zu sich nahm, kam ihm in den Sinn, wie sehr sich sein Leben verändert hatte: Noch nie war es ihm so gut gegangen wie jetzt. Er verdiente nicht nur »richtiges Geld«, sondern hatte im Schlepptau von David Kimche beim Fischzug durch die Intrigen der Waffengeschäfte mit dem Iran sehr viel gelernt. Nebenbei hatte er auch noch einiges über das ständige Zusammenspiel der israelischen Politiker mit den Geheimdienstchefs ihres Landes erfahren.

Verglichen mit seinen früheren Kollegen war »der durchschnittliche Waffenhändler ein Chorknabe«, fand Ben-Menashe. Er hatte klar erkannt, worunter die israelischen Geheimdienste litten: Es waren die Nachwirkungen von Israels Libanon-Abenteuer, aus dem es sich am Ende geschlagen und demoralisiert hatte zurückziehen müssen. Bemüht, auf der internationalen Bühne wieder zu Ansehen zu gelangen, ließen die Politiker den Geheimdiensten freie Hand beim erbarmungslosen Kampf gegen die PLO, die sie für den Ursprung aller Probleme Israels hielten. Das Ergebnis war eine Serie von Skandalen; mutmaßliche Terroristen, in einigen Fällen sogar ihre Familien, waren mißhandelt und kaltblütig ermordet worden. Eine Regierungskommission, der auch der frühere Mossad-Chef Jitzhak Hofi angehörte, war auf öffentlichen Druck hin eingesetzt worden, um die brutalen Übergriffe zu untersuchen. Die Kommission kam zu dem Schluß, daß Geheimdienstagenten permanent die Gerichte darüber belogen hatten, auf welche Weise sie Geständnisse erzwungen hatten:

Rüde Methoden hatten längst überhandgenommen. Der Ausschuß hatte die Einhaltung »korrekter Verfahren« gefordert.

Aber Ben-Menashe wußte, daß immer noch gefoltert wurde: »Es war gut, nichts mehr mit solch schrecklichen Dingen zu tun zu haben.« Er betrachtete seine Tätigkeit – den Iranern Waffen zu liefern, mit denen sie unzählige Iraker töteten – als »etwas anderes«. Ihn kümmerte auch das traurige Schicksal der Beiruter Geiseln nicht sonderlich, deren Befreiung das eigentliche Ziel seiner Geschäftemacherei war. Wichtig war das Geld, das er verdiente. Selbst nach Kimches Ausstieg glaubte Ben-Menashe noch, daß das Karussell, auf dem er mitfuhr, nur dann anhalten würde, wenn *er* es wollte – und er würde es als Multimillionär verlassen. Die Transaktionen der ORA waren seiner Schätzung nach mittlerweile »Hunderte von Millionen« wert – ihr Großteil war dem Haus in dem Londoner Vorort gutzuschreiben, von wo aus Nicholas Davies die internationalen Geschäfte der Gesellschaft betrieb.

Ben-Menashe wußte, daß Davies sich ein Vermögen zugelegt hatte, zu dem er es allein mit seinem Jahresgehalt von 65 000 Pfund als Auslandsredakteur des *Daily Mirror* nie gebracht hätte. Bei ORA verdiente er in einem Monat fast soviel. Ben-Menashe störte sich nicht daran, wenn der Zeitungsmann »sich ein extra Stück von dem Kuchen nahm; es blieb genug übrig. Wir waren immer noch in Champagnerlaune.«

In seinem Büro ganz oben im Gebäude des *Mirror* schenkte Robert Maxwell dieses Getränk seinen Gästen aus Magnum-Flaschen ein. Wenn die British-Airways-Maschine gelandet wäre, würde Ben-Menashe mit einer von Maxwell geschickten Limousine zu dem Treffen mit dem Tycoon chauffiert werden – ein erneutes Zeichen, so sah es Ben-Menashe, wie wichtig er jetzt für ihn war. In den Wagen würde auch Nahum Admoni einsteigen, der Generaldirektor des Mossad, der eine Stunde nach dem British-Airways-Jet an Bord einer El-Al-Maschine in London eintreffen würde. Die Zeit, die er in Heathrow auf Admoni warten müßte, würde Ben-Menashe damit verbringen, sich zu vergegenwärtigen, wie der mächtige Zeitungsmagnat der wichtigste *Sajan* geworden war, den der Mossad je angeworben hatte.

Maxwell hatte seine Dienste am Ende eines Treffens mit Schimon Peres in Jerusalem angeboten – kurz nach der Bildung der großen Koalition im Jahre 1984, deren erster Ministerpräsident Peres war. Einer von Peres' Beratern charakterisierte die Begegnung als das »Zusammentreffen eines Egomanen mit einem Megalomanen. Peres war überheblich und selbstherrlich. Aber Maxwell ließ sich davon überhaupt nicht irritieren, er gab Sätze von sich wie ›Ich werde Millionen nach Israel hinein pumpen‹ und ›Ich werde die Wirtschaft neu beleben‹. Er verhielt sich wie ein Mann, der sich um ein Amt bewirbt. Er war großspurig, unterbrach seinen Gesprächspartner, schweifte ab und erzählte dreckige Witze. Peres saß da mit seinem Eskimo-Lächeln auf dem Gesicht.«

Als Peres erkannte, welche einflußreichen Kontakte Maxwell über die Jahre nach Osteuropa aufgebaut hatte, vermittelte er ihm eine Zusammenkunft mit Admoni. Sie fand in der Präsidenten-Suite des König-David-Hotels in Jerusalem statt, wo Maxwell wohnte. Beide Männer fanden einen gemeinsamen Nenner in ihrer Herkunft aus Mitteleuropa. Maxwell war in der Tschechoslowakei geboren (was Peres einen der wenigen Witze machen ließ, die von ihm im Umlauf sind: »Er ist der einzige aufgeblasene Tscheche mit Geld, den ich kenne«). Admoni und Maxwell teilten ein glühendes Engagement für den Zionismus und den Glauben, daß Israel ein von Gott gegebenes Recht zum Überleben habe. Beide verstanden viel von gutem Essen und vorzüglichen Weinen.

Admoni interessierte sich stark für Maxwells Ansicht, daß sowohl die USA als auch die Sowjetunion nach Weltherrschaft strebten, daß sie dabei aber bemerkenswert unterschiedliche Wege gingen. Rußland betrachtete internationale Anarchie als Teil seiner Strategie, während Washington die Welt in »Freunde« und »Feinde« aufteilte, und nicht in Nationen mit widersprüchlichen ideologischen Interessen. Maxwell hatte weitere Einblicke gewährt: daß das US-Außenministerium die geheimen Kontakte des CIA zu den chinesischen Geheimdiensten mit Sorge betrachtete, weil es befürchtete, sie könnten sich auf zukünftige diplomatische Aktionen und auf die Politik auswirken.

Der Tycoon hatte über zwei Männer berichtet, die für Admoni von besonderem Interesse waren. Bei seiner Begegnung mit Ronald Reagan, sagte Maxwell, habe er den Eindruck gewonnen, daß der amerikanische Präsident ein unverbesserlicher Optimist sei, hinter dessen Charme sich aber ein hartgesottener Politiker verberge. Reagans gefährlichste Schwäche sei, daß er ein großer Vereinfacher sei, und dies vor allem in Fragen des Nahen Ostens, wo sein zweiter oder dritter Gedanke nicht besser sei als seine erste spontane Einschätzung.

Maxwell war auch mit William Casey zusammengekommen, und er beurteilte den CIA-Direktor als einen Mann mit beschränkten Ansichten, der außerdem kein Freund Israels sei. Casey betreibe eine »geschäftige« Geheimdienstarbeit mit veralteten Vorstellungen über die Rolle eines Nachrichtendienstes in der gegenwärtigen Weltpolitik. Für Maxwell zeigte sich dies nirgendwo deutlicher als in der Art, wie Casey die arabischen Intentionen im Nahen Osten mißverstand.

Diese Ansichten stimmten exakt mit denen Nahum Admonis überein. Im Anschluß an ihr Treffen fuhren sie mit dessen unauffälligem Wagen zur Mossad-Zentrale, wo der Tycoon vom Generaldirektor persönlich durch einige Abteilungen geführt wurde.

Jetzt, am 15. März 1985, ein paar Monate später, sollten sie wieder zusammentreffen.

Als Admoni und Ben-Menashe Maxwells Bürosuite im Hauptquartier der Mirror-Zeitungsgruppe im Londoner Stadtteil High Holborn betraten, eröffnete ihnen ihr Gastgeber, daß sich noch eine weitere Person zu Bagels mit Räucherlachs und Kaffee einfinden würde – ein Imbiß, der immer bereitstehen mußte, wenn Maxwell im Haus war.

Wie ein Zauberkünstler, der ein Kaninchen aus seinem Zylinder zieht, stellte Maxwell Viktor Tschebrikow vor, den stellvertretenden Leiter des KGB und einen der mächtigsten Agentenchefs der Welt. Mit meisterhafter Untertreibung sollte Ben-Menashe später einräumen, daß es »für einen KGB-Führer eine etwas unwirkliche Situation gewesen sein dürfte, sich im Büro des Herausgebers einer britischen Zeitung aufzuhalten«. Aber zu der Zeit stand Präsident Gorbatschow bereits auf freundschaftlichem Fuß mit Premierministerin Margaret Thatcher, so daß es akzeptabel war, daß Tschebrikow Großbritannien besuchte.

Streiten ließe sich sicher darüber, ob die glühende Verfechterin der Prinzipien des freien Marktes auch mit der Tagesordnung der kleinen Konferenz einverstanden gewesen wäre. Lässig in Maxwells handgefertigten Lederarmsesseln ausgestreckt, bestimmten Admoni und Ben-Menashe die Diskussion. Sie wollten wissen, ob Tschebrikow, falls »sehr beträchtliche Beträge« in konvertierbaren Währungen auf Konten bei sowjetischen Banken überwiesen würden, »die Sicherheit der Einlagen garantieren« könnte. Das Geld stammte aus den ORA-Gewinnen beim Verkauf von amerikanischen Waffen an den Iran.

Tschebrikow erkundigte sich, um wieviel Geld es ginge.

Ben-Menashe antwortete: »450 Millionen US-Dollar. Ähnlich hohe Summen können folgen. Eine Milliarde, vielleicht mehr.«

Tschebrikow schaute Maxwell an, wie um sich zu vergewissern, daß er richtig gehört habe. Maxwell nickte begeistert. »Das ist Perestroika!« gab er dröhnend von sich.

Für Ben-Menashe war die Unkompliziertheit des Geschäfts ein zusätzlicher Reiz. Es würde keine unüberschaubare Zahl von Mittelsmännern mit Anspruch auf Provision geben, sondern nur »Maxwell mit seinen Verbindungen und Tschebrikow in seiner Schaltstelle. Sein Mitwirken war die Garantie, daß die Sowjets nicht die Konten plünderten. Es wurde vereinbart, die ersten 450 Millionen Dollar von der Credit Suisse zur Bank von Budapest in Ungarn zu transferieren, von wo aus sie auf andere Banken im Ostblock weitergeleitet würden.«

Ein Pauschalhonorar von acht Millionen Dollar ginge an Robert Maxwell für die Vermittlung des Geschäfts, das nun per Handschlag besiegelt wurde. Maxwell brachte einen Trinkspruch auf den zukünftigen Kapitalismus Rußlands aus, bevor seine Gäste in seinem Hubschrauber nach Heathrow geflogen wurden, um ihre Heimreise anzutreten.

Außer Nicholas Davies wußte keiner der Redakteure im *Mirror*-Gebäude, welch ungeheure Geschichte ihnen da durch die Lappen gegangen war. Schon bald sollte ihnen eine weitere entgehen, als Maxwell ihre journalistischen Fähigkeiten mißbrauchte, um Israel zu schützen.

Als Maxwell in engeren Kontakt zum Mossad trat, herrschte Übereinstimmung, daß er zu wertvoll sei, um mit gewöhnlichen nachrichtendienstlichen Aufgaben betraut zu werden. Ein noch immer aktiver israelischer Geheimdienstler erinnert sich:

»Maxwell sollte für den Mossad auf höchster Ebene die Fäden ziehen. Er öffnete die Türen zu den Zentren der Macht. Der Einfluß seiner Zeitungen verschaffte ihm ungehinderten Zugang zu Präsidenten und führenden Politikern. Wegen seiner Position sprachen sie mit ihm wie zu ihresgleichen, ohne zu wissen, wo die Informationen hingelangten. Ein Großteil von dem, was er erfuhr, war sicher nichts als Klatsch, der aber zweifellos häufig einige Goldkörnchen enthielt. Maxwell verstand es, Fragen zu stellen. Wir hatten ihn nicht ausgebildet, aber er wird Richtlinien für die Bereiche erhalten haben, die er sondieren sollte.«

Am 14. September 1986 gab Robert Maxwell über seine direkte Leitung eine alarmierende Nachricht an Nahum Admoni durch. Oscar Guerrero, ein in Kolumbien geborener freier Journalist, hatte einer von Maxwells Boulevardzeitungen, dem *Sunday Mirror*, eine sensationelle Geschichte angeboten. Die Story könnte den Schleier zerreißen, hinter dem sich der wahre Zweck von Dimona verbarg. Guerrero behauptete, im Auftrag eines früher in der Atomanlage beschäftigten Technikers zu handeln. Während jener Zeit habe der Mann heimlich Fotografien und anderes Beweismaterial gesammelt, um zu zeigen, daß Israel mittlerweile eine bedeutende Nuklearmacht war mit nicht weniger als hundert atomaren Sprengköpfen unterschiedlicher Zerstörungskraft.

Wie alle beim Mossad-Chef ein und aus gehenden Telefonate wurde auch dieser Anruf automatisch aufgezeichnet. Das bereits erwähnte Geheimdienstmitglied erklärte später, das Tonband enthalte folgenden Dialog:

ADMONI: Wie heißt der Techniker?
MAXWELL: Vanunu. Mordechai Vanunu.
ADMONI: Wo befindet er sich jetzt?
MAXWELL: Ich glaube in Australien, in Sydney.
ADMONI: Ich rufe zurück.

Als erstes rief Admoni Ministerpräsident Schimon Peres an, der befahl, alles zu unternehmen, um »die Situation zu bereinigen«. Mit diesen Worten genehmigte Peres eine Operation, die einmal mehr die brutale Durchschlagskraft des Mossad erweisen sollte.

Von seinen Mitarbeitern erhielt Admoni schnell die Bestätigung, daß Vanunu von Februar 1977 bis November 1985 in Dimona gearbeitet hatte. Er war Machon-2 zugeordnet, unter den zehn Produktionseinheiten der Anlage eine der geheimsten. Der fensterlose Betonbau glich von außen einem Lagerhaus. Aber seine Wände waren dick genug, um die stärksten Satellitenkameras abzuwehren. Im Inneren der bunkerartigen Konstruktion führte eine Reihe von Zwischenwänden zu den Aufzügen, die sich sechs Stockwerke tiefer zur Produktionsstätte der Atomwaffen öffneten.

Vanunus Sicherheitsstufe gewährte ihm ungehinderten Zugang zu jeder Ecke von Machon-2. Sein Sonderausweis – Nr. 520 – in Verbindung mit seiner Unterschrift auf einer offiziellen israelischen Geheimhaltungsverpflichtung garantierte, daß niemand ihn behindern würde, wenn er während der Nachtschicht seinen Pflichten als *Menahel*, das heißt als Aufseher, nachging.

Der fassungslose Admoni wurde davon in Kenntnis gesetzt, daß es Vanunu fast monatelang irgendwie gelungen war, heimlich die Machon-2-Anlage zu fotografieren, die Kontrolltafeln, die Handschuh-Schutzkästen, die Maschinerie in dem Gebäude zur Atombombenherstellung. Bestimmte Hinweise legten nahe, daß er die Filme in seinem Kleiderspind aufbewahrt hatte und es ihm gelungen war, sie aus dem angeblich sichersten Ort Israels herauszuschmuggeln.

Admoni verlangte Aufklärung, wie Vanunu all das hatte bewerkstelligen können. Was hatte er sonst noch getan?

Angenommen, er hätte das Filmmaterial bereits dem CIA gezeigt? Oder den Russen? Den Briten oder sogar den Chinesen? Der Schaden wäre unermeßlich. Israel stände vor der Welt als Lügner dar – als ein gefährlicher Lügner mit einem beträchtlichen nuklearen Zerstörungspotential. Wer war Vanunu? Für wen könnte er arbeiten?

Die Antworten auf diese Fragen ließen nicht lange auf sich warten. Vanunu war ein marokkanischer Jude, geboren am 13. Oktober 1954 in Marrakesch, wo seine Eltern einen kleinen Laden hatten. Als

1963 der in Marokko immer latente Antisemitismus wieder einmal in offene Verfolgung umschlug, emigrierte die Familie nach Israel und ließ sich in der Stadt Beer Sheva im Negev nieder.

Mordechais Teenager-Jahre verliefen in langweiligem Einerlei. Genau wie alle anderen jungen Leute wurde er zum üblichen Zeitpunkt zum Militärdienst eingezogen. Da ihm bereits die Haare ausgingen, wirkte er damals älter als neunzehn Jahre. In der Minenräum-Einheit auf den Golan-Höhen, wo er seinen Dienst ableistete, stieg er zum Oberfeldwebel auf. Nach Ende des Wehrdienstes schrieb er sich in der Tel Aviver Ramat-Aviv-Universität für Physik ein. Als er nach einem Jahr durch die beiden ersten Examen fiel, kehrte er der Hochschule den Rücken.

Im Sommer 1976 bewarb er sich auf einen ausgeschriebenen Ausbildungsplatz als Techniker in Dimona. Nach einem ausführlichen Vorstellungsgespräch wurde er angenommen und auf einen Intensivlehrgang in Physik, Chemie, Mathematik und Englisch geschickt. Er absolvierte ihn mit befriedigendem Ergebnis und trat im Februar 1977 in Dimona als Techniker an.

Im November 1985 verlor er seinen Arbeitsplatz. Er hatte, so stand es in seiner Sicherheitsakte in Dimona, »linksgerichtete und proarabische Ansichten« geäußert. Vanunu verließ Israel in Richtung Australien, wo er im Mai des folgenden Jahres in Sydney eintraf. An irgendeinem Punkt seiner Reise durch den Fernen Osten, ein Trip, wie ihn damals viele junge Israelis unternahmen, trat Vanunu zum Christentum über. Aus Dutzenden von Informationen aus unterschiedlichsten Quellen entstand vor Admoni das Bild eines äußerlich unattraktiven jungen Mannes, der ein klassischer Einzelgänger zu sein schien: In Dimona hatte er keine wirklichen Freunde gehabt, er hatte keine Freundin, er verbrachte seine Zeit zu Hause und las philosophische und politische Bücher. Mossad-Psychologen erklärten Admoni, daß ein solcher Mann tollkühn sein könnte, mit einem verzerrten Wertegefühl und desillusioniert. Solche Charaktere könnten auf unvorhersehbare Weise gefährlich werden.

In Australien hatte Vanunu den Kolumbianer Oscar Guerrero kennengelernt, der als Journalist in Sydney arbeitete. Innerhalb kurzer

Zeit hatte sich der geschwätzige Journalist eine bizarre Geschichte zusammengereimt, die er seinen Freunden im lebenslustigen King-Cross-Viertel von Sydney auftischte. Er behauptete, er sei einem führenden jüdischen Atomwissenschaftler mit Detailkenntnis der israelischen Pläne für einen nuklearen Erstschlag gegen seine arabischen Nachbarn beim Überlaufen behilflich gewesen. Der Wissenschaftler halte sich jetzt, dem Mossad immer einen Schritt voraus, in einem sicheren Haus in einem Vorort der Stadt versteckt, während Guerrero den »Zeitungsknüller des Jahrhunderts« vorbereite, wie er es nannte. Vanunu war über solchen Unsinn irritiert. Mittlerweile ein überzeugter Pazifist, wollte er seine Geschichte in einer seriösen Zeitung erscheinen lassen, um die Welt vor der Bedrohung durch die israelischen Atombomben zu warnen. Guerrero hatte jedoch bereits Kontakt zum Madrider Büro der *Sunday Times* aufgenommen, und die als unerschrocken geltende Londoner Zeitung sandte einen Reporter nach Sydney, um Vanunu zu interviewen.

Guerreros Hirngespinste flogen bei der Befragung sofort auf. Dem Kolumbianer wurde klar, daß er dabei war, die Kontrolle über Vanunus Geschichte zu verlieren. Seine Befürchtung wuchs, als der Reporter der *Sunday Times* sagte, er werde mit Vanunu nach London fliegen, da sich dessen Angaben dort besser überprüfen ließen. Die Zeitung beabsichtigte, den Techniker von einem der führenden Atomwissenschaftler Großbritanniens befragen zu lassen.

Guerreros Bedenken vertieften sich von Minute zu Minute, als er mitbekam, daß Vanunu und sein Reisegefährte einen Flug nach London gebucht hatten. Er brauchte Rat, wie er weiter vorgehen sollte. Die einzige Person, die ihm einfiel, war ein ehemaliges Mitglied der Australian Security and Intelligence Organisation (ASIO). Guerrero erzählte ihm, daß er aus einer weltbewegenden Geschichte ausgebootet worden sei. Er beschrieb, was Vanunu aus Dimona herausgeschmuggelt hatte: sechzig innerhalb von Machon-2 aufgenommene Fotos, außerdem Übersichtspläne und Zeichnungen. Sie enthüllten zweifelsfrei, daß Israel zur sechststärksten Atommacht der Welt geworden sei.

Wieder hatte Guerrero Pech. Er hatte den falschen Mann um Rat gefragt. Der frühere ASIO-Einsatzagent stand immer noch in Kontakt mit seinem alten Arbeitgeber und gab weiter, was Guerrero berichtet hatte. Mossad und ASIO arbeiteten eng zusammen. Der israelische Geheimdienst lieferte Informationen über arabische Terroristen, die aus dem Nahen Osten in den pazifischen Raum kamen. Der ASIO unterrichtete den bei der israelischen Botschaft in Canberra stationierten *Katsa* über Guerreros Geschichte. Die Nachricht wurde sofort an Admoni gefaxt, den zu diesem Zeitpunkt weitere beunruhigende Neuigkeiten erreicht hatten. Auf seiner Rucksacktour Richtung Australien hatte Vanunu Station in Nepal gemacht und die sowjetische Botschaft in Katmandu aufgesucht. War er dort hingegangen, um Moskau seine Beweise vorzulegen?

Ein Mossad-*Sajan* am Hofe des Königs von Nepal brauchte drei Tage, um herauszufinden, daß Vanunu sich bloß nach den erforderlichen Reisedokumenten für einen Urlaub in der Sowjetunion zu einem späteren, noch nicht festgelegten Zeitpunkt erkundigt hatte. Man hatte ihm einen Stapel Broschüren mit auf den Weg gegeben.

Seit Vanunus von der *Sunday Times* organisiertem Abflug nach London hatte Guerrero versucht, ein schnelles Geschäft zu machen – er hatte Kopien von Vanunus gesammelten Dokumenten zwei australischen Zeitungen angeboten. Sie hatten das Material als Fälschungen abgetan.

Aus lauter Verzweiflung flog Guerrero nach London, um Vanunu aufzuspüren. Als er ihn nicht fand, war er mit den Dokumenten zum *Sunday Mirror* gegangen. Darunter befand sich ein Foto, das Vanunu in Australien zeigte. Innerhalb von Stunden wußte Nicholas Davies, daß auch Vanunu in England sein mußte. Er erstattete unverzüglich Maxwell Bericht, der sofort Admoni anrief. Als der Mossad-Chef einige Stunden später Maxwell zurückrief, hatte der eine neue schokkierende Nachricht für Admoni: Die *Sunday Times* nahm Vanunus Geschichte ernst. Alles hing jetzt davon ab, herauszufinden, was der Techniker fotografiert hatte. Nur so konnte man eine passende Entgegnung ausarbeiten, um den Schaden zu begrenzen. Die Berichte aus Canberra ließen darauf schließen, daß es Guerrero eindeutig um Geld ging. Wenn sich herausstellen sollte, daß Vanunu das gleiche Ziel hätte, bestand die Möglichkeit, durch eine Desinformationskampagne zu lancieren, daß die *Sunday Times* auf zwei Schwindler hereingefallen sei.

Erneut wurde auf die Mitarbeit des unermüdlichen Ari Ben-Menashe zurückgegriffen. Admoni befahl ihm, nach London zu fliegen und sich die Kopien zu verschaffen, die Guerrero dem *Sunday Mirror* gezeigt hatte. Ben-Menashe erinnerte sich später gegenüber dem altgedienten amerikanischen Enthüllungsjournalisten Seymour Hersh: »Nicholas Davies hatte für Guerrero ein Treffen mit einem ›brennend interessierten‹ amerikanischen Journalisten arrangiert – also mit mir. Dabei zeigte Guerrero in seiner Gier, seine Geschichte ein zweites Mal zu verkaufen, einige von Vanunus Farbfotos vor. Ich hatte keine Ahnung, ob sie aussagekräftig waren, das mußten Experten in Israel prüfen. Guerrero sagte ich, daß ich Kopien bräuchte. Die wollte er mir nicht aushändigen. Ich behauptete, wenn er Geld dafür wolle, müßte ich wissen, ob sie echt seien, und Nick würde für mich bürgen.«

Guerrero gab Ben-Menashe einige der Aufnahmen – sie wurden per Kurier nach Tel Aviv gebracht.

Die Bilder lösten Bestürzung aus. Beamte aus Dimona identifizierten Machon-2 auf den Fotos. Eine der Aufnahmen zeigte den Bereich, wo Nuklearlandminen hergestellt worden waren, bevor sie auf den Golanhöhen an der Grenze zu Syrien ausgelegt würden. Damit war die Möglichkeit dahin, Vanunus Glaubwürdigkeit zu zerstören. Jeder Atomphysiker würde erkennen, wozu die Anlage diente.

Ministerpräsident Peres richtete einen Krisenstab ein. Einige Mossad-Abteilungsleiter drängten darauf, ein *Kidon*-Kommando nach London zu schicken, um Vanunu aufzuspüren und zu töten. Admoni lehnte das ab. Die *Sunday Times* hätte nicht den Platz, alles abzudrucken, was Vanunu ihr erzählen könnte; es bedürfte eines Buches, um all die Informationen aufzunehmen, zu denen der Techniker Zugang gehabt hätte. Aber sobald die Zeitung kein Interesse mehr an Vanunu hätte, würde er höchstwahrscheinlich von MI6 und CIA vernommen, und Israel sähe sich noch mehr Problemen gegenüber. Um so dringender sei es, herauszufinden, wie Vanunu seine Spionagetätigkeit in Dimona hatte durchführen können und ob er allein oder mit anderen zusammen gearbeitet hatte – und für wen *diese Leute* arbeiteten, fall es sie gäbe. Um das aufzudecken, gab es nur einen Weg: Vanunu für ein Verhör nach Israel zu bringen.

Admoni brauchte eine Gelegenheit, den Techniker aus seinem Versteck herauszulocken, wo auch immer die *Sunday Times* ihn verborgenhalten mochte. Wenn er erst einmal draußen wäre, ließe sich leichter mit ihm verfahren, und wenn er am Ende umgebracht werden müßte, wäre dies nicht der erste Mord, den der Mossad auf den Straßen Londons begehen würde. Bei der Jagd nach den Verantwortlichen für das Massaker an den israelischen Athleten während der Olympischen Spiele in München hatte der Geheimdienst durch einen sorgfältig inszenierten Unfall mit Fahrerflucht ein Mitglied des Schwarzen September auf dem Weg zu seinem Hotel im Stadtteil Bloomsbury getötet.

Die *Sunday Times* war sich bewußt, daß Israel alles unternehmen würde, um Vanunu zu diskreditieren. Deshalb hatte man ihn mit Dr. Frank Barnaby zusammengebracht, damit er sich dessen Fragen stellte. Barnaby arbeitete an Großbritanniens Atomwaffenanlage in Aldermaston und war ein Atomphysiker von herausragender Sachkompetenz. Er kam zu dem Schluß, daß die Fotografien und die Dokumente authentisch seien und die Erinnerungen des Technikers präzise auch in den Details.

Dann unternahm die *Sunday Times* einen verhängnisvollen Schritt. Einer ihrer Journalisten konfrontierte die israelische Botschaft in London mit einer Zusammenfassung dessen, was Vanunu der Zeitung enthüllt hatte, mit Fotokopien seines Passes und den Fotos sowie mit Barnabys Beurteilung. Dahinter stand die Absicht, die israelische Regierung zu einem Eingeständnis zu zwingen. Statt dessen erklärte die Botschaft, das Material »entbehre jeder realen Grundlage«.

In Tel Aviv sorgten die der Botschaft vorgelegten Kopien für weitere Aufregung. Ben-Menashe stellte es so dar:

»Die Katze war aus dem Sack. Ich war noch in London, als Davies mir sagte, daß Maxwell mich sehen wollte. Wir trafen uns in dem gleichen Raum, wo ich mich einverstanden erklärt hatte, ihm acht Millionen Dollar Vermittlungsgebühr zu zahlen, weil er unser Geld hinter dem Eisernen Vorhang versteckt hatte. Maxwell sagte, er wisse nun, was mit der Vanunu-Geschichte zu geschehen habe. Er sagte, er hätte bereits mit meinem Boss in Tel Aviv telefoniert.«

Admoni hatte ihm mitgeteilt, daß er einen Weg gefunden hatte, um Vanunu aus seinem Versteck zu treiben.

Die nächste Ausgabe des *Sunday Mirror* enthielt ein großes Foto von Mordechai Vanunu, dazu eine Geschichte, in der der Techniker und Oscar Guerrero lächerlich gemacht wurden, der Kolumbianer als Lügner und Betrüger bezeichnet und die Behauptungen über Israels Atomwaffenproduktion als blinder Alarm abgetan wurden. Den Bericht hatte Maxwell diktiert, und er hatte auch darauf geachtet, daß das Bild von Vanunu groß herausgebracht wurde. Der erste Schachzug einer großangelegten, von der Mossad-Abteilung für psychologische Kriegsführung dirigierten Desinformationskampagne war getan.

Nach der Lektüre des Artikels war Vanunu so aufgeregt, daß er seinen »Aufpassern« von der *Sunday Times* – den Reportern, die über ihn wachten, seit er nach London gebracht worden war – erklärte, er wolle »verschwinden. Ich möchte nicht, daß irgend jemand weiß, wo ich stecke.«

Der in Panik geratene Techniker blieb in dem Hotel, in das seine Aufpasser ihn schließlich gebracht hatten, dem Mountbatten nahe der Shaftesbury Avenue mitten in London.

Nach der Veröffentlichung im *Sunday Mirror* wurden in London *Sajanim* mobilisiert, um ihn zu finden. Scharen bewährter jüdischer Freiwilliger überprüften anhand einer Liste alle Hotels und Pensionen. Bei jedem Anruf beschrieben sie den Gesuchten anhand der Fotografie im *Sunday Mirror*. Jeder *Sajan* gab vor, ein Verwandter zu sein, der herausbekommen wollte, ob ein von ihm erwarteter Gast im Hotel angekommen sei.

Am Mittwoch, dem 25. September, wurde Admoni von London aus benachrichtigt, daß Vanunu ausfindig gemacht worden sei. Die Zeit war gekommen, den nächsten Schritt zu tun.

Die Verbindung zwischen Geheimdienstarbeit und sexuellen Fallen ist so alt wie die Spionage selber. In der Bibel rettet die Prostituierte

Rahab das Leben zweier von Josua ausgesandter Spione vor den Leuten der Spionageabwehr des Königs von Jericho – das erste überlieferte Zusammentreffen der beiden ältesten Gewerbe der Welt. Eine von Rahabs Nachfolgerinnen im Geschäft von Liebe und Spionage war Mata Hari, die verführerische Holländerin, die während des Ersten Weltkrieges für die Deutschen arbeitete und von den Franzosen hingerichtet wurde. Der Mossad hatte den Wert sexueller Fallen von Anfang an erkannt. Worum es ging, hatte Meir Amit eindeutig umrissen: »Es war eine zusätzliche Waffe. Eine Frau verfügt über Gaben, die ein Mann einfach nicht hat. Sie versteht es zuzuhören. Bettgeflüster ist für sie kein Problem. Die Geschichte der modernen Nachrichtenbeschaffung ist voll von Berichten über Frauen, die ihre Verführungskunst zum Wohle ihres Landes einsetzen. Zu behaupten, Israel wäre da eine Ausnahme, wäre töricht. Aber unsere Frauen tun dies freiwillig, sie sind hochgebildet und kennen das Risiko. Das Ganze erfordert eine besondere Art von Mut. Es ist nicht sosehr eine Frage, mit jemandem zu schlafen. Es geht darum, einen Mann dahin zu bringen, daß er glaubt, im Austausch für das, was er dir erzählt, würdest du mit ihm ins Bett gehen. Damit sind die großen Fähigkeiten, die für einen Erfolg bei diesem Spiel erforderlich sind, nicht einmal im Ansatz beschrieben.«

Nahum Admoni hatte persönlich eine Agentin ausgewählt, die alle Eigenschaften besaß, um Mordechai Vanunu in die Hände des Mossad zu locken.

Cheryl Ben-Tov war eine *Bat-Levejha*, ein Dienstgrad eine Stufe unter dem *Katsa*. Als Tochter einer reichen jüdischen Familie in Orlando, Florida, geboren, hatte sie miterlebt, wie die Ehe ihrer Eltern in einem fürchterlichen Scheidungsstreit geendet hatte. Sie hatte Trost in religiösen Studien gefunden und hatte danach drei Monate in einem Kibbuz in Israel verbracht. Dort hatte sie sich in jüdische Geschichte und die hebräische Sprache vertieft und den Entschluß gefaßt, in Israel zu bleiben. Mit achtzehn Jahren verliebte sie sich in einen Sabra, einen im Land geborenen Israeli, mit dem Namen Ofer Ben-Tov. Er arbeitete als Auswerter beim Aman. Ein Jahr nachdem sie sich kennengelernt hatten, heirateten sie.

Unter den Hochzeitsgästen waren einige hochrangige Mitglieder der israelischen Geheimdienste, so auch ein Mitarbeiter der *Meluckha*, der Rekrutierungsabteilung des Mossad. Während der Feier stellte er Cheryl die Art von Fragen, die keiner Braut ungewöhnlich vorgekommen wären. Ob sie weiterhin arbeiten wolle? Oder gleich eine Familie gründen? Überglücklich durch ihre Hochzeit, hatte Cheryl geantwortet, ihr einziger Plan sei, Israel, ihrem Land, das sie nun als ihre »Familie« ansehe, etwas von dem Glück zurückzugeben, das es ihr so reichlich geschenkt habe. Einen Monat nach der Rückkehr aus den Flitterwochen rief sie der Hochzeitsgast an: Er habe über ihr Gespräch nachgedacht, und vielleicht gäbe es eine Möglichkeit für sie, dem Land zu helfen.

Sie verabredeten sich in einem Café im Zentrum von Tel Aviv. Er verblüffte sie, als er akkurat ihre Schulabschlüsse aufzählte, ihre Familiengeschichte anführte und wie sie ihren Mann kennengelernt hatte. Vielleicht weil er ihren Ärger spürte, daß er ihr Privatleben ausgekundschaftet hatte, erklärte er ihr, daß alle diese Informationen in der Akte ihres Mannes beim Aman stünden.

Der Anwerber wußte, daß die Beziehung zwischen ihm und einem potentiellen Rekruten heikel sein konnte; sein Vorgehen ähnelte dem eines Erleuchteten, der einen Neuling in eine Geheimsekte mit ihren spezifischen Zeichen, Beschwörungsformeln und Riten einführte, in eine orphische Brüderschaft, nur ohne Liebe zur Musik. Nachdem er Cheryl mitgeteilt hatte, für wen er arbeitete, spulte der Mann das übliche Programm ab. Der Mossad halte ständig nach Menschen Ausschau, die ihrem Land dienen wollten. Auf ihrer Hochzeit habe sie Israel mit einer Familie verglichen. Auch der Mossad sei eine Familie. Einmal akzeptiert, gehörte man dazu, wäre geschützt und behütet. Als Gegenleistung dienst du der Familie in jeder von ihr geforderten Weise. Ob sie daran Interesse hätte?

Cheryl hatte. Ihr wurde mitgeteilt, daß sie sich Eignungstests unterziehen müßte. Im nächsten Vierteljahr nahm sie an einer Reihe von mündlichen und schriftlichen Prüfungen in verschiedenen sicheren Häusern rund um Tel Aviv teil. Ihr hoher Intelligenzquotient – sie erreichte bei diesen Tests durchgängig 140 Punkte –, ihre amerikanische Herkunft, ihr Allgemeinwissen und ihre soziale

Kompetenz machten aus ihr einen überdurchschnittlichen Rekruten. Sie wurde davon in Kenntnis gesetzt, daß sie zur Ausbildung geeignet sei.

Bevor es losging, hatte sie noch ein längeres Gespräch mit ihrem Anwerber. Er sagte ihr, sie sei unterwegs in eine Welt, in der sie ihre Erfahrungen mit niemandem teilen könne, nicht einmal mit ihrem Mann. Sie würde so sehr auf sich gestellt sein, daß sie von dem unheilvollen Verlangen heimgesucht würde, sich jemandem anzuvertrauen. Aber sie dürfe niemandem trauen außer ihren Kollegen. Sie würde in der Kunst des Täuschens unterrichtet, es würde ihr beigebracht, Methoden anzuwenden, die jedes Gefühl für Anstand und Würde verletzten; sie müßte auf ein neues Herangehen an die Dinge gefaßt sein. Sie würde einige der Tätigkeiten, die von ihr verlangt würden, höchst unerfreulich finden, aber sie müsse immer den Gesamtzusammenhang ihres jeweiligen Auftrags im Auge haben.

Der Rekrutierer lehnte sich über den Tisch in dem Besprechungsraum und sagte, noch hätte sie Zeit, ihre Meinung zu ändern. Niemand würde ihr deshalb Vorwürfe machen, und sie bräuchte überhaupt nicht das Gefühl haben, als Versagerin dazustehen.

Cheryl sagte, sie sei ganz und gar bereit, sich der Ausbildung zu unterziehen.

Die nächsten beiden Jahre lang hielt sie sich in einer Welt auf, die sie bis dahin nur als leidenschaftliche Kinobesucherin gekannt hatte. Sie lernte, eine Pistole zu ziehen, wenn man auf einem Stuhl saß, sich an so viele Namen wie möglich zu erinnern, die mit zunehmender Geschwindigkeit über einen kleinen Bildschirm flimmerten. Ihr wurde beigebracht, wie sie ihre Beretta in der Hose auf der Hüfte zu tragen hatte und wo der versteckte Schlitz in Rock oder Kostüm sein mußte, um schnell die Handfeuerwaffe ziehen zu können.

Von Zeit zu Zeit verließen einzelne Rekruten aus ihrer Klasse die Ausbildungsstätte; über solche Abgänge wurde kein Wort gesprochen. Cheryl wurde zu Übungsaufträgen geschickt – zu einem Einbruch in ein belegtes Hotelzimmer, zum Diebstahl von Dokumenten aus einem Büro. Stundenlang analysierte ihr Ausbilder mit ihr, wie sie vorgegangen war. Mitten in der Nacht holte man sie aus dem Bett und schickte sie zu einer neuen Übung: So sollte sie etwa einen Touristen aus einem Nachtklub abschleppen und ihm dann vor seinem Hotel den Laufpaß geben. Jeder ihrer Schritte wurde von ihren Lehrern überwacht.

Ihr wurden intime Fragen über ihre sexuellen Erfahrungen gestellt. Mit wie vielen Männern sie vor ihrem Ehemann zusammen gewesen wäre? Würde sie mit einem Fremden ins Bett gehen, wenn ihr Auftrag das erforderte? Sie antwortete offen und ehrlich: Vor ihrem Mann habe es niemand anderen gegeben; wenn sie sich absolut sicher wäre, daß der Erfolg ihres Auftrags davon abhinge, würde sie mit einem fremden Mann schlafen. Es wäre purer Sex, keine Liebe. Sie lernte, Sex zum Zwecke des Nötigens und des Beherrschens einzusetzen, und wurde darin außergewöhnlich gut.

Man brachte ihr bei, zu töten, indem sie ein ganzes Magazin auf ein Ziel abfeuerte. Sie wurde mit den verschiedenen Glaubensrichtungen des Islam vertraut gemacht und mit der Einrichtung von *Mishlashim*, von toten Briefkästen. Einen Tag lang lernte sie, wie man einen »Schwimmer«, einen an der Innenseite eines Briefumschlags befestigten Mikrofilmstreifen, perfekt anbringt. An einem anderen Tag ging es darum, daß sie sich verwandelte, indem sie Wattebäusche in ihre Backen steckte und so unauffällig die Form ihres Gesichtes veränderte. Sie lernte, Autos zu stehlen, sich wie eine Betrunkene aufzuführen, Männer aufzureißen.

Eines Tages wurde sie in das Büro des Ausbildungsleiters bestellt. Er schaute an ihr auf und ab, als ob er sie inspiziere und alles an ihr anhand einer Liste, die er im Kopf hatte, überprüfe. Schließlich sagte er ihr, sie hätte bestanden.

Cheryl Ben-Tov wurde als *Bat-Levejha* in die Keisarut-Abteilung des Mossad berufen, die für die Geheimdienstleute in Israels Botschaften zuständig war. Ihre besondere Aufgabe bestand im Begleitschutz – als Freundin oder sogar als »Frau« eines *Katsas* im aktiven Dienst. Sie arbeitete in vielen europäischen Städten und gab sich dabei stets als Amerikanerin aus. Sie schlief mit keinem ihrer »Liebhaber« oder »Ehemännern«.

Admoni unterrichtete sie persönlich über die Wichtigkeit ihres neuesten Auftrags: Bei dem nun ausfindig gemachten Vanunu käme es darauf an, daß sie all ihre Fähigkeiten einsetze, ihn aus Großbritannien wegzulocken. Ihre Tarnung sei diesmal die einer amerikanischen Touristin, die nach einer schmerzlichen Scheidung quer durch Europa reise. Um diesen Teil ihrer Geschichte glaubhaft erscheinen zu lassen, sollte sie Gebrauch von den Einzelheiten machen, die sie bei der Trennung ihrer Eltern mitbekommen hatte. Der entscheidende Punkt ihrer Geschichte sei, daß sie eine in Rom lebende »Schwester« hätte. Ihr Auftrag sei es, Vanunu dorthin zu bringen.

Am Dienstag, dem 23. September 1986, stieß Cheryl Ben-Tov zu einem sich bereits in London aufhaltenden Team von neun *Katsas*. Sie wurden von Beni Zeevi, dem Mossad-Direktor für operative Einsätze, angeführt, einem mürrischen Mann mit den verfärbten Zähnen eines Kettenrauchers.

Die *Katsas* wohnten in Hotels zwischen Oxford Street und Strand. Zwei von ihnen waren im Regent Palace eingetragen, Cheryl Ben-Tov wohnte unter dem Namen Cindy Johnson im Strand Palace, Zimmer 320. Zeevi hatte sich ein Zimmer im Mountbatten gemietet, nahe dem Raum mit der Nummer 105, wo Vanunu logierte.

Zeevi war vielleicht einer der ersten, dem die Stimmungsschwankungen des Technikers auffielen. Vanunu stand zunehmend unter Streß. London war für jemanden, der in der Kleinstadt Beer Sheva aufgewachsen war, ein verstörendes Pflaster. Und ungeachtet der Warnungen seiner Begleiter war er einsam und begierig auf weibliche Gesellschaft, auf eine Frau, mit der er schlafen konnte. Die Mossad-Psychologen hatten diese Chance vorhergesagt.

Am Mittwoch, dem 24. September, bestand Vanunu darauf, daß seine beiden Aufpasser von der *Sunday Times* ihn nicht begleiteten. Zögernd erklärten sie sich einverstanden. Einer der Journalisten folgte ihm trotzdem heimlich bis zum Leicester Square, wo er sah, daß Vanunu sich mit einer Frau unterhielt. In der Zeitung wurde sie hinterher als eine »Mittzwanzigerin« beschrieben, »etwas über 1,70 m groß, pummelig, mit gebleichten blonden Haaren und großem Mund. Sie trug einen braunen Filzhut, einen braunen Tweed-Hosenanzug sowie hochhackige Schuhe und war wahrscheinlich eine Jüdin.«

Nach einer Weile verabschiedeten sie sich voneinander. Als er wieder ins Hotel zurückgekehrt war, sagte Vanunu seinem Aufpasser, daß er »ein amerikanisches Mädchen namens Cindy« kennengelernt habe und sie wiedersehen wolle. Die Journalisten waren beunruhigt. Einer von ihnen sagte, daß das Auftauchen von Cindy am Leicester Square nicht gerade nach einem Zufall aussähe. Vanunu wies ihre Befürchtungen zurück. Was immer Cindy gesagt haben mochte, es hatte ausgereicht, um in ihm den Wunsch wachzurufen, mehr Zeit mit ihr zu verbringen – und zwar nicht in London, sondern in Rom, in der Wohnung ihrer »Schwester«.

Beni Zeevi saß mit vier weiteren *Katsas* in dem Flugzeug, das Cheryl und Vanunu nach Rom brachte. Das Paar nahm ein Taxi zu der Wohnung in Roms Altstadt.

Dort wurden sie von drei *Katsas* erwartet, die Vanunu überwältigten und ihm ein Betäubungsmittel injizierten. Spät am Abend traf ein Ambulanzwagen ein, und Vanunu wurde auf einer Bahre hinausgetragen. Den Nachbarn erzählten die besorgt dreinschauenden *Katsas*, es handele sich um einen erkrankten Verwandten. Cheryl stieg mit in den Wagen, der sofort losfuhr.

Der Krankenwagen verließ Rom und fuhr die Küste hinunter. An einem verabredeten Punkt wartete ein Schnellboot, auf das Vanunu verladen wurde. Das Boot drehte vor einem an der Küste vor Anker liegenden Frachter bei, der Vanunu an Bord nahm. Beni Zeevi und Cheryl begleiteten ihn. Drei Tage später legte der Frachter mitten in der Nacht im Hafen von Haifa an.

Kurze Zeit danach stand Mordechai den Verhörspezialisten Nahum Admonis gegenüber. Es war die Einleitung zu einem Schnellverfahren und der Verurteilung zu lebenslänglicher Einzelhaft. Cheryl Ben-Tov kehrte in ihre verborgene Welt zurück.

Mehr als elf Jahre lang blieb Mordechai Vanunu allein in seiner Zelle, wo Israel ihn bis ins nächste Jahrhundert festhalten wollte. Seine Lebensbedingungen waren öde: schmale Kost und jeden Tag eine Stunde Gymnastik, den Rest seiner Zeit verbrachte er mit Beten und Lesen. Dann stimmte Israels Regierung aufgrund internationalen Drucks im März 1998 einer Erleichterung seiner Haftbedingungen zu. Dennoch bleibt er einer der von Amnesty International betreuten politischen Gefangenen, und die *Sunday Times* erinnert ihre Leser regelmäßig an seine traurige Lage. Geld hatte er für die weltbewegende Enthüllung, die er der Zeitung geliefert hatte, nicht bekommen. Im Laufe des Jahres 1998 wurde schließlich die Einzelhaft aufgehoben, aber ungeachtet neuer Appelle seiner Anwälte scheint es wenig Aussicht auf eine Freilassung zu geben.

Cheryl hielt sich zehn Jahre nach dem Auftrag wieder einmal in Orlando auf; sie war noch molliger geworden, und ihre einstmals ordentlich frisierten Haare wurden nun vom Seewind Floridas zerzaust. Offenkundig machte sie mit ihren beiden kleinen Töchtern Urlaub in Disney World.

Als sie im April 1997 von einem Reporter der *Sunday Times* gestellt wurde, machte sie keinen Hehl aus ihrer Beteiligung an der Entführung. Ihre einzige Sorge war, daß eine solche Veröffentlichung ihren »Status« in den USA »beeinträchtigen« könnte.

Ari Ben-Menashe erging es weniger gut. Er hatte viele gute Männer kommen und gehen sehen, allesamt Opfer der ständigen Querelen innerhalb der israelischen Geheimdienste. Aber er hatte nie gedacht, daß es eines Tages auch ihn treffen könnte.

1989 war er in New York verhaftet und wegen Verschwörung angeklagt worden. Gemeinsam mit anderen habe er gegen das Gesetz zur Waffenausfuhrkontrolle verstoßen. Sie hätten versucht, Militärflugzeuge vom Typ C-130 in den Iran zu verschieben. Die Maschinen waren ursprünglich an Israel verkauft worden.

Während der vorläufigen Beweisaufnahme behauptete die israelische Regierung, sie habe »keine Kenntnis« von einem Ben-Menashe. Er legte eine Akte mit Referenzen seiner Vorgesetzten bei den israelischen Geheimdiensten vor. Israels Regierung erklärte sie für gefälscht. Ben-Menashe überzeugte das Gericht, daß dies nicht stimmte. Die Regierung räumte ein, Ben-Menashe habe irgendwo auf »unterer Ebene« bei den israelischen Geheimdiensten »als Übersetzer« gearbeitet. Ben-Menashe brachte vor, daß der Verkauf von Flugzeugen, dessen er angeklagt sei, von den Regierungen Israels und der USA gebilligt worden sei. Er sprach von »regierungsamtlich gestatteten Waffengeschäften mit dem Iran im Wert von Hunderten Millionen Dollar«.

In Tel Aviv herrschte einmal mehr Bestürzung. Rafi Eitan und David Kimche wurden befragt, wieviel Ben-Menashe wisse und welchen Schaden er anrichten könne. Die Antworten dürften alles andere als beruhigend gewesen sein. Rafi Eitan sagte, daß Ari Ben-Menashe mehr als genug wisse, um das Netz der Waffengeschäfte Israels und der USA mit dem Iran aufzusprengen, das seine Fäden überallhin gesponnen hatte, nach Mittel- und Südamerika, über London hinein nach Australien, Afrika und Europa.

Während Ben-Menashe in der New Yorker Untersuchungshaft auf seine Hauptverhandlung wartete, erhielt er Besuch von Anwälten der israelischen Regierung. Sie boten ihm ein Tauschgeschäft an: Wenn er sich »schuldig« bekenne, würde er dafür eine großzügige Entschädigung erhalten, die ihm nach der Freilassung ein angenehmes Leben sichern würde. Ben-Menashe entschied sich, alles so zu erzählen, wie es gewesen war. Er hatte gerade damit angefangen, als ihn plötzlich im November 1990 ein Schwurgericht in allen Anklagepunkten freisprach.

Zahlreiche seiner ehemaligen Partner in Israels Geheimdiensten fühlten, daß Ben-Menashe Glück gehabt hatte, ungeschoren davonzukommen; sie behaupteten, daß er sich seine Freiheit mit einem »Sperrfeuerangriff« erkämpft hatte, wie ein Mossad-Offizier das Verfahren genannt hatte: Er hatte jeden attackiert, der seine Freiheit bedrohte. Kimche sprach für viele, wenn er sagte, daß alle nur wollten, daß »er endlich aus unserem Blickfeld verschwand. Er hatte es darauf angelegt, uns zu schaden, seinem Land und dessen Sicherheit. Der Mann war und ist eine Bedrohung.«

Aber Israel hatte nicht mit der Rache gerechnet, die Ben-Menashe nahm. Er schrieb ein Buch mit dem Titel *Profits of War,* von dem er sich die gleiche Wirkung erhoffte, die Woodward und Bernstein mit der Watergate-Enthüllung gehabt hatten, die zum Sturz von US-Präsident Richard Nixon führte. Ben-Menashes Intention, die er selbst ausgesprochen hatte, war eindeutig: »Die schrecklichen Fehler der achtziger Jahre wiedergutzumachen und mitzuhelfen, daß die dafür politisch Verantwortlichen von der Macht entfernt werden.«

Auf eiligst einberufenen Zusammenkünften wurde in Tel Aviv über die Frage diskutiert, ob man das Manuskript kaufen und auf ewige Zeiten einschließen solle. Es wurde betont, daß Ben-Menashe bereits eine sehr hohe Geldsumme – man sprach von einer Million Dollar –, die ihm für sein Schweigen geboten worden war, ausgeschlagen hatte; es war nicht anzunehmen, daß er seine Ansicht geändert hätte. Es wurde entschieden, daß alle im New Yorker Verlagswesen tätigen *Sajanim* bereit sein müßten, jedes nur erdenkliche Mittel zu ergreifen, um das Erscheinen des Buches zu verhindern. Über ihren Erfolg läßt sich streiten, obwohl das Manuskript von einigen großen Publikumsverlagen abgelehnt wurde, bevor es von der Sheridan Square Press, einem kleinen New Yorker Haus, veröffentlicht wurde.

Ben-Menashe beschrieb sein Buch folgendermaßen:

»Es erzählt davon, wie man durch ein Komplott regiert; wie eine Handvoll Leute aus ein paar Geheimdiensten die Politik ihrer Regierungen bestimmen, wie sie im verborgenen riesige Geschäfte betreiben, ohne der Öffentlichkeit Rechenschaft ablegen zu müssen, wie sie Macht und öffentliches Vertrauen mißbrauchen, lügen, die Medien manipulieren und die Öffentlichkeit hinters Licht führen. Schließlich ist es eine Erzählung vom Krieg – über einen Krieg, der nicht von Generälen geführt wird, sondern von Männern, die bequem in Büros mit Klimaanlage sitzen und gleichgültig gegenüber menschlichem Leid sind.«

Vielerorts hielt man das Buch für einen außergewöhnlichen Akt der Buße seines Autors; anderswo galt es als die übertriebene Darstellung der Ereignisse mit einem Ari Ben-Menashe im Mittelpunkt der Bühne.

In London hatte sich Robert Maxwell wie schon so häufig zuvor hinter dem Gesetz versteckt, als er jedem, der es wagen sollte, Ben-Menashes Mutmaßungen über ihn zu wiederholen, mit einstweiligen Verfügungen drohte. Kein englischer Verleger war bereit, sich mit dem Pressezar anzulegen; keine Zeitung riskierte es, die Behauptungen Ben-Menashes durch Enthüllungsstories zu erhärten.

Genau wie Ben-Menashe einst fest an seine Unangreifbarkeit geglaubt hatte, so war auch Robert Maxwell überzeugt, er sei aus einem sehr einfachen Grunde unbesiegbar. Er war für den Mossad zum

Dieb geworden. Je mehr er für ihn beiseite geschafft hatte, desto größer war seine Zuversicht, daß er dem Dienst unentbehrlich sei.

Bei seinen Besuchen in Israel pflegte Maxwell – genau wie Ben-Menashe es einmal getan hatte – zu sagen, er wisse über alle Leichen im Keller Bescheid. Das war ein Satz, der beim Mossad nicht unvermerkt blieb.

Kapitel 10
EINE GEFÄHRLICHE LIAISON

Robert Maxwell, der schon einmal einen Reporter gefeuert hatte, weil dessen Spesenabrechnung Unregelmäßigkeiten aufwies, hatte in aller Heimlichkeit den Pensionsfonds seiner Angestellten bestohlen, um den Mossad zu unterstützen. Diese im großen Stil durchgeführten Diebstähle waren ein getreues Spiegelbild der eiskalten Gerissenheit des Mossad und seiner wachsenden Entschlossenheit, hohe Einsätze zu riskieren.

Maxwell hatte das Geld persönlich durch eine Reihe miteinander verknüpfter finanzieller Transaktionen beiseite geschafft, ein schlau eingefädeltes Doppelspiel, das die Beamten, die den Betrugsfall untersuchten, noch Jahre später verblüffen sollte. Maxwell hatte dem Diebstahl riesiger Summen eine ganz neue Dimension verliehen, indem er auf einen Schlag Hunderttausende von Dollars auf das Sonderkonto wandern ließ, das der Mossad bei der Bank of Israel in Tel Aviv unterhielt. Manchmal wurden die Gelder über ein Konto gewaschen, das die Israelische Botschaft in London bei der Barclays Bank besaß. Zu den anderen Banken, die Maxwell für seinen Betrug benutzte, ohne daß diese davon wußten, gehörte die Credit Suisse in Genf, die Bank, von der Ben-Menashe mit Maxwells stillschweigendem Einverständnis 450 Millionen Dollar aus den ORA-Profiten überwiesen hatte. Manchmal reisten die aus dem Pensionsfonds gestohlenen Gelder um die ganze Welt und machten Zwischenstation bei der Chemical Bank in New York, der australischen First National Bank sowie bei Banken in Hongkong und Tokio. Maxwell allein wußte, daß es sich um gestohlene Gelder handelte und wo genau das Geld bei seiner Reise um die Welt gerade war. Besonders pikant wurde die Angelegenheit dadurch, daß er seine Zeitungen wiederholt anwies, Fälle von Wirtschaftskriminalität anzuprangern.

Victor Ostrovsky, ein in Kanada geborener Israeli, der von 1984 bis 1986 für den Mossad als Einsatzoffizier tätig war, entdeckte als erster, was geschah:

»Der Mossad finanzierte viele seiner Operationen in Europa mit Geld, das aus dem Pensionsfonds der Maxwellschen Zeitungen gestohlen wurde. Der Dienst hatte Zugriff darauf, seitdem Maxwell die Mirror Newspaper Group mit vom Mossad geliehenem Geld erworben hatte. Maxwell ließ sich dabei von den Finanzexperten des Dienstes beraten. Ungut an der ganzen Angelegenheit, von dem Diebstahl einmal abgesehen, war die Tatsache, daß jeder Mitarbeiter dieses Nachrichtenimperiums, der irgendwo im Nahen Osten zu tun hatte, automatisch in Verdacht geriet, für die Israelis zu arbeiten, und immer mit einem Bein im Grab stand.«

Bei Besuchen in Israel wurde Maxwell wie ein Staatsoberhaupt hofiert; er war regelmäßiger Gast bei Regierungsbanketten und wurde auf das beste untergebracht. Der Mossad hatte aber auch seine Vorkehrungen getroffen für den Fall, daß der »Zahlmeister« plötzlich knauserig werden wollte. Da man herausgefunden hatte, daß Maxwell eine unersättliche sexuelle Gier besaß – wegen seiner leibesstarken Erscheinung bevorzugte er Oralverkehr –, sorgte der Mossad dafür, daß der Tycoon während seiner Besuche in Israel aus dem Prostituiertenstamm bedient wurde, den der Dienst für Erpressungszwecke unterhielt. Bald besaß der Geheimdienst eine ansehnliche Sammlung von Videomaterial, das den Zeitungskönig in sexuell kompromittierenden Stellungen zeigte. In Maxwells Hotelschlafzimmer war eine versteckte Überwachungskamera angebracht.

Ostrovsky tat der Öffentlichkeit seine Erfahrungen in zwei Büchern kund, die immer noch alle Angehörigen des israelischen Geheimdiensts in Rage bringen. Mit *Der Mossad – Ein Ex-Agent enthüllt Aktionen und Methoden des israelischen Geheimdienstes* und *Geheimakte Mossad – Die schmutzigen Geschäfte des israelischen Geheimdienstes* lüftete er den Schleier des Geheimnisses, das den Mossad zu jener Zeit umgab. Er beschrieb operative Verfahrensweisen und nannte zahlreiche Namen von Geheimdienstleuten – das klassische Vorgehen eines Mannes, der sich unfair behandelt glaubte, weil man ihn entlassen hatte.

220

Wie es die Ironie will, ignorierte die israelische Regierung Maxwells Rat, zu Ostrovskys Behauptungen keine Stellung zu nehmen. Bei einem Treffen mit Ministerpräsident Jitzhak Schamir erinnerte der Tycoon daran, was geschehen war, als die Thatcher-Regierung versucht hatte, die Veröffentlichung des Buchs von Peter Wright, einem ehemaligen Offizier des MI5, zu verhindern. Dieses Buch mit dem Titel *Spycatcher* hatte ähnlich kompromittierende Details über den britischen Geheimdienst enthalten. Mit dem Versuch, die Veröffentlichung des Buches durch einen australischen Verlag zu stoppen, war die britische Regierung schließlich vor den australischen Gerichten gescheitert. *Spycatcher* wurde zum Bestseller, und Großbritannien hatte sich lächerlich gemacht.

Das gleiche Schicksal ereilte nun die israelische Regierung. Auf Druck aktiver und ehemaliger Mossad-Leute – Meir Amit und Isser Harel taten sich bei der Forderung, Schritte gegen Ostrovsky zu unternehmen, besonders hervor – beauftragte Schamir seinen Generalstaatsanwalt, rechtliche Maßnahmen gegen die Veröffentlichung des ersten Buchs des ehemaligen *Katsas* einzuleiten.

Dieser Fall gab überdies dem tiefsitzenden Antiamerikanismus Schamirs neue Nahrung, der in der fixen Idee wurzelte, die USA trügen eine Mitschuld am Holocaust. Einige behaupteten, der Ministerpräsident glaube, Präsident Roosevelt hätte mit Hitler ein »Arrangement« – eines von Schamirs Lieblingswörtern – treffen sollen, wodurch das Dritte Reich anstelle Großbritanniens zur Führungsmacht im Nahen Osten aufgerückt wäre. Im Gegenzug hätte Hitler den Juden die Auswanderung nach Palästina erlaubt, und der Holocaust hätte nicht stattgefunden.

So unsinnig diese Idee auch war, sie steigerte Schamirs Abneigung gegen die Vereinigten Staaten fast zu blankem Haß. Er selbst hatte dafür gesorgt, daß die Sowjetunion »als Geste guten Willens« – auch dies eine Lieblingsfloskel des damaligen Ministerpräsidenten – einen Teil des über hunderttausend Seiten umfassenden Materials erhielt, das Jonathan Pollard gestohlen hatte. Schamir hoffte, damit Israels Beziehungen zur UdSSR zu verbessern. Diese Dokumente enthielten Erkenntnisse der USA über die sowjetische Luftabwehr sowie den CIA-Jahresbericht über die Einsatzbereitschaft der sowjetischen

Streitkräfte im Kriegsfall. Ein weiteres Dokument enthielt Satellitenfotos, Gesprächsmitschnitte, Radarbeobachtungen und Berichte von CIA-Agenten in der Sowjetunion. Als Nahum Admoni Schamir erklärte, diese Daten würden es der sowjetischen Spionageabwehr leichtmachen, die Agenten zu enttarnen, soll der nur mit den Schultern gezuckt haben.

Bei seinem Gespräch mit Maxwell über die Ostrovsky-Angelegenheit wiederholte Schamir, was er auch anderen schon gesagt hatte: Er wolle alles tun, um den amerikanischen Einfluß in der Welt zu verringern. Er sei überzeugt, Washington habe den Ex-Agenten zu seinen Veröffentlichungen ermutigt; das sei eine Vergeltungsmaßnahme der Amerikaner.

Schamir forderte Maxwell auf, seine Medienmacht einzusetzen, um Ostrovskys Glaubwürdigkeit zu erschüttern. Maxwell erwiderte lapidar, der Mossad werde Ostrovsky schon genau durchleuchtet haben, bevor er ihn in seine Dienste nahm.

Doch trotzdem wurde Ostrovsky zum Ziel einer Verleumdungskampagne des Maxwell-Konzerns, zu dem auch die von Maxwell gekaufte auflagenstarke Tel Aviver Tageszeitung *Maariv* gehörte. Ostrovsky wurde als ein Spinner und Lügner diffamiert, der, anders als Maxwell, kein wahrer Freund Israels sei. Höhere Ränge der israelischen Geheimdienste, die Ostrovskys Bücher gelesen hatten, wußten allerdings, daß viele seiner Behauptungen zutrafen.

Das Gericht in New York, das über ein Verbot des Buches entschied, wies den Einspruch der israelischen Regierung zurück, Ostrovskys Enthüllungen gefährdeten Israels nationale Sicherheit. Das Buch wurde zu einem Bestseller.

Obwohl Ostrovsky der erste war, der die Verbindungen zwischen Robert Maxwell und dem Mossad öffentlich machte, hatte er keineswegs die ganze Geschichte erzählt. Die hatte ihre Wurzeln, wie so viele andere, in den Machenschaften von Schamirs altem und geschätztem Freund Rafi Eitan.

Die beiden Männer kannten sich seit den fünfziger Jahren, als sie beide dem Mossad gedient hatten; beide waren entschlossen, für Israel einen festen Platz in der Welt zu erobern.

Dreißig Jahre später, 1986, hatte Schamir Rafi Eitan beigestanden, als er im Gefolge der Pollard-Affäre unter heftige Kritik geriet. Er wurde damals als der Führer »einer Gruppe von abtrünnigen Geheimdienstoffizieren« bezeichnet, »die ohne Billigung seitens der Regierung« gehandelt hätten.

Diese Lüge war ein verzweifelter Versuch der israelischen Regierung, sich von einem Ereignis zu distanzieren, von dem neben dem eigenen auch die Geheimdienste der Sowjetunion und Südafrikas profitiert hatten. Mit voller Billigung Israels hatten beide Länder Informationen über US-amerikanische Spionageaktivitäten erhalten.

Durch die gleichzeitige Enthüllung seiner Verstrickung in die Waffenlieferungen an den Iran war Rafi Eitan jedoch beruflich schwer angeschlagen. Zwar war er tief verletzt und verärgert, daß die Männer, mit denen er auf gleich und gleich verkehrt hatte, ihn zum Sündenbock machten, doch wahrte der alte Agentenführer nach außen seine stoische Ruhe. Jenen vertrauten Freunden, die einst in seinem Wohnzimmer gesessen und gebannt seinem Bericht von der Gefangennahme Eichmanns gelauscht hatten, konnte er nun eine neue Story bieten: Wie Israel sich auf eigene Füße stellte.

Immer weniger Personen läuteten bei Rafi Eitan in der Shay-Straße an oder kamen, um seine neuesten Schöpfungen aus Altmetall zu bewundern. Stundenlang dürfte er allein vor seinem Ofen den Schweißbrenner geschwungen haben, während er sich in Gedanken nicht mehr ausschließlich damit befaßte, was man ihm angetan hatte, sondern überlegte, wie er·»wieder ins Spiel kommen« und daneben auch noch »richtiges Geld machen« könnte. Hinter der Entscheidung, sich weiter für sein Land einzusetzen, obwohl er so großen Undank geerntet hatte, stand eine ergreifend einfache Philosophie: »Patriotismus ist nicht mehr in Mode. Ich bin Patriot, ich glaube an mein Land. Ob zu Recht oder zu Unrecht, ich werde gegen alle kämpfen, die dieses Land und sein Volk bedrohen.«

Das war der Ausgangspunkt des Plans, den er im stillen schon auf dem Höhepunkt seiner Verwicklung in die Irangate-Affäre gehegt hatte. Wie bei vielen anderen seiner Pläne mußte er auch jetzt auf sein unbestreitbares Talent zurückgreifen, die Ideen von anderen für sich auszunutzen. Dieser Plan sollte schließlich dazu führen, daß er nicht mehr nur als der Mann im Gedächtnis bleiben sollte, der Adolf Eichmann zur Strecke gebracht hatte, sondern auch als enger Verbündeter von Robert Maxwell.

Im Jahr 1967 war William Hamilton, ein Experte für Kommunikationstechnologie, aus Vietnam in die USA zurückgekehrt. Er hatte dort ein Netz elektronischer Horchposten aufgebaut, um die Operationen des Vietcong im Dschungel besser überwachen zu können. Hamilton wurde bei seiner Rückkehr sofort ein Posten bei der National Security Agency angeboten. Seine erste Aufgabe war die Herstellung eines computerisierten vietnamesisch-englischen Wörterbuchs, das sich als gutes Instrument beim Abhören des Funkverkehrs des Vietcong und beim Verhören von Gefangenen erwies.

Es war die Zeit, als die Revolution in der elektronischen Kommunikation – Satellitentechnologie und Mikroschaltkreise – die Arbeit des Informationssammelns entscheidend veränderte: Schnellere und verläßlichere Entschlüsselungsmethoden gingen mit besseren Bildaufzeichnungen Hand in Hand. Die Computer wurden kleiner und arbeiteten schneller; empfindlichere Sensoren konnten ein Gespräch aus tausend anderen herausfiltern; fotografische Spektralanalysen fischten aus Millionen von Punkten nur die heraus, die interessant waren; mit Hilfe von Mikrochips wurde es möglich, ein geflüstertes Wort noch aus mehreren hundert Metern Entfernung zu verstehen; und noch in der schwärzesten Nacht machten Infrarotgeräte alles sichtbar.

Die Glasfaserbahnen des neuen Zeitalters boten den Geheimdiensten bislang ungekannte Möglichkeiten. Über alles menschliche Vermögen hinaus Daten sammeln und sichten zu können schuf ganz neue Möglichkeiten für die Terrorismusbekämpfung. Die Arbeit an dem computergestützten FACES-Programm (Facial-Analysis Comparison and Elimination System), das die Personenidentifizierung anhand von Fotos revolutionieren sollte, hatte begonnen. Aufgrund von 49 charakteristischen Merkmalen, die auf einer Skala von 1 bis 4 festgelegt wurden, konnte FACES 15 Millionen binäre Ja-Nein-Entscheidungen *pro Sekunde* treffen. Wenn vernetzte Computer gleichzeitig suchten, konnten 40 Millionen Ja-Nein-Entscheidungen pro Sekunde getroffen werden. Die Computer waren inzwischen zwar kleiner geworden, hatten aber eine Gedächtnismenge erhalten, die einem 500 Seiten umfassenden Nachschlagewerk entsprach.

Während er noch für die NSA arbeitete, sah Hamilton seine Chance auf diesem expandierenden Markt: Er würde ein Softwareprogramm entwickeln, das sich in die Datenbanken anderer Netzwerke einschalten könnte. Würde man das Programm für die Geheimdienstarbeit einsetzen, könnte der Besitzer des Programms in die meisten anderen Systeme eindringen, ohne daß deren Nutzer dessen auch nur gewahr würden. Als patriotischer Amerikaner dachte Hamilton zunächst an die US-Regierung als Kunden seiner Erfindung.

Hamilton war überzeugt, er könnte dem amerikanischen Geheimdienst einen Vorsprung verschaffen, wie ihn die NASA der Raumfahrttechnologie beschert hatte. Mit Unterstützung der NSA arbeitete der Erfinder sieben Tage die Woche, sechzehn Stunden am Tag. Er war besessen von seiner Arbeit und zugleich verschlossen, ein typischer Tüftler, wie es viele in den Reihen der NSA gab.

Nach drei Jahren war Hamilton nahe daran, das ultimative Überwachungsgerät zu besitzen – ein Programm, das die Bewegungen von wortwörtlich unzähligen Personen in jedem Teil der Welt verfolgen konnte. Präsident Reagans Warnung an die Terroristen, »Ihr könnt weglaufen, verstecken könnt ihr euch nicht«, schickte sich an, Wirklichkeit zu werden.

Hamilton schied aus der NSA aus und kaufte eine kleine Firma namens Inslaw. Erklärter Zweck des Unternehmens waren Überprüfungen bei Prozessen: Man versuchte festzustellen, ob es Verbindungen zwischen den prozeßführenden Parteien und den Zeugen und deren Familien, ja noch zu den beteiligten Anwälten gab. Jeder wurde überprüft, der irgendwie mit dem Prozeß zu tun hatte oder zu tun haben würde. Hamilton nannte sein System Promis. 1981 war dieses System so weit entwickelt, daß er es patentieren und Inslaw als Firma registrieren lassen konnte. Die Zukunftsaussichten waren vielversprechend.

Aber die NSA machte Schwierigkeiten: Sie behauptete, Hamilton habe Forschungseinrichtungen der Organisation benutzt, um sein Programm zu erstellen. Hamilton wies diese Anschuldigung heftig zurück, bot aber zugleich an, Promis der Justizverwaltung zu einfachen Bedingungen zu überlassen: Bei jedem Einsatz des Programms wäre eine Lizenzgebühr an die Firma Inslaw fällig. Dieser Deal wäre durchaus nicht ungewöhnlich gewesen, da die Justiz, wie andere Regierungsbehörden auch, mit Hunderten von Dienstleistungsunternehmen zusammenarbeitete. Was Hamilton nicht wußte, war, daß die Justizbehörde eine Kopie seines Programms an die NSA zur »Evaluierung« geschickt hatte.

Warum es dazu kam, bleibt unklar. Hamilton hatte der Justiz bereits ausreichend bewiesen, daß sein Programm die behaupteten Leistungen erbringen konnte: auf eine vorher unbekannte Weise mit elektronischen Mitteln das Leben einzelner Personen zu durchleuchten. Der Justiz und ihrer Ermittlungsbehörde, dem FBI, stand mit Promis ein wirkungsvolles Werkzeug zur Verfügung, um die Geldwäsche und andere kriminelle Aktivitäten der Mafia zu bekämpfen. Promis hätte auch über Nacht den Kampf der Drogenbehörde gegen die kolumbianischen Drogenbarone revolutionieren können. Für den CIA bot sich das Programm als eine Waffe von der Effektivität eines Spionagesatelliten an.

In der Zwischenzeit hatte eine jener Figuren, die die Welt der internationalen Geschäftemacherei regelmäßig hervorbringt, von Promis gehört. Earl Brian war kalifornischer Gesundheitsstaatssekretär zu der Zeit, als Reagan dort Gouverneur war. Hauptsächlich deshalb, weil Brian Persisch sprach, hatte Reagan ihn ermutigt, einen Plan für medizinische Versorgung und Krankenversicherung aufzustellen, der der iranischen Regierung unterbreitet werden sollte. Das war eine jener Donquichotterien, wie der spätere Präsident der USA sie liebte: Eine Version des amerikanischen Krankenversorgungssystems sollte den Iranern eine positive Seite Amerikas zeigen und zugleich das Image der USA in der Region verbessern. Der Gouverneur verkündete gegenüber Brian den erinnerungswürdigen Satz: »Wenn die Krankenversorgung in Kalifornien funktioniert, kann sie überall funktionieren.«

Während seiner Besuche in Teheran war Brian Rafi Eitan aufgefallen, damals einer der Verantwortlichen, die das fragwürdige Geschäft Geiseln gegen Waffen so weit getrieben hatten, daß es in nicht allzu ferner Zukunft scheitern oder auffliegen mußte. Eitan lud Brian nach

Israel ein. Sie stellten gleich einen guten Draht zueinander her. Brian war von den Erzählungen seines Gastgebers über die Gefangennahme Eichmanns beeindruckt; Rafi Eitan faszinierte die Beschreibung des großzügigen kalifornischen Lebensstils.

Bald erkannte Rafi Eitan jedoch, daß Brian im Iran nicht weiterkam; privat hielt der Israeli Reagans Idee, für die Iraner ein Krankenversicherungssystem zu entwickeln, sowieso »so ziemlich für das Schwachsinnigste, was ich seit langer Zeit gehört hatte«. Über die Jahre hin waren die beiden Männer in Verbindung geblieben; Rafi Eitan hatte sogar die Zeit gefunden, Brian eine Postkarte aus Apollo, Pennsylvanien, zu schicken, als er dort die Numec-Fabrik überprüfte. »Ein schöner Ort, um weit weg von hier zu sein«, hatte auf der Karte gestanden. Brian hielt Rafi Eitan über Promis auf dem laufenden.

1990 kam Brian in Tel Aviv an. Er war nicht nur von dem langen Flug müde. Sein bleiches Aussehen kam von dem Ärger darüber, daß das Justizministerium eine Version von Promis zum Aufspüren von Geldwaschanlagen und anderen kriminellen Aktivitäten einsetzte.

Rafi Eitans Instinkte sagten ihm, daß sein alter Freund zu keiner gelegeneren Zeit hätte kommen können. Es war gerade wieder ein Konflikt zwischen dem Mossad und den anderen israelischen Geheimdiensten aufgeflammt. Ursache war der arabische Aufstand in der Westbank und im Gaza-Streifen, die Intifada. Vielleicht könnte Promis als wirksame Waffe gegen den Aufstand eingesetzt werden.

Die Revolte hatte sich mit bemerkenswerter Geschwindigkeit ausgebreitet, die Israelis überrascht und die Palästinenser des Westjordanlands und des Gazastreifens im Sturm ergriffen. Je mehr Personen die israelische Armee verhaftete, erschoß, verprügelte und aus ihren Wohnungen vertrieb, um so erbitterter wurde die palästinensische Gegenwehr. Die Welt reagierte mit widerstrebendem Verständnis, als ein junger Araber mit einem Paraglider die Patrouillen der Israelis an der Grenze zum Libanon überflog und in der Nähe der nordisraelischen Kleinstadt Kirjat Schmona landete. In wenigen Minuten tötete der junge Araber sechs schwerbewaffnete israelische Soldaten und verwundete sieben weitere, bevor er selbst erschossen wurde. Für die Palästinenser war es eine erinnerungswürdige Tat; innerhalb der israelischen Geheimdienste schob man sich gegenseitig die Verantwortung zu. Der Shin Bet gab dem Aman die Schuld; beide Dienste beschuldigten den Mossad, daß er nicht im voraus Warnungen aus dem Libanon vor einem bevorstehenden Anschlag erhalten hatte. Es folgten noch schlimmere Pannen. Sechs gefährliche Terroristen konnten aus dem Hochsicherheitsgefängnis in Gaza entfliehen. Der Mossad gab dem Shin Bet die Schuld. Der Inlandssicherheitsdienst verteidigte sich mit der Bemerkung, der Ausbruch sei im Ausland vorbereitet worden – also im Operationsgebiet des Mossad.

Fast täglich fielen israelische Soldaten und Zivilisten Anschlägen in den Straßen Jerusalems, Tel Avivs und Haifas zum Opfer. Im verzweifelten Versuch, wieder Autorität zu gewinnen, erklärte Verteidigungsminister Jitzhak Rabin, er werde eine Politik der »Härte, der Stärke und des Zuschlagens« anordnen, aber diese Ankündigung machte nur geringen Eindruck.

Da sich die verschiedenen israelischen Geheimdienste immer tiefer in ihre internen Streitigkeiten und Schuldzuweisungen verstrickten, konnten sie zu keiner koordinierten Vorgehensweise kommen, um des massiven arabischen Widerstands, wie es ihn in dieser Größenordnung seit den Tagen des Unabhängigkeitskriegs nicht mehr gegeben hatte, Herr zu werden. Ein zusätzlicher Stachel im Fleisch war die Kritik aus den USA angesichts der zunehmenden Beweise, die die Fernsehkameras vom brutalen Vorgehen der israelischen Soldaten lieferten. Zum ersten Mal strahlten die sonst stets israelfreundlichen US-Nachrichtensender Bilder aus, die eine Brutalität zeigten, die an das Vorgehen der chinesischen Machthaber auf dem Tienanmen-Platz in Peking erinnerte. Man sah zwei israelische Soldaten, die einem am Boden liegenden palästinensischen Jugendlichen mit einem Stein den Arm zerschmetterten; eine Sicherheitspatrouille wurde von der Kamera erwischt, als sie eine schwangere Palästinenserin verprügelte; man sah, wie israelische Soldaten in Hebron mit dem Gewehrkolben auf steinewerfende Kinder einschlugen.

Aus der Intifada ging eine vereinte nationale Leitung des Aufstands hervor. In jeder arabischen Gemeinde hingen Instruktionen aus, wie Streiks durchzuführen waren. Läden sollten geschlossen, israelische Waren boykottiert, die Anweisungen der zivilen Verwaltungsbehörden nicht zur Kenntnis genommen werden. Das alles zeigte Ähnlichkeiten zum Vorgehen der französischen Résistance in den letzten Tagen der deutschen Besatzung während des Zweiten Weltkriegs.

Im verzweifelten Bemühen, die Führungsrolle innerhalb der israelischen Geheimdienste zurückzugewinnen, schritt Nahum Admoni zur Tat. Am 14. Februar 1988 wurde ein *Kidon*-Team in die zypriotische Hafenstadt Limassol entsandt. Es brachte eine starke Sprengladung an einem VW-Golf an, der Muhammad Tamimi, einem der Führer der Intifada, gehörte. Begleitet von zwei hohen Mitgliedern der PLO, hatte er sich in der zypriotischen Hafenstadt mit libyschen Abgesandten getroffen, die ihnen eine Million US-Dollar zur Fortführung der Intifada überbracht hatten. Bei der Explosion, die das gesamte Hafengebiet erschütterte, kamen alle drei Palästinenser ums Leben.

Schon am folgenden Tag schlug der Mossad erneut zu. Eine Haftmine wurde am Rumpf der *Soi Phayne* angebracht. Dieses Passagierschiff hatte die PLO gekauft, um eine öffentlichkeitswirksame Aktion durchzuführen. Mit Vertretern der Weltpresse an Bord sollte das Schiff den Hafen von Haifa anlaufen, um das Recht der Palästinenser auf Heimkehr zu demonstrieren. Drastisch spielten die Palästinenser dabei auf jüdische Schiffe wie die *Exodus* und andere an, die vierzig Jahre zuvor der britischen Flotte getrotzt und Überlebende des Holocaust nach Israel gebracht hatten, denn auch die Juden hatten sich damals auf das »Recht zur Rückkehr in ihr Land« berufen. Die *Soi Phayne* wurde zerstört.

Doch diese Aktionen brachten die Entschlossenheit der Araber nicht ins Wanken. Ständig konnte die arabische Guerilla die Israelis vorführen, deren einzige Antwort in Gewalt und noch mehr Gewalt zu bestehen schien. Die Welt erkannte, daß Israel nicht nur unfähig war, die Intifada zu brechen, sondern auch dabei war, den Propagandakrieg zu verlieren. Kommentatoren sprachen von einer modernen Neuauflage des Kampfes von David gegen Goliath, wobei die israelische Armee die Rolle des riesigen Philisters spielte.

Jassir Arafat nutzte die Intifada als eine Gelegenheit, die Kontrolle über sein versprengtes Volk zurückzuerlangen. Überall in der Welt verkündete er über Rundfunk und Fernsehen mit Wut in der Stimme, daß die augenblicklichen Geschehnisse das unmittelbare Ergebnis der israelischen Politik wären, den Arabern ihr Land zu stehlen. Arafat forderte alle Araber zu Hilfe und Beistand auf. An einem Tag war Arafat in Kuwait, um sich die Unterstützung der Hamas und ihrer todbringenden Fähigkeiten zu sichern, der vom Iran unterstützten Terrorgruppe. Am nächsten Tag traf er mit den Führern des Islamischen Dschihad im Libanon zusammen. Arafat schien gelungen zu sein, was noch kurz zuvor als unmöglich galt: die Araber aller politischen und religiösen Richtungen im Kampf um eine gemeinsame Sache zu einigen. Für sie alle war er der »palästinensische Vorsitzende« geworden.

Der Mossad wurde von Arafats Strategie, ständig zwischen den arabischen Hauptstädten hin- und herzufliegen, gewaltig aus dem Konzept gebracht. Der Dienst hatte gar keine oder zu wenig Informationen, wo er als nächstes auftauchen und welchen Staatsmann oder welche politische Gruppe er demnächst auf seine Seite ziehen würde.

All dies und mehr teilte Rafi Eitan seinem Gast Earl Brian mit. Brian erklärte, wie Promis funktionierte. Seiner Meinung nach mußte noch einiges getan werden, um Promis erfolgversprechend einzusetzen. Rafi Eitan erkannte, daß das Programm, sobald es wirklich einsatzfähig war, eine Waffe im Kampf gegen die Intifada sein könnte. Zunächst könnte das System die Computer in den siebzehn über die Welt verstreuten PLO-Büros anzapfen. Damit könnte man herausfinden, wohin der PLO-Führer unterwegs war und was er gerade plante. Rafi Eitan stellte das Stöbern nach Altmetall ein und richtete sein ganzes Augenmerk darauf, wie sich die schöne neue Welt, die Promis versprach, für seine Zwecke ausnutzen lassen würde.

Man würde sich nicht länger ausschließlich auf Meldungen von Spionen und menschliches Einfühlungsvermögen verlassen müssen, um zu verstehen, wie die Terroristen arbeiteten. Mit Hilfe von Promis könnte man exakt erfahren, wo und wie sie zuzuschlagen beabsichtigten. Mit Promis ließe sich jeder Schritt der Terroristen überwachen.

Wenn ihm ein solcher Durchbruch gelänge, würde er mit einem Schlag erneut eine mächtige Figur innerhalb der israelischen Geheimdienste. Doch die Wunden, die ihm seine früheren Kollegen zugefügt hatten, saßen tief. Man hatte ihn mit wenig mehr als einer kleinen Pension kaltgestellt. Er wurde alt; die erste Verpflichtung galt seiner Familie, die er aufgrund seiner Arbeit lange Zeit hatte vernachlässigen müssen. Promis bot ihm eine Gelegenheit, Genugtuung zu bekommen, zugleich aber auch die Chance, wenn er nur richtig vorging, ein Vermögen zu machen. Doch bei all seinen brillanten Fähigkeiten – ein Computergenie war Rafi Eitan nicht: Er konnte kaum mehr als sein Modem in Betrieb setzen. Dafür aber hatten ihm seine Jahre bei der LAKAM, dem Geheimdienst, der wissenschaftliche Daten sammelte, den Zugang zu den Experten verschafft, die er brauchte.

Als Earl Brian in die Vereinigten Staaten zurückgekehrt war, stellte Rafi Eitan ein kleines Team von Programmierern zusammen, die früher für die LAKAM gearbeitet hatten. Sie zerlegten das Programm, bauten seine einzelnen Komponenten neu zusammen und fügten weitere hinzu. Kein einzelner konnte als Urheber dieser neuen Version bezeichnet werden. Rafi Eitan beschloß, den ursprünglichen Namen des Programms beizubehalten, weil das »eine gute Werbemaßnahme war, wenn man erklären wollte, welchem Zweck das Programm diente«.

Auch Geheimdienstleute, deren Computerkenntnisse gerade ausreichten, die jeweils richtige Taste zu drücken, könnten sich mit Promis Informationen und Einschätzungen verschaffen, die über alles hinausgingen, was sie jemals allein mit den Mitteln ihres Verstandes hätten herausbringen können. Die Promis-Diskette würde in einen Laptop passen; aus einer Myriade von Alternativen könnte das Programm die jeweils geeignete wählen. Man müßte nicht länger auf schlußfolgerndes Denken zurückgreifen, das stets problematisch war, weil zu viele zwar zutreffende, aber irrelevante Informationen gleichzeitig bedacht werden mußten, als daß ein einzelner Verstand zu sicheren Resultaten hätte kommen können. Promis konnte so programmiert werden, daß alle überflüssigen Untersuchungsrichtungen gleich eliminiert werden konnten; außerdem konnte das Programm die Daten in einer Geschwindigkeit und einem Unfang sammeln und verarbeiten, die über menschliches Maß hinausgingen.

Doch bevor das Programm verkauft werden konnte, mußte Rafi Eitan, Ben-Menashe zufolge, noch ein weiteres Element hinzufügen. Ben-Menashe behauptet, er habe eine wichtige Rolle beim Einbau einer »Geheimtür« gespielt, eines in das Programm installierten Chips, der es Rafi Eitan erlauben würde, jederzeit zu erfahren, welche Information der Nutzer gerade suchte. Der Käufer würde von der Existenz dieser »Geheimtür« naturgemäß nichts ahnen.

Ben-Menashe wußte jemanden, der eine »Geheimtür« kreieren könnte, die selbst mit den ausgefeiltesten Suchprogrammen nicht aufspürbar wäre. Dieser Mann, den er schon seit seiner Schulzeit kannte, betrieb eine kleine Computerforschungs- und -entwicklungsfirma im Norden Kaliforniens. Er war bereit, den Mikrochip für fünftausend Dollar zu entwickeln. Ein billiger Handel, wie Ben-Menashe zugab. Die nächste Stufe war die Erprobung des Systems.

Jordanien wurde als das geeignete Einsatzland ausgewählt, nicht bloß, weil der Wüstenstaat an Israel grenzte, sondern auch, weil er ein sicherer Hafen für die Führer der Intifada war. Von diesem Königreich aus lenkten sie den palästinensischen Straßenmob auf der Westbank und im Gazastreifen und trugen die Angriffe weiter nach Israel hinein. Nach einem Anschlag verschwanden PLO-Terroristen über die Grenze nach Jordanien, häufig mit stillschweigender Duldung der jordanischen Armee.

Deshalb war Jordanien schon vor der Intifada ein Übungsfeld des Mossad in Fragen elektronischer Überwachung gewesen. In den siebziger Jahren war es Mossad-Technikern gelungen, den IBM-Computer des jordanischen Militärgeheimdienstes anzuzapfen. Diese Informationen ergänzten diejenigen, die der *Katsa* lieferte, den Rafi Eitan in König Husseins Palast eingeschleust hatte. Mit Promis würden die Informationen reichlicher fließen.

Von Israel aus war es nicht möglich, das Programm direkt an Jordanien zu verkaufen, da zu jener Zeit noch keine regulären Handelsbeziehungen zwischen den beiden Ländern bestanden. Also schloß Hadron, die Firma Earl Brians, das Geschäft ab. Als die Experten der Firma ihr Programm im militärischen Hauptquartier in Amman installierten, entdeckten sie, daß die Jordanier über ein französisches System verfügten, mit dem sie die Bewegungen der PLO-Führer überwachten. Promis klinkte sich heimlich in das französische Programm ein. In Tel Aviv konnte Rafi Eitan dank der eingebauten »Geheimtür« problemlos erfahren, welche Spitzenfunktionäre der PLO von den Jordaniern überwacht wurden.

Der nächste Schritt war, die Verkaufstaktik für Promis einzufädeln. Die Brauchbarkeit des Überwachungsprogramms sollte am Beispiel Jassir Arafats getestet werden, der sich dafür besonders eignete. Es war allgemein bekannt, daß der PLO-Vorsitzende sehr auf seine Sicherheit bedacht war. Er änderte ständig seine Pläne, schlief keine zwei Nächte hintereinander in demselben Bett, aß ohne Vorankündigung zu immer anderen Zeiten.

Jeder Schritt Arafats wurde in einem gesicherten Computer der PLO aufgezeichnet. Promis aber konnte sich einschalten und herausfinden, mit welchen Legenden und falschen Papieren er unterwegs war. Es durchsuchte seine Telefonrechnungen, um herauszufinden, mit wem er gesprochen hatte, und die angewählten Nummern zu überprüfen. Auf diese Weise fügte Promis ein »Gesamtbild« der Kontakte Arafats zusammen.

Bei einer Reise pflegte er die örtlichen Sicherheitsbehörden zu informieren, die für seinen Schutz sorgen sollten. Promis war in der Lage, die Details der getroffenen Maßnahmen festzustellen, indem es sich in die Polizeicomputer einschaltete. Nirgendwo würde sich Arafat vor Promis verbergen können.

Rafi Eitan wußte, daß weder Earl Brian noch seine Firma über die nötigen Ressourcen verfügten, um Promis weltweit zu vermarkten. Dafür war jemand mit ausgezeichneten internationalen Kontakten, unbändiger Energie und anerkanntem Verhandlungsgeschick erforderlich. Rafi Eitan kannte nur einen Mann, der all diese Bedingungen erfüllte: Robert Maxwell.

Viel Überzeugungsarbeit brauchte Eitan nicht zu leisten. In seiner bekannten überschwenglichen Art, die er immer an den Tag legte, wenn große Profite winkten, erklärte Maxwell, er besäße eine Computerfirma, über die sich der Verkauf von Promis abwickeln ließe. Die Degem Computers Limited hatte ihren Firmensitz in Tel Aviv und spielte bereits eine nützliche Rolle in den Aktivitäten des Mossad. Maxwell hatte arrangiert, daß Mossad-Agenten, als Angestellte der Degem getarnt, die Zweigstellen der Firma in Mittel- und Südamerika nutzen konnten. Jetzt sah Maxwell die Chance, mit der Vermarktung von Promis durch die Degem einen großen Profit zu machen und gleichzeitig für den Mossad und für Israel noch wichtiger zu werden.

Bei seinen Israel-Besuchen fiel Maxwell seit einiger Zeit durch merkwürdige Vorschläge auf. Er erklärte Admoni, dieser sollte Personen mit übersinnlichen Fähigkeiten einsetzen, um die Gedanken der Feinde des Mossad zu lesen. Er begann Vorschläge zu machen, wen der Dienst beseitigen sollte. Er wollte *Kidons* kennenlernen und ihre Ausbildungslager besuchen. All diese Ansinnen wurden von dem Mossad-Chef höflich, aber entschieden abgewiesen. Doch innerhalb des Dienstes fing man an, sich Gedanken über Maxwell zu machen. Versuchte hier ein Größenwahnsinniger, sich wichtig zu machen? Oder drohte womöglich noch Schlimmeres? Käme vielleicht die Zeit, daß Maxwell, trotz all seiner Verdienste um Israel, durch seine seelische Instabilität und Unberechenbarkeit zu einem ernsthaften Problem werden könnte?

Andererseits gab es keinen Zweifel daran, daß Maxwell ein brillanter Verkaufsstratege für Promis war – genausowenig wie der Mossad an der Effektivität dieses Computerprogramms zweifelte. Der Dienst hatte das System als erster erhalten, und es hatte sich als wirksames Instrument zur Bekämpfung der Intifada erwiesen. Viele Führer des Aufstands hatten Jordanien verlassen; sie waren in europäische Länder geflohen, nachdem mehrere ihrer Kollegen in Jordanien von *Kidons* ermordet worden waren.

Ein spektakulärer Erfolg für den Mossad stellte sich ein, als ein Intifada-Anführer, der nach Rom geflüchtet war, von dort aus ein Telefongespräch mit Beirut führte. Die Telefonnummer war schon in den Computern des Mossad; sie gehörte einem Mann, der als geschickter Bombenbauer bekannt war. Der römische Anrufer wollte den Spezialisten in Athen treffen. Mit Hilfe von Promis überprüfte der Mossad alle römischen und Beiruter Reisebüros, um die Reiserouten der beiden Männer herauszufinden. Weitere Überprüfungen in Beirut ergaben, daß der Spezialist bei den städtischen Versorgungswerken die Lieferungen an sein Haus unterbrochen hatte. Eine von Promis durchgeführte Abfrage der Beiruter PLO-Computer ergab, daß der Bombenmann in letzter Minute seinen Flug umgebucht hatte. Auch das rettete ihn nicht; eine Autobombe setzte seinem Leben bei der Fahrt zum Beiruter Flughafen ein Ende. Kurze Zeit später wurde der Intifada-Anführer in Rom durch einen Unfall mit Fahrerflucht zur Strecke gebracht.

In der Zwischenzeit setzte der Mossad Promis auch ein, um an die geheimen Informationen ausländischer Dienste zu gelangen. In Guatemala entdeckte er die geheimen Verbindungen zwischen den Sicherheitskräften des Landes, den Drogenhändlern und ihren Verbindungsleuten in den USA. Der Mossad gab die Namen an die amerikanische Drogenbehörde und das FBI weiter.

In Südafrika setzte ein in der israelischen Botschaft stationierter *Katsa* das System ein, um die Kontakte zwischen den revolutionären Organisationen des Landes und Gruppen im Nahen Osten aufzuspüren. In Washington drangen Mossad-Experten von der israelischen Botschaft aus in den Dienstverkehr zwischen anderen Botschaften und amerikanischen Dienststellen ein. Das gleiche geschah auch in London und in anderen europäischen Hauptstädten. Das System lieferte immer neue und wertvolle Informationen für den Mossad. Bis 1989 waren Promis-Programme für über 500 Millionen Dollar an Großbritannien, Australien, Südkorea und Kanada verkauft worden. Die Gewinne wären sogar noch größer gewesen, hätte nicht auch der CIA seine eigene Version an andere Geheimdienste weiterverkauft. In Großbritannien wurde Promis vom MI5 zum Aufspüren nordirischer Terroristen und zur Überwachung von politischen Führungspersönlichkeiten vom Schlag eines Gerry Adams eingesetzt.

Maxwell hatte auch den Verkauf des Systems an den polnischen Geheimdienst UB eingefädelt. Im Gegenzug, so behauptet Ben-Menashe, hätten die Polen dem Mossad eine russische MiG-29 zugespielt. Die Operation erinnerte an den Diebstahl einer früheren Version dieses Kampfflugzeugs aus dem Irak. Der leitende General des UB-Büros in Danzig sorgte dafür, nachdem eine Million Dollar auf ein Konto der New Yorker Citibank geflossen waren, daß das Flugzeug als nicht mehr kampftauglich abgeschrieben wurde, obwohl es gerade frisch aus der russischen Fabrik gekommen war. Der Bomber wurde in Einzelteile zerlegt, in Kisten mit der Aufschrift »Landwirtschaftliche Geräte« verpackt und nach Tel Aviv geflogen. Dort wurde die Maschine wieder zusammengesetzt und von der israelischen Luftwaffe getestet. Die israelischen Piloten würden sich leichter gegen diese Maschinen behaupten können, die auch von der syrischen Luftwaffe geflogen wurden.

Erst Wochen später entdeckte Moskau bei einer Routinezählung der an Länder des Warschauer Pakts gelieferten Flugzeuge diesen Diebstahl. Moskau legte in Israel scharfen Protest ein und drohte damit, die weitere Auswanderung von russischen Juden nach Israel zu unterbinden. Die Regierung Israels, dessen Luftwaffe mittlerweile alle Vorzüge und Schwachstellen der MiG kannte, entschuldigte sich, bedauerte zutiefst das auf den »Übereifer von Offizieren ohne offiziellen Auftrag« zurückzuführende Vorkommnis und gab die Maschine prompt zurück. Mittlerweile war der UB-General seinem Dollarvermögen in die Vereinigten Staaten gefolgt. Washington hatte zugestimmt, ihm eine neue Identität zu geben, dafür hatte die US-Luftwaffe die MiG ebenfalls unter die Lupe nehmen dürfen.

Kurze Zeit danach flog Robert Maxwell nach Moskau. Der offizielle Anlaß war ein Interview mit Michail Gorbatschow, in Wirklichkeit aber wollte er Promis an den KGB verkaufen. Dank der »Geheimtür« erhielt Israel einen einzigartigen Zugriff auf den militärischen Geheimdienst der Sowjetunion, und der Mossad wurde einer der bestinformierten Dienste hinsichtlich der russischen Absichten.

Von Moskau aus flog Maxwell nach Tel Aviv. Wie üblich wurde er von einem Vertreter des Außenministeriums wie ein Potentat empfangen, ohne sich den Einreiseformalitäten unterziehen zu müssen.

Maxwell behandelte den Mann wie einen seiner Mitarbeiter: Der Beamte mußte den Koffer tragen und im Auto neben dem Fahrer Platz nehmen. Maxwell beschwerte sich, daß die übliche Motorradeskorte fehlte. Als sein Begleiter ihm sagte, sie sei gerade nicht verfügbar gewesen, kündigte er an, er werde sich über den Beamten beschweren. Er werde mit dem Ministerpräsidenten über ihn reden und dafür sorgen, daß er gefeuert würde. Auf dem ganzen Weg bis in sein Hotel beschimpfte Maxwell den Unglücklichen bei jeder roten Verkehrs-

ampel. Im Hotel wartete schon seine Lieblingshure auf den Zeitungs-
zar. Doch er schickte sie weg; es gab im Augenblick Dringenderes als
die Befriedigung seiner sexuellen Gelüste.

Robert Maxwells Zeitungsimperium war in finanzielle Schwierigkeiten geraten. Ohne eine größere Kapitalspritze drohte der baldige
Bankrott. In der Londoner City, wo man ihm früher bereitwillig Kre-
dite gegeben hatte, herrschte plötzlich große Zurückhaltung. Ausge-
kochte Bankiers, die mit Maxwell zusammentrafen, spürten, daß
sich hinter dem prahlerischen Plattmacherverhalten ein Mann verbarg, der dabei war, seinen geschäftlichen Scharfsinn zu verlieren.
Und dieser Scharfsinn hatte sie in der Vergangenheit über vieles an
Maxwell hinwegsehen lassen. Damals war er beim kleinsten Widerspruch wütend geworden und hatte ihnen gedroht. Die Bankiers hatten ihren Ärger heruntergeschluckt und waren auf seine Forderungen
eingegangen. Das würden sie jetzt nicht mehr tun. Bei der Bank von
England und den anderen Kreditinstituten der City hielt man Maxwell für keine sichere Geldanlage mehr.

Diese Einschätzung beruhte zum Teil auf vertraulichen Mitteilungen
aus Israel, nach denen die israelischen Geldgeber, mit deren Mitteln
Maxwell die Mirror Group gekauft hatte, nunmehr auf einer Rück-
zahlung ihrer Gelder bestanden. Der Zeitrahmen für die Rückzah-
lung war längst überschritten, und die Forderungen der israelischen
Gläubiger wurden drängender. Um sie zufriedenzustellen, hatte
Maxwell ihnen einen höheren Zinssatz für ihr Kapital geboten, wenn
sie ihm mehr Zeit ließen. Doch die Israelis gingen darauf nicht ein: Sie
wollten jetzt ihr Geld zurück. Dies war der eigentliche Grund für
Maxwells Reise nach Tel Aviv: Er hoffte, sie zu einer weiteren Stun-
dung überreden zu können. Die Zeichen aber standen schlecht.
Schon während des Flugs hatte er mehrere unangenehme Anrufe der
Investoren erhalten, die damit drohten, ihn vor den Londoner Kon-
kursrichter zu bringen.

Und noch wegen einer anderen Angelegenheit mußte Maxwell sich
Sorgen machen: Er hatte einen Teil der sehr hohen Profite der ORA
gestohlen, die man ihm anvertraut hatte, um sie in Banken des Ost-
blocks zu verstecken. Er hatte versucht, mit dem Geld die Finanzie-
rung der Mirror Group zu stützen. Aus dem Pensionsfonds hatte er

bereits so viel wie möglich entwendet, und das ORA-Geld würde auch nicht mehr lange ausreichen.

Sobald dieser Diebstahl offenkundig würde, bekäme er es mit anderen Leuten zu tun als den israelischen Investoren, mit sehr hartgesottenen Personen, unter anderem mit Rafi Eitan. Maxwell wußte genug über den früheren Mossad-Einsatzoffizier, um sich hinsichtlich der Konsequenzen keine Illusionen zu machen.

Von seiner Hotelsuite aus begann Maxwell zu handeln. Sein Anteil an den Profiten des Promis-Verkaufs durch die Degem würde nicht reichen, um die Krise zu bewältigen, und auch nicht die Gewinne aus *Maariv*, dem israelischen Boulevardblatt, das er nach dem Vorbild seines Flaggschiffs, des *Daily Mirror*, gestaltet hatte. Es gab jedoch noch eine Möglichkeit, den schnellen Verkauf der Cytex Corporation, die ihm gehörte. Das Unternehmen mit Hauptsitz in Tel Aviv stellte hochwertige Druckmaschinen her. Mit dem Geld aus einem solchen Verkauf ließen sich einige Probleme lösen.

Maxwell bestellte den Leiter der Cytex, ein Sohn von Ministerpräsident Jitzhak Schamir, in seine Hotelsuite. Doch der brachte schlechte Nachrichten: Ein sofortiger Verkauf habe kaum Chancen, da die Cytex zwar noch ihre Anteile hielte, aber sich verstärktem Wettbewerb ausgesetzt sähe. Es sei ein ungünstiger Zeitpunkt, um die Firma zum Verkauf anzubieten. Außerdem würden dabei qualifizierte Mitarbeiter ihren Arbeitsplatz verlieren, und das zu einer Zeit, wo Arbeitslosigkeit eines der wichtigsten Probleme Israels darstellte.

Maxwell hatte einen mächtigen Wutausbruch, als er sah, daß sein letztes Rettungsboot abtrieb. Taktisch gesehen war es ziemlich dumm, ausgerechnet den Sohn des Ministerpräsidenten zu beschimpfen, der naturgemäß seinen Vater davon in Kenntnis setzte, daß Maxwell in großen finanziellen Schwierigkeiten war. Der Ministerpräsident, der um die Verbindungen des Tycoons zum Mossad wußte, informierte Nahum Admoni. Der rief den Leitungsstab zusammen, um eine Lösung für dieses Problem zu finden.

Später erfuhr man, daß verschiedene Optionen diskutiert wurden. Der Mossad konnte den Ministerpräsidenten auffordern, seinen mächtigen Einfluß auf die israelischen Investoren geltend zu machen.

Er konnte von ihnen nicht nur verlangen, daß sie einen Aufschub ge-
währten, sondern auch, daß sie ihre eigenen Kontakte und Ressourcen einsetzten, um Maxwell aus der Patsche zu helfen. Dieser Vorschlag wurde verworfen, da Maxwell mit seinem Großmannsgehabe
Schamir ernstlich aufgebracht hatte. Zudem wußten alle, daß Schamir sehr auf seinen eigenen Schutz bedacht war und sich unter den
gegebenen Umständen von Maxwell distanzieren würde.

Eine andere Option des Mossad war, an seine hoch plazierten *Saja-*
nim in der Londoner Finanzwelt heranzutreten und sie zu veranlassen, ein Rettungspaket für Maxwell zu schnüren. Gleichzeitig könnten mossadfreundliche britische Journalisten um die Veröffentlichung von Geschichten zur Unterstützung des angeschlagenen Tycoons gebeten werden.

Doch auch diese Überlegungen wurden abgelehnt. Berichte, die Admoni aus London erhielt, ließen vermuten, daß viele *Sajanim* das
Ende Maxwells begrüßen würden. Außerdem würde sich kaum ein
Journalist, der nicht für die *Mirror*-Gruppe arbeitete, bereitfinden,
ausgerechnet über den Mann eine positive Story in die Welt zu setzen,
der im ganzen Mediengewerbe jahrelang für Angst und Schrecken
gesorgt hatte.

Die letzte Option des Mossad war, alle Kontakte zu Maxwell abzubrechen. Doch auch dabei gab es ein Risiko: Bei Maxwells angeschla-
genem Geisteszustand war es durchaus vorstellbar, daß er seinen Pres-
sekonzern zu Angriffen auf den Mossad nutzen würde. Aufgrund all
der Kenntnisse, die er besaß, konnte das gefährliche Folgen haben.

Angesichts dieser trüben Aussichten kam man zu dem Schluß, Admoni sollte Maxwell treffen und ihn an seine Verantwortung gegenüber
dem Mossad und gegenüber Israel erinnern. In der folgenden Nacht
trafen sich die beiden Männer in Maxwells Hotelsuite zum Abendessen. Was dabei verhandelt wurde, blieb geheim. Doch einige Stunden
später verließ Maxwell Tel Aviv in seinem Privatflugzeug. Es sollte
das letzte Mal gewesen sein, daß er lebend israelischen Boden betreten hatte.

Wieder in London, schien es Maxwell wider alle Erwartung doch
noch zu gelingen, sein Zeitungsimperium zu retten. Wie ein tanzen-

der Derwisch wirbelte er von einem Treffen mit einem Finanzmagnaten zum nächsten. Von Zeit zu Zeit kontaktierte er den Mossad, um mit Admoni zu sprechen. Der Sekretärin des Generaldirektors sagte er dabei immer, der »kleine Tscheche« sei am Apparat. Dieser Spitzname war Maxwell bei seiner Rekrutierung verliehen worden. Was in diesen Telefonaten besprochen wurde, blieb unbekannt.

Nur der ehemalige *Katsa* Victor Ostrovsky ließ später eine Andeutung fallen. Er glaubte, Maxwell habe darauf bestanden, es sei Zeit, daß der Mossad ihm die große Summe zurückzahle, die er aus dem Pensionsfonds des *Mirror* gestohlen hatte. Zudem habe Maxwell vorgeschlagen, der Dienst solle dafür sorgen, daß Mordechai Vanunu freigelassen und in seine Hände übergeben würde. Maxwell wollte mit dem Techniker nach London fliegen und ihn persönlich für den *Daily Mirror* interviewen. Diese Geschichte würde zeigen, daß Vanunu seine Tat bereut und Israel sich als großmütig erwiesen hatte. Mit der Chuzpe, die für so viele seiner Aktionen charakteristisch war, fügte Maxwell hinzu, die Geschichte würde ein Verkaufsschlager für den *Mirror* werden und ihm zugleich viele verschlossene Türen in Londons Finanzwelt öffnen.

Ostrovsky war nicht der einzige, der glaubte, daß dieser groteske Plan den Mossad schließlich erkennen ließ, daß Maxwell zu einem Sicherheitsrisiko geworden war.

Am 30. September 1991 lieferte Maxwell in einem Telefongespräch mit Admoni neue Beweise seines absonderlichen Verhaltens. Dieses Mal gab sich Maxwell keine Mühe, den drohenden Unterton zu verbergen. Seine finanzielle Lage hatte sich weiter verschlechtert. Das Parlament und die britischen Medien begannen, gegen ihn zu ermitteln. Es gelang Maxwell nicht mehr, sie durch ein Aufgebot von erstklassigen Anwälten und einstweiligen Verfügungen im Zaum zu halten. Maxwell erklärte, falls der Mossad nicht umgehend dafür sorgte, daß alle aus dem Pensionsfonds des *Mirror* gestohlenen Gelder zurückgezahlt würden, könnte er nicht dafür garantieren, daß das Treffen weiterhin geheim bleibe, das zwischen Admoni und Wladimir Krutschkow, bis vor kurzem KGB-Chef, stattgefunden hatte. Krutschkow wartete in einer Moskauer Gefängniszelle auf den

Beginn des Prozesses wegen seiner Beteiligung an dem gescheiterten Staatsstreich gegen Michail Gorbatschow. Eine Schlüsselrolle bei der Putschvorbereitung hatte ein Treffen gespielt, das auf Maxwells Jacht irgendwo in der Adria kurze Zeit vor dem Staatsstreich stattgefunden hatte.

Dabei hatte der Mossad-Chef zugesagt, Israel würde seinen Einfluß in den USA und den westeuropäischen Ländern geltend machen und sich für die diplomatische Anerkennung des neuen Moskauer Regimes einsetzen. Im Gegenzug versprach Krutschkow, daß alle sowjetischen Juden nach Israel ausreisen dürften. Diese Verhandlungen waren letztlich im Sande verlaufen. Wenn aber nun bekannt würde, daß sie überhaupt stattgefunden hatten, wäre Israels Glaubwürdigkeit in den USA und gegenüber der amtierenden russischen Regierung schwer erschüttert worden.

Dies war, wie Victor Ostrovsky schrieb, der Moment, in dem »bei einer Zusammenkunft einiger Falken im Mossad-Hauptquartier die Entscheidung fiel, Maxwell müsse liquidiert werden«.

Falls Ostrovskys Behauptung zutrifft – und sie ist von Israel nie offiziell bestritten worden –, ist es undenkbar, daß diese Gruppe ohne die Billigung höchster Stellen handelte. Womöglich hat auch Ministerpräsident Jitzhak Schamir, der früher selbst beteiligt war, wenn Feinde des Mossad beseitigt wurden, von der Aktion gewußt.

Die ganze Angelegenheit wurde für den Mossad noch dringlicher, als Seymour M. Hersh, ein Veteran des Enthüllungs-Journalismus in den USA, das Buch *The Samson Option: Israel, America and the Bomb* veröffentlichte, worin er sich mit Israels Entwicklung zur Atommacht beschäftigte. Die Veröffentlichung dieses Buches hatte den Mossad vollständig überrascht. In Windeseile besorgte sich Tel Aviv einige Exemplare. Obwohl der Inhalt gut recherchiert war, hätte der Mossad sich damit aus der Affäre ziehen können, daß er keine Stellung nahm. In dieser Hinsicht war die schmerzliche Lektion gelernt worden, als man seinerzeit vergeblich versucht hatte, gegen Ostrovskys Verleger vorzugehen (es war derselbe, der jetzt auch Hershs Buch herausbrachte). Es gab jedoch ein gravierendes Problem: Hersh hatte Maxwells Verbindung zum Mossad offengelegt. Hauptsächlich ging es darum, wie die *Mirror*-Gruppe mit der Vanunu-Story verfahren war, und um den Zusammenhang zwischen Nick Davies, der ORA und Ari Ben-Menashe. Wie zu erwarten war, verschanzte sich Maxwell hinter einer Batterie von Rechtsanwälten und versuchte, einstweilige Verfügungen gegen Hersh und seinen Londoner Verleger zu erwirken. Doch zum ersten Mal fand Maxwell hier seinen Meister. Hersh, ein Pulitzerpreisträger, ließ sich nicht einschüchtern. Im Parlament wurden Fragen nach Maxwells Verbindungen zum Mossad gestellt. Alte Verdächtigungen kamen wieder hoch. Abgeordnete wollten wissen, wieviel Maxwell über die Operationen des israelischen Geheimdienstes in Großbritannien wußte. Nach Victor Ostrovskys Ansicht wurde Maxwell »langsam, aber sicher der Boden heiß«.

Ostrovsky zufolge sah der sorgfältig vorbereitete Mordplan des Mossad vor, Maxwell zu einem Treffpunkt zu locken, wo ein Kommando zuschlagen könnte. Der Plan hatte große Ähnlichkeit mit jenem, der zum Tod Mehdi Ben-Barkas in Paris geführt hatte.
Am 29. Oktober 1991 erhielt Maxwell den Telefonanruf eines *Katsas* aus der israelischen Botschaft in Madrid. Er wurde aufgefordert, am nächsten Tag nach Spanien zu kommen. Nach Victor Ostrovsky »versprach der Anrufer, alles würde geregelt, und es gebe keinen Grund zur Panik«. Maxwell sollte nach Gibraltar fliegen, an Bord seiner Jacht, der *Lady Ghislaine*, gehen, zu den Kanarischen Inseln segeln und »dort auf eine Nachricht warten«.
Robert Maxwell war damit einverstanden.

Am 30. Oktober trafen vier Israelis in der marokkanischen Hafenstadt Rabat ein. Sie bezeichneten sich als Touristen, die ihren Urlaub mit Tiefseefischen zubringen wollten. Sie mieteten eine ozeantaugliche Motorjacht und nahmen Kurs auf die Kanarischen Inseln.
Nachdem Maxwell am 31. Oktober den Hafen von Santa Cruz auf Teneriffa erreicht hatte, aß er im Hotel Mency allein zu Abend. Nach dem Essen traf er sich kurz mit einem Mann. Wer der Mann war und was besprochen wurde, gehört zu den Rätseln, die die letzten Lebenstage Robert Maxwells umgeben. Kurz darauf ging Maxwell wieder an Bord und stach in See. In den nächsten 36 Stunden kreuzte die

Lady Ghislaine mit wechselndem Tempo zwischen den Inseln und hielt sich vom Land fern. Maxwell hatte dem Kapitän mitgeteilt, er solle entscheiden, wohin die Reise gehe. Die Mannschaft konnte sich nicht erinnern, Maxwell schon jemals so entschlußlos erlebt zu haben.

In einem Bericht, der als »weltweite Exklusivmeldung« unter der Schlagzeile »Wie und warum Robert Maxwell ermordet wurde« in der britischen Zeitschrift *Business Age* veröffentlicht wurde, wird behauptet, ein zweiköpfiges Einsatzteam sei während der Nacht in einem Dingi von einer Motorjacht übergesetzt, die die *Lady Ghislaine* beschattet hätte. Das Mordkommando habe die Jacht geentert und Robert Maxwell auf dem Achterdeck überwältigt, bevor er um Hilfe schreien konnte. Dann »pumpte ihm einer der Männer mit einer Spritze Luft in die Halsschlagader. Nach wenigen Augenblicken war Maxwell tot.«

Das Magazin vermutete, Maxwells Leiche sei über Bord geworfen worden, anschließend seien die Mörder zu ihrer Jacht zurückgekehrt. Es dauerte sechzehn Stunden, bevor Maxwells Leichnam geborgen wurde – Zeit genug, daß durch Wasser und Verletzungen kein Nadelstich mehr feststellbar war.

Sicher ist jedenfalls, daß in der Nacht des 4. auf den 5. November die Probleme, die der Mossad mit Maxwell hatte, in den kalten Fluten des Atlantik ihr Ende fanden. Die folgenden polizeilichen Ermittlungen und die Autopsie in Spanien hinterließen offene Fragen. Warum waren nur zwei Mann der elfköpfigen Besatzung wach? Normalerweise teilten sich fünf Mann die Nachtwache. An wen schickte Maxwell in dieser Nacht mehrere Faxe? Was wurde aus diesen Papieren? Warum dauerte es so lange, bis die Mannschaft feststellte, daß Maxwell nicht mehr an Bord war? Warum verstrichen danach weitere siebzig Minuten, bis Alarm geschlagen wurde? Bis heute gibt es auf diese Fragen keine befriedigenden Antworten.

Drei spanische Pathologen sollten die Autopsie der Leiche vornehmen. Sie wollten die lebenswichtigen Organe und Gewebeproben zu weiteren Analysen nach Madrid senden. Doch bevor es dazu kommen konnte, intervenierten die Angehörigen Maxwells, ließen den

Leichnam einbalsamieren und zur Bestattung nach Israel ausfliegen. Überraschenderweise erhoben die spanischen Behörden keinen Einwand dagegen.

Wer oder was hatte die Familie veranlaßt, so unerwartet zu handeln?

Am 10. November 1991 erfolgte die Beisetzung auf dem Ölberg in Jerusalem, der Begräbnisstätte der größten Helden des Landes. Kein Anzeichen eines Staatsbegräbnisses fehlte, die Regierung und die Oppositionsführung waren anwesend. Nicht weniger als sechs ehemalige oder noch im Dienst befindliche israelische Geheimdienstchefs lauschten Ministerpräsident Schamirs Gedenkworten: »Er hat mehr für Israel getan, als heute gesagt werden kann.«

Unter den Trauergästen stand ein Mann im schwarzen Anzug. Er trug keine Krawatte, sondern den runden Kragen des katholischen Priesters. Der gebürtige libanesische Christ war eine ätherische Erscheinung – keine 1,60 Meter groß und kaum mehr als fünfzig Kilogramm schwer. Aber Pater Ibrahim war kein gewöhnlicher Geistlicher. Er arbeitete für das Außenministerium des Vatikan.

Seine unauffällige Anwesenheit bei den Beerdigungsfeierlichkeiten für Robert Maxwell war weniger der Anteilnahme für den Dahingegangenen geschuldet als vielmehr der Bekundung der immer noch geheimen Verbindungen, die zwischen dem Heiligen Stuhl und Israel entstanden waren. Sie waren ein Musterbeispiel für Meir Amits Ausspruch, daß geheimdienstliche Zusammenarbeit keine Grenzen kennt.

Kapitel 11

UNHEILIGE ALLIANZEN

Seit der Staatsgründung waren alle israelischen Ministerpräsidenten vom Papsttum fasziniert. Als absolutistischer Herrscher auf Lebenszeit gewählt, unterliegt der Heilige Vater weder legislativer noch judikativer Kontrolle. Über den Klerus, dessen Hierarchie dem feudalen Königtum entspricht, übt der Pontifex maximus einen außerordentlichen Einfluß auf Ökonomie, Politik und Ideologie aus, der sich weit über die Katholiken hinaus auf die ganze Welt erstreckt. David Ben Gurion knurrte einmal: »Blödsinnig, diese Frage, wie viele Divisionen der Papst hat – schauen Sie doch nur hin, wie viele Menschen er zu seiner Hilfe mobilisieren kann.«

Für den Mossad lag der besondere Reiz in der absoluten Geheimhaltung, mit der der Vatikan operierte. Ein genau definierter und strikt umgesetzter Mechanismus verhüllte alles, was der Heilige Stuhl unternahm. Oft dauerte es Monate, bis es irgendwelche Hinweise gab, daß der Papst an einer diplomatischen Initiative beteiligt war, und selbst dann kam selten die ganze Geschichte an den Tag. Jeder Mossad-Chef stellte Überlegungen an, wie sich der Schleier durchdringen ließe. Doch zahlreiche Versuche sowohl der israelischen Regierung als auch des Mossad, mit dem Vatikan zu einem guten Arbeitsverhältnis zu gelangen, waren höflich, aber bestimmt abgewiesen worden.

Die Wahrheit war, daß es innerhalb des Staatssekretariats des Vatikans – das Äquivalent zum Außenministerium eines weltlichen Staates – eine mächtige antiisraelische Fraktion gab. Diese Monsignores bezeichneten das Westjordanland und den Gazastreifen als »besetzte Gebiete« und betrachteten die Golanhöhen als »annektiertes syrisches Staatsgebiet«. Abends verließen sie ihren winzigen Stadtstaat inmitten Roms, besuchten reiche Araber in ihren Wohnungen in der

Via Condotti oder trafen sich mit ihnen zu einem Cocktail auf der Piazza Navona, um sich mit unbewegten Mienen ihre Träume von der Auslöschung des jüdischen Staates anzuhören.

Die Priester dagegen waren vorsichtig bei dem, was sie sagten. Sie glaubten, Israel habe seine Agenten überall, die sie überwachen, belauschen, vielleicht auch ihre Gespräche aufzeichnen und Fotos machen sollten. Eine der ersten Warnungen an einen Neuling im Staatssekretariat war, er solle sich bewußt sein, daß er »überwacht und ausgespäht« werde, insbesondere durch »Agenten von Staaten«, denen der Vatikan die diplomatische Anerkennung verweigerte. Israel stand ganz oben auf dieser Liste. Noch bei seiner Wahl im Jahre 1978 hatte Papst Johannes Paul II. erklärt, dabei werde es bleiben; erst nach vielen Jahren seines Pontifikats sollte er einverstanden sein, diplomatische Beziehungen zu Israel aufzunehmen.

Die Informationen, die der Papst über Israel erhielt, waren immer noch von den Kontakten seiner Priesterdiplomaten zu arabischen Kreisen gefärbt. Von ihren Vorstößen ins römische Ausland kehrten die Monsignores in den dritten Stock des apostolischen Palastes zurück, in das überfüllte, künstlich beleuchtete und schlecht belüftete Hauptquartier des päpstlichen diplomatischen Dienstes. Bekannt als Abteilung für außerordentliche Angelegenheiten, war es für die Umsetzung der vatikanischen Außenpolitik verantwortlich. Die zwanzig »Fachbereiche« hatten fast soviel Papierkram zu bewältigen wie die Außenministerien großer Staaten, ein Zeichen für die sich ständig erweiternden weltweiten diplomatischen Interessen des Heiligen Stuhls.

Der Fachbereich Naher Osten hauste in kleinen Büros, die auf den San-Damaso-Hof hinausblickten, einen prächtigen Platz inmitten des riesigen Palastes. Eines der ersten Papiere, das diese Abteilung dem neuen polnischen Papst zukommen ließ, war ein fertig ausgearbeiteter Plan, Jerusalem einen internationalen Status zu geben. Truppen der Vereinten Nationen sollten die Stadt schützen, und der Vatikan wollte die Verantwortung für alle christlichen Stätten übernehmen. Die Kunde von diesem Plan erreichte Tel Aviv zu Beginn des Jahres 1979. Es handelte sich um die Fotokopie eines Dokuments, das ein Monsignore einem reichen libanesischen Christen gegeben hatte, der in Rom lebte. Unter dessen Angestellten war ein *Sajan* des Mossad. Der Vorschlag zur Internationalisierung Jerusalems beunruhigte Ministerpräsident Menachem Begin dermaßen, daß er den Mossad-Chef, Jitzhak Hofi, anwies, seine Anstrengungen zu verdoppeln, um endlich ständige Kontakte zum Vatikan herzustellen.

Beide Männer wußten, was geschehen war, als der Mossad das letzte Mal einen solchen Versuch gemacht hatte. Golda Meir selbst, Begins Vorgängerin, hatte seinerzeit an der Spitze des israelischen Vorstoßes gestanden.

Ende 1972 erhielt Golda Meir endlich die Antwort Papst Pauls VI., daß er bereit sei, ihr eine kurze Privataudienz zu gewähren. Kabinettsmitgliedern, die Zweifel geäußert hatten, ob ein derartiges Treffen sinnvoll sei, erklärte sie bei einer der wöchentlichen Sitzungen im Dezember, »die marxistische Struktur des Papsttums« fasziniere sie. Es besitze »eine Finanzmacht, die fast ohne Beispiel ist. Es arbeitet ohne politische Parteien oder Gewerkschaften. Der ganze Apparat ist auf Kontrolle abgestellt. Die römische Kurie kontrolliert die Bischöfe, die Bischöfe kontrollieren den Klerus, der Klerus die Laien.« Ein derart weitverzweigtes System mit einer solchen Vielfalt an Sekretariaten, Kommissionen und Vertretungen sei geradezu »maßgeschneidert zum Spionieren und zum Sammeln von Informationen«!

Als Datum der Papstaudienz wurde der Morgen des 15. Januar 1973 festgelegt; Golda Meir wurde mitgeteilt, das Treffen mit dem Oberhaupt der katholischen Kirche werde genau 35 Minuten dauern, am Ende würden Gastgeschenke ausgetauscht. Eine Themenliste gab es nicht, doch Golda Meir hoffte, Paul VI. zu einer Israel-Reise überreden zu können. Der offizielle Grund könnte sein, daß der Papst eine Messe für die etwa hunderttausend im Land lebenden christlichen Araber lesen wollte. Golda Meir wußte aber genau, daß der Besuch ihrem Land Auftrieb auf der internationalen Bühne geben würde.

Aus Sicherheitsgründen sollte es keine Vorankündigung der Audienz geben. Nach ihrer Teilnahme an einer Konferenz der Sozialistischen Internationale in Paris würde Golda Meir mit der gecharterten El-Al-Maschine nach Rom fliegen. Erst während dieses Flugs würden die begleitenden Journalisten erfahren, daß sie sich in den Vatikan begeben werde.

Mossad-Chef Zwi Zamir flog nach Rom, um die dortigen Sicherheitsvorkehrungen zu überprüfen. Die Stadt war ein Sammelpunkt für Terroristen aus dem Nahen Osten und Europa. Außerdem war Rom ein wichtiger Horchposten für den Mossad, der damals hauptsächlich damit beschäftigt war, die Verantwortlichen des Massakers von München aufzuspüren und zu liquidieren.

Zamir hatte einen seiner fähigsten *Katsas*, Mark Hessner, in Rom stationiert, um die große arabische Gemeinde in der Stadt zu sondieren. In Mailand, einer anderen Drehscheibe des Terrorismus, saß Shai Kauly, ein weiterer erfahrener *Katsa*. Nachdem Zamir die beiden Männer in den Besuchsplan eingeweiht hatte, suchten alle drei den Vatikan auf.

Als sie am 10. Januar 1973 durch Rom zum Vatikan fuhren, wußten sie weit mehr über die langandauernden Kontakte des Heiligen Stuhls zu einem fremden Geheimdienst, als ihre Gastgeber vermutet haben dürften.

Im Jahr 1945 war nach den Worten von James Jesus Angleton das Büro für strategische Dienste (OSS) – der Vorläufer des CIA im Zweiten Weltkrieg – im Vatikan »mit offenen Armen« empfangen worden. Angleton war der Leiter der römischen Zweigstelle dieser Organisation. Papst Pius XII. und seine Kurie baten Angleton um Unterstützung beim militanten antikommunistischen Kreuzzug der Kirche. Das OSS sollte dabei helfen, die Christdemokraten in Italien an die Macht zu bringen. Angleton, ein praktizierender Katholik, zog alle Register, um die Wähler durch Bestechung, Einschüchterung und Erpressung zugunsten der Christdemokraten zu beeinflussen. Er hatte vollen Zugang zu dem landesweiten Informationsdienst des Vatikan; jeder Vikar und jeder Priester in Italien schickte Berichte über die Aktivitäten der Kommunistischen Partei in seiner Gemeinde. Diese Informationen wurden im Vatikan ausgewertet und an Angleton weitergegeben, der sie nach Washington weiterleitete.

Dort bestätigten sie die mittlerweile tiefsitzende Furcht des US-Außenministeriums vor der Sowjetunion als einer realen und langanhaltenden Bedrohung des Westens. Angleton erhielt den Befehl, alles zu tun, um zu verhindern, daß die Widerstandskämpfer der Kommunistischen Partei in Italien die Macht übernähmen. Wie den Papst trieb auch Angleton das Gespenst einer weltweiten kommunistischen Bedrohung um, die den Globus in zwei Systeme – Kapitalismus und Sozialismus – spalten würde, zwischen denen eine friedliche Koexistenz unmöglich wäre. So hatte es schließlich Stalin selbst verkündet.

Der Papst war überzeugt, daß die italienischen Kommunisten die Speerspitze einer Kampagne zur Zerstörung der Kirche bildeten. Bei den regelmäßigen Treffen zwischen Pius und dem frommen Angleton war das Gespenst des Kommunismus allgegenwärtig. Der Papst beschwor Angleton, die Vereinigten Staaten müßten alles ihnen Mögliche tun, um diese Bedrohung zu beenden. Der Pontifex maximus, der den Frieden auf Erden verkünden sollte, wurde zum enthusiastischen Fürsprecher der amerikanischen Außenpolitik, die den Kalten Krieg einleitete.

1953 leitete William Colby das römische Büro der mittlerweile in CIA umbenannten Organisation – ebenfalls ein eifriger Katholik, der später die Geschäfte des CIA in Vietnam führen sollte. Er baute ein umfassendes Informantennetz auf, das nicht nur das vatikanische Staatssekretariat, sondern jede Kongregation und jedes Tribunal erfaßte. Er benutzte es, um damit dem CIA beim weltweiten Kampf gegen sowjetische Spionage und Unterwanderung zu helfen. Priester sandten regelmäßig Berichte an den Vatikan über alles, was sich ereignete. In Ländern wie den Philippinen, wo die Kommunisten versuchten, in eine seit langem einheitlich katholische Nation einzudringen, konnte der CIA so effektive Gegenangriffe einleiten. Der Papst sah Gewalt als unvermeidlich an und war der Ansicht, daß die Welt ohne das, wie er sich ausdrückte, »bedauerliche, aber notwendige« Handeln der USA weitere Jahrzehnte des Leids würde ertragen müssen.

1960 gelang dem CIA ein weiterer Durchbruch, als der Mailänder Kardinal Montini, der spätere Papst Paul VI., dem CIA eine Liste mit den Namen amerikanischer Priester übergab, die der Vatikan für unsichere Kantonisten gegenüber dem Kommunismus hielt. Der Kalte Krieg hatte damals seinen Höhepunkt erreicht: in Washington grassierte die Paranoia. Das FBI stellte den Priestern nach, viele verließen das Land und gingen nach Mittel- und Südamerika. Der CIA verfügte über einen großen Schmiergeldfonds, die sogenannten »Projektgelder«. Daraus wurden großzügige Spenden an katholische Wohltätigkeitseinrichtungen, Schulen und Waisenhäuser sowie zur Erhaltung von katholischen Kirchen gezahlt. Priester und Nonnen, deren proamerikanische Haltung zweifelsfrei feststand, konnten auf Kosten der Organisation umsonst Urlaub machen. Italienische Bischöfe und Kardinäle erhielten kistenweise Champagner und Freßkörbe voll Delikatessen in einem Land, das sich gerade erst mühsam von der Lebensmittelknappheit des Zweiten Weltkriegs erholte. Die einander ablösenden CIA-Büroleiter wurden vom Vatikan als wichtigere Personen betrachtet als die jeweiligen US-Botschafter bei der italienischen Regierung.

Als Johannes XXIII. 1958 zum Papst gewählt wurde, verblüffte er die Kurie, die Verwaltung des Vatikan, mit dem Satz, der Kreuzzug gegen den Kommunismus sei im wesentlichen gescheitert. Er verpflichtete die italienischen Bischöfe zu »politischer Neutralität«. Der CIA war außer sich, als der Papst anordnete, der Geheimdienst habe fortan keinen freien Zugang zum Vatikan mehr. Die Panik wuchs, als der CIA erfuhr, daß Johannes XXIII. die Ost-West-Konfrontation beklagte und einen vorsichtigen Dialog mit dem sowjetischen Parteiführer Nikita Chruschtschow aufnahm. Für den römischen Büroleiter der CIA war der Vatikan »nicht länger zuverlässig dem amerikanischen Kurs verpflichtet. Der Heilige Stuhl handelt unfreundlich, und wir müssen seine Aktivitäten künftig in diesem Licht sehen.«

CIA-Auswerter in Washington legten Denkschriften mit so pompösen Titeln wie *Die Verbindungen zwischen dem Vatikan und dem Kommunismus* vor. Im Frühjahr 1963 berichtete das römische Büro, der Heilige Stuhl wolle uneingeschränkte diplomatische Beziehungen zur Sowjetunion aufnehmen. Daraufhin flog CIA-Direktor John McCone nach Rom und kämpfte sich zu einer Audienz beim Heiligen Vater vor. Er sei auf dringenden Wunsch von John F. Kennedy, des ersten katholischen Präsidenten der USA, in Rom, sagte er dem Papst. McCone erklärte Johannes XXIII., die Kirche dürfe sich nicht weiter »auf den Kommunismus zubewegen«. Es sei gefährlich und unakzeptabel, mit dem Kreml zu feilschen. Der Kommunismus sei »ein Trojanisches Pferd, wie die jüngsten Siege der Linken bei den italienischen Parlamentswahlen beweisen. Einmal an der Macht, schaffen die Kommunisten viele der Regelungen ab, für die sich die katholischen Parteien einsetzen.«

Zehn Minuten lang redete McCone ohne Unterbrechung in seiner schroffen Weise auf den Papst ein. Dann herrschte Stille im Audienzsaal des Vatikan. Einen Moment lang betrachtete sich Johannes XXIII. seinen großen, asketischen Besucher. Dann erklärte er mit leiser Stimme, die Kirche, an deren Spitze er stehe, habe eine dringende Pflicht: die Armut zu überwinden, die Verweigerung der Menschenrechte zu bekämpfen, gegen Slums und Barackenstädte vorzugehen, Rassismus und politischer Unterdrückung ein Ende zu setzen. Er werde mit jedem sprechen, der dabei Hilfe leisten könnte – auch mit den Sowjets. Der einzige Weg, sich der Herausforderung des Kommunismus zu stellen, liege darin, ihm mit vernünftigen Argumenten zu begegnen.

McCone konnte seine Wut nicht länger unterdrücken. »Ich bin nicht hier, um zu diskutieren«, sagte er und erklärte weiter, der CIA besäße ausreichende Beweise dafür, daß der Kommunismus im Ostblock, in Asien und Südamerika die Priester verfolge, während der Papst seine Entspannungspolitik mit Moskau betreibe. Johannes XXIII. erwiderte, das sei nur ein weiterer Grund, um ein besseres Verhältnis zu den Sowjets anzustreben. McCone mußte sich geschlagen geben. Er kehrte mit der Überzeugung nach Washington zurück, Johannes XXIII. sei »dem Kommunismus gegenüber nachgiebiger als jemals ein Papst vor ihm.«

Über den Tod des Heiligen Vaters, mit dem wegen einer rasch voranschreitenden Krebserkrankung gerechnet worden war, waren McCone und Präsident Kennedy erleichtert.

Als der Mailänder Kardinal Montini im Herbst 1963 als Paul VI. zum Papst gewählt wurde, atmete man in Washington auf. Zwei Tage nach seiner Inthronisation empfing der neue Papst US-Präsident Kennedy zu einer Privataudienz. Draußen streunte McCone durch die vatikanischen Gärten wie ein Gutsbesitzer, der nach langer Abwesenheit wieder auf sein Anwesen zurückgekehrt war.

Pauls VI. langes Pontifikat war von seinem sich verschlechternden Gesundheitszustand und vom Vietnamkrieg überschattet. Paul VI. gelangte zu der Überzeugung, daß die Eskalation des Konfliktes, die Mitte der sechziger Jahre unter Präsident Lyndon B. Johnson eingesetzt hatte, ein moralischer Fehler war und der Heilige Stuhl die Rolle des Friedensstifters spielen sollte. Drei Monate nachdem Richard Nixon im Oval Office Platz genommen hatte, reiste er nach Rom, um den Papst zu treffen. Der neue Präsident erklärte, er werde die amerikanische Beteiligung am Vietnamkrieg verstärken. Wieder einmal war der CIA im Vatikan nicht gern gesehen.

All dies wußte Zwi Zamir von seinem *Katsa* in Washington. Jetzt, an diesem strahlend schönen Morgen des 10. Januar 1973, als er mit seinen beiden Mitarbeitern zum Vatikan fuhr, um die Sicherheitsvorkehrungen für den Besuch Golda Meirs zu überprüfen, hoffte er, der Mossad könnte am Ende die Rolle einnehmen, die in dem langandauernden Flirt des Vatikan mit auswärtigen Geheimdiensten einst der CIA innegehabt hatte.

Außerhalb des päpstlichen Palastes erwartete sie der Sicherheitchef des Vatikan, ein großer Mann mit verkniffenen Gesichtszügen und dunkelblauem Anzug, der Uniform der Vigili, des vatikanischen Sicherheitsdienstes. Mehrere Stunden lang führte er sie durch seinen Zwergstaat und überprüfte mit ihnen mögliche Plätze, an denen ein arabischer Schütze Posten beziehen könnte, um Golda Meir zu erschießen. Was der vatikanische Sicherheitchef nicht wußte, war, daß Zwi Zamir gleichzeitig nach Orten Ausschau hielt, wo der Mossad Wanzen installieren könnte, wenn er erst einmal ein Arbeitsverhältnis zum Vatikan hergestellt hätte. Zufrieden mit den Sicherheitsvorkehrungen des Stadtstaats kehrte Zamir nach Tel Aviv zurück. Von noch größerer Bedeutung war, daß er glaubte, in der Haltung des Heiligen Stuhls gegenüber Israel Anzeichen für eine Verständigung erkennen zu können.

Noch bevor Zamir in Israel gelandet war, kannte der Schwarze September die Details über den geplanten Besuch Golda Meirs. Die undichte Stelle war höchstwahrscheinlich ein pro-arabischer Priester im vatikanischen Staatssekretariat. Für Ali Hassan Salameh, den Anführer der Terrororganisation, bot sich eine günstige Gelegenheit zum Zuschlagen, die er nicht vorbeigehen lassen konnte, auch wenn er als Drahtzieher des Massakers von München auf der Flucht vor dem Mossad war. Es müßte möglich sein, Golda Meirs Flugzeug mit Raketen anzugreifen, sobald die Maschine auf dem römischen Flughafen Leonardo da Vinci landete. Salameh hoffte, dabei nicht nur die Ministerpräsidentin zu töten, sondern auch einige Minister und führende Mossadleute, die sie sicherlich auf dieser Reise begleiten würden. Bis sich Israel von diesem Schlag erholt hätte, wären er und seine Männer längst in dem sicheren Versteck, über das er gerade mit den Russen verhandelte.

Seit 1968 hatte eine nach dem Zweiten Weltkrieg geborene Generation der etablierten Gesellschaft den Kampf angesagt. Der Kreml erkannte schnell die Nützlichkeit so unterschiedlicher Organisationen wie der italienischen Roten Brigaden, der deutschen RAF, der türkischen Volksbefreiungsarmee, der baskischen ETA oder der PLO im Kampf gegen den »Imperialismus« – und gegen Israel.
Die arabischen Terroristen hatte der KGB besonders ins Herz geschlossen: Sie waren wagemutiger und erfolgreicher als die meisten anderen Gruppen. Und sie traten einem besonders mächtigen Feind entgegen, dem Mossad, den der KGB seit langem haßte und zugleich wegen seiner Kaltblütigkeit insgeheim bewunderte. Der KGB sorgte dafür, daß ausgewählte arabische Aktivisten an der Moskauer »Patrice-Lumumba-Universität« ausgebildet wurden. Das war keine normale Universität, sondern eine Institution, wo Terroristen den letzten Schliff erhielten. Neben politischer Indoktrination wurden die Studenten mit den neuesten Methoden des KGB bei der Auswahl terroristischer Ziele und bei Mordanschlägen vertraut gemacht. Hier hatte Salameh die letzten Einzelheiten des Überfalls auf die israelische Olympiamannschaft ausgearbeitet. Nach dem Münchner Massaker baten Mitglieder der Terrorgruppe um sowjetisches Asyl. Aber die Russen verhielten sich zurückhaltend: Der Anschlag bei der Münchner Olympiade hatte in der Weltöffentlichkeit für so viel Entrüstung gesorgt, daß die Sowjets nicht als Hintermänner des Verbrechens dastehen wollten. Sie hatten Salameh mit-

geteilt, daß über den Antrag auf Asyl für ihn und seine Männer noch nicht entschieden sei.

Andererseits hatten die Russen bei der Jagd auf die Leute des Schwarzen September auch nicht kooperiert – und schon gar nicht enthüllt, daß die Terrororganisation in Jugoslawien ein geheimes Lager mit sowjetischen Raketen unterhielt. Diese Raketen sollten nun eingesetzt werden, um das Flugzeug mit Golda Meir an Bord abzuschießen.

Der Plan war so kühn und simpel wie alle Pläne, die Salameh ausgearbeitet hatte. Die Geschosse sollten in Dubrovnik auf ein Boot verladen und über die Adria nach Bari an der italienischen Ostküste gebracht werden. Von dort würden sie kurz vor der Ankunft Golda Meirs nach Rom transportiert werden. Salameh hatte die strategische Lehre nicht vergessen, die ihm sein Ausbilder an der Lumumba-Universität mit auf den Weg gegeben hatte: Sorge dafür, daß dein Feind anderswo sucht. Es galt, bei der Vorbereitung des Anschlags den Mossad von Rom abzulenken.

Am 28. Dezember 1972 griff eine Einheit des Schwarzen September die israelische Botschaft in Bangkok an. Die PLO-Flagge wurde auf dem Gebäude gehißt, und sechs Israelis wurden als Geiseln genommen. Sofort umstellten fünfhundert thailändische Polizisten und Soldaten das Gebäude. Die Terroristen forderten, daß Israel 36 PLO-Gefangene freilassen sollte, andernfalls würden die Geiseln getötet. In Tel Aviv entfaltete sich ein schon vertrautes Szenario. Das Kabinett trat zu einer Krisensitzung zusammen. Es gab die üblichen Diskussionen, ob man hart bleiben oder nachgeben sollte. Die Erinnerung an Entebbe wurde wach. Ließe sich die damalige Operation nicht wiederholen? Zwi Zamir schloß das aus. Ein Einsatz in Bangkok würde eine logistische Unterstützung erfordern, die auf dieser Route mit ihren überwiegend feindlichen Staaten nicht möglich war. Zudem war der Flughafen von Entebbe ein isoliertes, abgelegenes Ziel gewesen, während die Botschaft mitten im Stadtzentrum von Bangkok lag. Die thailändische Regierung würde angesichts einer drohenden Schießerei auf offener Straße niemals ihre Zustimmung zu einem Einsatz geben. Dann stimmten in Bangkok nach nur kurzer Verhandlung die Terroristen überraschend dem thailändischen Vorschlag zu, das Land nach Freilassung aller Geiseln unter sicherem Geleit verlassen zu dürfen. Einige Stunden später flog das Kommando des Schwarzen September nach Kairo ab, wo es verschwand.

Zwi Zamir war erleichtert, daß kein Israeli ums Leben gekommen war. Aber in ihm wuchs der Verdacht, daß an der Botschaftsbesetzung von Bangkok irgend etwas nicht stimmte. Der Schwarze September war gut geschult, hoch motiviert und finanziell bestens ausgestattet. Die Terroristen hatten längst gezeigt, daß sie strategisch geschickt operieren konnten. Sie kannten die Verfahren und Druckmittel, um jede Regierung in die Knie zu zwingen. Warum also hatten sie dieses Mal so schnell aufgegeben? Die Botschaft in Bangkok war ein perfektes Ziel, um öffentliche Aufmerksamkeit zu erregen und weitere Anhänger zu gewinnen. Man durfte davon ausgehen, daß die Auswahl der Zielobjekte nicht dem Zufall überlassen blieb. Alles, was die Gruppe unternahm, war Teil ihres konzentrierten Angriffs auf die Demokratie. Auf dem Gelände der Botschaft waren die Terroristen dem Ratschlag ihres Gurus Che Guevara, den Haß lebendig zu erhalten, gefolgt. Die hilflosen Geiseln hatten Tiraden antisemitischer Beschimpfungen über sich ergehen lassen müssen – und doch könnte das Ganze ein Ablenkungsmanöver gewesen sein. Könnte irgendwo auf der Welt eine andere Operation gegen Israel geplant sein? Wo und wann? Zamir gingen diese Fragen immer noch im Kopf herum, als er mit Golda Meir zu der Pariser Konferenz flog. Auch dort setzte er seine Suche nach einer Antwort fort.

In den Morgenstunden des 14. Januar 1973 kam man der Aufklärung ein Stück näher. Ein *Sajan*, der in der zentralen Telefonvermittlung in Rom arbeitete, wickelte zwei Gespräche ab, die von einem Münztelefon aus geführt wurden, das sich in einem Apartmentblock befand, wo zuweilen PLO-Terroristen übernachteten. Der erste Anruf ging nach Bari, der zweite nach Ostia, der Hafenstadt vor Rom. Die Telefongespräche wurden auf arabisch geführt, und der *Sajan* beherrschte diese Sprache. Der Anrufer sagte, es sei Zeit, »die Geburtstagskerzen für die Feier zu liefern«.

Diese Worte überzeugten Zamir, daß es sich um einen verschlüsselten Befehl im Zusammenhang eines geplanten Terroranschlags handeln müsse. »Geburtstagskerzen«, das konnte sich auf Waffen beziehen, der Assoziation nach am wahrscheinlichsten auf Raketen. Und eine Rakete wäre das ideale Mittel, um Golda Meirs Flugzeug anzugreifen.

Golda Meir zu warnen wäre sinnlos gewesen. Sie kannte keine Furcht. Den Vatikan zu alarmieren konnte bedeuten, daß die Audienz abgesagt würde: Das letzte, was der Heilige Stuhl wünschen konnte, war, in einen Terroranschlag verwickelt zu werden, insbesondere einen, der ihn zwingen könnte, sich von seinen arabischen Freunden zu distanzieren.

Zamir telefonierte mit Hessner und Kauly, den beiden *Katsas*, die ihn in den Vatikan begleitet hatten. Kauly sollte von Mailand nach Rom kommen. Dann nahm Zamir zusammen mit dem kleinen Mossad-Team, das Golda Meir begleitet hatte, das erste Flugzeug nach Rom. Ihre Stimmung war angespannt. Zamir äußerte mit Galgenhumor, Rom könnte für Golda Meir in der Tat zur Ewigen Stadt werden.

In Rom erklärte der Mossad-Chef dem Leiter der italienischen Antiterroreinheit DIGOS seine Sorgen. Dessen Beamte durchsuchten den Apartmentblock, aus dem die Telefonanrufe nach Bari und Ostia gekommen waren. Bei der Durchsuchung einer der Wohnungen tauchte eine russische Betriebsanleitung zum Abschuß einer Rakete auf. Während der gesamten Nacht durchsuchten DIGOS-Einheiten, jeweils in Begleitung eines *Katsa*s, weitere bekannte PLO-Schlupfwinkel. Doch es wurde nichts sonst gefunden, was Zamirs Befürchtungen hätte bestätigen können. Als der Tag anbrach und nur noch wenige Stunden bis zur geplanten Ankunft Golda Meirs blieben, beschloß er, die Suche auf die Umgebung des Flughafens zu konzentrieren.

Kurz nach Sonnenaufgang entdeckte Hessner einen Fiat-Transporter, der auf einem Feld in der Nähe der Rollbahn geparkt war. Der *Katsa* befahl dem Fahrer, die Kabine zu verlassen. Statt dessen wurde plötzlich die Hecktür geöffnet und das Feuer auf Hessner eröffnet. Der *Katsa* blieb unverletzt, doch zwei Terroristen im Hinterteil des Wagens wurden schwer verwundet, als er das Feuer erwiderte. Hessner verfolgte den Fahrer zu Fuß und erwischte ihn, als er gerade ein Auto entführen wollte – an dessen Steuer niemand anderer als Kauly saß. Die beiden *Katsas* packten den glücklosen Terroristen in das Auto und rasten davon. Sie fuhren zu Zamirs mobilem Kommandostand, der in einem Lastwagen untergebracht war.

Der Mossad-Chef hatte schon über Funk erfahren, daß sich in dem Fiat-Transporter sechs abschußbereite Raketen befunden hatten. Doch könnten anderswo noch weitere Geschosse stationiert sein? Auf den Fahrer wurde so lange eingeprügelt, bis er den Standort des zweiten Raketensatzes verriet. Zamir hatte den Verdacht, der Fahrer könnte einer der Männer im Hintergrund des Münchner Massakers gewesen sein. Mit hoher Geschwindigkeit rasten Zamir, Hessner und Kauly Richtung Norden, der zusammengeschlagene Terrorist zwischen ihnen.

Sie erspähten einen am Straßenrand geparkten Transporter. Aus dem Dach ragten unverkennbar drei Raketenspitzen. Am Horizont war die ebenfalls unverwechselbare Maschine Golda Meirs zu sehen, eine Boeing 747, deren Aufschrift von der Sonne beleuchtet wurde. Ohne das Tempo zu vermindern, setzte Zamir den Lastwagen als Rammbock ein. Er fuhr dem Transporter der Terroristen voll in die Seite und brachte ihn zum Umstürzen. Die beiden Terroristen in dem Wagen wurden schwer verletzt, als die Raketen auf sie fielen.

Zamir stoppte nur, um den bewußtlosen Fahrer neben den umgestürzten Transporter auf die Straße zu werfen, dann fuhr er davon und benachrichtigte DIGOS von einem »interessanten Unfall, den Sie sich anschauen sollten«. Er hatte kurz daran gedacht, die Terroristen zu töten. Doch das hätte die Audienz Golda Meirs beim Papst schwer belastet.

Golda Meir schrieb später über ihre Audienz bei Paul VI., sie habe den Eindruck, das ganze Gewicht der Welt laste auf den schmalen Schultern des Papstes und drohe, die kleine, weiß gekleidete Gestalt zu erdrücken. Er wolle gern das Heilige Land besuchen, habe er auf ihre Frage geantwortet und von seinem Pontifikat als einer Pilgerfahrt gesprochen. Als sie von der Aufnahme diplomatischer Beziehungen zwischen dem Vatikan und Israel sprach, habe der Papst geseufzt und gesagt, dafür sei »die Zeit noch nicht reif«. Golda Meir überreichte ihm einen in Leder gebundenen Bildband über das Heilige Land, Paul VI. gab ihr ein signiertes Exemplar seiner Enzyklika *Humanae vitae*, in der die Grundsätze seines Pontifikats formuliert waren.

Im Vatikan scheinen die Uhren anders zu gehen als sonst auf der Welt, sagte Golda Meier zu Zwi Zamir, als sie den Vatikan verließen.

De Terroristen des Schwarzen September, die alle zu den Drahtziehern des Massakers an der israelischen Olympiamannschaft gehört hatten, wurden ins Krankenhaus gebracht und nach ihrer Genesung nach Libyen ausgewiesen. Wenige Monate später waren sie tot – liquidiert von Mordkommandos des Mossad.

Die alttestamentarische Abrechnung von Auge um Auge, Zahn um Zahn, die Golda Meir angeordnet hatte, stieß auf das Mißfallen Pauls VI., dessen ganzes Pontifikat in der Macht der Vergebung wurzelte. Die israelische Rache festigte die Bindungen zwischen Vatikan und PLO, an denen auch Johannes Paul II. nach seiner Wahl im Jahre 1978 festhielt.

Seither hatte der Papst Jassir Arafat und dessen wichtigste Mitarbeiter einige Male zu längeren Privataudienzen empfangen, bei denen Johannes Paul II. stets das Heimatrecht der Palästinenser hervorhob. Die PLO, deren Hauptquartier sich jetzt in Tunis befand, unterhielt einen ständigen Verbindungsoffizier beim vatikanischen Staatssekretariat, während Pater Idi Ayad der Bevollmächtigte des Vatikans bei der PLO war.

Die abgewetzte Soutane schleifte im Wüstenstaub, der runde Prälatenhut saß ihm gerade über dem verkniffenen Gesicht. Ayad diente mit gleicher Hingabe dem Papst und der PLO, in seinem Schlafzimmer hingen signierte und gerahmte Fotografien von Johannes Paul II. und Jassir Arafat. Idi Ayad hatte Arafat 1980 beim Entwurf eines Briefs an den Papst geholfen, der diesem gefallen hatte: »Erlauben Sie mir zu träumen. Ich sehe Sie nach Jerusalem kommen, begleitet von zurückkehrenden palästinensischen Flüchtlingen, die Olivenzweige tragen und sie zu Ihren Füßen ausstreuen.«

Ayad hatte vorgeschlagen, daß Arafat und Johannes Paul II. an den jeweiligen Feiertagen Glückwünsche austauschen sollten: Arafat begann mit einer Weihnachtskarte, der Papst übersandte Grüße am Geburtstag des Propheten Muhammad. Der unermüdliche Priester hatte auch das Treffen zwischen dem palästinensischen Außenminister und Kardinal Casaroli, dem Staatssekretär des Vatikans für auswärtige Beziehungen, vermittelt. Danach war der Fachbereich Naher Osten beim Vatikan erweitert worden; die päpstlichen Nuntien, die Botschafter des Vatikans, wurden angewiesen, sich dafür einzusetzen, daß die Regierungen, bei denen sie akkreditiert waren, den Anspruch der PLO auf einen eigenen Staat unterstützten. Diese Politik hatte Israel entsetzt. Die offiziellen Kontakte des jüdischen Staats zum Vatikan beschränkten sich immer noch auf gelegentliche Besuche eines Regierungsvertreters, dem jeweils nur wenige Minuten Audienz gewährt wurden.

Die frostigen Beziehungen hatten ihre Ursache auch in einem bizarren Ereignis, das 1948, kurz nach der Staatsgründung, stattgefunden hatte. Der damalige vatikanische Außenstaatssekretär hatte einen Botschafter zum israelischen Generalstaatsanwalt Chaim Cohn gesandt. Der Vatikan forderte, Israel solle den Prozeß gegen Jesus Christus wiederaufnehmen und das seinerzeitige Urteil aufheben. Danach würde der Vatikan Israel offiziell anerkennen. Cohn war die Wichtigkeit einer solchen diplomatischen Verbindung nicht entgangen. Den Vorschlag des vatikanischen Abgesandten allerdings fand er »über alle Maßen barock. Ein solcher Prozeß wäre ganz sinnlos. Außerdem hatten wir damals ein paar andere Probleme. Wir mußten unser Leben gegen die Angriffe unserer arabischen Nachbarn schützen. An Christi Biographie zu rütteln stand ganz weit unten auf meiner Prioritätenliste.«
Nachdem der Monsignore von Cohn brüsk verabschiedet worden war, drehte der Vatikan Israel vollends den Rücken zu.
Seither hatte es nur einen einzigen Hoffnungsschimmer gegeben, als Johannes Paul I., der zerbrechliche Albino Luciani, während seines nur 33 Tage währenden Pontifikats erklärte, er erwäge die Aufnahme diplomatischer Beziehungen zu Israel. Sein Tod aufgrund eines Herzinfarkts, angeblich verursacht durch die schwere Bürde seines Amts, hatte zur Wahl Karol Wojtylas geführt. Unter dessen Pontifikat blieb

die Bronzetür des Vatikan für Israel so gut wie verschlossen, während sich der Papst immer weiter in die internationale Politik hinauswagte, ermutigt durch die wiederhergestellten Beziehungen zum CIA.

Im Jahre 1981 war William Casey, ein frommer Katholik, CIA- Direktor geworden. Er war unter den ersten gewesen, die der neue Papst in Privataudienz empfangen hatte. Casey hatte vor dem charismatischen Papst aus Polen gekniet und den Fischerring an dessen Finger geküßt. In jedem Wort und jeder Geste zeigte sich der CIA-Direktor als demütiger Bittsteller, anders als seine großspurigen und hartgesottenen Vorgänger. Doch wie sie und wie der Papst empfand Casey tiefes Mißtrauen und tiefe Furcht vor dem Kommunismus.

Über eine Stunde lang sprachen die beiden Männer über Themen, die ihnen am Herzen lagen. Welchen Weg sollte die Ostpolitik einschlagen? Wie würde das polnische Regime, wie würde die Sowjetunion auf den Richtungswechsel innerhalb der katholischen Kirche reagieren, den die Wahl Wojtylas bedeutete? Casey verließ den Audienzsaal mit dem festen Eindruck, dieser Papst sei kein Mann fauler Kompromisse. Das gerade machte sein Charisma aus. Seine unerschütterlichen Glaubenssätze wären die beste mögliche Antwort auf die alte Frage nach den Divisionen des Papstes, die angeblich auf Stalin zurückging. Johannes Paul II., so glaubte Casey, wäre genau der richtige Mann, um zu beweisen, daß der Glaube mächtiger sein könnte als alle Armeen.

Casey kehrte nach Washington zurück, um Präsident Reagan zu informieren. Mit einer vom Präsidenten gebilligten geheimen Erklärung wurde der CIA-Direktor erneut nach Rom zurückgeschickt. In Zukunft würde der Papst über alle Schritte der amerikanischen Politik informiert werden – auf politischem, wirtschaftlichem und militärischem Gebiet.

Jeden Freitag abend überbrachte der CIA-Bürochef in Rom dem Vatikan die neuesten geheimen Daten, die durch Satellitenüberwachung und elektronische Lauschangriffe von CIA-Agenten ermittelt worden waren. Außer dem Papst erhielt kein anderer ausländischer Staatsführer diese Informationen. Damit konnte dieser politischste aller Päpste der Neuzeit der Kirche und der Welt seinen unverwechselbaren Stil und seine Autorität aufdrücken. Die päpstliche Diplomatie, das politische Herzstück der hochzentralisierten vatikanischen Bürokratie, war mehr denn je in ihrer fünfhundertjährigen Geschichte in das Weltgeschehen einbezogen. Daß er nun zu den mächtigsten Männern der Welt gehörte, hätte den Papst fast das Leben gekostet. Der Mordanschlag geschah am 13. Mai 1981 auf dem Petersplatz.

Zweieinhalb Jahre später, am 15. November 1983, in einer kalten Winternacht, erhielt Johannes Paul II. in Rom die Antwort auf die Frage, die ihn immer noch beschäftigte: Wer stand hinter dem Anschlag? Alles, was geschehen war, hatte sich tief in sein Gedächtnis eingebrannt und blieb so gegenwärtig wie die Narben der Schußverletzungen, die er davongetragen hatte.

An jenem Mittwoch nachmittag des 13. Mai 1981 waren etwa hunderttausend Menschen auf dem Petersplatz versammelt. Sie standen innerhalb des Dreiviertelrunds, das von Berninis Kolonnaden mit ihren 284 Säulen, 88 Pilastern und 162 Heiligenstatuen umgrenzt wird. Eine abgesperrte Route markierte den Weg, den das Papamobil bis zur Plattform zurücklegen sollte, von der aus Johannes Paul II. seine wöchentliche Ansprache hielt. Feiertagsstimmung herrschte, und mancher Besucher fragte sich, was wohl der Heilige Vater so kurz vor der Ansprache gerade in seinen Gemächern tut.

Was im Kopf des dunkelhäutigen jungen Türken Mehmet Ali Agca vorging, bleibt ein Rätsel. Er war am frühen Nachmittag auf dem Platz angekommen und hatte sich seinen Weg in die Nähe der Absperrung gebahnt, hinter der das Papamobil entlangrollen würde. Agca war in der Türkei Mitglied der faschistischen Terrorgruppe Graue Wölfe gewesen, hatte die Gruppe dann aber verlassen und verschiedene Ausbildungslager islamisch-fundamentalistischer Terroristen im Nahen Osten besucht. Nun näherte sich seine Reise ihrem Ende. Agca war nicht auf den Petersplatz gekommen, um den Papst zu verehren, sondern um ihn zu töten.

Um 16 Uhr hatte der Papst eine frisch gestärkte, weiße Seidensoutane angelegt. Auf Rat des CIA war das Kleidungsstück geschickt abgeändert worden, so daß Johannes Paul II. darunter eine kugelsichere Weste tragen könnte, ohne daß man das sah. Bei seinem letzten Vatikanbesuch hatte Casey den Papst gewarnt, daß »in diesen verrückten

Zeiten nicht einmal der Papst vor einem Anschlag sicher sei. Ich erklärte ihm, wir hätten keine sicheren Beweise, daß er in Gefahr wäre. Aber Johannes Paul war eine sehr umstrittene Figur, und es war durchaus denkbar, daß ein Fanatiker versuchen könnte, ihn zu ermorden.«

Der Papst aber weigerte sich, Schutzkleidung zu tragen. Der bloße Gedanke, so erklärte er Monsignore John Magee, seinem englischsprachigen Sekretär, laufe all dem zuwider, wofür sein Pontifikat stand.

Um 16.50 Uhr ging Johannes Paul II. in den San-Damaso-Hof innerhalb des Vatikanspalastes hinab. Camillo Cibin, der Sicherheitschef des Vatikans, konnte diesen Punkt auf dem genau ausgearbeiteten Plan abhaken, der den Tageslauf des Papstes regierte. In der Jacke seines stahlgrauen Maßanzugs hatte Cibin ein kleines leistungsstarkes Funktelefon, das ihn mit dem Hauptquartier der römischen Polizei verband. Der eigentliche Schutz des Papstes aber oblag den Vigili in ihren blauen Anzügen. Diese kleine, aber bestens ausgebildete Sicherheitstruppe des Vatikan stand wachsam hinter der zeremoniellen Schweizergarde, die bereits auf dem Petersplatz Posten bezogen hatte.

Im Hof parkte das Papamobil, die *campagnola*, mit ihrem weißen Ledersitz und dem Haltegriff, an dem sich der Papst festhalten konnte, während er stehend durch die Menge auf dem riesigen Platz fuhr. Um das Fahrzeug standen die führenden Männer des päpstlichen Stabs. Magee erinnerte sich später, daß Johannes Paul »in ausnehmend guter Verfassung« war.

Genau um 17 Uhr fuhr das Papamobil ab. Draußen begann die Menge zu applaudieren. Als das Papamobil sich dem Glockenbogen näherte, postierte sich zusätzlich zu den Vigili römische Stadtpolizei unmittelbar vor und hinter dem Fahrzeug. Die versammelte Menge brach in Jubel aus, als das Papamobil auf den Petersplatz einfuhr. Johannes Paul winkte und lächelte; seit seiner Jugendzeit, als er in Polen Theater gespielt hatte, kannte er seine Bühnenwirkungen genau.

Mit einer Geschwindigkeit von 5 km pro Stunde fuhr das Fahrzeug auf den ägyptischen Obelisken in der Mitte des Platzes zu, während sich der Papst immer wieder von der einen Seite zur anderen wandte.

Um 17.15 Uhr genau begann das Papamobil unter Cibins wachsamen Augen eine zweite Runde zu drehen. Der Sicherheitschef schritt hinter dem Fahrzeug einher. Unter tosendem Beifall der Menge tat der impulsive Papst nun etwas, was Cibin stets nervös machte. Er griff sich ein kleines Kind aus der Menge heraus, küßte und segnete das Mädchen, um es dann dessen verzückter Mutter zurückzureichen. Das gehörte zu Papst Wojtylas üblichem Repertoire. Cibins Sorge war, daß sich einmal ein Kind dem Griff des Papstes entwinden und hinfallen könnte, was ein unschöner Unfall wäre. Doch der Papst hatte diese Bedenken von sich gewiesen.

Um 17.17 Uhr beugte sich der Papst erneut aus seinem Papamobil, um den Scheitel eines anderen, in Kommunionsweiß gekleideten kleinen Mädchens zu berühren. Danach richtete er sich auf und schaute herum, als überlege er, wen er sonst noch begrüßen könnte. Selbst in der größten Menge sollten die Menschen das Gefühl haben, dem Papst persönlich begegnet zu sein.

Am wenigsten dachte der Papst in diesem Augenblick an die gefährlichen Situationen, die er bei anderen Auftritten erlebt hatte. Nur drei Monate zuvor, am 16. Februar 1981, war im städtischen Stadion des pakistanischen Karatschi eine Bombe explodiert, kurz bevor er zu den Gläubigen gehen wollte. Im Januar 1980 hatte der französische Geheimdienst vor einem kommunistischen Mordkomplott gewarnt. Das war nur eine von vielen Drohungen gegen das Leben des Papstes, die der Vatikan erhalten hatte. Alle Drohungen hatte man so weit wie möglich untersucht. Magee erklärte: »In Wahrheit konnten wir nur dasitzen und warten. Die einzige Möglichkeit wäre, den Papst in einen kugelsicheren Käfig einzuschließen, wann immer er in der Öffentlichkeit auftritt. Und dem hätte der Heilige Vater nie zugestimmt.«

Um 17.18 Uhr fiel der erste Schuß auf dem Petersplatz.

Johannes Paul blieb aufrecht stehen, die Hände immer noch an den Haltegriff geklammert. Dann begann er zu schwanken. Mehmet Ali Agcas erste Kugel hatte die Bauchdecke durchschlagen und starke Verletzungen des Dick- und Dünndarms sowie des Gewebes hervorgerufen, das die Eingeweide an der Bauchwand stützt. Instinktiv hielt der Papst seine Hand vor die Einschußwunde, um das austretende

Blut zurückzuhalten. Sein Gesicht verzerrte sich vor Schmerz, während er langsam in sich zusammensank. Nur Sekunden waren seit dem ersten Schuß vergangen.

Agcas zweite Kugel traf Johannes Paul II. in die rechte Hand, die kraftlos zur Seite fiel. Rotes Blut strömte über die weiße Soutane. Ein drittes 9-mm-Geschoß traf den Papst in den rechten Oberarm.

Der Fahrer des Papamobil drehte sich auf seinem Sitz nach hinten. Sein Mund stand offen, er war unfähig, ein Wort zu sagen. Cibin schrie ihm zu, weiterzufahren. Ein Leibwächter schützte den verletzten Papst mit seinem Körper. Das Fahrzeug setzte sich langsam in Gang. Die versammelte Menschenmenge schwankte, als hätte sie ein gewaltiger Wind erfaßt. Ein entsetzlicher Satz flog von der Szene des Anschlags zu den entfernter Stehenden. Ein Satz, in vielen Sprachen gerufen: »Der Papst ist erschossen worden.«

Cibin, die Sicherheitsmänner des Vatikan und die römischen Polizisten schwenkten ihre Waffen und kommandierten ihre Männer dahin und dorthin, um den Schützen zu finden. Agca bahnte sich seinen Weg durch die Menge. Er rannte sehr schnell, die Pistole immer noch in der rechten Hand. Die Menge stob vor der entsicherten Waffe auseinander. Dann warf er die Waffe weg. Im gleichen Augenblick stellte ihm jemand ein Bein. Ein römischer Polizeioffizier packte ihn, und einen Augenblick später waren beide unter anderen Polizisten begraben. Die Szene erinnerte an ein Rugbyspiel. Mehrere Polizisten prügelten auf Agca ein, bevor er in ein Polizeifahrzeug gezerrt wurde.

Das Papamobil fuhr unterdessen beängstigend langsam auf den nächsten Ambulanzwagen zu, der vor der Bronzetür des Vatikan stand. Doch dieser Krankenwagen hatte kein Sauerstoffgerät, deshalb wurde der Papst zu einem anderen Krankenwagen gebracht. Lebenswichtige Zeit ging verloren.

Mit Blaulicht und Sirenengeheul raste der Krankenwagen zum Gemelli-Hospital, dem nächstgelegenen römischen Krankenhaus. Die Fahrt wurde in einer Rekordzeit von acht Minuten bewältigt. Während der Fahrt äußerte der Papst weder Verzweiflung noch Haß, sondern betete Ave Marias.

Im Krankenhaus wurde er sofort in die Chirurgie im neunten Stock gebracht, wo es einen Eingangsraum, den Operationssaal und einen

Ausruhbereich gab. Hier, auf dem Höhepunkt der Krise, gab es keine Panik, keine überflüssigen Bewegungen und Worte. Alles war ruhige Durchführung von Notmaßnahmen und strikte Disziplin. Hier konnte der verletzte Papst wieder Hoffnung schöpfen.

Die blutige Soutane, Unterhemd und Unterhose wurden fachmännisch aufgeschnitten. Das blutbefleckte Kreuz an der goldenen Kette wurde abgenommen. Verbandstücher wurden über die Blöße gepackt. Hände in Operationshandschuhen griffen nach den Instrumenten, die in einem Kampf benötigt wurden, den das Chirurgenteam nur zu gut aus Erfahrung kannte.

Als Johannes Paul II. nach einer fast sechsstündigen Operation wieder zu Bewußtsein kam, glaubte er sich durch das wundertätige Eingreifen einer der verehrtesten Erscheinungen in der katholischen Welt gerettet, der Jungfrau von Fatima, deren Festtag genau der Tag des Anschlags war.

Während der langen Genesungsmonate beschäftigte den Papst die Frage, wer befohlen haben könnte, ihn zu ermorden. Er las in den Ermittlungsakten der Polizei, des CIA, des Bundesnachrichtendienstes und der Geheimdienste der Türkei und Österreichs. Alles freilich konnte er nicht lesen: Die Akten umfaßten viele tausend Seiten.

Kein einziges dieser Dokumente konnte die Frage beantworten, in wessen Auftrag der Papst ermordet werden sollte. Auch der Prozeß gegen Agca, der in der letzten Juliwoche 1981 vor dem römischen Schwurgericht stattfand, brachte nicht mehr Licht in die Sache. Das nur drei Tage dauernde Gerichtsverfahren ließ die Motive des Attentäters im dunkeln. Agca wurde zu lebenslänglichem Gefängnis verurteilt; bei guter Führung kann er frühestens im Jahre 2009 einen Antrag auf Begnadigung stellen.

Erst zwei Jahre nach der Verurteilung des Attentäters wurde dem Papst die Antwort auf die Frage versprochen, die ihn immer noch beschäftigte. Das Versprechen kam von dem Priester, dem er mehr als allen anderen vertraute. Sein Titel lautete *Nunzio Apostolico Con Incarichi Speciali*, päpstlicher Nuntius mit Spezialauftrag, ein Titel, der keinen wirklichen Rückschluß auf den Aufgabenbereich von Erzbischof Luigi Poggi zuließ. Denn der war die eigentliche Anlaufstelle der päpstlichen Geheimpolitik. Insbesondere war er für das Sammeln von Informationen aus dem Ostblock zuständig. Die Leute im Vatikan nannten ihn einfach »den Spion des Papstes«.

Viele Monate lang hatte Poggi streng geheime Kontakte mit dem Mossad unterhalten. Erst nachdem hinreichende Fortschritte erzielt worden waren, hatte er den Papst über seine Aktivitäten unterrichtet. Johannes Paul II. hatte ihn beauftragt weiterzumachen. Seither hatte er sich in Wien, Paris, Warschau und Sofia mit einem Mossad- Offizier getroffen. Der Priester und der *Katsa* wollten klären, was ihnen angeboten und was verlangt wurde. Nach jedem Kontakt gingen sie auseinander, um mit ihren jeweiligen Leuten den nächsten Schritt zu beraten.

Vor wenigen Tagen hatte es ein neues Treffen gegeben, wieder in Wien, eine Stadt, die sowohl Poggi als auch der Geheimdienstmann als Hintergrund für ihre heimlichen Kontakte schätzten.

Von jenem Treffen kehrte Erzbischof Poggi in dieser eiskalten Novembernacht 1983 in den Vatikan zurück. Er hatte die Antwort auf die Frage, die den Papst beschäftigte: Wer hatte Agca den Mordauftrag gegeben?

Kapitel 12

GESEGNET SIND
DIE HERREN DER SPIONE

Eine der massiven Türen des Glockenbogens war bereits geschlossen. Das allnächtliche Ritual, alle Türen des Vatikan Schlag Mitternacht zu verschließen, hatte gerade begonnen, als der dunkelblaue Fiat über das Kopfsteinpflaster holperte. Im Lichtkegel der Autoscheinwerfer wurden zwei Posten der Schweizergarde sichtbar, die gegen die Kälte in ihre Umhänge gehüllt waren. Hinter ihnen stand ein Angehöriger der Vigili. Einer der Wachtposten trat vor. Den Arm halb grüßend erhoben, bedeutete er dem Fahrer anzuhalten. Das Auto wurde erwartet, hinter dem Lenkrad zeigte sich das bekannte Gesicht eines Fahrers des Vatikans. Doch seit dem Mordanschlag gegen den Papst nahmen die Wachen es sehr genau.

Der Chauffeur hatte eine Stunde am Flughafen auf die Maschine aus Wien warten müssen, die wegen des schlechten Wetters Verspätung hatte. Der Wachtposten trat zurück, nachdem er zu dem Insassen im tiefen Schatten des Fonds gewandt salutiert hatte. Der Gruß wurde nicht erwidert.

Das Auto fuhr an der Seite des Petersdoms entlang und rüttelte über die Kopfsteine des San-Damaso-Hofs, bevor es vor dem Haupteingang des Vatikanspalastes anhielt. Der Fahrer sprang hinaus und öffnete seinem Fahrgast die Tür. Erzbischof Luigi Poggi entstieg dem Wagen, in strenges Schwarz gekleidet, ein Schal verdeckte den leuchtend weißen Kragen. Seine Statur ähnelte der von Rafi Eitan: die gleichen kräftigen Schultern und Oberarme, der gleiche rollende Gang. Seine dunklen Augen blickten so kalt, wie diese Nacht es war.

Wie üblich war Poggi nur mit einem kleinen Lederkoffer für seine persönlichen Sachen und einer Aktentasche mit Kombinationsschloß gereist. Er witzelte manchmal, er schlafe häufiger in Flugzeugsitzen als in seinem Bett in der geräumigen Wohnung im rückwärtigen Flügel des Vatikanspalastes.

Wenige Treffen der letzten Zeit konnten sich vom Ergebnis her mit dem messen, das gerade im alten jüdischen Viertel in Wien stattgefunden hatte. In dem kleinen steilgiebligen Haus, nur einige Blocks vom Büro des Nazijägers Simon Wiesenthal entfernt, hatte der Erzbischof gebannt einem Mann zugehört, der vereinbarungsgemäß nur seinen Vornamen nannte – Eli.

Poggi war mittlerweile mit den Sicherheitsvorkehrungen des Mossad vertraut. Kein anderer Dienst verfuhr in diesen Dingen so strikt. Alles, was er von Eli wußte, war, daß dieser mehrere Sprachen beherrschte und daß er die Frage beantworten konnte, wer das Attentat gegen den Papst in Szene gesetzt hatte.

Auch Poggis Arbeit war so geheim, daß der Annuario Pontificio, das Verzeichnis der Namen und Aufgaben aller vatikanischen Angestellten, keinen Hinweis darauf bot, daß der Erzbischof seit mehr als zwanzig Jahren seine eigenen bewährten und streng geheimen Kontakte aufgebaut hatte, die bis in den Kreml, bis nach Washington und bis in die Machtzentralen der europäischen Länder reichten. Poggi war unter den ersten gewesen, die wußten, daß der sowjetische Parteichef Juri Andropow ohne Aussicht auf Heilung an chronischer Hepatitis, einer Leberentzündung, litt. Poggi war in der sowjetischen Botschaft in Genf, einem Stadtpalais aus dem 19. Jahrhundert, mit dem besten Wodka und dem feinsten Kaviar bewirtet worden, Delikatessen, die der Kirchenmann zu schätzen wußte. Dort hatte er aus erster Hand erfahren, daß Moskau bereit wäre, seine auf Westeuropa gerichteten atomaren Sprengköpfe abzubauen, falls Washington sich bei den Abrüstungsverhandlungen etwas nachgiebiger zeige. Diese Nachricht war beim nächsten freitäglichen Zusammentreffen vom Papst an den CIA-Bürochef in Rom weitergegeben worden. Mehr als zwei Jahrzehnte lang hatte Poggi die katholischen Oberhirten mit Nachrichten versorgt, die es ihnen erleichterten, Informationen aus anderen Quellen richtig einzuschätzen. Aus Dutzenden von Quellen in fast ebenso vielen Sprachen, die er meist fließend beherrschte, pflegte sich der Erzbischof ein abgewogenes und schnelles Urteil zu bilden, eine Fähigkeit, die selbst unter Diplomaten selten war.

Bei seinem nächsten Treffen mit Eli sprach Poggi mit der sanften Stimme, die seit langem sein Markenzeichen war. Seine braunen Augen waren wachsam, er schürzte die Lippen, bevor er eine neue Frage stellte, und bei den Antworten zeigte er keine Reaktion.

Jetzt, in jener kalten Winternacht, war sein Gang etwas schleppend; er war zweifellos müde von der anstrengenden Reise. Die wachhabenden Männer der Vigili und der Schweizergarde gingen in Habachtstellung, als er den Vatikanspalast betrat. Poggi nahm den Fahrstuhl in die päpstlichen Gemächer.

Der Diener des Papstes führte den Erzbischof in Johannes Pauls Arbeitszimmer. Die Bücherregale dieses Raums verrieten die vielfältigen Interessen des Papstes. Neben in Leder gebundenen polnischen Ausgaben der Klassiker, neben den Werken von Theologen und Philosophen befanden sich Exemplare der *International Defence Review* und Werke mit so interessanten Titeln wie *Die Probleme der militärischen Einsatzbereitschaft* oder *Militärisches Gleichgewicht und der Überraschungsangriff*. Sie belegten die ungebrochene Überzeugung des Papstes, der Hauptfeind sei auch im Jahr 1983 noch immer der Sowjetkommunismus.

Noch vor dem Beginn des neuen Jahrtausends werde etwas »Entscheidendes« die Welt verändern, hatte Johannes Paul II. seinen persönlichen Mitarbeitern wiederholt prophezeit. Gefragt, was für ein Ereignis er meine, hatte sich der Papst in keine näheren Ausführungen eingelassen. Er hatte bloß seinen mächtigen Kopf geschüttelt und gesagt, sie alle sollten beten, daß die Kirche nicht noch mehr an Boden verliere, weder an den Kommunismus noch an den Säkularismus, der in Ländern wie den USA, Westdeutschland und den Niederlanden herrsche. Er war überzeugt, daß sein Leben auf dem Petersplatz nur deshalb verschont worden war, damit er den Gegenangriff der katholischen Kirche anführen könne.

Poggi wußte, daß diese Sorgen mehr als alles andere den Papst seelisch und körperlich geschwächt hatten. Nach der Begrüßung konnte es Poggi nicht entgehen, daß Johannes Paul sich mehr in sich selbst zurückgezogen hatte, wenn er nicht den Blicken der Öffentlichkeit ausgesetzt war. Agcas Schüsse hatten nicht nur Knochen und Gewebe verletzt, auch seelische Verletzungen waren zurückgeblieben, die den Papst introvertiert und zuweilen abwesend wirken ließen.

Mit beiden Händen auf den Knien, die Positur, die er immer einnahm, wenn er eine wichtige Nachricht mitzuteilen hatte, begann Poggi eine Geschichte zu erzählen, die in den ersten Wochen nach dem Attentat begonnen hatte.

Als die Nachricht vom Attentat auf dem Petersplatz in den Nachmittagsstunden des 13. Mai 1981 Tel Aviv erreichte, glaubte Mossad-Generaldirektor Jitzhak Hofi zunächst an die Tat eines Verrückten. So schockierend das Attentat war, mit den gegenwärtigen Aufgaben des Mossad hatte es nichts zu tun.

Die israelischen Araber radikalisierten sich, während zur gleichen Zeit die jüdischen Extremisten, angeführt von Männern der rechtsextremen Kach-Partei, immer gewalttätiger wurden. Gerade noch rechtzeitig war ein Plan aufgedeckt worden, das höchste Heiligtum der Muslime in Jerusalem, den Felsendom, in die Luft zu sprengen. Welche Konsequenzen ein solcher Anschlag gehabt hätte, war unvorstellbar, ein grausiger Alptraum. Der Krieg im Libanon schleppte sich weiter dahin, trotz unaufhörlicher amerikanischer Vermittlungsversuche zwischen Damaskus, Beirut und Jerusalem. Nicht wenige in der Regierung von Ministerpräsident Begin waren entschlossen, jetzt den Endschlag gegen die PLO zu führen. Immer noch hatte der Mossad den Befehl, Jassir Arafat zu ermorden; im gleichen Monat, als die Schüsse auf den Papst fielen, hatte es zwei gescheiterte Versuche gegeben, den PLO-Führer zu liquidieren.

Die Tatsache, daß offenbar jeder westliche Geheimdienst zu dem Attentat auf den Papst Ermittlungen anstellte, erleichterte Hofis Entscheidung, den israelischen Geheimdienst aus dieser Sache herauszuhalten. Irgendeiner der anderen Dienste würde den Mossad sicher über die Hintergründe der Tat informieren.

Auf diese Erkenntnisse wartete Hofi noch immer, als er im September 1982 von Nahum Admoni abgelöst wurde. Admoni war polnischer Herkunft; seine Eltern waren mittelständische Einwanderer aus der

Nähe von Danzig. Für den Katholizismus hegte er ein mehr als flüchtiges Interesse. In der Zeit, als er verdeckt in den Vereinigten Staaten und in Frankreich gearbeitet hatte, hatte er erfahren, wie mächtig der Einfluß der Kirche tatsächlich war. Rom hatte die Wahl John F. Kennedys unterstützt, des ersten Katholiken im Weißen Haus, und auch in Frankreich spielte die katholische Kirche nach wie vor eine wichtige politische Rolle.

Gleich nachdem Admoni sein neues Amt als Mossad-Chef angetreten hatte, ließ er sich das Dossier über das Papstattentat kommen. Das Dossier enthielt im wesentlichen Zeitungsausschnitte und den Bericht eines in Rom stationierten *Katsas*, der aber auch nicht viel Erhellendes mitzuteilen hatte. Es war ungewöhnlich, daß die sechs Geheimdienste, die Ermittlungen durchgeführt und auch Agca in seiner Zelle im Hochsicherheitstrakt des Rebibbia-Gefängnisses in Rom verhört hatten, ihre Erkenntnisse nicht weitergegeben hatten. Admoni beschloß, der Mossad solle auf eigene Faust ermitteln.

William Casey, der damalige CIA-Direktor, erklärte später, der wahrscheinlichste Grund dafür sei wohl gewesen, daß der Mossad hier »einen Weg in den Vatikan vermutete. Admoni mußte glauben, er könnte etwas herausfinden, was sich an den Heiligen Stuhl verkaufen ließe.«

Nach Golda Meirs erfolglosem Versuch, diplomatische Beziehungen zum Vatikan herzustellen, hatte Zwi Zamir eine ständige Mossad-Präsenz in Rom etabliert, deren Aufgabe es sein sollte, an den Vatikan heranzukommen. Jener *Katsa*, der in einem Gebäude in der Nähe der israelischen Botschaft arbeitete, hatte erfolglos versucht, Priester als Informanten anzuwerben. Das meiste, was er hörte, waren Gerüchte, die er in den Bars und Restaurants aufschnappte, die von Mitarbeitern des Vatikan besucht wurden. Ihm blieb wenig mehr, als neiderfüllt zuzusehen, wie der römische Bürochef des CIA jeden Freitag abend zum Gespräch mit dem Papst in den Vatikan fuhr. Diese regelmäßigen Treffen waren sofort wiederaufgenommen worden, nachdem der Papst von dem Anschlag genesen war.

In der Zwischenzeit hatte Kardinalstaatssekretär Agostino Casaroli die Geschäfte des Vatikan geleitet. Der *Katsa* hatte erfahren, daß sich Casaroli sehr unverblümt geäußert hatte: Der CIA hätte von Agca und dem Mordplan wissen müssen. Diese Äußerung gab der israelische Einsatzoffizier nach Tel Aviv weiter.

Innerhalb der US-Geheimdienste herrschte die Ansicht vor, hinter dem Mordanschlag auf den Papst stehe der KGB. In einem als »streng geheim« eingestuften Schriftstück mit dem Titel »Agcas Mordanschlag auf den Papst: Argumente für eine sowjetische Beteiligung« wurde behauptet, Moskau sei von der Furcht umgetrieben worden, der Papst könne das Feuer des polnischen Nationalismus zum Auflodern bringen.

Schon 1981 ließ die Solidarität, die polnische Arbeiterbewegung unter Führung Lech Walesas, durch Streikaktionen ihre Muskeln spielen. Die polnischen Behörden bekamen den wachsenden Druck aus Moskau zu spüren, wo man forderte, die Gewerkschaft an die Kandare zu nehmen.

Der Papst hatte Walesa beschworen, nichts zu unternehmen, was zu einem direkten militärischen Eingreifen der Sowjetunion führen könnte. Ebenso hatte er den polnischen Kardinalprimas Stefan Wyszinski kurz vor dessen Tod beschworen, den kommunistischen Machthabern zu versichern, der Papst werde die Solidarität davon abhalten, unmäßige Forderungen zu stellen. Als die Gewerkschaft den Generalstreik ausrief, warf sich Wyszinski vor dem verblüfften Werftarbeiter Walesa auf den Boden. Er erklärte, wenn es nötig sei, werde er bis zu seinem Ende vor ihm liegen bleiben. Walesa sagte den Streik ab.

Die Mossad-Auswerter in Tel Aviv kamen zu dem Schluß, daß der Papst die Notwendigkeit sah, die Sowjets über Polens Bündnistreue zu beruhigen. Die Solidarität hatte beträchtlich an Boden gewonnen, der nicht verlorengehen durfte. Es schien immer unwahrscheinlicher, daß Moskau ein Interesse daran gehabt haben konnte, den Papst zu ermorden. Vielleicht hatten die Sowjets den Mordauftrag an den Dienst eines ihrer Satellitenstaaten delegiert. In der Vergangenheit hatte der bulgarische Geheimdienst solche Aufträge für den KGB erledigt, wenn der sich nicht selbst einschalten durfte. Doch die Auswerter hielten es für unwahrscheinlich, daß der KGB einen derart wichtigen Auftrag weitergegeben hätte. Und aus eigenem Entschluß würden die Bulgaren kein Attentat auf den Papst betrieben haben.

Nahum Admoni begann sich mit den Kontakten zwischen dem Papst und dem CIA zu befassen. Zwischen den regelmäßigen Besuchen Caseys beim Papst war John Krol, der Kardinal von Philadelphia, zu einem wichtigen Verbindungsmann zwischen dem Vatikan und dem CIA geworden; er flog zwischen dem Vatikanspalast und dem Weißen Haus hin und her. Für Monsignore John Magee, den englischsprachigen Sekretär Wojtylas, war Krol »der ganz besondere Kumpel des Heiligen Vaters. Beide hatten einen ähnlichen Hintergrund, kannten die polnischen Lieder und Sagen, scherzten an der Tafel miteinander in einem polnischen Dialekt. Wir andern saßen da und lächelten und verstanden kein Wort.«

Bei der ersten Audienz nach der Genesung des Papstes war Casey von Krol begleitet worden. Später hatte der Kardinal dem Papst dann Caseys Stellvertreter Vernon Walters vorgestellt. Die Themen, die seither zwischen dem CIA-Offizier und dem Papst erörtert wurden, reichten vom Terrorismus im Nahen Osten über interne Kirchenfragen bis zum Gesundheitszustand der Herren im Kreml. Richard Allen, ein Katholik und erster Sicherheitsberater Ronald Reagans, meint: »Die Beziehung zwischen dem CIA und dem Papst war eines der großen Bündnisse der Geschichte. Reagan war der tiefen Überzeugung, der Papst werde ihm bei der Veränderung der Welt helfen.«

Jedenfalls gab es gemeinsame Ziele. Papst und Präsident kämpften gegen die Abtreibung. Die USA blockierten Millionen Dollar von Hilfsgeldern für Staaten, die Familienplanungsprogramme durchführten. Mit »vielsagendem Schweigen« unterstützte der Papst die US-Militärpolitik, darunter die Ausrüstung der NATO mit neuen Marschflugkörpern. Der CIA hörte die Telefone von mittelamerikanischen Bischöfen und Priestern ab, die sich für die Befreiungstheologie und gegen die US-gestützten Regimes in Nicaragua und El Salvador einsetzten; die Mitschriften der Telefonate gehörten zu den Dokumenten, die dem Papst jeden Freitag vom römischen CIA-Leiter vorgelegt wurden. Reagan hatte persönlich Oberst Oliver North, der damals für den Nationalen Sicherheitsrat arbeitete, bevollmächtigt, regelmäßige größere Geldzahlungen an Priester in Mittel- und Südamerika, Asien und Afrika zu leisten, die der Vatikan als »loyal« bewertete. Mit diesem Geld konnten die geistlichen Herren ihren oft üppigen Lebensstil finanzieren und den Kampf des Heiligen Stuhls gegen Geburtenkontrolle und Scheidung unterstützen.

Eine der Pflichten des päpstlichen Privatsekretärs Monsignore Emery Kabongo war es, die Liste der genehmen Priester stets auf dem neuesten Stand zu halten. Außerdem mußte er die von dem CIA gelieferten Dokumente einordnen und bei den Geheimtreffen Notizen machen.

Kabongo hatte die Oberherren der US-Spione erstmals am 30. November 1981 getroffen, kurz nachdem Johannes Paul II. seine Amtsgeschäfte wiederaufgenommen hatte. Nachdem Kabongo sich dem Papst zum Morgengebet angeschlossen hatte – 5.15 Uhr zeigte die Standuhr vor der Privatkapelle in den päpstlichen Gemächern –, betraten die beiden Männer das getäfelte Arbeitszimmer, um mit dem stellvertretenden CIA-Direktor Vernon Walters zusammenzutreffen. Kabongo erinnerte sich später:

»Ich nahm meinen üblichen Platz in der Ecke des Raumes ein und legte ein Notizbuch bereit. Ein Dolmetscher war nicht anwesend. General Walters fragte, welche Sprache man verwenden sollte. Seine Heiligkeit sagte, Italienisch wäre recht. Walters richtete zunächst Grüße von Präsident Reagan aus, die der Papst erwiderte. Dann ging man zum Geschäftlichen über. Walters zeigte Satellitenfotos, und Seine Heiligkeit war fasziniert von ihrer Deutlichkeit. Walters erklärte über eine Stunde lang, wie der CIA die jüngsten Pläne der Sowjets einschätzte. Seine Heiligkeit dankte ihm. Am Ende des Treffens zog Walters mehrere Rosenkränze aus der Tasche und bat den Papst, diese zu segnen; sie seien für Verwandte und Freunde bestimmt. Seine Heiligkeit entsprach dem Wunsch.«

Fasziniert von der Fähigkeit des Papstes, von weltlichen zu geistlichen Angelegenheiten zu wechseln, nutzte Admoni seine persönliche Freundschaft mit dem amerikanischen Außenminister Alexander Haig – den er kennengelernt hatte, als er aus der israelischen Botschaft in Washington heraus operierte –, um eine Kopie des von dem CIA angefertigten Psychoprofils von Johannes Paul II. zu erhalten.

Es war das Porträt eines Mannes, dessen Glaubenseifer so stark war, daß er im Gebet aufschreien konnte, den man in seiner Privatkapelle wie einen Toten mit zum Kreuz ausgebreiteten Armen und mit dem Gesicht nach unten liegen sehen konnte. Stunden konnte der Papst in dieser Bauchlage zubringen. Doch ebenso konnte sein Zorn plötzlich ausbrechen und schrecklich sein; dann schrie und tobte er. Seine Kenntnis der Weltpolitik war hervorragend, gleichzeitig aber konnte er unnachgiebig sein wie nur ein Diktator. Johannes Paul II. hatte keine Probleme damit, der Kurie, der Innenverwaltung des Vatikan, entgegenzutreten oder Kardinal Agostino Casaroli, dem seit langem im Dienst befindlichen Staatssekretär für auswärtige Beziehungen. Das Profil schloß mit der Feststellung, Johannes Paul II. »sei stark politisiert durch seine Erfahrungen in Polen und liebe es, als Mitspieler auf der Weltbühne zu agieren«.

Für Nahum Admoni war eines klar: Aufgrund seiner engen Verbindungen mit dem CIA hatte der Papst sich die amerikanische Ansicht zu eigen gemacht, der Kreml habe den Anschlag auf sein Leben organisiert.

Doch wenn sich beweisen ließe, daß diese Theorie falsch war? Wie würde der Papst reagieren? Würde das sein Vertrauen in den CIA erschüttern? Ihn allen Geheimdiensten gegenüber mißtrauisch machen? Oder würde sich die Bronzetür des Vatikans für den israelischen Geheimdienst öffnen und seine Einschätzungen gehört werden? Sicher würde der Mossad nicht als ständiger Berater des Papstes akzeptiert werden. Aber womöglich könnte er helfen, die Haltung des Heiligen Stuhls gegenüber Israel zu revidieren.

Sechs Monate später hatte Admoni die Antwort auf seine erste Frage: Wer hatte den Mordanschlag auf den Papst in Auftrag gegeben? Das Komplott war in Teheran vorbereitet worden, mit voller Billigung von Ajatollah Ruholla Khomeini. Den Papst zu töten sollte der erste Schritt in einem Dschihad sein, einem heiligen Krieg gegen den Westen und seine dekadenten Werte, die von der größten christlichen Kirche gebilligt würden.

In einem Bericht an Admoni hieß es: »Khomeini ist das Musterbeispiel eines religiösen Fanatikers. Er hat die Rolle des göttlichen Lehrers für sein Volk angenommen. Um diesen Mythos aufrechtzuerhalten, wird er zunehmend feindseliger gegen Israel, den Westen und die ganze Welt vorgehen müssen.«

Falls Agca scheitern sollte, hatten seine iranischen Hintermänner

Vorkehrungen getroffen, daß er für einen fanatischen Einzelgänger gehalten würde, indem sie Details seiner Biographie durchsickern ließen. Mehmet Ali Agca stammte aus dem abgelegenen Dorf Yesiltepe in der Osttürkei, wo der islamische Fundamentalismus sehr einflußreich war. Im Alter von neunzehn Jahren hatte er sich den Grauen Wölfen angeschlossen, auf deren Konto zahlreiche Gewalttaten gegen türkische Demokraten gingen. Im Februar 1979 hatte Agca den Herausgeber einer in Istanbul erscheinenden und als pro-westlich geltenden Zeitung ermordet. Agca wurde inhaftiert, konnte aber mit Hilfe der Grauen Wölfe ausbrechen. Am nächsten Tag erhielt die Zeitung einen Drohbrief, der sich gegen den drei Tage später stattfindenden Besuch des Papstes richtete:

»Die westlichen Imperialisten, die fürchten, daß die Türkei und ihre islamischen Brudernationen zu einer politischen, militärischen und ökonomischen Macht im Nahen Osten heranwachsen, senden in diesem schwierigen Augenblick den Kommandanten der Kreuzzüge in die Türkei, Johannes Paul, den sie als religiösen Führer bezeichnen. Wenn dieser Besuch nicht unterbleibt, werde ich den Kommandanten Papst töten.«

Admoni gewann die Überzeugung, daß dieses Schreiben in Teheran formuliert worden war: In Stil und Inhalt stand es weit über den schriftstellerischen Fähigkeiten Agcas, der beinahe ein Analphabet war. Eine Durchsicht der Reden Khomeinis mit Hilfe eines Computers ergab, daß der iranische Revolutionsführer Johannes Paul II. schon früher als »Kommandanten der Kreuzzüge« und »Kommandanten Papst« tituliert hatte.

Die Visite des Papstes in der Türkei verlief ohne Zwischenfall. Agcas Name und Foto wurden an einige Geheimdienste weitergegeben, aber nicht an den Mossad. Otto Kormek, ein Einsatzoffizier des österreichischen Geheimdienstes, der die dortigen Ermittlungen über das Papstattentat leitete, meinte, es sei »nicht nötig, den Mossad zu informieren. Israel war der letzte Ort, wohin Agca hätte fliehen wollen.«

Die Untersuchungen des Mossad hatten ergeben, daß Agca nach seinem Gefängnisausbruch in den Iran gelangt war, wo er mehrere Monate lang in verschiedenen Ausbildungslagern indoktriniert wurde.

Von Informanten in diesen Lagern hatte sich der Mossad ein Bild von Agcas dortigem Leben gemacht.

Er stand vor Sonnenaufgang auf. Die kleinen, tiefliegenden, rotunterlaufenen Augen in dem schmalen Gesicht blickten schon munter, als die anderen Rekruten erwachten. Das erste Tageslicht zeigte die Poster an den Wänden der Hütte: Fotos von Ajatollah Khomeini und revolutionäre Parolen, die den Fanatismus der Rekruten weiter anstachelen sollten. Dem gleichen Zweck dienten die über Lautsprecher abgespielten Revolutionslieder.

In Unterhemd und Shorts gekleidet, machte Agca keine sonderlich reizvolle Figur. Seine großen Hände und Füße paßten schlecht zu seinem schmächtigen Körper mit der eingefallenen Brust, den vorstehenden Schulterblättern und den knochigen Armen und Beinen. Wie alle anderen Rekruten breitete er jeden Morgen seinen Gebetsteppich aus und warf sich dreimal nieder. Mit der Stirn den Boden berührend, murmelte er den Namen Allahs, des Weltenherrn, des Erbarmers, des Barmherzigen, des Königs am Tag des Gerichts. Danach folgte die Verdammung der Feinde, die er auf Geheiß seiner Ausbilder niedergeschrieben hatte. Die Liste war lang und vielfältig. Sie enthielt alle Imperialisten, die NATO und jene arabischen Staaten, die dem Westen Öl lieferten. Vor allem die Vereinigten Staaten mußten vernichtet werden, das mächtigste Land der Welt. Er betete zu Allah, daß er das amerikanische Volk, seinen Lebensstil, seine Werte und Sitten, den Urquell allen Übels, vernichten möge.

Schließlich waren die Objekte des religiösen Hasses an der Reihe. Der Haß brannte in Agcas Seele, er verzehrte ihn wie ein Krebs, der sich in sein Gehirn einfraß. Er glaubte, alle anderen Religionen hätten nur ein Ziel: den Islam zu vernichten. Seine Ausbilder hatten ihn gelehrt, diesen Haß auf ein einziges, sofort erkennbares Bild zu reduzieren: das Bild eines weißgekleideten Mannes, der weit jenseits der Berge in einem riesigen Palast lebte. In diesem Palast herrschte er wie früher die Kalifen, von dort sendete er Dekrete und Befehle aus, denen viele Millionen gehorchten. Von dort aus verbreitete er seine verhaßte Botschaft, so wie es seine Vorgänger seit mehr als neunzehn Jahrhunderten getan hatten. Von Pomp und Glorie umgeben, maßte er sich mehr

Titel an, als selbst Allah sie hatte. Er hieß Knecht der Knechte Gottes, Patriarch des Abendlandes, Stellvertreter Christi auf Erden, Bischof von Rom, Souverän des Vatikan, Pontifex maximus, Seine Heiligkeit Papst Johannes Paul II.

Wenn die Zeit gekommen sei, war Mehmet Ali Agca versprochen worden, dürfe er sich aufmachen, den Papst zu töten. Seine Ausbilder hatten ihm eingeredet, es sei kein Zufall, daß der Papst fast zu gleicher Zeit an die Macht gekommen war wie ihr geliebter Ajatollah Khomeini, der den Iran vom Schahregime befreit hatte. Der »Ungläubige in Rom«, wie man den Papst nannte, sei angetreten, um die Revolution zu zerstören, die der Ajatollah im Namen des heiligen Koran ausgerufen hatte.

Darin lag ein Körnchen Wahrheit. Johannes Paul II. hatte sich unfreundlich über den Islam geäußert und vor der fundamentalistischen Gefahr gewarnt. Beim Besuch der Olivetti-Werke im italienischen Ivrea hatte Johannes Paul die Arbeiter überrascht, als er in seine Rede eine improvisierte Passage einschob:

»Der Koran lehrt die Menschen Feindseligkeit, wir lehren sie Frieden. Selbstverständlich verzerrt die menschliche Natur jede religiöse Botschaft. Doch selbst wenn die Menschen durch Laster und schlechte Gewohnheiten verführt werden, strebt das Christentum nach Frieden und Liebe. Der Islam hingegen ist eine auf Angriff ausgerichtete Religion. Wenn man einer ganzen Gesellschaft die Feindseligkeit predigt, werden letztlich die schlechten Eigenschaften eines jeden angestachelt. Ihr wißt, wozu das führt: Solche Menschen werden uns schließlich attackieren.«

Im Januar 1981 war Agca nach Libyen geflogen. Zu Anfang war der Mossad von diesem Teil seiner Reiseroute verwirrt, bis ein Informant in Tripolis entdeckte, daß sich gerade ein abtrünniger CIA-Offizier namens Frank Terpil dort aufhielt. Terpil war von einem Washingtoner Schwurgericht beschuldigt worden, Waffen nach Libyen geliefert zu haben. Außerdem habe er ein Mordkomplott gegen einen in Kairo lebenden Gegner Ghaddafis unterstützt und frühere US-Militärpiloten für die libysche Luftwaffe sowie einige *Green Berets*, eine

Anti-Guerillaeinheit, als Ausbilder für Ghaddafis Terroristencamps angeworben. In Libyen brachte Terpil Terroristen bei, wie sie der Entdeckung durch westliche Geheimdienste entgehen könnten. Dann war Terpil nach Beirut weitergereist, wo seine Spur verschwand. Der Mossad glaubte, er sei ermordet worden, nachdem er seinen Zweck erfüllt hatte.

Israels Geheimdienst wußte, daß Agcas Kontakt mit Terpil von seinen Hintermännern in Teheran vermittelt und nach dem Attentat auf den Papst an den KGB verraten worden war. So konnten die Russen behaupten, der Anschlag sei vom CIA eingefädelt worden. Wie der Mossad verfügte auch der KGB über eine leistungsfähige Abteilung für psychologische Kriegsführung. Das Märchen über die CIA-Verwicklung füllte Tausende von Druckspalten und viele Stunden Fernsehzeit. Um die Desinformation noch weiter zu treiben, hatten die Teheraner Mullahs Agca nach seinem Libyen-Aufenthalt im Februar 1981 in die bulgarische Hauptstadt Sofia geschickt, wo er Männer traf, die sich als Angehörige des dortigen Geheimdienstes ausgaben. Allerdings wurde niemals überzeugend bewiesen, daß es sich tatsächlich um bulgarische Geheimdienstler handelte. Der CIA, erbost darüber, daß der Kreml ihm die Schuld an dem Attentat auf den Papst zuschieben wollte, konterte: Der bulgarische Geheimdienst habe Agca auf Geheiß Moskaus bei seinem Verbrechen gesteuert.

Dem Mossad bot sich ein mehr als verworrenes Bild, aus dem sich nach dem Motto »Teile und herrsche« vielleicht Nutzen ziehen ließ. Man konnte die Glaubwürdigkeit des CIA beim Vatikan erschüttern und man würde das Ohr des Papstes gewinnen, wenn man eine glaubhafte Erklärung für das Attentat liefern konnte. Alles weitere würde sich dann ergeben: Die Mossadleute würden Zugang zu den Informationen bekommen, die das vatikanische Staatssekretariat mit seinem mächtigen Apparat sammelte; *Katsas* könnten mit Priestern und Nonnen zusammenarbeiten und sie gegebenenfalls aushorchen. Vielleicht hätte der Mossad auch endlich die Gelegenheit, seine Wanzen an all den Stellen im Vatikan anzubringen, die Zwi Zamir seinerzeit ausgespäht hatte.

Nachdem der Bericht über Mehmet Ali Agcas Odyssee schließlich in der Mossad-Zentrale in Tel Aviv aus vielen Einzelstücken zusammengefügt worden war, überlegte Nahum Admoni, wie er ihn im Vatikan an den Mann bringen könnte. Wieder brachte eine Computerabfrage die Lösung. Einer von Rafi Eitans »überlebenden Spionen«, ein in München lebender Katholik, hatte die außerordentliche Rolle erwähnt, die Luigi Poggi in der päpstlichen Hierarchie innehatte. Nahum Admoni hatte Eli zu sich bestellt und ihn angewiesen, den Kontakt zu Poggi herzustellen.

Jetzt, zwei volle Jahre nachdem Agca auf den Papst geschossen hatte, saß Poggi bis weit in die Nacht hinein bei Johannes Paul und erzählte ihm in allen Einzelheiten, was er von Eli erfahren hatte.

Einen Monat später, am 23. Dezember 1983 morgens um 4.30 Uhr, fast drei Stunden bevor die Lichter des Weihnachtsbaums auf dem Petersplatz den Tag über abgestellt wurden, wurde der Papst von seinem Kammerdiener geweckt.

Das Schlafzimmer war erstaunlich klein, die Wände waren immer noch mit dem pastellfarbenen Leinenstoff bespannt, den Johannes Pauls Vorgänger ausgewählt hatte. Auf dem glänzend polierten Holzfußboden lag ein von polnischen Nonnen gewebter Teppich. An der Wand oberhalb des Bettes, in dem vier Päpste gestorben waren, hing ein Kruzifix. An einer anderen Wand befand sich ein schönes Bild der Muttergottes. Kruzifix und Gemälde waren Geschenke aus Polen. Alle, die ihn zu so früher Morgenstunde sahen – neben dem Kammerdiener in der Regel einer der in der Verwaltung tätigen Priester mit Nachrichten, die keinen Aufschub duldeten –, freuten sich, daß Johannes Paul II. einen Teil seiner alten Kraft und Vitalität wiedererlangt hatte.

Wie stets begann der Papst seinen Tag mit dem Morgengebet. Danach rasierte er sich, duschte und zog die Kleider an, die der Diener bereitgelegt hatte: die schwere wollene weiße Soutane mit Schulterkragen, das weiße Klerikerhemd, weiße Kniestrümpfe, braune Schuhe und das weiße Priesterkäppchen. Johannes Paul II. war bereit, Mehmet Ali Agca im römischen Rebibbia-Gefängnis zu besuchen.

Das Treffen war auf Verlangen des Papstes zustande gekommen und sollte, wie er erklärte, ein »Akt der Vergebung« sein. In Wahrheit wollte der Papst herausfinden, ob die Informationen des Mossad zutrafen. Er wurde von dem Mann in das Gefängnis gefahren, der auch am Steuer des Papamobil gesessen hatte, als Agca auf den Papst geschossen hatte. Von einer römischen Polizeieskorte begleitet, fuhr die päpstliche Limousine durch Rom in nordöstlicher Richtung. In einem Begleitwagen fuhr eine kleine Journalistengruppe zum Gefängnis (darunter der Autor dieses Buchs). Die Journalisten waren eingeladen worden, Zeuge des historischen Moments zu werden, wenn der Papst und sein Attentäter einander Auge in Auge gegenüberträten.

Zwei Stunden später wurde der Papst in den Hochsicherheitstrakt des Rebibbia-Gefängnisses geleitet. Er ging allein den langen Korridor entlang bis zur offenen Tür der Zelle T4, wo Agca stand und ihn erwartete. Die Reporter blieben weiter hinten im Korridor zurück. Bei ihnen standen Gefängniswärter, bereit, sofort zu Agcas Zelle zu rennen, falls der Attentäter den Papst bedrohen sollte.

Als der Papst seine beringte Hand ausstreckte, wollte Agca sie schütteln, besann sich dann aber, beugte sich und küßte den Fischerring. Danach ergriff er die Hand des Papstes und legte sie sich kurz auf den Scheitel.

»Sie sind Mehmet Ali Agca?« fragte der Papst mit sanfter Stimme auf italienisch. Er wußte, daß Agca die Sprache im Gefängnis gelernt hatte.

»Ja.« Ein kurzes Lächeln begleitete die Antwort, als schämte sich Agca, sich zu seinem Namen zu bekennen.

»Hier sind Sie also untergebracht?« Der Papst betrachtete sich voller Interesse die Zelle, in der der Attentäter vielleicht den Rest seines Lebens zubringen würde.

»Ja.«

Johannes Paul setzte sich auf einen Stuhl direkt an der Tür. Agca sank auf sein Bett und rang die Hände.

»Wie fühlen Sie sich?« fragte der Papst fast väterlich.

»Gut, gut.« Plötzlich begann Agca zu sprechen, die Worte kamen stoßweise und überstürzt. Er sprach so leise, daß nur der Papst hören konnte, was er sagte.

Johannes Pauls Gesichtsausdruck wurde nachdenklicher. Sein Gesicht war dem Agcas nahe, er verdeckte ihn teilweise vor den wartenden Wächtern und Journalisten.

Agca flüsterte dem Papst in das linke Ohr. Der Papst schüttelte kaum wahrnehmbar den Kopf. Agca schwieg, sein Gesichtsausdruck verriet Unsicherheit. Mit einer schnellen Bewegung seiner rechten Hand forderte der Papst ihn zum Weitersprechen auf. Beide Männer waren einander so nahe, daß sich die Köpfe fast berührten. Agcas Lippen bewegten sich kaum. Johannes Paul wirkte angespannt. Er schloß die Augen, wie um sich besser konzentrieren zu können.

Plötzlich hielt Agca mitten in der Rede an. Johannes Paul öffnete seine Augen nicht. Nur seine Lippen bewegten sich, er sprach so leise, daß allein Agca seine Worte vernehmen konnte.

Dann sprach wieder Agca. Nach einigen wenigen Minuten machte der Papst erneut die abgehackte Geste mit der Hand. Agca hörte auf zu reden. Johannes Paul legte die linke Hand vor seine Stirn, als wollte er sich vor Agcas Anblick schützen.

Jetzt faßte Johannes Paul den Attentäter am Oberarm, fast als dankte er ihm für das, was er gesagt hatte. Das Gespräch hatte 21 Minuten gedauert. Nun stand der Papst langsam auf. Er streckte eine Hand aus und ermutigte Agca, ihm die Hand zu reichen. Die beiden Männer blickten einander in die Augen. Der Papst beendete diese dramatische Szene mit einem Griff in eine Tasche seiner Soutane, aus der er eine Pappschachtel mit dem päpstlichen Wappen hervorzog. Er überreichte sie Agca, der sie verwirrt in seinen Fingern drehte.

Der Papst wartete, ein mildes Lächeln auf den Lippen. Agca öffnete die Schachtel. In ihr befand sich ein Rosenkranz aus Silber und Perlmutt.

»Vielen Dank«, sagte Agca, »vielen Dank.«

»Schon gut, schon gut«, antwortete der Papst. Dann beugte er sich vor und sagte noch ein paar Worte, die nur Agca hören konnte.

Danach verließ der Papst die Gefängniszelle.

Später erklärte ein Sprecher des Vatikan: »Agca war nur bis zu einem bestimmten Grad eingeweiht. Darüber hinaus wußte er nichts. Wenn es eine Verschwörung gab, wurde sie von Profis ausgeführt, und Profis hinterlassen keine Spuren. Man wird nie etwas herausfinden.«

Nicht zum ersten Mal war der Vatikan sparsam mit der Wahrheit umgegangen. Agca hatte bestätigt, was Luigi Poggi vom Mossad erfahren hatte. Der Plan, den Papst zu ermorden, war in Teheran ausgebrütet worden. Dieses Wissen sollte seine Auswirkungen auf die Haltung des Papstes gegenüber dem Islam und gegenüber Israel haben. Immer häufiger erklärte er seinen Mitarbeitern, der wahre kommende Konflikt werde nicht zwischen Ost und West, zwischen der Sowjetunion und den Vereinigten Staaten, sondern zwischen dem islamischen Fundamentalismus und dem Christentum ausgefochten werden. In der Öffentlichkeit unterschied der Papst sorgfältig zwischen dem Islam als Religion und dem islamischen Fundamentalismus.

In Israel sahen die Mossad-Auswerter in der geänderten Haltung des Oberhirten ein erstes Zeichen, daß das Poggi überlassene Beweismaterial akzeptiert worden war. Während allerdings niemand an den Mossad mit der Bitte herantrat, seine Erkenntnisse an den Papst weiterzugeben, war Johannes Paul doch immerhin vom Wert der Kontakte Poggis mit Eli überzeugt worden. Sie trafen sich weiterhin in verschiedenen europäischen Städten, manchmal in der israelischen Botschaft, dann wieder in der päpstlichen Nuntiatur. Die Gespräche berührten eine breite Themenpalette, doch fast immer standen zwei Problemfelder im Mittelpunkt: die Lage im Nahen Osten und der Wunsch des Papstes, das Heilige Land zu besuchen. Nach wie vor setzte sich der Papst dafür ein, für die Palästinenser eine nationale Heimstätte zu schaffen.

Poggi machte klar, daß der Papst Jassir Arafat mochte und von ihm fasziniert war. Johannes Paul II. teilte keineswegs die Ansicht von Männern wie Rafi Eitan, David Kimche oder Uri Saguy, daß der PLO-Führer, wie Eitan es ausdrückte, ein erbarmungsloser Killer sei und »der Schlächter unserer Frauen und Kinder, jemand, den ich mit meinen bloßen Händen töten würde«.

Für den Pontifex, der vor dem Hintergrund des polnischen Widerstands gegen die Nazis herangewachsen war, war Arafat ein sympathischer Underdog, eine charismatische Gestalt, der es immer wieder gelungen war, den diversen Mordversuchen des Mossad zu entfliehen. Poggi erklärte Eli, Arafat hätte dem Papst einmal erzählt, er habe einen sechsten Sinn entwickelt – »und den Anflug eines siebenten« –, wenn er in Gefahr war. »Ein solcher Mann verdient es, zu leben«, hatte Poggi zu Eli gesagt.

Durch solche Andeutungen gewann Eli ein klareres Bild von der Geisteshaltung des Papstes. Doch für Johannes Paul II. war es auch kein bloßes Lippenbekenntnis, als er feststellte, daß man die historische Wahrheit über die jüdischen Wurzeln des Christentums nicht vergessen dürfe und daß der Antisemitismus – der auch in seinem geliebten Polen weit verbreitet war – ausgerottet werden müsse.

Im Mai 1984 lud Poggi Eli in den Vatikan ein. Die beiden Männer sprachen mehrere Stunden miteinander in dem Büro des Erzbischofs im Vatikanspalast. Bis heute weiß niemand, worum die Unterhaltung ging.

In Israel waren zur gleichen Zeit die Geheimdienste wieder einmal in Skandale verwickelt. Einen Monat zuvor, am 12. April, hatten vier PLO-Terroristen einen Bus mit 35 Insassen entführt, dessen Reiseziel Ashkalon im Süden von Tel Aviv war. Die offizielle Version lautete, Shin-Bet-Agenten hätten den Bus gestürmt und bei dem anschließenden Feuergefecht seien zwei der Terroristen getötet worden, die beiden anderen auf dem Weg ins Krankenhaus ihren Verletzungen erlegen.

Zeitungsfotos zeigten, wie beide abgeführt wurden, offenkundig nicht ernsthaft verletzt. Es kam heraus, daß die zwei Männer von Shin-Bet-Leuten so schwer verprügelt worden waren, daß sie daran gestorben waren. Auch auf den Mossad fiel der Schatten der internationalen Entrüstung, obwohl er nicht in das Vorkommnis verwickelt war.

Vor diesem Hintergrund, so erklärte Poggi seinem Gast Eli, käme es gegenwärtig nicht in Frage, daß der Vatikan diplomatische Beziehungen zu Israel aufnehmen würde. Bis dahin allerdings, so erwiderte Eli, sähe er auch keine Chance, daß der Papst ins Heilige Land reisen könnte.

Doch die Verbindung blieb bestehen. Beide Männer waren sich einig, daß die Aufnahme von Beziehungen zwischen dem Vatikan und Israel weiter auf der Tagesordnung bleibt.

Am 13. April 1986 tat der Papst einen Schritt, den noch keiner seiner Vorgänger getan hatte. Er betrat die römische Synagoge am Lungotevere dei Censi, wo er von dem Oberrabbiner der Stadt umarmt wurde. In ihrer Amtstracht schritten die beiden Männer nebeneinander durch die schweigende Versammlung zur *Bima*, dem Podest, von wo die Thora verlesen wird.

Ganz hinten saß Eli, der seinen Teil zu diesem historischen Augenblick beigetragen hatte. Doch auch der brachte noch nicht die von Israel gewünschte volle diplomatische Anerkennung durch den Papst.

Dazu kam es erst im Dezember 1993 – gegen den fortgesetzten Einspruch von Hardlinern im vatikanischen Staatssekretariat.

Zu jener Zeit war Nahum Admoni nicht mehr Chef des Mossad. Sein Nachfolger Schabtai Schavit setzte die vorsichtigen Bemühungen fort, seine Organisation in nähere Verbindung zum Vatikan zu bringen. Ein Teil dieser Bemühungen bestand darin, dem Papst zu beweisen, daß sowohl Israel als auch die PLO langfristig ein genuines Interesse an einer Verständigung hätten und daß sie beide die Bedrohung durch den islamischen Fundamentalismus erkannt hätten – eine Bedrohung, deren Realität Johannes Paul am eigenen Leib erfahren hatte.

Unterdessen war der Mossad auf einem Kontinent tätig, in den der Papst große Hoffnungen setzte – Afrika. Von dort, so erwartete der Heilige Stuhl, werde eines Tages der erste schwarze Papst kommen. Doch dort hatte sich der Mossad schon bisher als Meister in der verborgenen Kunst erwiesen, einen Dienst gegen den anderen auszuspielen, um seine eigene Position zu festigen.

Kapitel 13

AFRIKANISCHE VERBINDUNGEN

Der nur wenige Blocks von Nairobis altehrwürdigem Norfolk Hotel entfernte Oasis Club erfreute sich in der kenianischen Geschäftswelt schon seit langer Zeit besonderer Beliebtheit. In dem schummrigen Interieur konnten die Geschäftsleute die ganze Nacht hindurch trinken oder auch eines der Barmädchen in ein Hinterzimmer mitnehmen – wenn ein Blick in ihre Gesundheitsbescheinigung bestätigt hatte, daß die Frau nicht geschlechtskrank war.

Nach 1964 hatte der Club dann auch andere Besucher gesehen: Chinesen in Safarianzügen, Russen mit steinernen Gesichtern und Männer, die ihrem Aussehen nach aus jedem beliebigen Land des Mittelmeerraums stammen konnten. Sie alle kamen nicht wegen des kalten Biers oder der »heißesten Mädchen in Afrika«, wie die Reklame den Club anpries. Diese Männer arbeiteten für Geheimdienste, die versuchten, in Ostafrika Fuß zu fassen, ein Gebiet, in dem zuvor nur Großbritanniens MI6 verdeckt operiert hatte. Die neuen Besucher gehörten dem chinesischen Geheimdienst CSIS, dem sowjetischen KBG und dem Mossad an. Jeder von ihnen hatte seine eigene Agenda, und jeder versuchte die anderen gegeneinander auszuspielen. Der Mossad beherrschte dieses Geschäft besser als irgendein anderer Geheimdienst.

Insgesamt waren ungefähr ein Dutzend *Katsas* über die Länder Äquatorialafrikas verteilt, von Daressalam am Indischen Ozean bis nach Freetown am Atlantik. Diese jungen Einsatzagenten verfügten über eine eindrucksvolle Anzahl falscher Pässe und waren körperlich topfit. Neben den üblichen Qualifikationen für ihren Job hatten sie auch medizinische Grundkenntnisse erworben, die man brauchte, um im Busch zu überleben, wo Löwen und Leoparden auf Jagd gingen und feindselige Eingeborene lauerten.

Das Afrika-Abenteuer des Mossad hatte kurz nach 1959 begonnen, als Fidel Castro in Kuba an die Macht gekommen war und damit anfing, seine Revolution zu exportieren. Seinen ersten Außenposten eroberte John Okello, ein selbsternannter »Feldmarschall«. Er war von einem Werber Castros im Dschungel aufgegabelt und nach Havanna geschickt worden, wo er einen kurzen Lehrgang im Guerrillakampf absolviert hatte. Dann wurde er mit dem Auftrag losgeschickt, die Insel Sansibar vor der ostafrikanischen Küste in seine Gewalt zu bekommen. Die kleine Polizeitruppe der Insel wurde schon allein durch Okellos massige Gestalt – er wog fast 150 Kilo – bezwungen. Okellos zusammengewürfelter Haufen zwang seine brutale Herrschaft einer Bevölkerung auf, deren einzige Waffen die primitiven Werkzeuge waren, die zur Ernte der Gewürze verwendet wurden, für die Sansibar in aller Welt berühmt war. Die Insel wurde zu Castros Sprungbrett bei dem Versuch, auf das afrikanische Festland vorzudringen. Im Hafen von Daressalam lebten Chinesen, aus deren Berichten in die alte Heimat schließlich auch die Regierung in Peking von den kubanischen Vorstößen erfuhr. Die sah eine günstige Gelegenheit zur Ausweitung des chinesischen Einflusses auf dem afrikanischen Kontinent und befahl dem CSIS, sich in der Region zu etablieren und den revolutionären Umtrieben alle mögliche Unterstützung zu geben.

In der Zwischenzeit hatte Castro eine große Operation anlaufen lassen, um den sich ausbreitenden schwarzen Befreiungsbewegungen einen kubanischen Stempel aufzudrücken. Zentrum und Ausgangspunkt wurde die Hafenstadt Casablanca an der marokkanischen Küste. Ganze Schiffsladungen von kubanischen Waffen wurden hier gelöscht; auf der Rückfahrt nahmen die Schiffe Guerilleros aus allen Ländern Zentralafrikas mit, die in Kuba geschult wurden. Bald half auch der chinesische CSIS bei der Auswahl der Anwärter.

Die Aussicht, daß Tausende trainierte und gut bewaffnete Revolutionäre im Falle eines Angriffs auf Israel nur wenige Stunden entfernt sein würden, alarmierte die Politiker und die Geheimdienste des Landes. Aber diese Guerilleros zu provozieren, die bisher keine direkte

Bedrohung waren, konnte schnell zu einer Konfrontation führen, die Israel nicht wollte. Da das Land bereits alle Hände voll mit der Abwehr der arabischen Terroristen zu tun hatte, war die Verwicklung in eine direkte Aktion gegen die schwarzen Revolutionäre unbedingt zu vermeiden. Meir Amit forderte seine *Katsas* in Schwarzafrika zu strikter Wachsamkeit auf, wies sie aber zugleich an, sich nicht aktiv an irgendwelchen Auseinandersetzungen zu beteiligen.

Die Ankunft des KGB auf diesem Schauplatz änderte alles. Die Russen machten ein Angebot, das die Möchtegern-Terroristen nicht ablehnen konnten: die Gelegenheit, sich an der »Patrice-Lumumba-Universität« in Moskau ausbilden zu lassen. Dort würden sie von den besten KGB-Instruktoren die Taktiken des Guerillakriegs lernen und erfahren, wie diese unter dem Deckmantel des Kampfes für die Armen, die Unterdrückten und Entrechteten eingesetzt werden konnten. Um für seine Offerte zu werben, brachte der KGB Leute mit nach Schwarzafrika, die zu den besten Absolventen der Lumumba-Universität gehörten: arabische Terroristen.

Meir Amit verstärkte die in Afrika eingesetzten *Katsas* durch *Kidons*. Seine neuen Befehle lauteten, mit allen Mitteln die Beziehungen zwischen den Russen und ihren afrikanischen Gastgebern sowie zwischen dem KGB und dem CSIS zu stören, arabische Aktivisten zu liquidieren, wo immer sich die Gelegenheit bieten mochte, und Beziehungen zu schwarzafrikanischen Revolutionären aufzubauen mit dem Versprechen, Israel werde ihnen dabei helfen, aus dem Guerilladasein herauszukommen und Legitimität auf der politischen Bühne zu erlangen. Im Gegenzug wollte Israel lediglich die Garantie, daß diese Befreiungsbewegungen Israel nicht angreifen würden.

Der Oasis Club war zu einem Schauplatz des Kampfes um die Sympathie der schwarzafrikanischen Revolutionäre geworden. Ohne öffentliche Beachtung sei der Terrorismus eine untaugliche Waffe, hieß es in den langen nächtlichen Diskussionen, und daß man niemals das Endziel aus den Augen verlieren dürfe: Freiheit und Unabhängigkeit. In der stickigen Luft des Clubs wurden Verschwörungen ausgeheckt, Geschäfte abgeschlossen, Ziele für Mord- oder Zerstörungsaktionen ausfindig gemacht. Manche Opfer wurden bei der Fahrt über eine Sandpiste aus dem Hinterhalt erschossen, andere im Bett ermordet.

Heute traf es einen KGB-Agenten, morgen einen Spion des chinesischen Geheimdienstes. Beide Seiten gaben der anderen die Schuld für das, was der Mossad getan hatte.

Im Oasis Club gingen die hitzigen nächtlichen Debatten weiter, neue Pläne wurden an den Bambustischen geschmiedet, während der Regen über die Hügel kam und gegen das Blechdach schlug. Man brauchte nicht mehr zu flüstern, aber alte Gewohnheiten sterben schwer.

Meir Amit hatte seine Agenten über alles in Kenntnis gesetzt, was er vom CSIS wußte. Dieser Dienst stand in einer zweieinhalbtausendjährigen Spionagetradition. Jahrhundertelang hatten seine Vorläufer im Dienst der Kaiser von China die Untertanen ausgekundschaftet. Doch mit Mao Tsetung und später Deng Xiaoping bekam im Reich der Mitte auch das Sammeln von Informationen eine neue Richtung. Der CSIS begann seine Netze über die Meere hinweg nach den Vereinigten Staaten, nach Europa, dem Nahen Osten und schließlich auch nach Afrika auszuspannen.

Diese Verbindungen dienten nicht nur Spionagezwecken: Sie waren wichtige Routen für Drogenhandel und Geldwäsche. Die Hälfte der Weltopiumernte wird vor den Türen der Volksrepublik erzeugt – im Goldenen Dreieck zwischen Thailand, Laos und Myanmar. Der CSIS und Triadengangs arbeiten beim Drogenschmuggel in Richtung Westen Hand in Hand. Hongkong, eines der größten Weltzentren für Geldwäsche, bot dem CSIS eine perfekte Deckung, um die Herkunft der chinesischen Profite aus dem Drogenhandel zu verbergen. Dieses Geld half dem Geheimdienst, die chinesischen Operationen in Afrika zu finanzieren. Seit 1964 standen sie unter der Kontrolle von CSIS-Generaldirektor Qiao Shi. Der große, gebückt gehende Mann mit einer Vorliebe für französischen Cognac und kubanische Zigarren war Herr über Hunderte von Spionen; seine Mittel für Erpressung und Bestechung wurden allenfalls noch von denen des KGB übertroffen. In den Arbeitslagern Zentralchinas saßen diejenigen, die es gewagt hatten, Qiao herauszufordern. Das Psychoprofil, das der Mossad erstellt hatte, zeigte einen Mann, dessen ganze Karriere auf geschickten, leisen Schachzügen aufgebaut war.

Vor Ort in Afrika führte Oberst Kao Ling das Kommando über die CSIS-Leute. Er war bereits eine legendäre Figur innerhalb des Dienstes. Seinen Ruf hatte er sich mit subversiven Aktionen in Nepal und Indien verdient. Kao Lings Hauptquartier war in Sansibar, wo er einen barocken Lebensstil pflegte und sich gutgebaute junge Afrikanerinnen als Geliebte hielt. Er bewegte sich wie ein Raubtier durch ganz Äquatorialafrika und verschwand oft für Wochen. Wenn er Nairobi besuchte, fanden wilde Parties im Oasis Club statt. Der süße Duft von Räucherstäbchen erfüllte die Luft. Delikatessen, die direkt aus China importiert worden waren, wurden aufgetischt. Die afrikanischen Huren waren in chinesische Gewänder gehüllt, Tischfeuerwerk und Kabarett wurden aus Hongkong eingeflogen.

Guerilleros, die aus Kuba heimgekehrt waren, wurden hier festlich bewirtet, bevor sie zum Kampf im afrikanischen Dschungel verschwanden. Einer von ihnen pflegte zu scherzen, daß er jedem getöteten Feind ein Glas Blut abzapfe, um es zu trinken.

Unterdessen weitete Kao Ling seine Operationen nicht nur entlang des Äquators aus, sondern auch nordwärts, nach Äthiopien, dem Südjemen und Ägypten. Er stattete die dortigen Terroristen mit beträchtlichen Geldsummen für ihre Angriffe gegen Israel aus. Der CSIS betrachtete Israel als willfährige Gefolgschaft Washingtons und damit als legitimes Angriffsziel für »meine Freiheitskämpfer«, wie Kao Ling sie nannte.

Meir Amit entschied, daß der Mossad direkt gegen den CSIS vorgehen sollte. Als erstes brachte er einen Versuch der Chinesen zum Scheitern, das pro-westliche Regime von Hastings Banda in Malawi zu stürzen. Danach unterrichtete er die kenianischen Behörden über das weitverzweigte chinesische Geheimdienstnetz in ihrem Land. In späteren Jahren zeigte die Regierung in Nairobi ihre Dankbarkeit, indem sie den Flugzeugen der israelischen Luftwaffe das Überflugrecht für ihren Einsatz in Entebbe gewährte. Der Oasis Club wurde geschlossen, die chinesischen Gäste, die laut beteuerten, sie seien bloß Geschäftsleute, wurden per Flugzeug außer Landes geschafft. Dabei hatten sie noch Glück. So mancher CSIS-Agent blieb auf immer in Afrika: Sie wurden von Mossad-*Katsas* liquidiert, ihre Leichen verschwanden in der Savanne, ein Fraß für Löwen und Leoparden.

Je mehr die Chinesen in anderen afrikanischen Ländern Fuß zu fassen versuchten, um so rücksichtsloser ging der Mossad gegen sie vor. *Kidons* pirschten sich an CSIS-Agenten heran, wo immer sie auftauchten. In Ghana wurde ein chinesischer Agent erschossen, als er mit einer Freundin eine Diskothek verließ. In Mali fiel ein anderer einer Autobombe zum Opfer; in Sansibar, das immer noch der Diamant in der Krone des CSIS war, brannte ein Wohnblock ab, in dem Mitarbeiter des chinesischen Dienstes lebten. Bei einem seiner Ausflüge in den Busch wäre Kao Ling fast selbst in die Falle gegangen. Ein warnender Instinkt veranlaßte ihn, in Brazzaville, der Hauptstadt des Kongo, sein Auto zu wechseln; der erste Wagen explodierte ein paar Minuten später, wobei der Fahrer getötet wurde. In Sambia ließ man einen CSIS-Agenten an einen Baum gebunden zurück, der Mann wurde von den Löwen zerfleischt.

Als Kwame Nkrumah, der pro-chinesische Herrscher Ghanas, in Peking auf Staatsbesuch weilte, setzte der Mossad einen Aufstand in Szene, der zum Sturz des Diktators und zur Zerschlagung der CSIS-Infrastruktur in diesem Land führte.

Drei Jahre lang führte der Mossad in ganz Afrika einen tödlichen Zermürbungskrieg gegen den chinesischen Geheimdienst. Beide Seiten kannten keine Gnade. Als ein CSIS-Kommando einen Mossad-*Katsa* im Kongo in einen Hinterhalt gelockt hatte, verfütterte es ihn an Krokodile, filmte seine letzten Minuten und sandte den Film an den Leiter des lokalen Mossad-Büros. Der ließ zur Vergeltung eine Rakete auf das Gebäude abschießen, aus dem der CSIS operierte; drei Chinesen kamen ums Leben.

Schließlich ließ der CSIS über einen Mittelsmann, den zairischen Präsidenten Mobutu, den Mossad wissen, daß er den Kampf nicht fortzusetzen wünsche. Beide Dienste hätten ein gemeinsames Interesse daran, den russischen Einfluß auf dem afrikanischen Kontinent zurückzudrängen. Dieser Vorschlag entsprach der Politik des Mossad gegenüber allen Supermächten, die Meir Amit formuliert hatte: »Sie zu entzweien hilft Israel zu überleben.«

Während der CSIS und der Mossad einander bekämpften, hatte der KGB weitere Schritte unternommen, um Castros Revolutionsexport nach Afrika größere Wirkung zu verleihen. Das Politbüro und die

Chefs des KGB waren im Kreml zusammengekommen. Sie hatten sich darauf verständigt, daß die Sowjetunion die Wirtschaftshilfe an Kuba ausweiten sollte. Die Bedingungen waren so gefaßt, daß der Inselstaat mit sieben Millionen Einwohnern in völlige Abhängigkeit von der Sowjetunion geriet. Als Gegenleistung akzeptierte Castro, daß die Moskauer und nicht die Pekinger Version des Kommunismus für Afrika geeignet sei. Er stimmte auch zu, daß fünftausend sowjetische Berater Kubas Geheimdienst, den DGI, »instruieren« würden, wie man in Afrika »korrekt« operiere.

In Afrika begann der KGB mit den Kubanern zusammenzuarbeiten. Innerhalb von sechs Monaten wurde jeder Terroranschlag in Afrika von den Russen kontrolliert. Aus den Lagern im Nahen Osten, die er zur Ausbildung von Terroristen eingerichtet hatte, brachte der KGB die besten Leute nach Afrika, um den Kampf gegen das südafrikanische Apartheidregime zu führen. Terroristen aus Europa, Lateinamerika und Asien stellten ihre Erfahrungen bald auch in Angola, Mosambik und anderen südafrikanischen Ländern zur Verfügung.

Nach Meir Amit »kochte die Lage südlich des Äquators richtig auf«. Es konnte nur eine Frage der Zeit sein, bis die kampfgestählten Söldner ihre Aufmerksamkeit Israel zuwenden würden. Dankbar akzeptierte der Mossad-Chef das Angebot des CSIS, im Kampf gegen den gemeinsamen Feind – den KGB und seine Terroristen – zusammenzuarbeiten. Die Chinesen begannen Material über arabische Terroristen innerhalb und außerhalb Afrikas zu liefern. Einige von ihnen wurden mit den üblichen Mossad-Methoden beseitigt: mit Autobomben oder Sprengkörpern in Hotelzimmern. Bei einer Gelegenheit plazierte der Mossad eine Bombe in der Toilette eines Söldners, der am »Kongo-Bauch«, einer besonders unangenehmen Durchfallserkrankung, litt. Der untere Teil seines Körpers wurde zerfetzt, als er in seinem Khartumer Hotel die Spülung zog.

Auch der Mossad erfüllte seinen Teil der Verpflichtungen. Er verriet dem CSIS, daß Moskau beabsichtigte, Somalia, einem der ärmsten Länder der Erde, eine massive Finanzhilfe zu gewähren. Peking machte ein doppelt so hohes Angebot. Später unterstützte der Mossad die Chinesen im Sudan, wo die Russen mit der Militärregierung Präsident Numeris einen Brückenkopf geschaffen hatten. Als sich der

Diktator weigerte, sein Land völlig von der Sowjetunion abhängig zu machen, bereitete der KGB einen Staatsstreich vor. Der Mossad informierte den CSIS, der seinerseits Numeri unterrichtete. Der sudanesische Staatspräsident ließ alle sowjetischen Diplomaten und Berater ausweisen und legte die Hilfsprogramme der Ostblockstaaten auf Eis.

Nachdem er die beiden Führungsmächte des Kommunismus aufeinander gehetzt und sich selber, wie Meir Amit sagte, »ins afrikanische Unterholz vorgearbeitet« hatte, wandte der Mossad seine Aufmerksamkeit dem einzigen Geheimdienst Afrikas zu, den er als Freund betrachten konnte: dem Bureau of State Security (BOSS), dem gefürchtetsten Arm des südafrikanischen Sicherheitsapparats. BOSS beherrschte Erpressung, Sabotage, Fälschung, Entführung, Verhör, psychologische Kriegsführung und Mord im gleichen Maß wie der israelische Geheimdienst. Wie der Mossad hatte auch BOSS freie Hand in der Art, wie es mit seinen Gegnern verfuhr. Die beiden Dienste kamen sich schnell sehr nahe. Oft operierten sie in Afrika als Duo, verbunden durch ein geheimes »Einverständnis« zwischen Israels Ministerpräsidentin Golda Meir und dem Regime in Pretoria.

Das erste Ergebnis der Vereinbarung war der Export südafrikanischen Urans nach Dimona. Die Ladungen wurden mit El-Al-Frachtmaschinen von Johannesburg nach Tel Aviv gebracht. Offiziell wurden die Kisten als landwirtschaftliche Geräte deklariert. Südafrikanische Wissenschaftler reisten nach Dimona; sie waren die einzigen Außenstehenden, die den wahren Zweck der Einrichtung kannten. Als Südafrika auf einer abgelegenen Insel im Indischen Ozean einen nuklearen Sprengkörper testete, waren israelische Wissenschaftler als Beobachter mit dabei. 1972 traf Ezer Weizman, den ein hoher Beamter des israelischen Verteidigungsministeriums begleitete, in Pretoria mit Premierminister P. W. Botha zusammen, um eine »Beistandsvereinbarung« zu unterzeichnen. Wenn das eine Land angegriffen würde und militärische Hilfe brauchte, verpflichtete sich das andere zur Unterstützung. Israel lieferte Südafrika beträchtliche Mengen in den USA hergestellter Waffen und erhielt im Gegenzug die Erlaubnis, die ersten in Dimona produzierten nuklearen Sprengkörper auf der Insel im Indischen Ozean zu testen.

Zu dieser Zeit hatte der Mossad seine Beziehungen zu BOSS vertieft. Es gelang ihm zwar nicht, die Südafrikaner von ihren rohen Verhörmethoden abzubringen. Aber die Mossad-Instruktoren machten die südafrikanischen Kollegen mit einer Vielzahl anderer Verfahren vertraut, die sich im Libanon und anderswo bewährt hatten: Schlafentzug; jemandem die Augen verbinden; den Verdächtigen zwingen, lange Zeit an einer Wand aufrecht zu stehen; Zerquetschen der Genitalien; Psychofoltern aller Grade von Drohungen bis zu Scheinhinrichtungen. *Katsas* des Mossad fuhren mit BOSS-Einheiten in benachbarte schwarzafrikanische Länder, um Sabotageaufträge durchzuführen. *Kidons* zeigten den Südafrikanern, wie sich Mordaufträge erledigen ließen, ohne verräterische Spuren zu hinterlassen. Als der Mossad anbot, Führer des Afrikanischen Nationalkongresses (ANC) aufzuspüren, die im englischen und europäischen Exil lebten, damit BOSS sie töten könnte, begrüßte das Büro diesen Vorschlag. Die Regierung in Pretoria verwarf ihn am Ende, weil sie fürchtete, die letzte Unterstützung durch einige stockkonservative britische Politiker zu verlieren.

Mossad und BOSS waren von der Furcht besessen, daß Afrika auf eine linke Revolution zutreibe, die schließlich Südafrika und Israel verschlingen würde. Dagegen war jedes Mittel erlaubt. Die Informationen, die sie austauschten, bestätigten ihre Ängste. Sie kannten kein Pardon. Sie waren der Überzeugung, nur sie wüßten, wie mit dem Feind umzugehen sei. Sie waren die gefürchtetsten Geheimdienste auf afrikanischem Boden.

Die Allianz von BOSS und Mossad behagte Washington nicht. Der CIA fürchtete um seinen Einfluß auf dem Schwarzen Kontinent. Die Entkolonialisierung der frühen sechziger Jahre hatte im amerikanischen Geheimdienst ein neues Interesse an Afrika wachgerufen. Die geheimen Aktivitäten vor Ort waren ausgeweitet worden. Eine Afrika-Abteilung wurde gebildet; 1963 unterhielt der CIA Büros in jedem afrikanischen Land.

Einer der ersten, der in Afrika Dienst tat, war Bill Buckley, der später in Beirut von Hisbollah-Terroristen entführt und ermordet wurde. Buckley erinnerte sich kurz vor seiner Entführung: »Das waren damals wirklich verrückte Zeiten in Afrika. Jeder strebte nach Einfluß.

Wir kamen spät, und der Mossad sah uns an, als wären wir Einbrecher.«

In Washington unternahm das Außenministerium diskrete, aber entschiedene Schritte, um den israelischen Einfluß in Afrika zurückzudrängen. Es ließ durchsickern, daß mehrere Hundert südafrikanische Juden während des Suezkriegs auf israelischer Seite gekämpft hatten. Zwanzig schwarzafrikanische Staaten brachen ihre diplomatischen Beziehungen zu Jerusalem ab, darunter Nigeria. Dies war ein schwerer Schlag für Israel. Sechzig Prozent seiner Erdöleinfuhren kamen aus Nigeria, im Austausch gegen Waffen, die ursprünglich von den USA an Israel geliefert worden waren. Die israelische Regierung stimmte zu, daß ungeachtet dieses Schrittes die geheimen Waffenlieferungen an Nigeria weitergehen könnten, wenn Nigeria das Öl weiter fließen lasse. Für Buckley war das »ein Musterbeispiel von Realpolitik«. Ein Beispiel für Realpolitik war auch, wie der Mossad seinem langjährigen Partner BOSS beistand. Nach der israelischen Libanon-Invasion von 1982 fand der Mossad beträchtliches Dokumentenmaterial, das enge Verbindungen zwischen der PLO und dem ANC, dem Hauptfeind des BOSS, offenbarte. Das belastende Material wurde an den südafrikanischen Geheimdienst weitergegeben. Hunderte von ANC-Mitgliedern wurden verhaftet und gefoltert.

Die achtziger Jahre waren der Höhepunkt in der großen Afrika-Safari des Mossad. Er spielte nicht nur Russen und Chinesen gegeneinander aus, auch der CIA, das MI6 und andere europäische Geheimdienste verfingen sich in seinen Fallstricken. Wann immer ein Geheimdienst die Position des Mossad bedrohte, verriet er dessen Aktivitäten. In Kenia flog ein Agent des MI6 auf. In Zaire wurde ein französisches Agentennetz zerschlagen. In Tansania wurde ein deutscher Geheimdiensteinsatz ganz schnell eingestellt, nachdem der Mossad ihn durch einen Hinweis an einen Lokalreporter hatte auffliegen lassen.

Als der Terroristenführer Abu Nidal Zuflucht in Sudan finden wollte, versprach der Mossad den dortigen Machthabern, Israel werde eine Million US-Dollar zahlen, wenn der Sudan den Terroristen töte oder gefangennähme. Der Palästinenser gehörte zu den Hintermännern der Ermordung des israelischen Botschafters in Großbritannien,

Schlomo Argov, vor dem Londoner Dorchester Hotel am 3. Juni 1982. Am Ende floh Abu Nidal in das sichere Bagdad.

In einem Dutzend Staaten machte sich der Mossad den neu erwachten afrikanischen Nationalismus zunutze. Zu den Agenten, die in mehreren dieser Länder gearbeitet hatten, gehörte Jaakov Cohen, der sich erinnert: »Wir gaben ihnen die nachrichtendienstlichen Mittel, um der Opposition voraus zu sein. In Ländern wie Nigeria hatten Stammesrivalitäten zu Bürgerkriegen geführt. Unsere Politik bestand darin, mit jedem zusammenzuarbeiten, der mit uns zusammenarbeiten wollte. Daher wußten wir alles, was in einem Land passierte. Die kleinste Stimmungsveränderung, die für Israel relevant sein konnte, wurde nach Hause berichtet.«

Bevor Cohen nach Afrika ging, hatte er sich bei verdeckten Einsätzen in Ägypten und anderswo ausgezeichnet. Um seine Tarnung perfekt zu machen, hatte der Mossad mittels plastischer Chirurgie das Aussehen seines Agenten verändert. Als er aus dem Krankenhaus zurückkam, hatte selbst seine Frau Schwierigkeiten, ihn mit seinem neuen Gesicht zu erkennen.

Am 1. Januar 1984 enthielt Nahum Admonis Tagesbericht die Neuigkeit von einem Staatsstreich in Nigeria. Eine Militärjunta unter Führung des Generalmajors Muhammad Buhari hatte die Macht ergriffen. Ministerpräsident Schamirs erste Frage war, welche Auswirkungen dieses Ereignis auf die Erdöllieferungen aus Nigeria haben würde. Keiner wußte das. Während des ganzen Tages wurde ununterbrochen, aber erfolglos versucht, einen Kontakt zu dem neuen Regime herzustellen.

An seinem zweiten Tag im Amt gab Buhari eine Liste früherer Regierungsmitglieder heraus, die einer Vielzahl von Verbrechen beschuldigt wurden. Ganz oben auf ihr stand Umaru Dikko, der abgesetzte Minister für Verkehrswesen, dem vorgeworfen wurde, mehrere Millionen US-Dollar – Profite aus dem Ölgeschaft – gestohlen zu haben. Dikko war aus dem Land geflohen und blieb trotz intensiver Suche verschwunden.

Admoni sah die Chance, mit den neuen Herren ins Gespräch zu kommen. Mit einem kanadischen Paß – ein beliebtes Reisedokument des Mossad bei verdeckten Aufträgen – flog er in die nigerianische Hauptstadt Lagos. Buhari empfing ihn am späten Abend. Der General hörte zu, als Admoni ihm ein Angebot unterbreitete, das die volle Billigung Rabins hatte. Wenn Nigeria garantierte, daß die Öllieferungen weitergingen, würde der Mossad Dikko finden und nach Nigeria zurückbringen. Buhari hatte eine Frage: Würde der Mossad auch herausfinden können, wo das Geld geblieben war, das Dikko unterschlagen hatte? Admoni erklärte, das Geld wäre mit größter Wahrscheinlichkeit auf Schweizer Nummernkontos und damit praktisch unauffindbar, wenn nicht Dikko selber den Aufenthaltsort nennen würde. Buhari lächelte zum ersten Mal. Wenn Dikko erst wieder in Nigeria wäre, gäbe es keine Schwierigkeiten, ihn zum Reden zu bringen. Buhari hatte noch eine letzte Frage: Würde der Mossad einverstanden sein, mit dem nigerianischen Geheimdienst zusammenzuarbeiten und die Gefangennahme Dikkos nicht für sich in Anspruch zu nehmen? Admoni stimmte zu. Bei einer solch einfachen Operation wäre ohnehin nicht viel Ruhm für den Mossad zu ernten.

Rafi Eitans »überlebende Spione« wurden in ganz Europa mobilisiert. Von Spanien bis nach Schweden warfen *Katsas* ihre Netze aus. *Sajanim* in einem Dutzend Länder wurden alarmiert: Ärzten wurde gesagt, sie sollten die Augen offenhalten, falls Dikko medizinische Hilfe brauchte oder gar einen plastischen Chirurgen aufsuchte, um sein Erscheinungsbild zu verändern; Hotelportiers in St. Moritz und Monte Carlo hielten Ausschau nach dem gestürzten Minister, der sich früher gern dort aufgehalten hatte. Angestellte von Leihwagenfirmen wurden von Madrid bis München instruiert, zu berichten, wenn Dikko ein Auto mieten würde; Angestellte in den Verkaufsbüros der Fluglinien sollten melden, wenn er ein Ticket erwarb. *Sajanim*, die für Kreditkartenunternehmen arbeiteten, sollten schauen, ob Dikko seine Karten benutzte. Kellner erhielten die Beschreibung des Ex-Ministers, Schneider seine Maße, Hemdennäher seine Kragenweite. Schuster von Rom bis Paris erfuhren, daß seine maßgefertigten Schuhe die Schuhgröße zwölf hatten. Robert Maxwell wurde gebeten, seine hochrangigen Kontakte unter afrikanischen Diplomaten in London spielen zu lassen und alle Gerüchte über Dikkos Aufenthaltsort weiterzugeben. Doch wie alle anderen zog auch Maxwell eine Niete.

Trotzdem war Admoni überzeugt, daß sich Dikko in London aufhielt – die Stadt war zum Anlaufhafen für Gegner des neuen Regimes geworden. Der Mossad-Chef schickte seine fähigsten *Katsas* in die britische Hauptstadt. Mit ihnen kamen Agenten des nigerianischen Geheimdienstes unter Führung von Major Muhammad Yusufu. Sie mieteten ein Apartment in der Cromwell Road. Die *Katsas* logierten in Hotels, wo Reisende aus Afrika abzusteigen pflegten.

Getrennt vorgehend, bewegten sich beide Agentengruppen in Londons großer nigerianischer Gemeinde. Yusufus Männer gaben sich als Flüchtlinge vor dem neuen Regime aus, die *Katsas* als Sympathisanten schwarzafrikanischer Umsturzpläne gegen das Apartheidregime in Südafrika. Langsam engten sie das Suchgebiet auf den Londoner Westen ein, die Gegend um den Hyde Park, wo viele reiche Exil-Nigerianer wohnten. Sie filzten die frei zugänglichen Wählerverzeichnisse in den Rathäusern dieses Gebiets. Aber sie fanden keine heiße Spur.

Dann aber tauchte Dikko auf, sieben Monate nachdem er aus Lagos geflohen war. Am 30. Juni 1984 entdeckte ein *Katsa*, der den Queensway entlangfuhr, eine stark frequentierte Querstraße der Bayswater Road, einen Mann, der genau der Beschreibung Umaru Dikkos entsprach. Er sah älter aus und war dünner geworden, trotzdem waren die groben Gesichtszüge und die pechschwarzen Augen, die dem Auto des *Katsas* keinen zweiten Blick gönnten, unverwechselbar.

Der *Katsa* stellte sein Auto ab und verfolgte Dikko zu Fuß bis zu einem Haus in der nahegelegenen Dorchester Terrace. Admoni wurde sofort benachrichtigt. Er ordnete zunächst nichts weiter an, als das Haus rund um die Uhr zu überwachen. Vom 1. bis 3. Juli 1984 teilten sich zwei Agenten die lückenlose Überwachung Dikkos. In der Zwischenzeit nutzten die Nigerianer ihre Londoner Botschaft als Basis zur Vorbereitung eines Entführungsplans, der genau nach dem Vorbild des Plans ausgearbeitet wurde, mit dem Rafi Eitan Adolf Eichmann zur Strecke gebracht hatte.

Anders als sonst war die Schlüsselrolle einem Außenstehenden zugedacht worden, einem angesehenen Arzt namens Levi-Arie Shapiro, einem Anästhesisten und Leiter der Intensivstation des Hasharon-Krankenhauses in Tel Aviv. Der *Katsa* Alexander Barak hatte ihn rekrutiert, indem er an den Patriotismus des Arztes appellierte. Der Mediziner erklärte sich bereit, nach London zu reisen und für die tausend Dollar, die Barak ihm gab, medizinische Ausrüstung zu kaufen, darunter Anästhetika und einen Luftröhrenkatheter. Nach seiner Ankunft würde er weitere Anweisungen erhalten. Shapiro nahm für seine Dienste kein Honorar und erklärte, er sei stolz, Israel dienen zu können. Felix Abithol, ein weiterer *Katsa*, kam am 2. Juli per Flugzeug aus Amsterdam und mietete sich im Russell Square Hotel ein. Sein erster Befehl an den Leiter des nigerianischen Einsatzteams, Major Yusufu, lautete, einen Transporter zu mieten. Einer der Männer Yusufus wählte ein leuchtend kanariengelbes Fahrzeug aus. Zu diesem Zeitpunkt schon hätte das Komplott auffliegen können.

Am späten Abend des 3. Juli landete eine Transportmaschine der Nigerian Airways auf dem fünfzig Kilometer nordöstlich von London gelegenen Flughafen Stansted. Sie kam ohne Fracht aus Lagos. Der Pilot setzte die Flughafenbehörden davon in Kenntnis, daß er Diplomatengepäck der nigerianischen Botschaft in Empfang zu nehmen habe. Mit der Crew waren mehrere Angehörige des nigerianischen Sicherheitsdienstes geflogen, die sich offen zu erkennen gaben und erklärten, sie sollten das Gepäck bewachen. Ihre Anwesenheit wurde einer Spezialabteilung von Scotland Yard gemeldet. In den vergangenen Monaten war mehrfach behauptet worden, das Militärregime in Lagos bedrohe Exil-Nigerianer in London. Den Sicherheitsleuten wurde erklärt, sie dürften das Flughafengelände nicht verlassen. Sie gingen wohl einige Male in die Cafeteria des Abfertigungsgebäudes, blieben aber sonst an Bord des Flugzeugs.
Am Vormittag des nächsten Tags verließ der kanariengelbe Transporter eine Garage in Notting Hill Gate, die einer der Nigerianer angemietet hatte. Am Steuer saß Yusufu. Hinten kauerten Dr. Shapiro, Barak und Abithol neben einer Kiste. Um die Mittagszeit machte draußen in Stansted der Flugzeugkapitän die Startpapiere klar. Die Maschine werde um 15 Uhr nach Lagos abfliegen. In den Flugdokumenten wurden als Fracht zwei große Behälter mit »Dokumenten«

angeführt, die für das nigerianische Außenministerium bestimmt seien. Diese Behälter enthielten Diplomatengepäck und besäßen entsprechende Immunität.

Kurz vor 12 Uhr bahnte sich der Transporter seinen Weg durch den Verkehr und parkte vor dem Haus in der Dorchester Terrace. Bald darauf trat Umaru Dikko auf die Straße hinaus, um sich mit einem Freund in einem nahegelegenen Restaurant zum Mittagessen zu treffen. Aus dem Fenster schaute ihm seine Privatsekretärin Elizabeth Hayes nach. Als sie sich gerade abwenden wollte, ging die Tür des Transporters auf und »zwei dunkelhäutige Männer packten Mr. Dikko und zwangen ihn, hinten in den Wagen einzusteigen. Er konnte gerade noch etwas schreien, bevor sie in das Fahrzeug sprangen und der Wagen mit hoher Geschwindigkeit davonfuhr.«

Als sie sich vom ersten Schreck erholt hatte, wählte die Sekretärin sofort die 999, den Notruf der Polizei. Innerhalb weniger Minuten war die Polizei da, gefolgt von Commander William Hucklesby von der Antiterroreinheit Scotland Yards. Er vermutete, was geschehen war, und versetzte alle Häfen und Flugplätze in Alarmbereitschaft. Für Hucklesby hatte diese Situation ihre besonderen Schwierigkeiten. Falls Dikko vom nigerianischen Regime entführt worden war, konnte das zu politischen Verwicklungen führen. Außenministerium und Downing Street wurden umgehend unterrichtet. Hucklesby erhielt die Anweisung, alles zu tun, was er für angemessen hielt.

Kurz vor 15 Uhr erreichte der Transporter das Frachtterminal von Stansted. Yusufu hielt den Zollbeamten seinen Diplomatenpaß unter die Nase. Die beobachteten, wie die beiden großen Behälter an Bord geladen wurden. Einer der Zollbeamten berichtete später: »Mit einem der Behälter stimmte irgend etwas nicht. Dann hörte ich Geräusche darin. Ich dachte, verdammt noch mal, diplomatische Immunität hin oder her, ich muß wissen, was da drin ist.«

Trotz der wütenden Proteste Yusufus, der auf diplomatischer Immunität für diese Fracht bestand, wurden die Behälter wieder ausgeladen und in einen Hangar gebracht. In der ersten Kiste wurde der gefesselte und betäubte Umaru Dikko gefunden. Neben ihm kauerte Dr. Shapiro mit einer Spritze, bereit, dem Ex-Minister eine neue Ladung zu geben, wenn die Betäubung nachließ. Ein Luftröhrenkatheter steckte in Dikkos Hals, damit er nicht an Erbrochenem ersticken konnte. Im zweiten Behälter kauerten Barak und Abithol.

Bei der Gerichtsverhandlung blieben beide Agenten stoisch bei ihrer Aussage, sie hätten als Söldner im Auftrag einer Gruppe nigerianischer Geschäftsleute gehandelt, deren Ziel es gewesen sei, Dikko nach Nigeria zu schaffen, damit er vor Gericht gestellt werden könnte. Zu ihrer Verteidigung war einer der besten und teuersten Strafverteidiger Großbritanniens, George Carmen, aufgeboten worden. In seinem Schlußplädoyer erklärte er: »Die plausibelste Erklärung ist vielleicht, daß der israelische Geheimdienst nie weit von der gesamten Operation entfernt war.«

Die Untersuchung erbrachte keinen Beweis, der den Mossad direkt belastet hätte. Doch Hinweise waren vorhanden. Der Richter brachte es in seiner Zusammenfassung für die Geschworenen auf den Punkt: »Es deutet einiges darauf hin, daß der Mossad mit großer Wahrscheinlichkeit in das Verbrechen verwickelt war.«

Barak erhielt eine Gefängnisstrafe von vierzehn Jahren, Dr. Shapiro und Abithol eine Strafe von je zehn Jahren. Yusufu wurde zu zwölf Jahren Gefängnis verurteilt. Alle wurden später wegen guter Führung begnadigt und in aller Stille nach Israel abgeschoben. Wie bei anderen Leuten, die dem Mossad gute Dienste geleistet hatten, sorgte der Geheimdienst dafür, daß sie aus dem Rampenlicht der Öffentlichkeit verschwanden. Dr. Shapiro beispielsweise, der so flagrant seinen hippokratischen Eid gebrochen hatte, sollte nicht in die Verlegenheit kommen, erklären zu müssen, ob er immer noch praktiziere, und wenn ja, für wen.

Nahum Admoni wurde vom MI5 dahingehend beschieden, daß seine Organisation als nicht befreundeter Dienst behandelt würde, wenn noch einmal so etwas vorkäme. Doch zu dieser Zeit plante der Mossad-Chef bereits eine Operation, die die Briten daran erinnern sollte, wer die eigentlichen Feinde waren, und die zugleich Sympathien für Israel wecken sollte.

Kapitel 14

DIE BOMBE DES ZIMMERMÄDCHENS

An einem wolkenlosen Februarmorgen des Jahres 1986 verfolgten zwei israelische Abfangjäger einen in Libyen registrierten Learjet, der von Tripolis nach Damaskus unterwegs war. Das Zivilflugzeug befand sich in internationalem Luftraum etwa neuntausend Meter über dem Mittelmeer und wollte gerade in den syrischen Luftraum eintauchen. An Bord waren Delegierte, die von einer Konferenz palästinensischer und anderer radikaler Gruppen zurückkehrten, die Muammar al-Gaddhafi anberaumt hatte, um zu erörtern, wie man den brennendsten Wunsch des libyschen Revolutionsführers erfüllen könnte: Israel vom Erdboden zu vertilgen.

Der Anblick der Jäger, die zu beiden Seiten des Jets Position bezogen, sorgte für Panik unter den vierzehn Passagieren, und das aus gutem Grund. Vier Monate zuvor, am Dienstag, den 1. Oktober 1985, hatten israelische F-15-Kampfbomber das PLO-Hauptquartier südöstlich von Tunis zerstört – nach einem Rundflug von fast 5000 Kilometern, wobei die Flugzeuge in der Luft betankt werden mußten. Voraussetzung eines solchen Unternehmens war neben der technischen Logistik auch jene präzise nachrichtendienstliche Arbeit, die die arabische Welt immer wieder erschaudern ließ.

Der Luftangriff auf die PLO-Zentrale war ein Vergeltungsschlag. Wenige Tage zuvor waren drei israelische Touristen mittleren Alters, zwei Männer und eine Frau, beim spätsommerlichen Sonnenbad auf ihrer Jacht im zypriotischen Hafen Larnaka von PLO-Schützen ermordet worden. Der Mord hatte an Jom Kippur stattgefunden und viele Israelis an den Krieg erinnert, der am Versöhnungstag begonnen und die Nation genauso unvorbereitet wie die Touristen gefunden hatte.

Obwohl die Israelis schon fast vier Jahrzehnte mit dem Terrorismus hatten leben müssen, sorgte diese Tat bei vielen für Angst und Entsetzen: Die Touristen waren einige Zeit an Bord ihres Schiffs festgehalten worden und durften ihre letzten Gedanken aufschreiben, bevor sie schließlich ermordet wurden. Als erste wurde die Frau mit einem Bauchschuß getötet. Ihre beiden männlichen Begleiter mußten die Leiche über Bord werfen. Anschließend wurden die beiden Männer nacheinander mit Kopfschüssen umgebracht.

Zu dem düsteren Propagandakrieg, der lange Zeit ein Merkmal des Geheimdienstkampfs zwischen PLO und Israel war, gehörte auch die palästinensische Behauptung, die drei Opfer seien Mossad-Agenten mit einem Auftrag gewesen. Die PLO verbreitete diese Geschichte so geschickt, daß mehrere europäische Zeitungen in der getöteten Frau jene Agentin wiedererkennen wollten, die 1973 bei dem Lillehammer-Skandal verhaftet worden war. Diese Frau war jedoch noch am Leben und hatte längst ihre aktive Zeit beim Mossad beendet.

Nach dem Anschlag hatte die arabische Presse vor israelischen Vergeltungsschlägen gewarnt und Vermutungen darüber angestellt, auf welch schreckliche Weise die Israelis zurückschlagen könnten. Viele dieser Geschichten stammten aus der Abteilung für psychologische Kriegsführung des Mossad und sollten dazu dienen, die ohnehin schon gespannten Nerven von Millionen von Arabern weiter zu zermürben.

Die Passagiere in dem Jet, die noch vor wenigen Stunden auf der Konferenz in Libyen Haßgesänge auf Israel angestimmt hatten, erblickten nun das bedrohliche Gesicht des Feindes. Einer der Abfangjäger schwenkte mit seinen Flügeln. Das ist die weltweit allen Piloten bekannte Aufforderung, dem signalgebenden Flugzeug zu folgen. Um seine Botschaft zu verdeutlichen, wies die behandschuhte Hand des israelischen Piloten geradeaus und dann nach unten. Der Jet sollte also in Galiläa landen. Die Frauen an Bord des arabischen Flugzeugs begannen zu wehklagen; einige der Männer stimmten Gebete an. Andere starrten schicksalsergeben vor sich hin. Sie alle wußten, daß eine solche Möglichkeit immer bestanden hatte: Die verfluchten Ungläubigen besaßen die Fähigkeit, zuzugreifen und sie vom Himmel zu holen.

Einer der israelischen Abfangjäger feuerte einen Warnschuß mit seiner Bordkanone ab, um dem Kapitän des Learjet klarzumachen, daß er nicht auf die Idee kommen sollte, die nur wenige Flugminuten entfernte syrische Luftwaffe per Funk zu Hilfe zu holen. Die Furcht der Passagiere wuchs. Sollten sie das gleiche Schicksal erdulden, das einer der wahren Helden der arabischen Welt hatte erleiden müssen?

Nur einen Monat vor dem Luftangriff auf Tunis hatten Mossadagenten von einem israelischen Patrouillenboot aus die *Opportunity* geentert, ein kleines Passagierschiff, das regelmäßig zwischen Beirut und Larnaka verkehrte. Aus dem Laderaum hatten die Agenten Faisal Abu Sharah hervorgezerrt, einen Terroristen mit Blut an den Händen. Sie hatten ihn an Bord ihres Patrouillenboots geschleppt. In Israel war er brutal verhört worden, dann folgte ein Schnellverfahren, das mit der Verhängung einer langjährigen Haftstrafe endete. Die Schnelligkeit und die Kühnheit dieser Operation hatten in der arabischen Welt einmal mehr den Eindruck von der Unbezwinglichkeit Israels verstärkt.

Solche Vorfälle waren nicht ungewöhnlich. In enger Zusammenarbeit mit Israels kleiner, aber gut ausgebildeter Marine hatte der Mossad öfters Boote aufgebracht und Passagiere verhaftet, die terroristischer Aktivitäten verdächtig waren. Nicht nur die langgestreckte Mittelmeerküste erforderte ständige Wachsamkeit, auch am Roten Meer mußte Israel sich vor Angreifern schützen. Von einem Mossad-Agenten im Jemen kam die Information, daß ein PLO-Kommando mit einem Fischerboot das Rote Meer überqueren wollte. Das mit Sprengstoff beladene Boot sollte direkt vor den großen Hotels am Strand von Eilat zur Explosion gebracht werden. Ein israelisches Kanonenboot fing das Fischerboot ab und überwältigte die beiden Männer des Selbstmordkommandos, bevor sie ihre Ladung zünden konnten.

Die Insassen des Learjets, der jetzt, an jenem Februarmorgen, im Landeanflug auf Nordisrael war, wußten, daß es einen weiteren Grund für einen israelischen Vergeltungsschlag gab. Wenige Monate zuvor, kurz nach der Bombardierung des PLO-Hauptquartiers in Tu-

nis, hatte ein anderer ihrer Helden, Abu Al-Abbas, in dem spektakulärsten Akt von Piraterie, den die Welt bisher gesehen hatte, das italienische Kreuzfahrtschiff *Achille Lauro* überwältigt. Al-Abbas er-
mordete einen der Passagiere, den an den Rollstuhl gefesselten jüdischen US-Bürger Leon Klinghoffer, indem er ihn über Bord warf.

Das Verbrechen hatte für verworrene diplomatische Aktivitäten gesorgt. Beteiligt waren das entsetzte Israel, die USA, Ägypten, Italien,
Syrien, Zypern, Tunesien und die PLO. Tagelang beherrschte die Krise den Mittelmeerraum und brachte den Entführern die gewünschte
Publizität. Sie enthüllte zugleich die unterschiedlichen Eigeninteres-
sen, die im Nahen Osten die Haltung gegenüber dem Terrorismus bestimmten. Die Entführung eines Kreuzfahrtschiffs, das ausländische
Touristen und damit dringend benötigte Devisen nach Israel brachte,
und die Ermordung eines Passagiers riefen nur Unentschlossenheit
hervor. Völkerrechtlich gesehen hatte der Mord auf italienischem Gebiet stattgefunden, nämlich auf der in Genua registrierten *Achille
Lauro*. Italien aber war durch terroristische Anschläge leicht verwundbar, deshalb wünschte die italienische Regierung eine stille Bei-
legung der Affäre. Die Vereinigten Staaten hingegen forderten die gerechte Bestrafung der Mörder eines amerikanischen Staatsbürgers.
Überall in den USA trugen die Leute Sticker mit der Aufschrift: »Nicht
verrückt werden, Vergeltung üben!« Nachdem die Entführer die
Weltöffentlichkeit mehrere Tage lang in Atem gehalten hatten,
ergaben sie sich schließlich den ägyptischen Behörden, die ihnen dann
– zur Empörung Israels – die Ausreise in ein Drittland gestatteten.

Als der Learjet fast Flügelspitze an Flügelspitze mit den israelischen
Jägern auf einem Militärflugplatz in Nordgaliläa landete, fragte sich
mehr als einer der Flugpassagiere, ob man sie nun als Vergeltungsakt
in ein israelisches Gefängnis stecken würde. Ein Team von Verhörspezialisten des Aman erwartete die Passagiere. Dem Aman war vom
Mossad mitgeteilt worden, an Bord befänden sich zwei der meist-
gesuchten Terroristen der Welt, der berüchtigte Abu Nidal und der
nicht weniger gefürchtete Ahmed Jibril. Doch der Aman konnte nur
einen Haufen verängstigter Araber befragen, deren Namen in den
israelischen Computern nicht auftauchten. Schließlich durfte der
Learjet mit seinen Passagieren wieder abfliegen.

Israel beharrte darauf, der einzige Grund für diesen Anschlag auf den internationalen Luftverkehr sei die Aussicht gewesen, Terroristen zu fangen. Innerhalb des Mossad jedoch gab es Kräfte, die keine Gelegenheit auslassen wollten, Angst und Panik unter den Arabern zu verbreiten. Die Verhörspezialisten des Aman konnten immerhin hoffen, daß die Passagiere des gekaperten Flugzeugs das Image eines allmächtigen Israel weiterverbreiten würden.

Ehud Barak, der Chef des Aman, war allerdings überzeugt, die Operation sei ein erneutes Beispiel für eine übereilte Mossad-Aktion gewesen. Er machte seinen Standpunkt gegenüber Nahum Admoni unmißverständlich klar.

Der Mossad-Chef war nicht der Mann, der sich gern bei einem Fehlschlag ertappen ließ oder leichthin einen Rüffel einsteckte.

Auch den Spott arabischer Radiosender, der Mossad sei so weit heruntergekommen, daß er ein unbewaffnetes ziviles Flugzeug zur Landung gezwungen hätte, hörte er nicht gern. Deshalb machte er sich an die Planung einer Aktion, die nicht nur die arabische Häme, sondern auch die spitzen Bemerkungen innerhalb der anderen Geheimdienste Israels zum Schweigen bringen sollte, das nächste Mal müßte der Mossad ganz sichergehen, auf daß nicht wieder alle ganz dumm dastünden.

Damit begann eine Operation, die neben vielem anderen das Leben eines schwangeren irischen Zimmermädchens ruinieren und ihrem arabischen Liebhaber eine der höchsten Gefängnisstrafen einbringen sollte, die ein britisches Gericht jemals verhängt hat. Die Operation bereitete dem deutschen Kanzler Helmut Kohl und dem französischen Ministerpräsidenten Jacques Chirac große Unannehmlichkeiten, zeigte Robert Maxwell einmal mehr als geschäftigen Manipulator, vertrieb Syrien aus der Welt der internationalen Diplomatie und zwang all jene arabischen Rundfunksender, die sich noch vor kurzem über den Mossad lustig gemacht hatten, die Tonlage ihrer Berichte zu ändern.

Wie bei allen Operationen gab es Momente der Hochspannung und des ruhigen Abwartens. Das übliche Quantum an menschlicher Verzweiflung, blinder Wut und gemeinem Verrat war vorhanden. Für

Männer wie Nahum Admoni waren Pläne solcher Art ihr eigentliches Lebenselement. Er stellte sich immer wieder die gleichen Fragen: Könnte der Plan funktionieren? Würden sich andere von der in Umlauf gebrachten Erklärung überzeugen lassen? Und selbstverständlich: Würde sich die Wahrheit auf immer verhehlen lassen?

Auf jeden Fall machte sich der Mossad die sehr unterschiedlichen Fähigkeiten zweier Männer für diese Operation zunutze. Der eine war ein *Katsa*, der in Großbritannien unter dem Decknamen Tov Levy gedient hatte. Der andere war ein palästinensischer Informant mit dem Decknamen Abu. Der Palästinenser war angeworben worden, nachdem der Mossad entdeckte hatte, daß er einen PLO-Fonds bestohlen hatte, den er in einem Dorf an der israelisch-jordanischen Grenze verwaltete. Mit der Drohung, der Dorfvorsteher könnte durch einen anonymen Hinweis von dem Diebstahl erfahren und ihn töten lassen, hatte der Mossad den diebischen Funktionär gezwungen, nach London zu gehen. Er erhielt falsche Papiere, die ihn als Geschäftsmann bezeichneten, und ausreichende Mittel, um als reicher Mann mit großspurigem Lebensstil aufzutreten. Als Führungsoffizier war ihm Tov Levy zugeordnet.

In jeder Hinsicht entsprach Abu der klassischen Definition eines Agenten, wie sie Uzi Mahnaimi, ein früheres Mitglied der israelischen Geheimdienstszene, formuliert hat: »Man verbringt Stunden, ganze Tage mit ihm; man lehrt ihn alles, was er wissen muß, man geht die Lektionen mit ihm durch, hilft ihm, verkehrt vertraulich mit ihm, schaut sich seine Familienfotos an, kennt die Namen und das Alter seiner Kinder. Aber der Agent ist kein Mensch; man darf ihn niemals als einen solchen ansehen. Der Agent ist bloß eine Waffe, ein Mittel zum Zweck, wie eine Kalaschnikow – das ist alles. Wenn man ihn in sein Verderben schicken muß, darf man daran nicht einen einzigen Gedanken verschwenden. Der Agent ist nur eine Nummer, keine Person.«

Abu spielte seine Rolle perfekt. Er war zu einer vertrauten Figur an den Spieltischen Mayfairs geworden. Angesichts seines Erfolgs tolerierte der Mossad seine sexuellen und alkoholischen Ausschweifungen. Da Abu sich an den Treffpunkten der Waffenhändler und der wohlhabenden PLO-Sympathisanten herumtrieb, gabelte er Informationen auf, die es dem Mossad ermöglichten, erfolgreiche Schläge gegen Israels Feinde zu führen. Innerhalb weniger Wochen wurden aufgrund von Abus Informationen fünfzehn PLO-Mitglieder vom Mossad umgebracht.

Abu traf sich mit Tov Levy manchmal in einer der Bars oder einem der Restaurants des Hilton Hotels an der Park Lane. Dort arbeitete eine aus Dublin stammende Irin namens Ann-Marie Murphy.

Wie viele andere hatte die Aussicht, gutes Geld zu verdienen, sie über die Irische See nach London geführt. Aber zu mehr als einem Job als Zimmermädchen hatte es bei ihr nicht gereicht. Der Lohn war niedrig, die Arbeitszeit lang. Ann-Marie verbrachte ihre kärgliche Freizeit in den Bars im Bezirk Shepherds Bush, der lange Zeit ein Sammelpunkt der in London lebenden Iren war. Dort sang sie die irischen Freiheitslieder mit und nahm das eine und andere offene Guinness. Dann ging sie nach Hause in ihr einsames Zimmer, um für den nächsten Tag frisch zu sein, wenn es wieder galt, Betten zu beziehen, Toilettenschüsseln zu reinigen und jedes Hotelzimmer in den Zustand funkelnder Sauberkeit zu versetzen, wie es im Hilton sein sollte. Eine Laufbahn, die nirgendwohin führte.

Kurz vor Weihnachten 1985 war sie den Tränen nahe, wenn sie daran dachte, daß sie die Festtage wieder allein in London verbringen würde statt in dem sorgenfreien Dublin, nach dem sie Heimweh hatte. Da lernte sie einen dunkelhäutigen Araber kennen, der ihr gefiel. Der Seidenanzug und die auffällige Krawatte deuteten darauf hin, daß er wohlhabend war. Als er Ann-Marie anlächelte, lächelte sie zurück. Er hieß Nezar Hindawi und war ein entfernter Cousin Abus. Hindawi war 35 Jahre alt, gab sich aber gegenüber der zweiunddreißigjährigen Ann-Marie als gleichaltrig aus. Er sollte die gutgläubige, naive Frau auch weiterhin belügen.

Sie hatten sich in einer Bar in der Nähe des BBC-Theatre in Shepherds Bush Green kennengelernt. Sie war nie zuvor in diesem Pub gewesen und wunderte sich, Hindawi inmitten der rotgesichtigen Bauarbeiter zu finden, die ihrem Akzent nach aus allen Grafschaften Irlands kamen. Hindawi aber schien viele der trinkenden Männer zu kennen, verstand ihren rauhen Humor und spendierte eine Lage, wenn er an der Reihe war.

Wochenlang war Hindawi in diesen Pub gekommen, weil er hoffte, einen Kontakt zur IRA herzustellen. Abu hatte ihn dazu aufgefordert, ihm aber typischerweise nicht verraten, wieso. Hindawis vereinzelte Versuche, über die politische Lage in Irland zu sprechen, waren von den Männern, die mehr daran interessiert waren, einige Pints zu nehmen, schnell beiseitegeschoben worden. Welch einen Plan Abu auch ausbrütete, für Hindawi würde er ein Geheimnis bleiben. Das Auftauchen Ann-Maries brachte ihn sowieso auf andere Gedanken.

Die junge Frau war von seinen guten Manieren und seinem Charme gefesselt. Bald lachte sie mit ihm über die Geschichten, die er aus dem Nahen Osten zu erzählen wußte. Für jemanden, der nie weiter als bis London gekommen war, wirkten seine Erzählungen wie Märchen aus Tausendundeiner Nacht. Hindawi fuhr sie an jenem Abend nach Hause, küßte sie auf beide Wangen und fuhr weg. Ann-Marie fragte sich, ob das wacklige Gefühl in den Knien vielleicht daher käme, daß sie dabei war, sich zu verlieben. Am folgenden Tag lud er sie zum Mittagessen in ein syrisches Restaurant ein und bewirtete sie mit den Köstlichkeiten der arabischen Küche. Beschwipst von einem guten libanesischen Wein, leistete sie keinen ernstlichen Widerstand, als er sie mit in seine Wohnung nahm. An diesem Nachmittag schliefen sie miteinander. Ann-Marie war noch Jungfrau gewesen. Da sie aus einem streng katholischen irischen Milieu stammte, wo Verhütungsmittel verpönt waren, hatte sie keine Vorsichtsmaßnahmen ergriffen. Im Februar 1986 stellte sie fest, daß sie schwanger war. Sie teilte es Hindawi mit. Der lächelte vertrauenerweckend und sagte, er werde sich um alles kümmern. Aufgeschreckt erklärte Ann-Marie, einer Abtreibung werde sie niemals zustimmen. Er beteuerte, daran hätte er nicht im entferntesten gedacht. In Wahrheit aber versetzte ihn die Aussicht in Panik, eine Frau heiraten zu müssen, die seiner Meinung nach gesellschaftlich weit unter ihm stand. Gleichzeitig fürchtete er, sie könnte zu den Behörden laufen und sich über ihn beschweren. Da er nicht wußte, wie gleichgültig die britischen Behörden in solchen Fragen waren, fürchtete er, seine Aufenthaltsgenehmigung könnte widerrufen und er als unerwünschter Ausländer abgeschoben werden. Hindawi wandte sich an den einzigen Bekannten, der ihm möglicherweise helfen könnte, an seinen Vetter Abu.

Abu hatte seine eigenen Probleme, da er gerade große Summen beim Glücksspiel verloren hatte. Knapp erklärte er Hindawi, er könnte ihm das Geld nicht leihen, das Hindawi Ann-Marie hatte anbieten wollen, damit sie zur Geburt nach Dublin zurückkehren und dort das Kind zur Adoption freigeben könnte. Sie hatte ihm erklärt, daß dies in Irland gang und gäbe sei.

Am folgenden Tag traf sich Abu mit Tov Levy. Beim Essen erklärte ihm der *Katsa*, er brauche Abus Hilfe. Die britische Regierung solle dazu gebracht werden, die syrische Botschaft in London zu schließen und die Botschaftsangehörigen auszuweisen. Sie stünden schon seit langem im Verdacht, in terroristische Aktivitäten verwickelt zu sein. Levy sagte, er brauche einen »Köder«, den er dabei benutzen könnte. Ob Abu irgend jemanden kenne oder irgend etwas wüßte, das dabei nützlich sein könnte? Abu erzählte von seinem Cousin mit der schwangeren Geliebten.

Der Plan nahm Konturen an, als öffentlich bekannt wurde, welche Rolle die israelischen Geheimdienste bei dem Geschäft Waffen gegen Geiseln mit dem Iran gespielt hatten. Israels Ruf, dem Terrorismus niemals Konzessionen zu machen, erlitt einen harten Schlag. Der Mossad war ernstlich verärgert über die Unfähigkeit der Reagan-Regierung, sein Land aus dem Irangate-Skandal herauszuhalten.

Die Enthüllungen hatten auch die vorsichtige Unterstützung Israels durch Nachbarstaaten wie Ägypten oder Jordanien erschwert, obwohl beide Länder zu jener Zeit die PLO und die Tiraden Jassir Arafats endgültig satt hatten. Immer mehr war der PLO-Führer zum politischen Gefangenen seiner eigenen Ultras geworden. Obwohl selber kein Marxist, sah er sich gezwungen, deren Rhetorik aufzunehmen, wenn er die »politische, kulturelle und militärische Zerschlagung des zionistischen Staatswesens« forderte.

Diese Schmähreden verbesserten aber seine Lage unter den verschiedenen zerstrittenen PLO-Gruppierungen keineswegs. Für sie war Arafat der Mann, der von den Israelis zu dem demütigenden Rückzug aus Beirut gezwungen worden war. Unter dem Schutz der UNO hatten etwa fünfzehntausend palästinensische Kämpfer auf Schiffen die Reise nach Tunis antreten müssen. Andere hatten sich aufgrund der syrischen Hilfsangebote von dem Palästinenserführer abgewandt und bekämpften von Damaskus aus mit gesteigerter Militanz sowohl Arafat als auch Israel.

Der Mossad freilich betrachtete Arafat weiterhin als das eigentliche Hindernis für einen Frieden. Ihn zu töten hatte höchste Priorität; die Zielscheiben auf dem Schießstand des Dienstes trugen alle sein Konterfei. Solange Arafat lebte, würde man ihm die Schuld an allen Gewalttaten zuschreiben, die von den verschiedenen aus Syrien heraus operierenden Palästinensergruppen verübt wurden.

Dann kam es zu zwei Ereignissen, die zumindest für einen Moment das Hauptaugenmerk von Arafat abwendeten und zugleich den Plan zur Reife kommen ließen, in dem Abu eine Schlüsselrolle zufiel.

Ein wachsendes Problem für Syrien war das beständige Verlangen der unter seinem Schutz stehenden PLO-Fraktionen, Aktionen zu unternehmen. Der staatlich geförderte Terrorismus war zwar schon lange Teil der syrischen Politik. Doch wollte das Land keine Operationen finanzieren, die sein ohnehin schon stark angekratztes internationales Ansehen weiter beschädigen würden. Viele der Pläne, die die palästinensischen Gruppen dem syrischen Geheimdienst unterbreiteten, waren den Syrern einfach zu riskant. Einer von ihnen sah vor, das Trinkwasser in Israel zu vergiften; einem anderen zufolge sollte sich ein arabischer Selbstmordattentäter, als orthodoxer Jude verkleidet, an der Klagemauer in Jerusalem in die Luft sprengen. Beides hätte drakonische Vergeltungsakte der Israelis zur Folge gehabt.

Dann kam ein wagemutiger Plan auf den Tisch, der, wie die syrischen Geheimdienstler erkannten, nicht nur funktionieren, sondern zugleich dem Glauben an die militärische Überlegenheit Israels den Todesstoß versetzen konnte. Als erstes mußte ein Schiff gekauft werden. Nach mehrwöchiger Suche in den Mittelmeerhäfen wurde das in Panama registrierte Handelsschiff *Atavarius* erworben und in Algier vor Anker gelegt.

Eine Woche nach Ankunft des Schiffs trafen palästinensische Kommandoeinheiten mit einem syrischen Militärtransportflugzeug aus Damaskus ein. Sie brachten ein kleines Waffenarsenal mit: Maschinengewehre, Panzerfäuste und Kisten voller Kalaschnikows, die bei

Terroristen besonders beliebt sind. In der Nacht ging das Kommando mit seinen Waffen im Schutz der Dunkelheit an Bord der *Atavarius*.

Bei Tagesanbruch stach das Schiff in See. Der Kapitän hatte den Hafenbehörden erklärt, es fahre nach Griechenland, weil dort die Maschine überholt werden sollte. Die Kommandoeinheiten blieben unter Deck. Ihre Ankunft war jedoch nicht unbemerkt geblieben. Ein Mossad-Informant aus dem Büro des Hafenmeisters hatte Verdacht geschöpft und den in der Stadt stationierten *Katsa* unterrichtet. Der sandte eine Meldung nach Tel Aviv.

Beim Eintreffen der Nachricht wurde »Alarmstufe gelb« für alle Mossad-Agenten im Mittelmeerraum verhängt. Man erinnerte sich noch gut an den gescheiterten Versuch, die Strandhotels in Eilat in die Luft zu sprengen, und vermutete, ein ähnlicher Anschlag könnte jetzt gegen Haifa geplant sein. Der geschäftige Hafen am Mittelmeer war ein naheliegendes Ziel. Zwei Kanonenboote der Marine wurden auf See stationiert, die jeden Versuch der *Atavarius* unterbinden sollten, den Hafen anzulaufen, der Israels wichtigste maritime Handelsverbindung mit der Welt war.

Das Ziel der *Atavarius* aber waren die Strände nördlich von Tel Aviv. Der Plan hätte aus einem Hollywoodfilm stammen können: Die Terroristen sollten am Zielort in Schlauchboote einsteigen und an Land rudern. Danach sollten sie sich nach Tel Aviv bis zur Kirja durchkämpfen, dem festungsartigen Hauptquartier der israelischen Armee, dessen Turm die Skyline beherrschte und der den Terroristen als Wegweiser dienen würde. Das Gelingen dieses Plans hing von dem Überraschungseffekt und einer Tollkühnheit ab, die sonst für die Israelis sprichwörtlich war.

Der Angriff sollte am israelischen Unabhängigkeitstag stattfinden. An diesem Tag feierte man überall in Israel, und die Kirja würde nach Auskunft des syrischen Geheimdienstes von weniger Männern als sonst bewacht werden. Die Terroristen erwarteten nicht, mit dem Leben davonzukommen; sie waren für den Auftrag ausgewählt worden, weil sie die gleiche Geisteshaltung an den Tag legten wie die Beiruter Selbstmordattentäter.

In der Zwischenzeit konnten sie sich entspannen und die Kreuzfahrt genießen, die sie an Tunesien vorbei zunächst nach Sizilien führte.

Keiner an Bord achtete auf den Fischtrawler, der sich im Kielwasser hob und senkte, als die *Atavarius* ihn passierte. An Bord dieses Trawlers befand sich modernes elektronisches Gerät, mit dem sich der Funkverkehr an Bord des Handelsschiffs überwachen ließ. Eine kurze Meldung in arabischer Sprache verkündete, daß das Schiff fahrplanmäßig unterwegs war. Die zweiköpfige Besatzung des Trawlers, beides Mossad-*Sajanim*, gab die Nachricht nach Tel Aviv weiter. In den nächsten 24 Stunden wurde das Schiff von anderen Booten des Mossad beschattet, als es zunächst an Kreta und dann an Zypern vorbeifuhr.

Eine schnelle Motorjacht kreuzte seinen Weg. Auch diese Jacht war mit Peilgeräten ausgerüstet und mit einer leistungsstarken Kamera, die in der Seite des Ruderhauses verborgen war. An Deck hielten sich zwei junge Frauen zum Sonnenbaden auf. Sie waren Cousinen des zypriotischen *Sajan*, dem die Jacht gehörte, und fungierten als Köder, der das Interesse der Männer an Bord der *Atavarius* auf sich ziehen sollte. Als die Jacht vorbeifuhr, traten mehrere Männer des Kommandos an die Reling und riefen und lachten zu den Frauen hinüber. Im Ruderhaus setzte der *Sajan* die Kamera in Betrieb, um die gestikulierenden Männer zu fotografieren. Nachdem seine Rolle bei der Überwachung beendet war, kehrte er nach Zypern zurück. Zu Hause entwickelte er den Film und schickte die Bilder per Funk nach Tel Aviv. Die Computer des Mossad konnten drei der fotografierten Gesichter bekannten arabischen Terroristen zuordnen. Aus der gelben wurde die rote Alarmstufe.

Ministerpräsident Schimon Peres ordnete an, die *Atavarius* anzugreifen. Der Plan eines Bombenangriffs wurde erwogen und fallengelassen. Ein Luftangriff konnte von Ägypten als Teil eines Präventivschlags mißverstanden werden. Obwohl die diplomatischen Beziehungen zwischen Israel und seinem Nachbarn eine Reihe von Vorfällen überdauert hatten, gab es doch Verstimmungen und Verdächtigungen in Kairo hinsichtlich der Aktivitäten Israels. Peres stimmte zu, einen Angriff von See aus zu unternehmen.

Sechs israelische Kanonenboote wurden betankt und mit Raketen bewaffnet. An Bord gingen Sondereinheiten der Armee und Einsatzagenten des Mossad, die gefangengenommene Terroristen verhören sollten. In den frühen Morgenstunden fuhren die Kanonenboote in Richtung Haifa ab und kreuzten gen Westen in das Mittelmeer. Sie durchzogen das Wasser in einer Reihenformation, um die Gefahr zu verringern, vom Radar an Bord der *Atavarius* ausgemacht zu werden. Die Israelis wollten den Angriff beginnen, wenn die aufgehende Sonne direkt hinter ihnen stand.

Kurz nach 6.30 Uhr wurde die *Atavarius* gesichtet. In einem Manöver wie aus dem Lehrbuch gingen die Kanonenboote in eine fächerförmige Formation, griffen das Handelsschiff von beiden Seiten an und beschossen dessen Rumpf und Deck mit Raketen. Von Deck aus schossen die Palästinenser zurück. Doch ihre schweren Waffen waren noch unter Deck verstaut, und die Maschinengewehre waren der überlegenen Feuerkraft der Israelis nicht gewachsen. In wenigen Minuten stand die *Atavarius* in Flammen, und die Besatzung und das Terroristenkommando begannen das Schiff zu verlassen. Einige von ihnen wurden erschossen, als sie ins Meer sprangen.

Insgesamt wurden zwanzig Besatzungsmitglieder und Terroristen getötet, ihre Körper wurden alle geborgen. Acht Überlebende wurden gefangengenommen. Bevor die Kanonenboote nach Israel zurückkehrten, wurde die *Atavarius* mit Raketen, deren Sprengkapseln eine besonders große Explosivkraft hatten, versenkt.

Die Körper der Getöteten wurden im Negev verscharrt. Die Gefangenen wurden verhört und in einem Geheimprozeß zu langjährigen Freiheitsstrafen verurteilt. In den Verhören hatten sie Syrien als die treibende Kraft hinter dem Attentat bezeichnet. Doch die israelische Regierung unternahm keinen Vergeltungsschlag gegen seinen Nachbarn, sondern hielt auf Anraten des Mossad den ganzen Vorgang geheim. Die Mossad-Psychologen hatten vorhergesagt, daß das Verschwinden des Schiffs, seiner Besatzung und seiner Passagiere zum Gegenstand aufgeregter Spekulationen unter den in Syrien stationierten PLO-Gruppen werden würde. Der Mossad wies Ministerpräsident Peres darauf hin, daß er sich einer Sache sicher sein konnte: Die Terroristen, die wußten, daß ihre Operation gescheitert war, würden alles daransetzen, um vor ihren syrischen Wohltätern ihr Gesicht wiederzugewinnen.

Unterdessen wetterte die Palästinenseropposition weiter gegen

Arafat. Mit Genugtuung sahen sie, daß sein einstiger Verbündeter Abu Nidal einen tödlichen Bruderkrieg gegen ihn begonnen hatte. Nidal, der lange als der »Großmeister für Überraschungen« gegolten hatte, war mit Arafat über taktische Fragen in Streit geraten.

In Arafat begann die Erkenntnis zu reifen, daß eine Bewegung, die nur den Terrorismus als Waffe besaß, letztlich scheitern müßte; sie brauchte ein politisches Programm und ein Gespür für Diplomatie. Arafat hatte in seinen jüngsten öffentlichen Äußerungen versucht, diesen Weg zu beschreiten, und war von den USA darin ermutigt worden. In Israel hielt man Arafats Worte für reine Heuchelei. Für Abu Nidal hingegen waren sie Verrat, Verrat an allem, wofür er persönlich einstand: am nackten, unbeugsamen Terrorismus.

Monatelang hatte Abu Nidal auf den richtigen Zeitpunkt gewartet. Als er hörte, daß die *Atavarius* gescheitert und das Schiff verschwunden war, entschied er, es sei an der Zeit, Israel daran zu erinnern, daß es ihn noch gab. Mit voller Billigung seiner Schutzherren im syrischen Geheimdienst schlug er auf grauenvolle Art zu. Auf den Flughäfen von Rom und Wien eröffneten im Dezember 1985 seine Schützen das Feuer auf hilflose Weihnachtstouristen. Innerhalb weniger Sekunden starben insgesamt neunzehn Passagiere, darunter fünf Amerikaner, an den El-Al-Schaltern beider Flughäfen. Wie hatten die Terroristen an der Polizei vorbei an ihre Ziele herankommen können? Und wo waren die Sicherheitsleute von El Al gewesen?

Während noch Antworten auf diese dringenden Fragen gesucht wurden, hielten die Strategen des Mossad Ausschau nach einem wirkungsvollen Vergeltungsschlag. Auch wenn Großbritannien die terroristischen Anschläge verurteilt hatte, unterhielt das Land volle diplomatische Beziehungen zu Damaskus – obwohl der Mossad dem MI5 ausreichende Beweise über die Rolle Syriens im staatlich geförderten Terrorismus hatte zugehen lassen. Es reichte nicht aus, daß Premierministerin Margaret Thatcher im Parlament lautstark den Terrorismus anklagte. Direkteres Handeln war gefragt. Zwar hatte der MI5 den Mossad erst kürzlich daran erinnert, daß selbst Israel in der Vergangenheit von Zeit zu Zeit aus Eigeninteresse mit seinen eingeschworenen Feinden verhandelt hatte. Erst wenige Monate vor den Anschlägen auf die Flughäfen in Rom und Wien waren über tausend

palästinensische Häftlinge – darunter viele überführte Terroristen –
im Austausch gegen drei im Libanon festgehaltene israelische Soldaten freigelassen worden.

Jetzt aber war der Mossad entschlossen, einen Schlag zu führen, der
die Briten zwingen sollte, die diplomatischen Verbindungen mit Damaskus abzubrechen und die syrische Botschaft in London zu schließen, die der Mossad seit langem als eine europäische Schaltzentrale
bei Verschwörungen gegen Israel betrachtete. Im Zentrum des Plans
stand Abu, der Cousin Nezar Hindawis.

Nach dem Abendessen mit Tov Levy suchte Abu seinen Vetter auf
und entschuldigte sich, daß er sich gegenüber Hindawis Sorgen mit
Ann-Marie so gleichgültig gezeigt hatte. Natürlich würde er helfen,
er brauche aber erst einmal ein paar Antworten. Wollte sie das Baby
behalten? Bedrängte sie ihn immer noch mit Heiratswünschen? Liebte Nezar das Mädchen wirklich? Sie kämen aus unterschiedlichen
Kulturen, und Mischehen funktionierten selten.

Hindawi antwortete, falls er Ann-Marie jemals geliebt hätte, dann sei
das jetzt jedenfalls vorbei. Sie sei zänkisch und weinerlich geworden
und frage die ganze Zeit, was mit ihr und ihrem Kind werden solle. Er
wolle das Zimmermädchen ganz gewiß nicht heiraten.

Abu gab seinem Cousin zehntausend Dollar – das Geld stammte vom
Mossad. Es sei genug, sagte Abu, um Ann-Marie loszuwerden und
das Londoner Junggesellenleben weiterzuführen. Dafür müsse Hindawi etwas für die Sache tun, die ihnen beiden am Herzen liege: den
Untergang Israels.

Am Abend des 12. April 1986 besuchte Hindawi Ann-Marie in ihrem
Logierhaus im Londoner Stadtteil Kilburn. Er brachte Blumen mit
und eine Flasche Champagner, die er von Abus Geld gekauft hatte. Er
liebe sie und wolle das Kind behalten, erklärte er Ann-Marie. Diese
Mitteilung trieb ihr die Tränen in die Augen. Mit einem Mal sah die
Welt ganz rosig aus.

Nur eine Hürde müßten sie noch nehmen, fuhr Hindawi fort.
Ann-Marie müsse den Segen seiner Eltern erhalten, um ihn heiraten
zu können. Das sei eine arabische Sitte, die kein pflichtgetreuer Sohn
mißachten dürfe. Sie müsse in das arabische Dorf in Israel reisen, wo

seine Eltern lebten. Er malte ihr einen Lebensstil aus, der sich wenig von dem jener Zeit unterschied, als Christus auf Erden wandelte. Für die Irin, die von Nonnen erzogen worden war und für die die Messe ein wichtiger Bestandteil ihres Lebens war, war dieses Bild die letztgültige Bestätigung, daß es die richtige Entscheidung war, ihren Liebhaber zu heiraten. Er und seine Familie waren vielleicht keine Christen, aber das war gleichgültig: Sie stammten aus dem Lande des Herrn. In ihren Augen waren sie damit schon gottesfürchtige Leute.

Trotzdem zögerte Ann-Marie. Sie konnte nicht einfach ihre Arbeitsstelle verlassen. Und woher das Geld nehmen, um den Flug zu bezahlen? Für einen derart wichtigen Besuch brauche sie außerdem neue Kleider. Hindawi beruhigte sie, indem er aus seiner Tasche ein Bündel Geldscheine zog. Er sagte ihr, das sei mehr als genug, um sich eine neue Garderobe anzuschaffen. Mit einem strahlenden Lächeln zog er ein El-Al-Ticket hervor. Schon in fünf Tagen, also am 17. April, sollte die Reise beginnen. Er hatte das Ticket am Nachmittag gekauft.

Ann-Marie lachte: »Du warst dir sicher, daß ich fahren würde?«

»So sicher, wie ich dich liebe«, antwortete Hindawi.

Er versprach ihr, daß sie bei ihrer Rückkehr nach London gleich heiraten würden. Die nächsten Tage gingen für das schwangere Zimmermädchen wie im Flug vorüber. Sie gab ihren Job auf und ging auf die irische Botschaft in London, um sich einen neuen Paß zu besorgen. Sie kaufte Umstandskleidung. Sie schlief jede Nacht mit Hindawi. An jedem Morgen besprachen sie bei einem ausgedehnten Frühstück die gemeinsame Zukunft. Sie würden in Irland leben, in einem kleinen Farmhaus am Meer. Wenn es ein Junge wäre, sollte er Sean heißen, ein Mädchen wollten sie Sinead nennen.

Am Tag der Abreise Ann-Maries erklärte Hindawi ihr, sie solle ein »Geschenk« für seine Eltern von einem »Freund« mitnehmen, der als Reinigungskraft auf dem nicht frei zugänglichen Teil des Flughafens arbeitete.

Ari Ben-Menashe, der später behauptete, die genauen Einzelheiten des Plans zu kennen, erklärte: »Da Hindawi nicht riskieren wollte, daß man sie wegen zu vielen Handgepäcks aufhielt, hatte er es so arrangiert, daß sein Freund ihr die Tasche erst beim Betreten des El-Al-Abflugbereichs übergab.«

Ann-Marie fragte nicht, was für ein »Geschenk« es sei. Es war die Leichtgläubigkeit einer unsterblich verliebten Frau, die ihrem Liebhaber blind vertraute. Sie war der perfekte Einfaltspinsel für das Komplott, das nun wie geplant voranging.

Im Taxi zum Flughafen spielte Hindawi den liebenden und besorgten zukünftigen Vater. Würde sie während des langen Flugs ihre Atemübungen nicht vergessen? Sie müsse viel Wasser trinken und sich auf einen Gangplatz setzen, um die Krämpfe zu vermeiden, unter denen sie neuerdings litt. Ann-Marie hatte ihn ausgelacht: »Bei Gott, du stellst dich an, als wollte ich zum Mond fliegen!«

Sie hatte lange an der Tür zum Abflugbereich gezögert, weil sie sich nicht von ihm trennen wollte, hatte ihm versprochen, aus Tel Aviv anzurufen, und gesagt, sie werde seine Eltern lieben wie ihre eigenen. Er küßte sie ein letztes Mal und schob sie dann sanft in die Warteschlange vor der Paßkontrolle.

Hindawi beobachtete sie, bis er sie nicht mehr sehen konnte. Er folgte weiter den Instruktionen, die ihm Abu gegeben hatte, und bestieg für die Rückfahrt nach London einen Bus der syrischen Fluggesellschaft. In der Zwischenzeit hatte die nichtsahnende Ann-Marie sicher die Paßkontrolle und die Sicherheitschecks des britischen Abfertigungspersonals hinter sich gebracht. Dann ging sie in den für El-Al-Flüge reservierten Hochsicherheitsbereich. Vom Shin Bet ausgebildetes Sicherheitspersonal befragte sie und inspizierte sorgfältig ihr Handgepäck. Sie erhielt einen Sitzplatz zugeteilt und begab sich in den Abflugbereich zu den übrigen 355 Fluggästen.

Nach Auskunft Ari Ben-Menashes wurde ihr das »Geschenk« für Hindawis Eltern von einem Mann überreicht, der in die blaue Kluft des Flughafen-Reinigungspersonals gekleidet war. Danach verschwand er ebenso mysteriös, wie er gekommen war. Ben-Menashe schreibt: »Einige Sekunden danach wurde Ann-Marie aufgefordert, sich durchsuchen zu lassen. Die Sicherheitsleute von El Al entdeckten Plastiksprengstoff im doppelten Boden der Tasche.«

Es handelte sich um mehr als drei Pfund Semtex. Ann-Marie erzählte den Männern des Sicherheitsdienstes und des MI5 schluchzend ihre Geschichte. Es war die Geschichte eines glücklosen Mädchens, das nicht nur in ihrer Liebe genarrt worden war, sondern mit dem sein

Liebhaber ein böses Doppelspiel getrieben hatte. Nachdem den Beamten klargeworden war, daß das irische Zimmermädchen eine unschuldige Betrogene war, konzentrierten sie sich darauf, die Kontakte Hindawis mit den Syrern nachzuzeichnen.

Als der Bus der Fluglinie London erreichte, forderte Hindawi den Fahrer auf, von seiner üblichen Route abzuweichen und die syrische Botschaft anzusteuern. Als der Fahrer protestierte, behauptete Hindawi, er habe die »Befugnis«, das zu verlangen. In der Botschaft bat er die Konsularbeamten um politisches Asyl. Er fürchte, die Briten wollten ihn verhaften, erklärte er, weil er versucht hätte, eine El-Al-Maschine »um der Sache willen« in die Luft zu sprengen. Die erstaunten Beamten übergaben Hindawi an zwei Sicherheitsmänner der Botschaft. Diese forderten ihn auf, in einer Wohnung für Botschaftsangehörige zu bleiben, nachdem sie ihn ausgefragt hatten. Sie mögen den Verdacht gehegt haben, daß es sich um eine Falle handeln könnte, mit der Syrien Schwierigkeiten gemacht werden sollten. Falls ja, dürften sich diese Befürchtungen verstärkt haben, als Hindawi wenig später die angewiesene Wohnung verließ.

Hindawi hatte sich auf die Suche nach Abu gemacht. Da er ihn nicht fand, war er in das London Visitors' Hotel im Bezirk Notting Hill gegangen, wo er kurz darauf verhaftet wurde.

Die BBC brachte die Nachricht, wie die Polizei den Anschlag durchkreuzt hatte. Die Details waren ungewöhnlich präzise: Das in der Tschechoslowakei hergestellte Semtex war im doppelten Boden von Ann-Maries Tasche versteckt und so vorbereitet, daß es bei einer Flughöhe von knapp zwölf Kilometern explodieren mußte.

Laut Ben-Menashe hatte die Operation schnell zu einem befriedigenden Abschluß geführt: »Margaret Thatcher schloß die syrische Botschaft. Hindawi wurde zu 45 Jahren Gefängnis verurteilt. Ann-Marie kehrte nach Irland zurück, wo sie eine Tochter gebar.« Abu, dessen Rolle ausgespielt war, ging wieder nach Israel.

Nach dem Urteil gegen Hindawi ließ Robert Maxwell den *Daily Mirror* von der Leine: »Der Bastard hat gekriegt, was er verdient«, schäumte ein Leitartikel. »Todesbotschafter«, schrie eine Schlagzeile am Tag der Abschiebung des syrischen Botschafters. »Verschwinde, du syrisches Schwein!« hieß es ein anderes Mal. Ari Ben-Menashe war der erste, der für den Mossad »ein brillantes politisches Ränke-spiel« in Anspruch nahm, »das Syrien ins diplomatische Aus ma-növrierte«.

Hinter dem klar umrissenen Geschehen blieben Fragen offen. Hatte man Ann-Marie Murphy wirklich eine richtige Höllenmaschine überreicht oder war auch das Teil des großangelegten Schwindels? War der Mann im blauen Overall – Hindawis angeblicher »Freund« – vielleicht ein Sicherheitsbeamter? Wieviel wußte der MI5 von dem ganzen Plan? War es überhaupt denkbar, daß der Mossad und Großbritanniens Geheimdienst es zulassen konnten, Semtex an Bord eines Flugzeugs zu schmuggeln, wenn die geringste Gefahr be-stand, daß die Bombe schon am Boden explodierte? Eine derartige Explosion hätte unzweifelhaft auf einem der meistfrequentierten Flughäfen der Welt erheblichen Schaden angerichtet, und das zu einer Zeit, als sich Tausende von Menschen auf dem Gelände aufhielten. Lag die eigentliche Brillanz dieses Coups vielleicht darin, daß der Mossad die diplomatische Kastration Syriens ohne das kleinste Risi-ko für die El Al und für den Flughafen Heathrow erreicht hatte, in-dem eine harmlose, Semtex ähnliche Substanz verwendet worden war? Auf all solche Fragen hatte Ministerpräsident Peres nur eine Antwort: »Was geschehen ist, wissen in der Regel die, die es wissen sollen, und wer immer es nicht weiß, sollte es auch weiterhin nicht wissen.«

In Großbritanniens Hochsicherheitsgefängnis Whitmoor beteuert Hindawi immer noch, er sei das Opfer einer klassischen Mossad-Intrige geworden. Er ist inzwischen weißhaarig und dick geworden. Er sagt, er rechne damit, im Gefängnis zu sterben. Von Ann-Marie spricht er nur als »jene Frau«. Ann-Marie lebt heute in Dublin und zieht ihre Tochter auf, die – glücklicherweise, wie sie sagt – ihrem Vater nicht ähnlich sieht. Von Hindawi spricht Ann-Marie niemals.

Zu dieser Geschichte gibt es noch eine verwirrende Fußnote. Zwei Wochen nach der Verurteilung Hindawis zu einer Gefängnisstrafe, die ihm gute Aussicht gibt, noch einen Teil des 21. Jahrhunderts in Haft zu verbringen, schaltete Arnaud de Borchgrave, der angesehene Herausgeber der *Washington Times*, im Pariser Amtssitz des französischen Ministerpräsidenten Jacques Chirac sein Tonbandgerät an. De Borchgrave war in Europa, um an der Außenministertagung der Europäischen Gemeinschaft in London teilzunehmen. In dem Interview mit Chirac sollte die französische Position dargestellt werden. Das Gespräch bewegte sich in vorgezeichneten Bahnen. Chirac machte klar, daß Frankreich und Deutschland von der britischen Regierung, die in Fragen des Gemeinsamen Marktes immer unnachgiebiger werde, zu Loyalitätskundgebungen gezwungen würden. Dann fragte de Borchgrave nach der französischen Haltung in einem anderen Weltteil. Der Herausgeber wollte wissen, wie Chiracs Verhandlungen mit Syrien zur Eindämmung der terroristischen Anschläge in Paris stünden, und wie weit Frankreichs Anstrengungen um die Befreiung der von der Hizbollah im Libanon gefangengehaltenen acht ausländischen Geiseln gediehen seien. Der Ministerpräsident machte eine Pause und blickte geradeaus, offenbar ohne an das Bandgerät zu denken. Dann erklärte er, der deutsche Kanzler Helmut Kohl und sein Außenminister Hans-Dietrich Genscher hätten ihm versichert, daß die syrische Regierung nichts mit dem Plan, die El-Al-Maschine in die Luft zu sprengen, zu tun gehabt hätte. Vielmehr sei der Anschlag »vom Mossad, dem israelischen Geheimdienst, getürkt« worden.

Die darauffolgende diplomatische Aufregung hätte Chirac fast seine weitere Karriere gekostet. Er wurde von seinem Staatspräsidenten François Mitterand attackiert und erhielt außerdem wütende Anrufe von Helmut Kohl, der forderte, Chirac solle seine Aussage widerrufen. Chirac tat das, was Politiker so häufig tun. Er beteuerte, man habe ihn falsch zitiert. In London erklärte Scotland Yard, die Sache sei von den Gerichten ausführlich und abschließend untersucht worden und es gebe keinen Grund zu einer weiteren Stellungnahme. In Paris verkündete das Büro von Jacques Chirac – der 1997 französischer Staatspräsident wurde –, der Staatsmann könne sich an das Interview mit der *Washington Times* nicht erinnern.

Schon bald sollte eine weitere Intrige dem Ruf des Mossad schaden.

Kapitel 15

DER ENTBEHRLICHE
KARIKATURIST

Nahum Admonis Ablösung vom Posten des Mossad-Generaldirektors nahm ihren Ausgang durch einen Vorfall, der sich an einem Julinachmittag des Jahres 1986 in einer Straße in Bonn ereignete. Während des Baubooms der Nachkriegszeit neu aufgebaut, war sie jetzt, vierzig Jahre nach Kriegsende, eine würdige Allee mit kleinen, aber gepflegten Vorgärten und Mädchenzimmern auf der Rückseite. Die gußeisernen Tore verbargen diskret Überwachungskameras, die unteren Fenster waren unterteilt, weil man Flaschenglas verwendet hatte.

Niemand sah die Person, die eine Plastiktüte in der Telefonzelle am Ende der Straße zurückließ. Ein Streifenwagen der Polizei entdeckte die Tüte und hielt an, um den Inhalt zu untersuchen. Die Tüte enthielt acht neue, nicht ausgefüllte britische Reisepässe. Der erste Gedanke der zuständigen Abteilung des Bundeskriminalamts war, daß die Pässe für eine der terroristischen Gruppen bestimmt sein könnten, die mit einer Reihe von brutalen Bombenanschlägen und Entführungen die Städte Europas unsicher machten.

Diese Gruppen vertraten Forderungen und Minderheiten aus aller Welt. Sie waren entschlossen, durch ihre Aktionen ihr jeweiliges Anliegen auf die internationale politische Tagesordnung zu bringen. In Großbritannien und auf dem europäischen Kontinent fanden sie die Unterstützung radikaler Studenten. Seit 1968, als Leila Khaled, eine junge radikale Palästinenserin, ein Flugzeug nach London entführt hatte und prompt freigelassen wurde, weil die britische Regierung weitere Anschläge fürchtete, hatten naive Studenten in die Politslogans der PLO eingestimmt. Diese jungen Radikalen, die aus bürgerlichen Elternhäusern kamen, hatten eine romantische Vorstellung von der PLO. Sie betrachteten deren Angehörige als »Freiheitskämpfer«, die keine Drogen, sondern Geiseln nahmen und ihre Zeit statt mit Sit-ins lieber mit dem Töten des Klassenfeindes verbrachten.

Das BKA vermutete, die Pässe seien von einem Studenten liegengelassen worden, der als Kurier für eine terroristische Gruppe unterwegs war. Die Liste solcher Gruppen war erschreckend lang. Da gab es die deutsche RAF, die irische IRA, aber auch außereuropäische Organisationen wie die INFS, die Islamische Nationale Front des Sudan, die ELN, die Nationale Befreiungsarmee Kolumbiens, die MDRA, die Angolanische Befreiungsbewegung, oder die LTTE, die Tamil Tigers. Diese und viele weitere Gruppen besaßen Zellen oder Kader überall in der Bundesrepublik. Jede dieser Gruppen konnte vorhaben, die Pässe für einen Angriff auf eine der britischen Militärbasen in Deutschland oder für eine Reise nach Großbritannien zu benutzen, um dort einen Anschlag zu verüben.

Obwohl Großbritannien früher die führende Kolonialmacht Europas gewesen war, hatte das Land bisher fortgesetzte terroristische Attacken nur von seiten der IRA zu erleiden gehabt. Doch die britischen Geheimdienste hatten gewarnt, es sei nur eine Frage der Zeit, bevor andere ausländische Gruppen, die gegen ihre eigenen Länder von London aus operieren durften, Großbritannien in ihre Machenschaften einbeziehen würden. Ein Vorgeschmack auf das, was kommen könnte, war die Besetzung der iranischen Botschaft durch eine dem iranischen Regime feindlich gegenüberstehende Gruppe im Jahre 1980. Als die Verhandlungen fehlschlugen, ermächtigte Margaret Thatcher die SAS zum Eingreifen. Die Terroristen wurden getötet. Diese in der Öffentlichkeit vielbeachtete Aktion hatte zu einem plötzlichen Rückgang der antiisraelischen Konspiration in London geführt. Statt dessen war Paris zum Schauplatz blutiger interner Auseinandersetzungen zwischen Jassir Arafats PLO und den Killern Abu Nidals geworden. Auch der Mossad hatte auf den Straßen von Paris etliche feindliche Araber zur Strecke gebracht.

Das BKA glaubte, daß die in dem Bonner Telefonhäuschen aufgefundenen Pässe weiteres Blutvergießen ankündigten. Es zog den Bundesnachrichtendienst (BND) hinzu, der den in der BND-Zentrale im bayerischen Pullach stationierten Verbindungsoffizier des MI6 unterrichtete. In London stellten Experten des MI6 fest, daß es sich um erstklassige Fälschungen handelte. Damit waren die IRA und die meisten anderen Terroristengruppen aus dem Spiel, denn sie verfügten nicht über die Fähigkeit, Dokumente in solcher Qualität zu fälschen. In Frage kam der KGB, dessen Fälscher zu den besten in der Branche gehörten. Aber man wußte, daß die Russen ein ganzes Depot an gefälschten Papieren besaßen. Außerdem war es nicht ihr Stil, eine Telefonzelle als Ort für eine Übergabe zu wählen. Der südafrikanische Nachrichtendienst BOSS konnte ebenfalls ausgeschlossen werden, da er praktisch nicht mehr in Europa präsent war. In den afrikanischen Staaten, in denen BOSS jetzt operierte, würden gefälschte britische Pässe kaum von Nutzen sein. Der MI6 wandte seine Aufmerksamkeit dem einzigen Nachrichtendienst zu, für den solche Dokumente wirklich nützlich waren: dem Mossad.

Arie Regev, ein Attaché an der israelischen Botschaft in London und zugleich der dort stationierte *Katsa*, wurde von einem hohen Beamten des MI6 aufgefordert, die Angelegenheit zu klären. Er wisse nichts von den Pässen, werde aber die Frage mit Tel Aviv erörtern, erklärte Regev. Von dort kam die schnelle Antwort Nahum Admonis: Die Pässe hätten nichts mit dem Mossad zu tun. Er meinte, vielleicht steckten die Ostdeutschen dahinter. Der Mossad hatte vor kurzem herausgefunden, daß die Stasi osteuropäischen Juden, die unbedingt nach Israel wollten, gegen harte Devisen falsche Pässe verkaufte. Selbstverständlich wußte Admoni, daß die in Bonn gefundenen Pässe das Werk von Mossad-Fälschern waren; sie sollten von *Katsas* bei verdeckten Operationen in Europa eingesetzt werden und es ihnen ermöglichen, leicht nach Großbritannien hinein- und wieder herauszukommen.

In einer »Abmachung« mit dem MI5, an deren Ausarbeitung Rafi Eitan beteiligt gewesen war, hatte der Mossad zugestimmt, den MI5 über alle Operationen in Großbritannien zu informieren. Trotzdem hatte der Mossad einen Agenten in England, den der britische Abwehrdienst nicht kannte. Der Mossad hoffte auf einen doppelten Triumph: Der Kommandant der PLO-Eliteeinheit Truppe 17 sollte umgebracht und Arafats zunehmend erfolgreiche Sympathiewerbung bei der Regierung von Margaret Thatcher zunichte gemacht werden.

In London war der Name Arafat nicht länger gleichbedeutend mit Terrorismus. Mrs. Thatcher war langsam davon überzeugt worden, daß Arafat zu einem gerechten und dauerhaften Frieden im Nahen Osten beitragen könnte, der sowohl die legitimen Rechte des palästinensischen Volkes als auch die Sicherheit Israels berücksichtigen würde. Die jüdischen Politiker waren da skeptischer. Nur durch den Terrorismus habe die PLO an Boden gewonnen, argumentierten sie. Deshalb würde die Organisation so lange mit Terroranschlägen drohen, bis alle ihre Forderungen erfüllt wären. Nicht zum ersten Mal blieb London von Tel Avivs Protest unbeeindruckt. Trotz des entschlossenen Vorgehens gegen die Besetzung der iranischen Botschaft mußte Großbritannien jetzt als ein Land angesehen werden, das allzu willfährig die palästinensische Sache unterstützte. Und das, nachdem es der PLO gelungen war, mit dem CIA zu einer Verständigung zu kommen, was den Mossad enorm beunruhigte.

Wie lange die Kontakte zwischen den Vereinigten Staaten und der PLO bereits bestanden, sollte die Öffentlichkeit erst später von dem ehemaligen amerikanischen Außenminister Henry Kissinger erfahren. In seinen Memoiren *Years of Upheaval* enthüllte er, daß am 3. November 1973, sechs Wochen nachdem in Khartum der US-Botschafter im Sudan von Schützen des Schwarzen September umgebracht worden war, ein Geheimtreffen zwischen dem stellvertretenden CIA-Direktor Vernon Walters und Jassir Arafat stattfand. Das Ergebnis war ein »Nichtangriffspakt« zwischen den Vereinigten Staaten und der PLO. Kissinger schrieb später: »Angriffe auf Amerikaner, jedenfalls von seiten der Arafat-Fraktion innerhalb der PLO, hörten auf.«

Als er von dem Pakt erfuhr, meinte Jitzhak Hofi böse, in der langen Geschichte zweckdienlichen Handelns sei selten ein schlechteres Beispiel gegeben worden. Über die Direktverbindung mit dem CIA versuchte Hofi auf Walters einzuwirken, daß dieser das Abkommen zu widerrufen habe. Das sei unmöglich, lautete die Antwort des stellvertretenden CIA-Direktors, der gleich noch eine Warnung übermittelte:

Washington würde es als einen »unfreundlichen Akt« betrachten, falls die Nachricht von dem Abkommen mit der PLO publik würde. Dieser Schuß vor den Bug sollte verhindern, daß Hofi die Abteilung für psychologische Kriegsführung in Gang setzte.

Hofis Zorn erreichte apokalyptische Ausmaße, als er entdeckte, wen Arafat zur Überwachung des Pakts auf PLO-Seite eingesetzt hatte: Ali Hassan Salameh, den Roten Prinzen, den Führer des Schwarzen September, der das Münchner Massaker an der israelischen Olympiamannschaft und die Ermordung des US-Botschafters in Khartum geplant hatte. Salamehs Leben sollte schließlich so enden, wie er es gelebt hatte, in einer mächtigen, von Rafi Eitan arrangierten Explosion. Doch das war erst einige Jahre später. Im Jahr 1973 war Salameh ein angesehener Mann innerhalb der PLO; Arafat hatte nicht gezögert, ihn mit der wichtigen Aufgabe des Verbindungsmanns zum CIA zu betrauen. Was den Mossad wirklich schockierte, war der Umstand, daß der CIA den Roten Prinzen nur ein Jahr nach dem Münchner Verbrechen und kurz nach der Ermordung des US-Gesandten im Sudan so leichthin akzeptiert hatte.

Bald war Salameh regelmäßiger Besucher im CIA-Hauptquartier in Langley. Gewöhnlich begleitete Vernon Walters den Roten Prinzen, wenn dieser die mit Marmor ausgelegte Eingangshalle der Agentur betrat. An den Wachen vorbei ging es mit dem Lift in den sechsten Stock, wo sich das geräumige Büro des Vizedirektors befand. In den Verhandlungspausen gingen beide Männer zum Mittagessen in den Speisesaal für die leitenden Mitarbeiter. Stets zahlte Walters die Mahlzeit des Roten Prinzen, denn eine freie Verköstigung war in Langley nicht Sitte.

Was zwischen Salameh und dem CIA ausgemacht wurde, blieb geheim. Bill Buckley, der später als CIA-Chef in Beirut von Terroristen entführt und umgebracht wurde, behauptete: »Salameh spielte eine große Rolle dabei, die Sympathien der USA für die PLO zu gewinnen. Er hatte Charisma, konnte überzeugend argumentieren und wußte, wann es an der Zeit war zu reden und wann es an der Zeit war zuzuhören. Außerdem war er, in nachrichtendienstlichen Begriffen gesprochen, ein erstklassiger Informant.«

Ein frühes Beispiel dafür war Salamehs Warnung an den CIA, daß die

Iraner Kissingers Flugzeug bei seinen nächsten Friedensgesprächen in Beirut abschießen wollten. Dann vermittelte Salameh einen Handel, mit dem auf dem Höhepunkt des libanesischen Bürgerkriegs 263 Angehörige westlicher Staaten, eskortiert von der PLO, aus Westbeirut in Sicherheit gebracht wurden. Kurz danach warnte der Rote Prinz den CIA vor einem geplanten Mordanschlag gegen den US-Botschafter im Libanon. Bei einem weiteren Treffen mit dem CIA verfaßte und unterzeichnete Salameh eine »Nichtermordungsgarantie« für alle US-Diplomaten im Libanon. In Beirut ging der Satz um: »Es zahlt sich aus, im gleichen Gebäude zu wohnen wie die US-Diplomaten, denn der Sicherheitsdienst der PLO ist hervorragend.«

Jitzhak Hofi, der damalige Chef des Mossad, hatte gefordert, daß der CIA alle Kontakte zum Roten Prinzen abbrechen sollte. Diese Aufforderung wurde ignoriert. Im CIA-Hauptquartier in Langley galt Salameh immer mehr als »der Bösewicht, der uns Gutes getan hat«. Auch fortan lieferte er dem CIA geheime Nachrichten und operative Informationen, die den CIA über alle Vorgänge im Nahen Osten auf dem laufenden hielten. Er war zu dem wichtigsten Aktivposten des CIA in der Region geworden. Als er schließlich umgebracht wurde, war der CIA wütend und die Beziehungen zum Mossad kühlten weiter ab.

Einer der US-Botschafter im Libanon, Hermann Eilts, sagte nach dem Mord an Salameh: »Ich weiß, daß er bei vielen Gelegenheiten hinter den Kulissen sehr hilfreich war und zur Sicherheit amerikanischer Bürger und Beamter beitrug. Ich betrachte seinen Tod als einen Verlust.«

Jetzt, sechs Jahre später, warb die PLO um die Regierung von Margaret Thatcher, während ihre Spezialeinheit Truppe 17 unter einem neuen Kommandanten weiterhin Israelis umbrachte. Nahum Admoni beschloß, erfolgreich zu sein, wo seine Vorgänger gescheitert waren. Er würde die Verbindungen zwischen der PLO und Großbritannien zerstören und gleichzeitig den Truppe-17-Kommandanten töten. Der Erfolg der Operation sollte von einem jungen Araber abhängen, der als kleiner Junge in der Moschee seines Dorfs gebetet hatte, Allah möge ihm die Kraft geben, so viele Juden wie möglich umzubringen.

Die Entdeckung von Ismail Sowan lag zehn Jahre zurück. 1977, als er noch ein Teenager war und in einem Dorf in der Westbank lebte, hatte ein Angehöriger des israelischen Militärgeheimdienstes bei einer Routine-Neueinschätzung des Gebietes auch ihn befragt.

Die Familie Sowan hatte sich in den dreißiger Jahren in der Westbank angesiedelt, zu einer Zeit, als die Revolte gegen die britische Mandatsverwaltung und die zuwandernden Juden das Blut aller Araber in Wallung brachte. Überall gab es Gewalt; Blutvergießen erzeugte neues Blutvergießen. Ismails Vater war der Palästinensischen Arabischen Partei beigetreten, er organisierte Proteste und stachelte die nationalistischen Gefühle seiner Gemeinde auf. Zunächst hatte sich der Zorn des Vaters gegen die Briten gerichtet. Als sich die Briten 1948 aus Palästina zurückzogen, richtete er seinen Haß gegen den neugegründeten jüdischen Staat. Die ersten Worte, an die Ismail sich erinnern konnte, predigten Haß gegen die Juden.

Kein Wort hörte er in seiner Kindheit häufiger als »Ungerechtigkeit«. Es wurde ihm in der Schule eingebleut; es prägte die Gespräche am Familientisch: die schreckliche Ungerechtigkeit, die seinem Volk, seiner Familie, ihm selbst angetan wurde.

Dann aber, kurz nach seinem fünfzehnten Geburtstag, wurde er Zeuge eines brutalen Überfalls auf einen mit jüdischen Pilgern besetzten Bus, die auf dem Weg nach Jerusalem waren. Frauen und Kinder wurden von den Arabern abgeschlachtet. In jener Nacht stellte sich Ismail eine Frage, die sein ganzes Leben verändern sollte: Könnte es sein, daß die Juden das Recht hatten, sich zu verteidigen? Alles weitere folgte aus dieser Frage: die beharrliche Weigerung, sich an den Gewalttaten seiner Freunde zu beteiligen, seine Überzeugung, daß Juden und Araber zusammenleben könnten und müßten. Er hatte sich entschieden, alles zu tun, um dieses Ziel zu erreichen.

Zwei Jahre später, kaum siebzehn Jahre alt, hatte er dem Geheimdienstmann der Armee seine Ansichten dargelegt. Der Offizier hörte zuerst aufmerksam zu und befragte Ismail dann eingehend. Wie hatte er sich von den Überzeugungen seines Volks abwenden können, die wie eine Sturmglocke immer nur einen Ton anschlugen: Den *Arabern* wurde Unrecht getan, sie müßten bis zum Tod für das kämpfen, was sie für ihr Recht hielten? Der Agent stellte viele Fragen, und Ismail gab ausführliche Antworten.

Der israelische Offizier bemerkte, daß Sowan, anders als die meisten jungen Araber, die unter israelischer Herrschaft lebten, kaum Einwände gegen die strengen Sicherheitsmaßnahmen der israelischen Armee hatte. Der schmächtige Jugendliche mit dem einnehmenden Lächeln schien zu verstehen, warum die Israelis so handeln mußten. Das einzige, was ihn wirklich störte, war, daß die regelmäßigen Absperrungen der besetzten Gebiete ihn daran hinderten, in Ostjerusalem zur Schule zu gehen und dort das zu lernen, was ihn am meisten interessierte – Naturwissenschaften.

Sowans Akte wanderte durch die militärischen Geheimdienste, gekennzeichnet als die einer Person, die weiterer Überprüfung wert sein könnte. Schließlich landete sie auf dem Schreibtisch eines Mossad-Offiziers. Er empfahl Sowan zur Anwerbung.

Unter dem Vorwand, seine Ausbildung zu besprechen, wurde Ismail nach Tel Aviv eingeladen; er hatte sich gerade um einen Studienplatz in Jerusalem beworben. Einen ganzen Nachmittag lang wurde er befragt. Zunächst vergewisserte sich der Befrager seiner naturwissenschaftlichen Kenntnisse und war mit den Antworten des Jungen zufrieden. Dann wurden alle Einzelheiten der Familiengeschichte der Sowans durchgenommen und Ismails Antworten mit jenen abgeglichen, die er dem Mann des militärischen Geheimdienstes gegeben hatte. Am Ende wurde ihm ein Angebot unterbreitet: Der Mossad wäre bereit, sein gesamtes Studium zu finanzieren, wenn er dessen Ausbildungsprogramm erfolgreich absolvierte. Er müsse aber wissen, daß sein Leben in Gefahr sei, wenn er irgend jemandem von dieser Abmachung erzählte.

Diese Warnung wurde allen vom Mossad angeworbenen Arabern mit auf den Weg gegeben. Doch für den idealistischen Ismail Sowan war das Angebot genau die Chance, auf die er gewartet hatte, um Juden und Araber zusammenzubringen.

Sowan durchlief alle Befragungsverfahren in den sicheren Häusern des Mossad, bevor er in die Ausbildungsstätte am Rand Tel Avivs geschickt wurde. Bei einigen Aufgaben zeigte er außerordentliche Begabung, zum Beispiel bei der Arbeit mit dem Computer oder wenn es galt, einen Verfolger abzuschütteln. Es war nicht überraschend, daß er sich auch in allen mit dem Islam zusammenhängenden Fragen gut auskannte. Sein Papier über die Rolle der PLO im Nahostkonflikt war interessant genug, um es dem damaligen Mossad-Chef Jitzhak Hofi vorzulegen.

Bei Beendigung seiner Ausbildung wurde Sowan als *Bodel* eingesetzt, als Kurier zwischen der Zentrale und den israelischen Botschaften, wo *Katsas* unter dem Schutz diplomatischer Immunität operierten. Er begann im gesamten Mittelmeerraum herumzureisen, besuchte regelmäßig Athen, Madrid und Rom mit Dokumenten in Diplomatenkoffern. Mitunter kam er auch nach Bonn, Paris und London. Die Welt zu sehen und sich dafür bezahlen zu lassen – er erhielt fünfhundert Dollar im Monat –, hatte für den kaum Zwanzigjährigen etwas ungeheuer Reizvolles.

Sowan wußte nicht, daß die Dokumente keinerlei Bedeutung hatten. Sie waren Teil eines weiteren Tests. Man wollte herausfinden, ob er irgendeinen Versuch machen würde, sie einem arabischen Kontaktmann zu zeigen, den er in einer der aufgesuchten Städte haben mochte. Bei jedem Flug wurde Sowan insgeheim von anderen, in Israel geborenen, neu eingestellten Mossad-Agenten überwacht, die damit ihre Fähigkeiten im Beschatten trainierten. Die Person, der Ismail die Dokumente an dem ausgemachten Treffpunkt, einem Café oder einer Hotellobby, aushändigte, war nicht, wie er glaubte, ein israelischer Diplomat, sondern ein Mossad-Offizier.

Nachdem er ausgiebig das Pantheon, die Sixtinische Kapelle oder Londons Oxford Street besichtigt hatte, befahl man ihm, nach Beirut zu gehen, um sich der PLO anzuschließen.

Der Beitritt war leicht. Er betrat einfach ein Anwerbebüro der PLO in Westbeirut. Der Anwerber war intelligent und über die politischen Angelegenheiten gut informiert. Er nahm sich Zeit, um Ismails Einstellung zur Anwendung von Gewalt zu überprüfen und herauszufinden, ob er bereit wäre, alle seine früheren Bindungen, seine Freunde, seine Familie, aufzugeben, um sich ganz der Sache der PLO zu widmen. Wenn er angenommen würde, erklärte man ihm, würde sich sein Leben völlig verändern: Die Organisation wäre fortan sein einziger Schutz in einer feindlichen

Welt. Im Gegenzug erwarte die PLO von ihm unverbrüchliche Loyalität.

Von seinem Mossad-Führungsoffizier war Sowan so vorbereitet worden, daß er die richtigen Antworten geben konnte. Er wurde in ein Ausbildungslager nach Libyen geschickt, wo die Indoktrination weiterging. Man brachte ihm auf viele verschiedene Arten bei, daß Israel die PLO vernichten wolle, also müsse die PLO Israel zuvorkommen. Seine Ausbilder predigten Feindseligkeit gegenüber allem und jedem, was nicht zur PLO gehörte. Die stundenlangen Rollenspiele während der Mossad-Ausbildung waren eine gute Vorbereitung. Von seinen Lehrern hatte Sowan alles über die Gruppendynamik in Terroristenkommandos erfahren, über ihr wahrscheinliches Verhalten und ihre Taktik. In Libyen wurde ihm eingetrichtert, Mord sei ein Mittel zur Befreiung, eine Autobombe stellte nur einen weiteren Schritt zur Befreiung dar, und eine Entführung war ein Verfahren, um Gerechtigkeit durchzusetzen. Auch hier bewährte sich, was er beim Mossad gelernt hatte. Ismail nahm die PLO-Indoktrination in sich auf, ließ sie aber niemals an den Kern seiner Überzeugungen heran. Er zeigte auch hinreichende Ausdauer, Kenntnisse und physische Zähigkeit, um für etwas Höheres als bloß zum einfachen Kämpfer ausgewählt zu werden. Als er das Trainingslager verließ, erhielt er einen Platz in der Operationsebene der PLO. Stufe um Stufe stieg er in der Befehlshierarchie nach oben.

Er lernte die führenden Männer der Organisation kennen, auch Jassir Arafat; er besuchte Ausbildungscamps der PLO überall im Nahen Osten. Wieder in Beirut zurück, lernte er mit den israelischen Luftangriffen zu leben, vermied es, sich dabei in Kellern unterzustellen, weil die Gefahr bestand, unter den Trümmern eines Gebäudes begraben zu werden. Irgendwie gelang es ihm immer, die Treffen mit seinem Mossad-Führungsoffizier einzuhalten, der regelmäßig in den Libanon kam, um Sowans neueste Berichte in Empfang zu nehmen.

Stets hielt Ismail Sowan seine Tarnung aufrecht. Als Ali Hassan Salameh getötet wurde, führte er den Sprechchor der Parolen gegen das verhaßte Israel an. Wenn ein Heckenschütze der PLO einen israelischen Soldaten umgebracht hatte, gehörte er zu denen, die begeistert jubelten. Bei allem, was er tat und sagte, trat er wie ein durch und durch militanter Extremist auf.

Als Arafat 1984 aus dem Libanon vertrieben wurde und seine Getreuen in Tunis um sich scharte, schickte die PLO Sowan nach Paris, um Französisch zu lernen. Nahum Admoni, der Jitzhak Hofi abgelöst hatte, sah in Sowans Ortswechsel die einmalige Chance, einen seiner Agenten im Zentrum der sich verstärkenden europäischen Aktivitäten der PLO zu plazieren.

Die arabischen Ghettos im 18. und 20. Bezirk von Paris waren zu einer Anlaufstätte für Terroristen geworden. In den schmalen Straßen, wo die Menschen ohnehin am Rande der Legalität lebten, gab es für Mordschützen und Bombenbauer immer einen Unterschlupf. Von hier aus waren Attentate auf jüdische Restaurants, Geschäfte und Synagogen vorbereitet worden. In Paris hatte es das erste gemeinsame Kommuniqué von verschiedenen Terrororganisationen gegeben, das sich für eine Zusammenarbeit beim Angriff auf israelische Ziele in ganz Europa aussprach.

Der Mossad hatte mit seiner bekannten Härte zurückgeschlagen. *Kidons* waren in die arabischen Enklaven eingedrungen und hatten verdächtige Personen in ihren Betten ermordet. Dem einen wurde die Kehle durchgeschnitten, dem anderen wie einem Huhn der Hals umgedreht. Aber das waren nur kleine Erfolge. Der Mossad wußte, daß die Terroristen die Oberhand behielten, vor allem, weil sie von der PLO so geschickt dirigiert wurden. Die Aussicht, einen eigenen Mann in der operativen Zentrale der PLO in Paris zu haben, erfüllte Admoni mit freudiger Erregung.

Wenige Tage nach seiner Ankunft in der französischen Hauptstadt nahm Sowan Kontakt zu seinem dortigen Einsatzoffizier auf, der aus der israelischen Botschaft in der Rue Rabelais 3 heraus operierte und den er immer nur unter dem Namen Adam kennen würde. Sie vereinbarten regelmäßige Treffpunkte in Cafés und in der U-Bahn. Üblicherweise würde Sowan eine aktuelle Tageszeitung bei sich haben, in die er die Zettel mit den Informationen gelegt hatte. Adam würde die gleiche Ausgabe mitbringen, in der die neuen Instruktionen und das Monatsgehalt lagen, das inzwischen auf tausend Dollar angewachsen war. In einer Technik, die beide in der Ausbildungsschule des

Mossad geübt hatten, würden sie sich am Treffpunkt anrempeln, sich vielmals entschuldigen und dann ihrer Wege gehen, jeder mit der Zeitung des anderen. Mit solch simplen Methoden versuchte der Mossad, die Oberhand in einer Stadt zurückzugewinnen, die seit langem den Ruf genoß, politischen Extremisten eine Zuflucht zu bieten, solange sie sich nicht in die inneren Angelegenheiten Frankreichs einmischten. Nur der Mossad hatte sich entschieden, diese Spielregel zu mißachten, indem er eine Operation anzettelte, die dem französischen Nationalstolz einen solchen Schlag versetzte, daß er selbst heute, fast zwanzig Jahre später, weder vergeben noch vergessen ist. Die besagte Episode begann mehrere tausend Kilometer von Paris entfernt, dort, wo der Suezkanal, das Werk des französischen Visionärs Ferdinand de Lesseps, in das Mittelmeer einmündet.

Am Nachmittag des 21. Oktober 1967 hatte Israel innerhalb weniger Minuten erfahren müssen, daß es in einem mit neuester Technik geführten Krieg verwundbar war. Eines seiner Flaggschiffe, ein aus der Zeit des Zweiten Weltkriegs stammender ehemals britischer Zerstörer, der von den Israelis auf den Namen *Eilat* umgetauft worden war, wurde von drei in Port Said abgefeuerten russischen Styx-Raketen getroffen. Das Schiff war auf Patrouillenfahrt vor der ägyptischen Küste. Von den 197 Mann Besatzung wurden 47 getötet und 41 schwer verletzt. Die *Eilat* sank. Es war das größte Fiasko, das Israel je zur See erlitten hatte. Und zum ersten Mal in der langen Geschichte des Seekriegs war ein Schiff bei einem Raketenangriff aus größerer Entfernung zerstört worden.

Als das tatsächliche Ausmaß der Katastrophe deutlich wurde, beschloß die Regierung unter Ministerpräsident Levi Eschkol ein Sofortprogramm, um die Marine mit einem Schiffstyp auszustatten, der die veraltete *Eilat* ersetzen konnte. Im Verlauf weniger Wochen wurde ein Kanonenboot entworfen, das schnell und extrem wendig war und zudem elektronische Abwehreinrichtungen besaß, um im Falle eines Raketenangriffs kostbare Sekunden für Ausweichmanöver zu gewinnen. Die im französischen Cherbourg ansässige Werft CCM (Chantiers de Construction Mécanique de Normandie) erhielt den Auftrag, sieben derartige Boote zu bauen.

Während die Boote gebaut wurden, entwickelten in Dimona Wissenschaftler Raketen, mit denen die Boote bestückt werden sollten, und die technische Ausstattung, die eingebaut werden sollte, wenn die fertigen Kanonenboote in Israel ankamen.

In Cherbourg verlief alles planmäßig. Dann verhängte Staatspräsident de Gaulle ein vollständiges Waffenembargo gegen Israel. Es war die Reaktion auf den Angriff israelischer Kommandos auf den Beiruter Flughafen am 26. Dezember 1968. Dabei waren dreizehn libanesische Flugzeuge zerstört worden. Dieser Angriff war ein Vergeltungsschlag der Israelis nach einem palästinensischen Überfall auf eine Boeing 707 der El Al zwei Tage zuvor in Athen. Das französische Embargo bedeutete, daß die Kanonenboote nicht an Israel ausgeliefert werden konnten.

Diese französische Reaktion beendete eine Allianz mit Israel, die über ein Jahrzehnt gedauert hatte. Sie hatte sich während des algerischen Unabhängigkeitskriegs herausgebildet, der 1962 mit der Unabhängigkeit der französischen Kolonie geendet hatte. Ein Grund für das Bündnis war auch die gemeinsame Feindschaft gegen Gamal Abdel Nasser. Der Mossad hatte den Franzosen seine Erkenntnisse über die algerische FLN übermittelt; die Franzosen hatten den Israelis Waffen und Mirage-Kampfflugzeuge verkauft.

Nach dem Verlust Algeriens beeilte sich de Gaulle, Frankreichs traditionelle Beziehungen zu anderen arabischen Staaten wiederherzustellen. Die PLO durfte ein Büro in Paris eröffnen. Den Überfall auf den Beiruter Flughafen betrachtete de Gaulle als eine öffentliche Mißachtung seiner Forderung, daß Israel keine »Racheangriffe«, wie de Gaulle es nannte, gegen die arabischen Nachbarstaaten durchführen sollte.

Das französische Waffenembargo hatte zur Folge, daß Israel keinen Nachschub an Mirage-Jägern erhalten würde, mit denen es seine Lufthoheit im Nahen Osten sicherte, und auch nicht die Boote, um sich wirksam gegen Angriffe von See aus verteidigen zu können. Überdies kam das Embargo in einer Zeit, als sich das Land mit den Früchten seines beeindruckenden Sieges im Sechstagekrieg herumschlagen mußte. In jenen sechs Tagen des Jahres 1967 hatte Israel die Westbank, Ostjerusalem und den Gazastreifen unter seine Kontrolle gebracht. Das bedeutete aber zugleich, daß jetzt fast eine Million Araber unter israelischer Besatzung lebten, von denen die meisten tiefen Haß auf die Sieger empfanden.

Für Meir Amit konnte man die Probleme, denen sich Israel gegenübersah, »gar nicht übertreiben. Innerhalb unserer Grenzen lebten Tausende von *Mehabelim* [das hebräische Wort für Terroristen], die die Unterstützung der arabischen Bevölkerung genossen, das heißt zumindest Zuflucht und Hilfe bei ihnen finden würden. Meine Aufgabe war es deshalb, die Operationsziele des Mossad auszuweiten und alle Palästinenserorganisationen zu infiltrieren.«

Die neue Ministerpräsidentin Golda Meir beauftragte Meir Amit mit der Ausarbeitung eines Plans, um die fertigen Kanonenboote aus Frankreich herauszuschaffen. Amit erinnert sich: »Der erste Vorschlag war, wir sollten mit einer ausreichenden Zahl bewaffneter Seeleute nach Cherbourg fahren, die Boote kapern und nach Israel zurückkehren. Verteidigungsminister Mosche Dayan aber sperrte sich hartnäckig. Er wies auf die garantiert heftigen internationalen Reaktionen hin. Israel würde als Dieb gebrandmarkt werden. Alles, was wir täten, müßte völlig legal sein. Wir müßten es zuwege bringen, daß wir ein einwandfreies Recht hätten, die französischen Hoheitsgewässer zu verlassen. Wenn wir erst einmal auf offener See wären, wäre es dann eine andere Sache.«

Die Legalität dessen, was folgte, ist freilich Ansichtssache. Trotz Dayans Beharren auf dem Buchstaben des Gesetzes wurde schlicht ein Betrugsmanöver ausgearbeitet.

Im November 1969 hatte Meir Amit die erste Stufe von Operation Arche Noah fertig vorbereitet. Eine Londoner Anwaltskanzlei war von Israels größter Schiffahrtsgesellschaft, der Maritime Fruit, die landwirtschaftliche Erzeugnisse in alle Welt verfrachtete, beauftragt worden, eine neue Firma namens Starboat, benannt nach dem Davidsstern, registrieren zu lassen. Größter Anteilseigner war Mila Brenner, ein Direktor der Maritime Fruit. Die weiteren Anteilseigner waren Bevollmächtigte Meir Amits. Der zweite Teil der Operation lief ebenfalls glatt. Monatelang hatte Admiral Mordechai Limon, der Verbindungsoffizier der israelischen Marine für das Kanonenbootprojekt in Cherbourg, mit der Werft über eine Entschädigung wegen des Kontraktbruchs verhandelt. Doch immer, wenn die Franzosen sich einer Einigung nahe glaubten, hatte Limon einen neuen Streitpunkt aufgetischt. Am 10. November setzte er die Schiffswerft davon in Kenntnis, daß die israelische Seite erneut in Verhandlungen einzutreten wünschte.

In Tel Aviv hatte Mila Brenner Kontakt zu Ole Martin Siem aufgenommen, einem der angesehensten Schiffahrtsmagnaten der Welt mit Sitz in Oslo. Siem stimmte zu, für den speziellen Zweck des Erwerbs der Kanonenboote dem Aufsichtsrat der Starboat beizutreten.

Geschickt wie ein professioneller Spieler spielte Limon seine nächste Karte aus. Am 11. November traf er mit den Unterhändlern der Schiffswerft zusammen. Er hörte sich ihr nachgebessertes Entschädigungsangebot an, erklärte aber, er sei immer noch nicht zufrieden. Die Werftvertreter waren erstaunt, denn ihr neues Angebot war großzügig. Während sie beratschlagten, was jetzt zu tun sei, eilte Limon nach Paris. Dort wartete Ole Siem auf ihn. Nach dem Treffen rief Limon die Werftvertreter an und erklärte, er werde »in einigen Tagen« wieder Kontakt mit ihnen aufnehmen. Zur gleichen Stunde saß Siem im Büro von General Louis Bonte, dem Waffenverkäufer der französischen Regierung. Siem erklärte, ihm sei zu Ohren gekommen, daß »einige Kanonenboote zum Verkauf bereitständen, die sich zu Ölsuchschiffen umbauen ließen«.

Die Aktion war perfekt geplant. Denn in diesem Augenblick wurde Bonte von Limon angerufen, der mitteilte, er sei in Paris und bereit, ein endgültiges Entschädigungsangebot zu akzeptieren. Die Zahl, die er nannte, entsprach der, welche die Werftvertreter geboten hatten. Bonte entgegnete, er sei gerade »in Verhandlungen« und wolle später zurückrufen. Der General wandte sich daraufhin wieder Siem zu und nannte die Summe, die Limon als Entschädigung zu akzeptieren zugesagt hatte. Doch dieser Preis, so meinte Bonte, sei für die französische Regierung zu hoch. Ohne zu zögern überbot Siem mit seinem Angebot Limons Forderung um fünf Prozent. Daraufhin rief Bonte Limon zurück und sagte, Limons Einigungsvorschlag sei ihm sehr willkommen. Bonte glaubte, er hätte ein gutes Geschäft gemacht und Frankreich von einem heiklen Problem befreit: Israel erhielte seine

Entschädigungszahlung und Frankreich würde fünf Prozent Gewinn einstreichen.

Er hatte nur noch zwei Fragen an Ole Siem. Würden die Boote nach Norwegen gehen? Könnte Siem garantieren, daß die Schiffe nach ihrem Einsatz bei der Ölsuche nicht weiter exportiert würden? Siem gab auf beide Fragen eindeutige Garantien. Bonte wiederum akzeptierte, daß die Schiffe heimlich in Cherbourg ablegen müßten, damit die Presse keinen Wind vom Ort der vermuteten Ölfelder bekäme – eine durchaus verständliche Vorsichtsmaßnahme in einer Branche, die für ihre Geheimhaltung bekannt war. Die Schiffe sollten Cherbourg am 24. Dezember 1969 verlassen, dem ersten Ferientag in der Stadt.

Bis dahin blieb noch ein Monat – nach allen Erfahrungen Meir Amits genügend Zeit, damit noch etwas schieflaufen könnte. Man mußte 120 israelische Seeleute heranschaffen als Mannschaft auf den Booten für die fünftausend Kilometer lange Fahrt von Cherbourg nach Haifa. Wenn so viele Männer gleichzeitig kämen, würde das gewiß den französischen Sicherheitsdienst auf den Plan rufen. Doch wieder wußte der erfindungsreiche Meir Amit eine Lösung.

Er beschloß, je zwei Seeleute sollten in verschiedene europäische Städte reisen, bevor sie nach Cherbourg gingen. Die Seeleute wurden angewiesen, in der Hafenstadt jeden Tag das Hotel zu wechseln. Alle reisten mit israelischen Pässen, so daß sie im Fall der Gefangennahme nicht wegen gefälschter Reisedokumente festgehalten werden konnten. Meir Amit wußte, daß das Risiko trotzdem groß war. »Ein einziger mißtrauischer französischer Polizist, der sich fragte, warum so viele Juden zu Weihnachten nach Cherbourg kamen, hätte ausgereicht, um die ganze Aktion auffliegen zu lassen.«

Am 23. Dezember waren alle israelischen Seeleute in Cherbourg angelangt. Über die Stadt verstreut, lauschten sie den überall ertönenden Weihnachtsliedern. Einige, die aus Jerusalem stammten, sangen mit.

Meir Amit in Tel Aviv war erleichtert. Er war jetzt mit anderen Problemen beschäftigt. Den Proviant für die achttägige Seereise hatte ein Versorgungsoffizier besorgt, der alle Läden in Cherbourg abgeklappert hatte. Wenn die Ladenbesitzer ihren Weihnachtsschinken anpriesen, hatte er höflich abgelehnt. Eine Viertelmillion Liter Treibstoff war in Fässern an Bord geschmuggelt und unter Deck versteckt worden. Der größte Unsicherheitsfaktor war das Wetter. Die Boote würden durch den winterlichen Golf von Biskaya fahren müssen. Ein Sturm konnte sie zum Sinken bringen. Meir Amit erinnert sich in Tel Aviv: »Wir beteten um günstiges Wetter, wie es seinerzeit in Dünkirchen geherrscht hatte. Wir hatten einen Meteorologen nach Cherbourg geschickt, der den lokalen Wetterbericht und die nationalen Wettervorhersagen für England, Frankreich und Spanien auswertete.«

Die Stunden schlichen langsam vorbei, bis endlich Heiligabend war. Der Wetterbericht sagte Regen und Sturmböen aus Südwest voraus, trotzdem wurde Order ausgegeben, um 20.30 Uhr abzulegen. Um 19.30 Uhr waren alle Besatzungsmitglieder an Bord. Doch das Wetter wurde immer schlechter. Der Ablegetermin wurde auf 22.30 Uhr verlegt. Doch wieder spielte das Wetter nicht mit. Aus Tel Aviv kam verschlüsselt die dringende Aufforderung: Ablegen, ohne Rücksicht auf die Wetterlage.

Doch der befehlshabende israelische Marineoffizier in Cherbourg ließ sich nicht unter Druck setzen; das Leben seiner Männer war ihm wichtiger. Er saß ruhig in seinem Kommandoboot und beobachtete den Meteorologen, der fieberhaft die Wetterkarte studierte. Um Mitternacht verkündete der Wetterprophet: »Die Winde werden in zwei Stunden nachlassen und auf Nord drehen. Sie werden nicht mehr so heftig sein, und wir werden sie im Rücken haben. Wir können ablegen.«

Um genau 2.30 Uhr am ersten Weihnachtsfeiertag wurden die Maschinen in Gang gesetzt, und die Boote verließen langsam den Hafen. Sieben Tage später, am Neujahrstag 1970, liefen sie in Haifa ein.

Am Kai wartete auch Meir Amit. Für ihn hätte das neue Jahr gar nicht besser beginnen können. Er wußte allerdings auch, daß Präsident de Gaulle Israel niemals verzeihen würde.

So sollte es tatsächlich kommen. Als der Mossad nach Paris und in andere französische Städte kam, um Terroristen aus dem Nahen Osten zu jagen, wurden seine *Katsas* vom französischen Sicherheitsdienst genauso scharf überwacht wie die Terroristen. Schlimmer noch war, daß pro-arabisch eingestellte Mitarbeiter im SDECE häufig an die PLO durchsickern ließen, der Mossad sei dabei, einen Gegenschlag vorzubereiten. Zu oft konnte ein Terrorist entkommen.

Der berüchtigtste von ihnen war Ilich Ramirez Sanchez, der sich mit seinen Aktivitäten den Spitznamen »Carlos, der Schakal« verdient hatte. In Paris war er der ausführende Arm einer der syrischen PLO-Abspaltungen. In den Untergrundblättern der europäischen Terroristenszene war er eine vielbewunderte Figur. Frauen fanden seine Playboy-Angewohnheiten erregend – und die Leichtigkeit, mit der er offenbar den Fallen entschlüpfte, die ihm der Mossad gestellt hatte. An einem Tag sah man ihn an der Riviera beim Sonnenbaden mit einem Mädchen, am nächsten entdeckte man ihn in London in einer Gruppe von Terroristen aus dem Nahen Osten, wo er sie bei der Planung von Anschlägen gegen andere arabische Gruppen und natürlich gegen Israel unterstützte. Carlos und die übrigen Terroristen konnten in Großbritannien ungestört von Polizei und Geheimdiensten operieren, solange sich ihre Operationen nicht gegen britische Bürger richteten. Wenn der Mossad so weit war, daß er Carlos hätte töten können, war dieser schon wieder auf dem europäischen Kontinent, oder aber in Damaskus, in Bagdad oder einer anderen arabischen Stadt, um weitere Untaten vorzubereiten.

Carlos auf der Spur zu bleiben, damit der Mossad gegen ihn zuschlagen konnte, war eine der Aufgaben von Ismail Sowan in Paris.

Sowans Beitrag zu dem Krieg, den der Mossad in Frankreich führte, war beträchtlich. Dank seiner Hilfe konnten *Katsas* und *Kidons* spektakuläre Erfolge verbuchen: Eine Fälscherwerkstätte der PLO wurde mit Bomben in die Luft gejagt; Waffenlager wurden zerstört; Kuriere wurden abgefangen und ermordet; der Schmuggel von Sprengstoff aus Osteuropa flog auf. Aufgrund der von Sowan gelieferten Informationen konnte der Mossad Feuer mit Feuer bekämpfen.

Im Januar 1984 wurde Sowan von seinem Führungsoffizier Adam angewiesen, nach England zu gehen und sich dort als Ingenieurstudent kurz vor seinem Diplom auszugeben. Seine neue Aufgabe war

es, in die Londoner PLO einzudringen und alles über deren Spezialeinheit Truppe 17 herauszufinden. Die Organisation wurde jetzt von
Abdul-Rahid Mustapha von Großbritannien aus geführt. Mustapha
stand auf der Abschußliste des Mossad ganz oben.

Ismail Sowan teilte dem PLO-Büroleiter in Paris mit, er habe seinen
Französischkurs abgeschlossen – ein französischer *Sajan* hatte ihm
sogar ein gefälschtes Diplom gegeben, falls Nachfragen kommen
sollten, die aber ausblieben. Jetzt wolle er nach London gehen, um
sein Ingenieurstudium abzuschließen. Er fügte hinzu, mit dieser Qua-
lifikation könnte er später den »Bau von Bomben« unterstützen.

Die Aussicht, einen weiteren Bombenexperten zu bekommen, war
der Organisation stets willkommen, besonders im Jahr 1984. Die
PLO-Führung mußte den Palästinensern auf der Westbank und im
Gazastreifen beweisen, daß sie nicht vergessen waren. Hunderttausende litten immer mehr unter der israelischen Besatzung; sie konnten nicht verstehen, warum Jassir Arafat nichts tat, um ihre Lage zu
verbessern. Die Rhetorik war eine Sache, die direkte Aktion eine
andere.

Der Mossad wußte, daß Arafat unter wachsendem Druck stand, die
Friedensofferte des ägyptischen Präsidenten Hosni Mubarak an Israel zu unterstützen. In Syrien hatte das stets wetterwendische Regime
beschlossen, seine Beziehungen zu den verschiedenen Palästinensergruppen auf Eis zu legen. Hunderte palästinensischer Kämpfer waren
gefangengesetzt worden. Präsident Assad wollte den Amerikanern
beweisen, daß er nicht der Unruhestifter war, für den die Welt ihn
hielt.

Das alles bestätigte die einfachen PLO-Mitglieder in den Flüchtlingslagern in ihrem Gefühl, daß sie von der arabischen Welt ins Ab-
seits gedrängt und von Ort zu Ort geschoben würden und im Grunde
alleine dastünden. Es gab böse Stimmen, die sagten, die eigene Führung habe sie längst verraten. Die Israelis machten sich das zunutze
und verbreiteten in den besetzten Gebieten die Behauptung, die PLO
verfüge über Guthaben in Höhe von fünf Milliarden Dollar, die sie in
der ganzen Welt investiert hätte. Arafat war zum Opfer einer von
Mossad-Experten für psychologische Kriegsführung ausgeheckten
Schmutzkampagne geworden, die besagte, er nutze einen Teil dieses

Geldes, um sein Gelüste nach hübschen Knaben zu befriedigen. Dieses Gerücht wurde in den Flüchtlingscamps verbreitet, und obwohl es dort keinen großen Glauben fand, war es doch nicht ohne Wirkung. In einem klugen Schachzug ließ Arafat über die siebzehn PLO-Vertretungen durchsickern, er sei bei Frauen kein Kostverächter – eine Geschichte, die der Wahrheit entsprach.

Für den Leiter des PLO-Büros in Paris war die Aussicht, mit Sowan einen weiteren Bombenexperten zu bekommen, wenn er seine Ausbildung abgeschlossen hätte, hochwillkommen und Grund genug, ihm das Geld für die Fahrkarte und den Unterhalt für eine Woche mit auf den Weg nach London zu geben. Außerdem bekam Sowan 500 Pfund von Adam, der ihm einschärfte, er müsse in London einen Job finden, um seinen Studienaufenthalt in Großbritannien zu finanzieren, weil sonst Verdacht aufkommen könnte.

An einem stürmischen Februartag des Jahres 1984 kam Sowan in London an. Er war mit einem jordanischen Paß eingereist, den der Mossad zur Verfügung gestellt hatte. Im doppelten Boden seines Koffers steckte ein zweiter, kanadischer Paß. Er sollte nur zum Einsatz kommen, wenn Sowan gezwungen wäre, Großbritannien ganz schnell zu verlassen. Im doppelten Boden des Koffers steckte zudem das Mossad-Dossier über Abdul-Rahid Mustapha und die von ihm kommandierte Truppe 17.

Diese Truppe war ursprünglich als Arafats persönliche Sicherheitseinheit aufgestellt worden. Der Name ging auf Arafats Durchwahlnummer im alten PLO-Hauptquartier in Beirut zurück. Im Libanon war die Truppe 17 zu einer zusammengewürfelten Armee von über tausend Kämpfern angewachsen. Eine der Einheiten dieser Armee war auch der berüchtigte Schwarze September, der das Massaker an den israelischen Athleten während der Münchner Olympiade ausgeführt hatte. Kurz bevor die PLO den Libanon verlassen und nach Tunis flüchten mußte, war Ali Hassan Salameh, der ursprüngliche Chef der Truppe 17, einer Autobombe zum Opfer gefallen, die Rafi Eitan losgeschickt hatte. In Tunis sah sich Arafat vor großen Schwierigkeiten. Er wurde nicht mehr nur vom Mossad gejagt, sondern zunehmend auch von anderen arabischen Extremisten. Abu Nidal, der sich als die authentische Stimme des bewaffneten Kampfes bezeichnete, hatte erklärt, es könne keinen Sieg geben, solange Arafat nicht beseitigt sei. Arafats Antwort war die Umstrukturierung der Truppe 17 zu einer geschlossenen Einheit, die zwei Ziele verfolgte: ihn persönlich zu schützen, wie bisher schon, und gut vorbereitete Anschläge gegen die Feinde zu unternehmen, allen voran gegen Israel. Mustapha wurde der Kommandeur der neu formierten Truppe. In Tunis wurden seine Männer von chinesischen und russischen Spezialisten in Guerilla-Kriegsführung ausgebildet. 1983 reiste Mustapha erstmals nach Großbritannien, um Söldner anzuwerben.

London quoll über von ehemaligen Angehörigen der SAS und Veteranen der regulären Armee, die in Nordirland gedient hatten. Als altgediente Killer suchten sie nun nach einem neuen Betätigungsfeld für ihre Fertigkeiten. Die PLO bezahlte ihre Ausbilder gut, außerdem waren viele dieser Söldner entschiedene Antisemiten. Einige von ihnen ließen sich anwerben. Sie reisten nach Tunesien, um in den Ausbildungslagern der PLO zu arbeiten. Andere Ausbilder waren ehemalige französische Fremdenlegionäre, und einmal stieß sogar ein früherer CIA-Mann hinzu, Frank Terpil, der später Mehmet Ali Agca begegnen sollte, dem Fanatiker, der auf Papst Johannes Paul II. schoß.

Ein ganzes Jahr lang ging Mustapha in Großbritannien aus und ein, ohne daß der MI5 oder die Sonderabteilung von Scotland Yard wußten, um wen es sich handelte. Als der Mossad sie davon unterrichtete, wurde lediglich die Londoner PLO-Vertretung von einem MI5-Offizier daran erinnert, daß das Büro beim geringsten Hinweis auf gegen Großbritannien gerichtete terroristische Aktivitäten geschlossen und die Mitarbeiter ausgewiesen würden. Die Palästinenser durften weiterhin ungestört ihre Komplotte gegen Israel anzetteln.

Ein bezeichnendes Streiflicht auf den Propagandakrieg der PLO ergibt sich aus einem Bericht über ein Treffen von Bassam Abu-Sharif, Arafats damaligem Chefsprecher, mit dem Romanschriftsteller Jeffrey Archer. Der PLO-Mann erzählte später, daß Archer ihm erklärt habe, »wie wir unsere Beziehungen zu den Medien verbessern und ausbauen könnten, wie wir unsere politischen Aktivitäten organisieren sollten. Er sagte mir auch, wie wir Kontakte zu britischen Politikern aufbauen und die öffentliche Meinung beeinflussen könnten. Ich war sehr beeindruckt.«

Das Treffen sorgte dafür, daß Archers Name in den Computern des Mossad landete.

Für die aufgebrachten Israelis sah es so aus, als ob Mustapha unter dem Schutz der britischen Behörden stände. Jeder Versuch, ihn in Großbritannien zur Strecke zu bringen, könnte auf den Mossad zurückschlagen.

Es war Ismail Sowans Aufgabe, Mustapha außerhalb Großbritanniens in eine Falle zu locken, vorzugsweise irgendwo im Nahen Osten, wo ihn Mossad-*Kidons* erwarten und töten konnten. Sowan war von seinem Pariser Einsatzoffizier Adam mitgeteilt worden, daß er künftig unter dem Befehl der Kollegen in der israelischen Botschaft in London stehe. Der oberste seiner dortigen Führungsoffiziere war Arie Regev, der zweite Jacob Barad, dessen Aufgabenfeld Israels Wirtschaftsinteressen waren. Wichtigster Kontaktmann Sowans war jedoch Baschar Samara, ein in London stationierter *Katsa*, der nicht den Schutz diplomatischer Immunität genoß. Samara hatte einen bei einer Maklerfirma arbeitenden *Sajan* instruiert, für Sowan eine Wohnung im Londoner Stadtteil Maida Vale zu mieten.

Wenige Tage nach seiner Ankunft in London nahm Sowan den ersten Kontakt zu Samara auf. Sie trafen sich unter der Eros-Statue am Piccadilly Circus. Jeder trug ein Exemplar des *Daily Mirror* bei sich, der Zeitung, die Robert Maxwell gerade gekauft hatte. Beim Zeitungstausch, der schon in Paris gut funktioniert hatte, erhielt Sowan sein erstes Monatsgehalt in Höhe von sechshundert Pfund und Instruktionen, wie er sich einen Bürojob im Londoner PLO-Büro verschaffen konnte.

Die jungen Palästinenser, die dort arbeiteten, wollten unbedingt zu Außeneinsätzen herangezogen werden. Sie wollten Botschaften zu den verschiedenen europäischen Stützpunkten der PLO befördern oder mit besonders wichtigen Informationen in das PLO-Hauptquartier nach Tunis geschickt werden. Dort würden sie stundenlang geduldig warten, um nur einen Blick auf Arafat zu erhaschen. Diese jungen, enthusiastischen Revolutionäre hatten keinen Sinn für Routinearbeiten im Büro wie Protokolle schreiben und Akten anlegen, Zeitungen lesen oder Telefondienst leisten. Als sich Sowan freiwillig für derartige Aufgaben meldete, wurde er von dem Londoner PLO-Büro sofort angenommen.

Binnen weniger Tage war er mit Mustapha zusammengetroffen. Bei süßem Pfefferminztee aus winzigen Tassen hatten sie schnell einen Draht zueinander gefunden. Beide hatten die israelischen Bombenangriffe auf Beirut erlebt. Beide waren sie schnell und wachsam durch die gleichen Straßen gelaufen, vorbei an den gleichen ausgebrannten Häusern mit den vielen Einschußlöchern, deren Fassaden wie Zäune wirkten. Beide hatten damals jede Nacht in einem anderen Bett das Morgengrauen erwartet, wenn der Muezzin über krächzende Lautsprecher die Gläubigen zum Gebet rief. Beide hatten Dienst an den PLO-Kontrollpunkten in der Stadt geleistet, die palästinensischen Krankenwagen durchgewunken, alle anderen Fahrzeuge kontrolliert und nur dann Unterschlupf gesucht, wenn das Geheul der israelischen Kampfbomber sich näherte. Sie lachten bei der gemeinsamen Erinnerung an den Spruch, der damals in Beirut die Runde machte: »Wenn du hörst, wie die Bombe explodiert, bist du noch am Leben.« Es gab viele gemeinsame Erinnerungen: die Schreie der Sterbenden, die Klagen der Frauen, ihre von hilflosem Haß erfüllten Blicke gen Himmel.

Sowan und Mustapha verbrachten einen ganzen Tag mit der Erinnerung an die gemeinsame Vergangenheit. Schließlich fragte Mustapha, was Sowan in London mache. Er mache eine Ausbildung, um der PLO bessere Dienste leisten zu können, antwortete Ismail. Er fragte Mustapha, was ihn nach England geführt hatte.

Die Frage führte zu einer Flut von Neuigkeiten. Mustapha beschrieb die Aktionen der Truppe 17: Wie ihre Kommandos geplant hatten, ein mit deutschen Touristen besetztes israelisches Flugzeug zu kapern. Arafat hatte diese Operation schließlich abgeblasen, weil er fürchtete, die Deutschen gegen sich aufzubringen. Doch Mustapha hatte den Krieg gegen Israel bis nach Zypern und Spanien getragen. Wie Ismail wußte, würde alles, dessen sich sein Gesprächspartner rühmte, nur die Entschlossenheit des Mossad steigern, ihn umzubringen.

Sowan und Mustapha verabredeten, sich in ein paar Tagen an Speakers' Corner zu treffen, dem berühmten Platz im Londoner Hyde

Park, wo alle möglichen Ansichten öffentlich verkündet werden. Ismail Sowan rief die Geheimnummer an, die man ihm zur Übermittlung dringender Nachrichten genannt hatte. Baschar Samara antwortete. Sie vereinbarten eine Zusammenkunft in der Regent Street. Inmitten der Büroangestellten, die ihre Mittagspause hier verbrachten, berichtete Sowan, was Mustapha ihm erzählt hatte. Samara erklärte, er werde an der Speakers' Corner sein, um Mustapha zu fotografieren und ihm von dort an auf den Fersen zu bleiben.

Mustapha hielt die Verabredung nicht ein. Es sollte Wochen dauern, ehe Sowan ihn wiedersah. Zu jener Zeit war er bereits an einem College in dem beliebten Ferienort Bath als Student eingeschrieben. Zweimal pro Woche fuhr er nach London, um im PLO-Büro zu arbeiten. Dann war Mustapha wieder einmal da.

Erneut sprachen die Männer bei endlosen Tassen Pfefferminztee miteinander. Aus seiner Aktentasche zog Mustapha ein illustriertes Buch, das die Geschichte der Truppe 17 darstellte. Über hunderttausend Exemplare dieses Druckwerks sollten unter den Palästinensern verteilt werden, prahlte er. Beim Durchblättern entdeckte Ismail ein im Libanon aufgenommenes Foto von Mustapha. Mit einem Lächeln setzte Mustapha seinen Namenszug darunter und machte Ismail das Buch zum Geschenk. Sie vereinbarten ein neues Treffen, doch wieder hielt Mustapha die Verabredung nicht ein.

Unterdessen hatte Sowan das Buch an Samara weitergegeben. Zu ihrem üblichen Treffpunkt war der Bahnhof von Bath geworden. Der *Katsa* kam mit einem Zug aus London und fuhr mit dem nächsten zurück. Er nahm die Informationen mit, die Sowan ihm über das PLO-Büro gab, und händigte dem Informanten jeden Monat seine sechshundert Pfund aus.

Fast ein Jahr lang setzten sich die Kontakte in dieser Form fort. In dieser Zeit hatte Sowan ein englisches Mädchen namens Carmel Greensmith kennengelernt. Sie wollten heiraten. Doch noch am Vorabend der Hochzeit wußte Sowan nicht, wer Trauzeuge spielen sollte.

Bei einer weiteren Fahrt ins PLO-Büro traf er erneut mit Mustapha zusammen, der wie üblich nichts davon erzählte, wo er gewesen war. Mustapha hatte einen Stapel von Zeitungsblättern aus der in London erscheinenden arabischen Tageszeitung *Al-Qabas* dabei. Diese Blätter enthielten boshafte Karikaturen, auf denen Jassir Arafat verächtlich gemacht wurde. Die Tageszeitung wurde von der kuwaitischen Herrscherfamilie finanziert, die seit langem mit der PLO verfeindet war.

Die Karikaturen waren Arbeiten des berühmtesten politischen Künstlers der arabischen Welt, des Zeichners Naji Al-Ali. Von London aus führte er seinen Ein-Mann-Krieg gegen Arafat, den er als lüstern, selbstsüchtig und politisch unfähig hinstellte. Mit diesen Karikaturen war *Al-Qabas* zur Stimme der Opposition gegen den PLO-Führer geworden.

Wütend warf Mustapha die herausgerissenen Seiten auf den Tisch. Al-Ali verdiene es zu sterben, erklärte er. Das wäre auch eine Lektion für seine kuwaitischen Geldgeber.

Sowan lächelte unverbindlich. Der Mossad begrüßte alles, was Arafats Position zu untergraben geeignet war. Dann brachte er ein Thema ins Gespräch, das ihn im Augenblick persönlich beschäftigte, die Suche nach einem Trauzeugen. Mustapha bot sofort an, diese Rolle zu übernehmen. Sie umarmten sich, wie es unter Arabern Sitte ist. Vielleicht war das einer der Augenblicke, in denen Ismail Sowan wünschte, sich aus den Fängen des Mossad befreien zu können.

In Tel Aviv fragte sich Nahum Admoni, wie lange es dauern würde, bis der MI5 die Wahrheit über die acht gefälschten britischen Pässe herausfinden würde, die im Juli 1986 in einer deutschen Telefonzelle aufgefunden worden waren. Schimon Peres, ohnehin kein Bewunderer des Mossad, stellte in den letzten Wochen seiner Ministerpräsidentschaft scharfe Fragen. Diese Panne könne Israels Beziehungen zur Regierung Thatcher ruinieren, meinte Peres, es sei besser, in dieser Angelegenheit schnell die Wahrheit zu sagen, getreu seinem Motto »Je eher gesagt, desto eher repariert«.

Admoni widersetzte sich dieser Idee. Das Eingeständnis könnte dazu führen, daß der MI5 und die Sonderabteilung von Scotland Yard eine Untersuchung der sonstigen Aktivitäten des Mossad in Großbritannien einleiten könnten. Am Ende könnte das zur Ausweisung von Ismail Sowan führen, der sich als eine Goldgrube für nützliche Informationen erwiesen hatte. Außerdem würde die Wahrheit über die Pässe ein schlechtes Licht auf die Professionalität des israelischen Geheimdiensts werfen.

Die Pässe waren für die israelische Botschaft in Bonn bestimmt gewesen. Die Aufgabe, sie von Tel Aviv in die Bundeshauptstadt zu bringen, war einem *Bodel* anvertraut worden, der neu in diesem Metier war und Bonn nicht kannte. Er war eine Weile durch die Stadt gefahren und hatte sich nicht getraut, nach dem Weg zu fragen, weil er fürchtete, aufzufallen.

Schließlich war er in die Telefonzelle gegangen, um in der Botschaft anzurufen. Ein Botschaftsangestellter hatte ihn für seine Säumigkeit ausgescholten. Entweder von Panik erfaßt oder aber aus purer Unachtsamkeit hatte er die Plastiktüte in der Telefonzelle liegenlassen. In der Botschaft entdeckte er zwar sein Mißgeschick, konnte aber, nun erst recht in Panik geraten, sich nicht darauf besinnen, in welcher Straße sich die Telefonzelle befand. Der wütende Sicherheitschef der Botschaft hatte ihn durch die Stadt gefahren. Als sie die Telefonzelle schließlich gefunden hatten, war die Tüte verschwunden. Der *Bodel* wurde in den Negev versetzt. Aber die Sache mit den Pässen machte Admoni weiter Schwierigkeiten. Das britische Außenministerium, vertreten durch den Botschafter in Tel Aviv, erörterte die Angelegenheit mit der israelischen Regierung.

Einer der Pässe war für Sowan bestimmt gewesen, damit er leichter zwischen London und Tel Aviv pendeln konnte; mit einem britischen Paß gab es in Heathrow weniger Einreiseformalitäten als mit dem kanadischen.

Von London aus war Sowan gelegentlich nach Israel geflogen, um seine Familie zu besuchen; es gehörte geradezu zu seiner Legende, das zu tun. Für seine Familie war er immer noch ein PLO-Aktivist. Er spielte diese Rolle so überzeugend, daß sein älterer Bruder Ibrahim ihn schließlich vor der Verhaftung durch die Israelis warnte. Dem könne Ismail aber zuvorkommen, wenn er für den Mossad arbeiten würde, scherzte er. Ismail tat, als wäre er von der bloßen Vorstellung schockiert, kehrte nach London zurück und setzte seine Arbeit fort.

Bald darauf nahmen die Dinge eine unerwartete Wendung. Sowans frischgebackene Frau bedrängte ihren Mann, eine Forschungsstelle am Humberside College in Hull anzunehmen. Er würde damit seine Einnahmen aus dem Bürojob bei der PLO verbessern können, meinte sie. Von den Beziehungen ihres Mannes zum Mossad und von den sechshundert Pfund, die er jeden Monat als Gehalt empfing, wußte sie nichts. Für Ismail schien der Umzug nach Hull die Chance zu bieten, den ständig wachsenden Forderungen seines Mossad-Führungsoffiziers zu entkommen.

Wie vielen Informanten, die auf der Gehaltsliste des Mossad standen, machten die Risiken, denen er ausgesetzt war, Ismail Sowan zusehends große Angst. Nachdem Mustapha als Trauzeuge fungiert hatte, war er noch umgänglicher geworden. Er schaute regelmäßig bei Sowan und seiner Frau herein und brachte Geschenke aus dem Nahen Osten mit. Beim Abendessen erzählte er, wie er gerade mit Feinden der PLO verfahren sei. Er prahlte, erst jüngst mehrere »Verräter an unserer Sache« getötet zu haben. Sowan hatte versteinert dagesessen: »Ich hoffte nur, daß man mein Herz nicht laut klopfen hörte.« Doch auch die Treffen mit Samara machten ihm angst; der *Katsa* erwartete, daß er in den Computer des PLO-Büros eindringen und wichtige Dokumente fotokopieren sollte; außerdem sollte er Mustapha zu einem »Urlaub« in Zypern überreden, wo ein *Kidon*-Team auf den PLO-Mann warten würde. Bislang war Sowan mit Ausreden durchgekommen – er sei niemals allein in dem Computerraum; sein Studium lasse ihm keine Zeit, Urlaub zu machen –, aber er spürte den zunehmend drohenden Unterton in Samaras Forderungen. Sowan hoffte, daß er in Hull sowohl Mustapha als auch Samara seltener treffen würde, so daß er ein normales akademisches Leben ohne ständigen Druck führen könnte. Doch der Mossad hatte ganz andere Pläne mit ihm.

Am Freitag, dem 13. März 1987, schwirrte durch das Mossad-Hauptquartier am König-Saul-Boulevard das Gerücht, Admoni erwarte einen wichtigen Besucher. Kurz vor zwölf Uhr wurde der Verbindungsoffizier des MI6 in das Büro des Generaldirektors im achten Stock geleitet. Das Treffen war kurz. Admoni wurde mitgeteilt, der MI6 sei sich sicher, daß die in Deutschland aufgefundenen falschen britischen Pässe das Werk des Mossad seien. Ein Agent der Sonderabteilung, der bei dem Treffen dabei war, erinnerte sich im Juni 1997, daß »der Mann vom MI6 einfach hineinging, guten Morgen sagte, eine Tasse Tee oder Kaffee ablehnte und sagte, was er zu sagen hatte. Dann grüßte er mit einem Nicken und verließ den Raum. Die Botschaft hat nicht einmal eine Minute in Anspruch genommen.«

In London wurde der israelische Botschafter ins Außenministerium einbestellt, um eine scharfe Protestnote und eine Verwarnung in Empfang zu nehmen. Ein solches Verhalten dürfe sich nicht wiederholen. Admoni fühlte sich ein wenig erleichtert, weil keine Rede von Ismail Sowan gewesen war.

Am frühen Abend des 22. Juli 1987 schaute sich Ismail Sowan in seiner Wohnung in Hull die Fernsehnachrichten der BBC an. Er hatte seit April nichts vom Mossad gehört. Damals hatte sich Baschar Samara mit ihm auf dem Bahnhof von Hull getroffen und ihm erklärt, er solle sich bis auf weiteres unauffällig verhalten und nur Kontakt aufnehmen, falls Mustapha sich melde.

Jetzt aber war das Gesicht des Mannes, von dem Mustapha gesagt hatte, daß er sterben müsse, in den Fernsehnachrichten: Naji Al-Ali, der Karikaturist, war erschossen worden, als er in London die Büroräume von *Al-Qabas* verließ. Der Attentäter hatte einen Schuß abgegeben und war verschwunden. Die Kugel war durch die Wange in das Gehirn des Karikaturisten eingedrungen. Sowan glaube zunächst, der Attentäter könne weder zum Mossad noch zur Truppe 17 gehören, weil beide Organisationen professioneller töteten: mit mehreren Kugeln in Kopf und Oberkörper. Das hier sah mehr nach dem Angriff eines Amateurs aus. Der Fernsehbericht meldete, die Polizei habe umfangreiche Fahndungsmaßnahmen eingeleitet, und Al-Alis Kollegen führten den Anschlag auf die »mächtigen Feinde« zurück, die sich der Karikaturist mit seiner Arbeit gemacht habe.

Sowan erinnerte sich an eine Unterredung mit Mustapha. Dann hätte doch Jassir Arafat den Mordanschlag angeordnet. Er fragte sich, ob er womöglich der einzige war, dem Mustapha anvertraut hatte, daß der Karikaturist sterben müsse. Sowan entschied, es sei für sich und seine Frau am besten, nach Tel Aviv zu fliegen. Als sie gerade beim

Packen waren, klopfte es an der Wohnungstür. Sowan erinnerte sich später:

»Der Mann hatte zwei Koffer dabei. Er sagte, Mustapha müsse die Sachen dringend verstecken. Als ich wissen wollte, was in den Koffern sei, lächelte der Mann nur und sagte, ich solle mir deswegen keine Sorgen machen. ›Wer nicht fragt, wird nicht belogen‹, war seine Entgegnung. Als er gegangen war, machte ich die Koffer auf. Sie waren voller Waffen und Sprengstoff: genug Semtex, um den Londoner Tower in die Luft zu sprengen; Pistolen, Sprengsätze mit Zeitzündern.«

Ismail rief die Kontaktnummer des Mossad in London an. Sie existierte nicht mehr. Er rief in der israelischen Botschaft an. Es hieß, Arie Regev und Jacob Barad seien nicht verfügbar. Als er nach Baschar Samara fragte, wurde er aufgefordert, zu warten. Eine neue Stimme meldete sich. Als Ismail seinen Namen sagte, wurde ihm geantwortet: »Eine schöne Zeit für einen Urlaub unter südlicher Sonne.« Diese Worte waren das verabredete Signal, daß Sowan nach Tel Aviv fliegen sollte.

Dort traf er im Sheraton Hotel mit Jacob Barad und Baschar Samara zusammen. Er erklärte, was er getan hatte, nachdem er von dem Inhalt des Koffers wußte. Die Führungsoffiziere sagten, er möge warten, bis sie mit ihren Vorgesetzten gesprochen hätten. Später am Abend kam Samara zurück und erklärte, Sowan solle mit dem nächsten Flugzeug nach London zurückfliegen. Bei seiner Ankunft werde alles in Ordnung gebracht sein.

Der arglose Ismail Sowan flog am 4. August 1987 nach London zurück. Bewaffnete Angehörige der Sonderabteilung von Scotland Yard verhafteten ihn auf dem Flughafen Heathrow wegen des Mordes an Naji Al-Ali. Als Sowan erklärte, er sei ein Agent des Mossad, lachten die Beamten ihn aus. Sowan war so entbehrlich geworden wie der Karikaturist, der nach einem vierzehntägigen Todeskampf im Krankenhaus seinen Verletzungen erlegen war. In einem Versuch, das Wohlwollen der Regierung Thatcher zurückzugewinnen, sollte Sowan geopfert werden. Die versteckten Waffen in seiner Wohnung würden alle seine Versuche, sich als Mossad-Agent zu rechtfertigen, im Keim ersticken. Es war ein Mossad-*Sajan* gewesen, der die

Koffer mit den belastenden Waffen in Sowans Wohnung gebracht hatte.

In London übergab Arie Regev dem MI5 – der das Material dann an Scotland Yard weiterreichte – alle »Beweise«, die der Mossad über Sowans »Verwicklungen« in terroristische Aktivitäten »gesammelt« hatte. Die Akte beschrieb, wie der Mossad Sowan durch den Nahen Osten, Europa und Großbritannien verfolgt hätte. Aber erst jetzt hätte man genügend Beweise zusammengetragen. Als der Mossad die versteckten Waffen entdeckt hätte, sei beschlossen worden, Sowan »zum Schutz der allgemeinen Sicherheit« auffliegen zu lassen.

Diese Entscheidung erinnerte an das grimmige ungeschriebene Gesetz der Zweckdienlichkeit, das im Mossad herrschte. Zur Ausbildung und Unterstützung Sowans im Außeneinsatz war viel Zeit und Geld aufgewendet worden. Doch das alles zählte nicht mehr, als es für den Mossad um die wichtigere Aufgabe ging, die eigenen Spuren in Großbritannien zu verwischen. Sowan sollte geopfert und den Briten als einer jener Terroristen präsentiert werden, vor denen der Mossad unablässig warnte. Ihn ans Messer zu liefern war zweifellos für den Dienst ein Verlust, denn er hatte gute Arbeit geleistet, auch wenn er nicht alle an ihn gestellten Forderungen erfüllt hatte. Doch die versteckten Waffen waren eine Chance, die man sich nicht entgehen lassen konnte. Sie würden das Verhältnis der PLO zur Regierung Thatcher zerstören und Israel erlauben, Arafat als den doppelzüngigen Terroristen hinzustellen, der er nach Aussage des Mossad immer noch war. Und es würde sich immer wieder ein neuer Ismail Sowan in Israel von Männern verführen lassen, die es gewohnt waren, ihre Versprechen zu brechen.

Eine volle Woche lang lehnte sich der Mossad entspannt zurück, überzeugt, alle Enthüllungen, die Sowan gegenüber den britischen Vernehmungsbeamten machen würde, mit einem Achselzucken von sich weisen zu können.

Doch Admoni hatte Sowans verzweifelte Bemühungen unterschätzt, nicht ins Gefängnis zu müssen. Er lieferte den Vernehmern der Sonderabteilung detaillierte Beschreibungen seiner Führungsoffiziere und erzählte ihnen genau von seiner Ausbildung beim Mossad. Nach und nach dämmerte der Polizei, daß Sowan möglicherweise die

Wahrheit sagte. Die Briten beorderten den Verbindungsoffizier des MI6 zum Mossad von Tel Aviv nach London. Ismail Sowan wurde von ihm verhört. Alles, was Sowan über die Mossad-Zentrale und die Methoden des Dienstes erzählte, traf genau zu. Die Wahrheit über die Mossad-Aktion war nicht länger zu verbergen.

Regev, Barad und Samara wurden aus Großbritannien ausgewiesen. Die israelische Botschaft in London gab eine trotzige Erklärung ab: »Wir bedauern, daß es die Regierung Ihrer Majestät als passend erachtet hat, Maßnahmen dieser Art zu ergreifen. Israel hat nicht gegen die britischen Interessen gehandelt. Der Kampf gegen den Terrorismus war Israels alleiniges Motiv.«

Ismail Sowan rettete es nicht, daß er die Wahrheit gesagt hatte. Im Juni 1988 wurde er zu elf Jahren Gefängnis verurteilt, weil er Waffen für eine terroristische Organisation versteckt habe.

Fünf Jahre nach Ausweisung der drei *Katsas*, was praktisch die Schließung der Mossad-Außenstelle in Großbritannien bedeutet hatte, war der Mossad wieder im Land. 1998 waren fünf *Katsas* in der israelischen Botschaft in Kensington stationiert, sie arbeiteten mit dem MI5 und der Sonderabteilung des Yard bei der Ausspähung iranischer Gruppen in Großbritannien zusammen.

Drei Jahre zuvor, im Dezember 1994, war Ismail Sowan aus dem Gefängnis Full Sutton entlassen worden. Er erhielt seinen jordanischen Paß zurück, wurde ausgewiesen und in ein Flugzeug nach Amman gesetzt. Man sah ihn zuletzt, als er den Flughafen mit dem Koffer verließ, den er vor all den Jahren bei seiner ersten Reise nach London vom Mossad bekommen hatte. Den doppelten Boden des Koffers hatte man selbstverständlich herausgenommen.

In seiner neuen Heimat hatte er einen Platz in der ersten Reihe, als sich das Unwetter über dem Persischen Golf zusammenzog. Inzwischen hatte es eine Ablösung auf der Kommandobrücke des Mossad gegeben. Die acht Jahre, in denen Nahum Admoni an der Spitze des israelischen Geheimdienstes gestanden hatte, gingen am Vorabend von Rosch Haschanah, des jüdischen Neujahrsfestes, zu Ende. Seine Nachfolge trat Schabtai Schavit an, der von seinem Vorgänger eine Reihe von gravierenden Fehlschlägen erbte: die Pollard-Affäre, Irangate und nicht zuletzt die falschen britischen Pässe aus der Bonner

Telefonzelle, die das Ende der Amtszeit von Nahum Admoni einge-
läutet hatten. Für seinen Nachfolger braute sich jenseits des Jordans
mehr als nur ein Sandsturm zusammen: Saddam Hussein hatte befunden, es sei an der Zeit, gegen die ganze Welt anzutreten.

Kapitel 16

SPIONE IM SAND

Am 2. Dezember 1990 lag eine Gestalt im staubigen Burnus eines Wüstenbewohners bewegungslos an der Böschung eines Wadis weit südlich von Bagdad. In der Morgendämmerung war der Sand eiskalt; während der Nacht war die Temperatur tief unter null Grad gesunken. Auf dem Kopf trug der Mann eine *Hupta* aus Schafswolle, die ihn als Angehörigen der Sarami auswies, des ältesten Zweigs der islamischen Sufiorden. Die Sarami durchwanderten die riesige irakische Wüste; ihr religiöser Fanatismus ging einher mit einem Ehrenkodex, wie ihn kein anderer Stamm besaß. Aber die Loyalität dieses Mannes galt einem Land im Westen, das fast tausend Kilometer entfernt war: Israel. Er war ein *Katsa*.

Seine Kleider stammten vom Mossad, der in seinen Magazinen Kleidungsstücke aus der ganzen Welt aufbewahrte und auf dem neuesten Stand hielt. Die meisten wurden von *Sajanim* beschafft und über die jeweiligen israelischen Botschaften per Diplomatengepäck nach Tel Aviv geschickt. Andere Stücke wurden von pro-israelisch eingestellten Besuchern aus den feindlichen arabischen Ländern mitgebracht, einige wenige sogar von der Gewandmeisterin hergestellt, die über das Magazin wachte. Über die Jahre hatte sie sich zusammen mit ihrem kleinen Team von Näherinnen einen guten Ruf für ihre Liebe zum Detail erworben, selbst bei Änderungen verwendete sie das richtige Nähgarn.

Der Deckname des *Katsas* – Schalom – stammte aus der Liste mit Pseudonymen bei der Einsatzabteilung des Mossad; Rafi Eitan hatte nach der Eichmann-Entführung die Idee für diese Liste gehabt. Schalom Weiss war einer der besten Fälscher des Mossad gewesen, bevor er an der Operation gegen Adolf Eichmann teilgenommen hatte. Er war 1963 an Krebs gestorben. Sein Name aber lebte weiter und war von *Katsas* bei verschiedenen Gelegenheiten verwendet worden. Nur eine Handvoll hoher Armeeoffiziere, Schabtai Schavit und der Leiter von Schaloms Abteilung wußten, warum der jetzige Benutzer des Namens sich in der Wüste aufhielt.

Im August 1990 waren Saddam Husseins Truppen in Kuwait einmarschiert, und diese Invasion führte schließlich zum Golfkrieg. Iraks Unternehmung gegen Kuwait war für sämtliche westlichen Geheimdienste eine spektakuläre Schlappe gewesen. Keiner hatte vorausgesehen, was geschehen würde. Der Mossad hatte versucht, Berichte zu verifizieren, daß Saddam tatsächlich an versteckten Plätzen südlich von Bagdad chemische Waffen lagerte, die nicht nur Kuwait-Stadt, sondern auch Städte in Israel erreichen konnten.

Innerhalb des Mossad gab es Zweifel, ob der Irak die zum Abfeuern der Sprengköpfe erforderlichen Raketen besäße. Gerald Bull befand sich nicht mehr auf dem Schauplatz, und seine Superkanone war der amerikanischen Satellitenüberwachung zufolge nach den Probeabschüssen zerlegt worden. Selbst wenn es die Sprengköpfe gäbe, meinten Schavits Auswerter, sei keineswegs sicher, daß sie tatsächlich mit chemischen Kampfstoffen gefüllt seien. Solches Imponiergehabe kannte man von Saddam schon von früheren Gelegenheiten.

Mit der Vorsicht eines Mannes, der gerade ein neues Amt angetreten hatte, verwies Schabtai Schavit darauf, daß ein übereilter Alarm nur unnötige Panik auslösen würde. Schalom wurde beauftragt, die Wahrheit über die Chemiewaffen Saddam Husseins herauszufinden. Er hatte bereits einige Operationen im Irak durchgeführt, einmal war er in Bagdad als jordanischer Geschäftsmann aufgetreten. Dort hätte es *Sajanim* gegeben, die ihm hätten helfen können. Hier draußen allerdings, in der riesigen leeren Wüste, war er auf sich allein gestellt – und auf die von seinen Ausbildern erneut getesteten Fähigkeiten.

Im Negev hatte Schalom ein Überlebenstraining absolviert, ein spezielles »Gedächtnistraining«, um selbst in einem Sandsturm das Ziel ausmachen zu können, und eine Schulung in »Schutz durch Anpassung«, um in der jeweiligen Umgebung nicht aufzufallen. Er behielt seine Kleider Tag und Nacht an, damit sie nicht neu aussahen. Er verbrachte einen ganzen Tag auf dem Schießstand, um zu beweisen, daß er das für den Nahkampf erforderliche instinktive Feuern auf ein sich schnell bewegendes Ziel beherrschte. Eine Stunde lang brachte ihm ein Pharmazeut bei, wann er in der Wüste seine Notfallmedizin einzunehmen hätte; einen Morgen lang mußte er sich die Landkarten einprägen, die ihn durch die Sandwüste führen würden.

Für all seine Ausbilder war er nur eine Nummer; sie erniedrigten ihn nicht und lobten ihn nicht. Sie gaben Schalom keinen Hinweis, ob sie mit ihm zufrieden waren: Sie verhielten sich wie Roboter. Ein Teil jeden Tages galt dem Test seiner körperlichen Leistungsfähigkeit; in der glühenden Mittagshitze wurde er mit einem Rucksack voller Felsbrocken auf einen Gewaltmarsch geschickt. Es wurde ständig überprüft, wie lange er für etwas brauchte, aber niemand sagte ihm, ob er den vorgegebenen Fristen entsprochen hatte. Eine anderer Test bestand darin, ihn aus einer gerade stattfindenden Übung herauszuholen und ihn auf Fragen folgender Art antworten zu lassen: »Ein Beduinenmädchen entdeckt dich: Wirst du es töten, um deinen Auftrag fortsetzen zu können?« »Dir droht die Festnahme. Ergibst du dich oder bringst du dich um?« »Du stößt auf einen verwundeten israelischen Soldaten, der mit einem anderen Auftrag unterwegs war: Hältst du an, um ihm zu helfen, oder läßt du ihn liegen, im sicheren Bewußtsein, daß er sterben wird?« Bei Schaloms Antworten ging es nicht um richtig oder falsch: Die Fragen waren ein weiterer Test für seine Fähigkeit, unter Druck zu entscheiden. Wie lang brauchte er für die Antwort? Trug er sie nervös oder selbstsicher vor?

Er aß nur die Nahrung, von der er in der Wüste leben würde: Konzentrate, die er mit dem brackigen Wasser mischte, wie er es an den Wasserstellen inmitten des Sands finden würde. Bei einem Mossad-Psychiater bekam er Einzelunterricht über den Umgang mit Streß und Entspannung. Der Arzt sollte auch dafür sorgen, daß Schalom noch genügend eigenständiges Orientierungsvermögen hatte, um bei den unvorhersehbaren Situationen draußen im Einsatz mit Einfallsreichtum und Härte reagieren zu können. Begabungstests ermittelten seine augenblickliche emotionale Stabilität und sein Selbstvertrauen. Es wurde geprüft, ob er Züge eines »einsamen Wolfs« angenommen hätte, ein besorgniserregendes Phänomen, das die verheißungsvollen Karrieren anderer *Katsas* beendet hatte.

Ein Sprachlehrer verbrachte Stunden damit, ihm zuzuhören, wie er in der Mundart der Sarami redete. Da er fließend Persisch und Arabisch sprach, eignete er sich den Dialekt dieses Stammes schnell an. Jede Nacht wurde Schalom zum Schlafen zu einer anderen Stelle im Negev gefahren. Eingegraben im Erdboden, nickte er höchstens kurz ein und machte sich dann zu einer anderen Stelle auf, um zu vermeiden, daß seine ihn jagenden Ausbilder ihn aufspürten. Entdeckt zu werden würde sicher bedeuten, daß er entweder weiter trainieren mußte oder daß sein Auftrag einem anderen *Katsa* übertragen würde.

Schalom war unentdeckt geblieben. Am Abend des 25. November 1990 hatte er einen Helikopter vom Typ CH-536 Sikorsky des zentralen Regionalkommandos der Armee bestiegen.

Dessen Besatzung war ebenfalls eigens für diesen Auftrag ausgebildet worden. In einem anderen Bereich des Stützpunktes im Negev hatten sie geübt, wie man sich bei Dunkelheit im Tiefflug an verschiedensten Hindernissen vorbeischlängelt. Turbinen hatten den Hubschrauber mit Sand angeblasen, damit sie ihre Techniken für den Flug durch die instabilen Windverhältnisse der irakischen Wüste verbessern konnten. Der Pilot war immer so knapp wie möglich über dem Boden geflogen, ohne daß es zu einem Unfall kam. Bei einer anderen Übung hatten die Ausbilder auf den Landekufen gesessen und auf vorgetäuschte Ziele gefeuert, während der Pilot mit der Maschine ruhig und gleichmäßig weiterflog. Unterdessen hatte die Besatzung ihre Flugroute studiert.

Nur der befehlshabende Offizier, Generalmajor Danny Jatom, wußte, auf welcher Strecke sie zur irakischen Grenze fliegen würden. Jatom war ein Mitglied der Eliteeinheit Sajeret Matkal gewesen, Israels Green Berets, die 1972 auf dem Flughafen von Tel Aviv erfolgreich ein entführtes belgisches Flugzeug gestürmt hatte. Zu einem anderen bei dem Einsatz beteiligten Kommandotrupp hatte Benjamin Netanjahu gehört. Die Freundschaft mit Israels zukünftigem Ministerpräsidenten sollte Jatom später den Oberbefehl über den Mossad einbringen, eine Position, die seine gute Verbindung zu Netanjahu schließlich beenden sollte. Aber das lag noch in ferner Zukunft.

An jenem Dezembermorgen hatte Schalom, der nicht aufhörte, über den Rand des Wadi zu spähen, nicht die leiseste Ahnung davon, daß die lange und gefährliche Reise, die ihn tief in Feindesland gebracht hatte, in einem Konferenzraum der Kirja, des Hauptquartiers der israelischen Streitkräfte in Tel Aviv, beschlossen worden war.

Jatom, Amnon Schahak, der Chef des Aman, des militärischen Geheimdienstes, und Schabtai Schavit waren zusammengekommen, um die neuesten Nachrichten zu diskutieren, die ein Informant geliefert hatte, der tief in das Netz der iranischen Terroristen in Europa eingedrungen war. Die Person – nur Schavit wußte, ob es sich um einen Mann oder um eine Frau handelte – wurde unter dem Buchstaben »I« geführt. Alles, was sich Schahak und Jatom denken konnten, war, daß die Quelle zu dem festungsartigen Komplex im zweiten Stock der iranischen Botschaft in Bonn Zugang haben mußte. Der Komplex umfaßte sechs Büros und eine Nachrichtenzentrale. Der ganze Bereich war so befestigt worden, daß er eine Bombenexplosion überstehen konnte, und war ständig von zwanzig Revolutionswächtern besetzt, die die terroristischen Aktivitäten des Iran in Westeuropa koordinierten. Sie hatten erst jüngst versucht, eine Tonne Semtex und elektronische Sprengkapseln aus dem Libanon nach Spanien zu verschiffen. Die Ladung sollte den konventionellen Sprengstoff bei einer Reihe pro-iranischer Terrorgruppen in europäischen Ländern ersetzen. Nach einem Hinweis des Mossad waren Zöllner an Bord des Schiffes gegangen, als es in spanische Hoheitsgewässer lief.

Aber im Verlauf des Sommers 1990 nahm der Iran über seine Bonner Botschaft auch riesige Barauszahlungen vor, um den Einfluß des islamischen Fundamentalismus und Terrorismus in Europa zu steigern. Die betreffenden Summen waren um so erstaunlicher, da der Iran wirtschaftlich durch den acht Jahre langen Krieg gegen den Irak gelähmt war, der 1988 mit einem Waffenstillstand geendet hatte.

Aber bei der Konferenz an jenem Novembertag ging es in dem geschützten Raum der Kirja um eine neue Bedrohung, die der Doppelagent entdeckt hatte. Sie kam diesmal nicht aus dem Iran, sondern aus dem Irak. »I« hatte die Kopie eines detaillierten irakischen Schlachtplans erhalten, den der iranische Geheimdienst aus dem Oberkommando der irakischen Armee in Bagdad gestohlen hatte. Er umriß, wie Scud-Raketen für einen Angriff mit chemischen und biologischen Waffen gegen den Iran, Kuwait und Israel eingesetzt werden sollten.

Zuallererst beschäftigte die Männer in dem Konferenzraum eine Frage: Konnte man der Information trauen? »I« hatte sich bei allen bisher gelieferten Daten als verläßlich erwiesen. Aber so bedeutsam diese Informationen auch gewesen sein mochten – sie verblaßten angesichts der jetzt vorliegenden. Könnte der Schlachtplan Teil einer Intrige des iranischen Geheimdienstes sein, um Israel zu veranlassen, einen Präventivschlag gegen den Irak zu führen? War »I« enttarnt, und wurde er nun vom Iran benutzt?

Der Versuch, eine Antwort auf diese Fragen zu bekommen, war mit Risiken beladen. Es brauchte Zeit, einen *Katsa* zur Kontaktaufnahme mit »I« vorzubereiten, möglicherweise Wochen. An einen streng verdeckt arbeitenden Informanten heranzutreten war ein langsamer und schwieriger Vorgang. Und wenn sich herausstellen sollte, daß »I« loyal geblieben war, würde doch seine Sicherheit gefährdet werden. Doch wenn Israel handelte, ohne das irakische Dokument überprüft zu haben, könnte das katastrophale Folgen für den jüdischen Staat haben. Ein Präventivschlag würde mit Sicherheit zu einer irakischen Vergeltungsaktion führen und könnte die Koalition auseinanderbrechen lassen, die in Washington mühsam zusammengezimmert worden war, um Saddam aus Kuwait zu vertreiben. Viele ihrer arabischen Mitglieder würden wahrscheinlich den Irak gegen Israel unterstützen.

Der einzige Weg, die Wahrheit über den gestohlenen Schlachtplan herauszufinden, war Schaloms Entsendung in den Irak. Nach raschem Gleitflug über den Negev hinweg hatte der Hubschrauber in der tiefdunklen Nacht ein Stück von Jordanien passiert. In Tarnfarbe angestrichen und mit gedämpftem Motorgeräusch war der Sikorsky selbst für die besten jordanischen Radargeräte nicht zu entdecken. Er flog in der ruhigen Stufe, um möglichst wenig Geräusch von den Rotorblättern her zu erzeugen, und erreichte so den Punkt an der Grenze zum Irak, wo Schalom abgesetzt werden sollte.

Der Spion verschwand in die Nacht. Trotz allen Trainings gab es doch ein Moment, auf das er nicht perfekt hatte vorbereitet werden können: Ab sofort war er auf sich gestellt, zu überleben hieß, auf alles in seiner Umgebung zu achten. Was Überraschungen betrifft, ist eine Wüste mit keinem anderen Ort der Erde zu vergleichen. Unversehens könnte ein Sandsturm aufkommen, die Landschaft verändern und ihn lebendig begraben. Ein bestimmter Himmel bedeutete dies, ein anderer etwas ganz verschiedenes. Schalom mußte sein eigener Meteorologe sein, alles alleine tun und lernen, sein Gehör an die Stille zu gewöhnen, immer im Bewußtsein, daß die Stille der Wüste einzigartig ist. Und stets hatte er sich zu vergegenwärtigen, daß sein erster Fehler sein letzter sein könnte.

Drei Tage nachdem er den Hubschrauber verlassen hatte, an jenem kalten Dezembermorgen, lag Schalom flach hingestreckt an dem irakischen Wadi. Unterhalb seiner *Hupta* trug er eine Brille, deren Gläser die Umrisse der dunklen Landschaft andeutungsweise erkennen ließen. Als Waffe hatte er nur bei sich, was man bei einem Sarami vermuten würde: ein Jagdmesser. Er hatte gelernt, damit auf verschiedene Weise zu töten. Ob er in die schwierige Lage kommen würde, es gegen eine überlegene Waffe einsetzen zu müssen, wußte er nicht – und ebensowenig, ob er es gegen sich selber richten könnte oder ob er fähig wäre, mit der Todespille, die er bei sich hatte, Selbstmord zu verüben. Seit Eli Cohens Qualen und Tod war es einem *Katsa*, der im Iran, Irak, Jemen oder in Syrien eingesetzt war, erlaubt, sich umzubringen, um nicht in die Hände barbarischer Verhörspezialisten zu fallen.

Während Schalom weiter auf seinem Beobachtungsposten verharrte, hatten die etwa einen dreiviertel Kilometer jenseits des Wadi lagernden Nomaden mit ihren Morgengebeten begonnen. Schon wurde das Gebell ihrer Hunde vom Wind herübergetragen, aber die Tiere würden sich erst aus dem Lager trauen, wenn die Sonne über dem Horizont stand: Solche Verhaltensmuster hatte Schalom gleich zu Beginn seines Überlebenstrainings für die Wüste gelernt.

Den Informationen zufolge, die man ihm bei der Einsatzbesprechung gegeben hatte, mußte der Konvoi zwischen dem Lager und den Hügeln links von ihm auftauchen. Für ein ungeübtes Auge war die Fährte des Wagenzugs nicht auszumachen – Schalom zeigte sie sich so deutlich wie eine gut ausgeschilderte Straße: Die kleinen Sandhaufen stammten von Wüstenmaulwürfen, die sich zwischen den Fahrspuren eingruben.

Die Sonne war aufgegangen, als der Konvoi schließlich auftauchte:

eine Abschußrampe mit Scud-Rakete und das Stützfahrzeug. Etwa achthundert Meter von ihm entfernt hielten sie an. Schalom begann zu fotografieren, was er sah, und notierte alle Zeitabläufe.

Die irakische Mannschaft brauchte fünfzehn Minuten, um die Scud-Rakete abzufeuern. Sie beschrieb einen Bogen und verschwand hinter dem Horizont. Kurz darauf bewegte sich der Konvoi rasch auf die Hügel zu. In ein paar Minuten könnte die Scud-Rakete Tel Aviv oder jede andere israelische Stadt getroffen haben, wenn es sich nicht um eine Übung gehandelt hätte. Schalom begann seinen langen Rückweg Richtung Tel Aviv.

Sechs Wochen danach, am 12. Januar 1991, saß er als Mitglied eines Teams von Mossad- und Aman-Offizieren am Konferenztisch der Befehlszentrale für die gemeinsamen Sondereinsätze der US-Streitkräfte (Joint Special Operations Command, JSOC) im Luftwaffenstützpunkt Pope, Georgia. Der Befehlszentrale unterstanden die Green Berets und die SEALs, und sie pflegte eine enge Zusammenarbeit mit dem Mossad.

Nach Schaloms Rückkehr aus dem Irak hatte Schavit General Earl Stiner, Einsatzkommandeur beim JSOC, informiert, daß Saddam nicht bloß angebe. Der angriffslustige General hatte eine volkstümliche Art und eine deftige Sprache, die den Israelis lag. Aber wenn es um Krieg ging, konnte er bei aller schleppenden texanischen Sprechweise schnelle und durchdachte Entscheidungen treffen. Als Angehöriger des obersten Kommandos des Landes kannte er den Wert guter Informationen, und seine eigenen Erfahrungen mit dem Nahen Osten hatten ihn gelehrt, daß der Mossad die besten anbot.

Seit Saddams Invasion in Kuwait hatte sich Stiner regelmäßig mit seinen israelischen Kontaktleuten ausgetauscht. Einige von ihnen kannte er seit 1983, als er, gerade zum Brigadegeneral ernannt, vom Pentagon in geheimer Mission nach Beirut entsandt worden war, um für das gemeinsame Oberkommando der US-Streitkräfte zu erkunden, wie weit sich die USA in den libanesischen Bürgerkrieg einlassen sollten.

Während der Entführung der *Achille Lauro* hatte er eng mit dem Mossad zusammengearbeitet, er war mit seinen Delta-Force-Kommandos im Sturzflug auf einem italienischen Luftwaffenstützpunkt in Sizilien gelandet, wo das Flugzeug, das die Entführer in die Freiheit Richtung Ägypten brachte, einen Zwischenaufenthalt eingelegt hatte. Italienische Soldaten hatten Stiner gehindert, die Entführer in seine Gewalt zu bringen, und es wäre beinahe zu einer bewaffneten Auseinandersetzung gekommen. Aufgebracht durch die Vereitelung seines Vorhabens, war Stiner dem Flugzeug mit seiner eigenen Militärtransportmaschine hinterhergejagt und hatte erst abgedreht, als beide Maschinen in den Luftraum über Rom gelangt waren und dessen Überwacher drohten, den Delta-Force-Transporter wegen »Luftpiraterie« abschießen zu lassen. Bei der US-Invasion in Panama 1989 hatte Stiner die Bodentruppen kommandiert und war für die rasche Gefangennahme von Manuel Noriega verantwortlich gewesen.

Nur die beiden Oberkommandierenden der US-Streitkräfte, die Generäle Colin Powell und Norman Schwarzkopf, die auch die Streitkräfte der Anti-Saddam-Koalition befehligten, wußten von Stiners Verbindung zum Mossad. Während Schwarzkopf darum bemüht war, eine Verteidigungslinie längs der Grenze zu Saudi-Arabien aufzubauen, um einen Vorstoß der irakischen Armee von Kuwait aus zu verhindern, arbeiteten Stiners Nachrichtenoffiziere in enger Kooperation mit dem Mossad daran, im Irak Widerstandsgruppen aufzubauen, die versuchen sollten, Saddam zu stürzen.

Als Generalmajor Wayne Downing, der Kommandant des JSOC, die Teilnehmer des Treffens aufforderte, in den Konferenzraum zu kommen, wußte jeder von ihnen, daß die Welt in Bagdad tauben Ohren predigte, während das Ende des von den Vereinten Nationen auf Dienstag, den 15. Januar 1991 befristeten Ultimatums näherrückte. Saddam wollte den Waffengang, den er »die Mutter aller Kriege« nannte.

Downing begann die Konferenz mit der Erinnerung daran, daß Washington von Israel erwarte, sich nicht in den bevorstehenden Krieg einzumischen. Zum Ausgleich würde das Land weitere politische und wirtschaftliche Vergünstigungen erhalten.

Als Antwort legten die Israelis einen ganzen Satz der von Schalom gemachten Fotos mit der Scud-Abschußrampe auf den Tisch. Dann stellten sie eine Reihe von Fragen. Was wäre, wenn Saddam einen Nuklearsprengkopf auf die Rakete setze? Der Mossad war sich sicher, daß der Irak die Anlagen besaß, um einfache Atomsprengköpfe herzustellen. Er könnte seine Scud-Raketen auch mit chemischen oder biologischen Sprengköpfen versehen. Glaubten die USA, Israel würde angesichts dieser Bedrohung dasitzen und abwarten? Wie wollten die Koalitionsstreitkräfte die Raketen ausschalten, bevor sie abgefeuert werden konnten? Wüßten die Amerikaner überhaupt, wie viele Scuds Saddam besaß?

Einer von Downings Nachrichtenoffizieren sagte, ihre »genaueste Schätzung« läge bei fünfzig.

»Wir gehen davon aus, daß Saddam fünfmal so viel hat, vielleicht sogar insgesamt fünfhundert«, erwiderte Schabtai Schavit.

Das erstaunte Schweigen im Raum wurde von der Frage Downings unterbrochen. Kannten die Israelis die Standorte der Raketen? Schavit vermutete, sie seien in den irakischen Wüstengebieten im Westen und im Osten stationiert. Das sei »reichlich viel Wüste, um die Raketen zu verstecken«, bemerkte Downing. Die anderen Amerikaner stimmten ihm zu.

»Je eher Sie also anfangen, um so besser«, sagte Schavit, der sich keine Mühe gab, seine Enttäuschung zu verbergen.

Downing versprach, der Angelegenheit energisch nachzugehen. Das Treffen endete mit der erneuten Mahnung, daß Israel sich aus dem kommenden Konflikt heraushalten müßte – daß aber alle vom Mossad und vom Aman eingeholten Informationen willkommen wären. In der Zwischenzeit könnten sie sich darauf verlassen, daß die USA und ihre Alliierten sich um die Raketen kümmern würden. Die Israelis flogen mit dem Gefühl nach Hause, bei der Sache nicht gut abgeschnitten zu haben.

Kurz nach 3 Uhr morgens am 18. Januar 1991 – wenige Stunden nach dem Beginn der Operation »Wüstensturm« gegen den Irak – schlugen in Tel Aviv und Haifa sieben Scud-Raketen ein; sie beschädigten Hunderte von Wohnungen und verletzten 47 Zivilisten. Am späten Morgen fragte Ministerpräsident Jitzhak Schamir über die Direktverbindung in Washington mit eisiger Stimme an, wie viele Israelis sterben müßten, bevor Präsident Bush etwas unternähme. Das kurze Gespräch endete mit Bushs Ersuchen um Zurückhaltung und der Warnung Schamirs, daß Israel sich nicht lange aus dem Kampf heraushalten würde.

Schamir hatte bereits angeordnet, daß israelische Jets im nördlichen Luftraum Richtung Irak Patrouille fliegen sollten.

Falls die Maschinen zurückbeordert würden, versprach Bush, würde er »in der kürzestmöglichen Zeit« zwei Batterien Patriot-Abwehrraketen schicken, »um Ihre Städte zu verteidigen«. Die Koalitionsstreitkräfte würden die restlichen Scud-Raketen »innerhalb von Tagen zerstören«.

Weitere Raketen schlugen in Israel ein. Am 22. Januar traf eine von ihnen den Tel Aviver Vorort Ramat Gan. Sechsundneunzig Zivilisten wurden verletzt, einige von ihnen schwer; drei Menschen starben an Herzinfarkten. Die Explosionsgeräusche waren bis zur Mossad-Zentrale zu hören. In der Kirja wählte Amnon Schahak auf einer Direktverbindung die Nummer der Nationalen Militärkommandozentrale im ersten Stock des Pentagon. Sein Anruf war noch kürzer als der von Schamir; seine Botschaft lautete: Unternehmt etwas, oder Israel wird etwas unternehmen.

Stunden später befanden sich Downing und Angehörige seines Kommandos auf dem Weg nach Saudi-Arabien. In dem kleinen Dorf Ar Ar an der Grenze zum Irak wurden sie von Schalom erwartet. Er trug britische Militärkleidung. Er erklärte nicht, woher er sie hatte, und wurde auch von niemandem gefragt. Die Informationen, die er vortrug, waren alarmierend. Er konnte bestätigen, daß sich in einer Entfernung von weniger als dreißig Flugminuten vier Abschußrampen für Scud-Raketen befänden.

»Los geht's!« sagte Downing. »Wir werden den Ärschen einheizen!«

Mit Chinook-Hubschraubern flog das Team in die irakische Wüste. Sie hatten einen Landrover dabei, der für den Einsatz in diesem Gelände, das am ehesten einer Mondlandschaft glich, umgebaut worden war. Innerhalb einer Stunde hatten sie die Abschußrampen ausfindig gemacht. Über ein abhörsicheres Funkgerät rief Downing US-Kampfbomber herbei, die mit Splitter- und 1000-Pfund-Bomben ausgerüstet waren. Ein in der Luft kreisender Black-Hawk-Hubschrauber zeichnete den Angriff auf Video auf.

Ein paar Stunden später wurde das Band Schamir in seinem Büro in Tel Aviv vorgeführt.

In einem weiteren Telefonat mit Bush räumte der Ministerpräsident ein, genug gesehen zu haben, um Israel aus dem Krieg herauszuhalten. Keiner der beiden erwähnte die Rolle, die der Mossad gespielt hatte.

In den restlichen Tagen des Golfkrieges töteten oder verwundeten die Scud-Raketen fast fünfhundert Menschen – darunter 128 Amerikaner, die Opfer einer in Saudi-Arabien eingeschlagenen Rakete wurden. Über viertausend Israelis wurden durch die Angriffe obdachlos.

Nach dem Golfkrieg sahen sich Mossad und Aman während der geheimen Sitzungen des Knesset-Unterausschusses für auswärtige Angelegenheiten und für die Kontrolle des militärischen Geheimdienstes heftigen Attacken ausgesetzt. Beiden wurde vorgeworfen, nicht in der Lage gewesen zu sein, die Besetzung Kuwaits vorherzusagen oder »ausreichende Hinweise« auf die irakische Bedrohung zu geben. Aus dem Sitzungsraum drang nach außen, daß sich Amnon Schahak, der Chef des Aman, und Schabtai Schavit wüste Auseinandersetzungen mit Ausschußmitgliedern geliefert hätten. Nach einem Zusammenprall war der Mossad-Chef kurz davor gewesen zurückzutreten. Aber noch war für den kampferprobten Schavit nicht alles verloren.

Die Mossad-Abteilung für psychologische Kriegsführung, LAP, die normalerweise Desinformationen verbreitete und Israels Feinde mit Hilfe ausländischer Journalisten schlechtmachte, richtete jetzt ihre Aufmerksamkeit auf die heimischen Medien. Ausgewählte Reporter wurden angerufen und davon in Kenntnis gesetzt, daß von mangelnden geheimdienstlichen Erkenntnissen keine Rede sein könne. Die israelische Öffentlichkeit habe übertriebene Erwartungen, weil sie bisher überreichlich mit Informationen versorgt worden sei.

Längst bekannte Wahrheiten wurden von der LAP ausgebreitet: Kein anderes Land sammle – im Verhältnis zu seiner Größe und Einwohnerzahl – so viele Informationen wie Israel; kein Dienst komme dem

Mossad gleich, wenn es darum gehe, die Stimmungslage und Absichten der Feinde des Landes zu erfassen oder die Pläne derjenigen zu durchkreuzen, die Israel seit fast fünfzig Jahren das Leben schwermachten. Es war ein spannender Stoff, der schnell seinen Platz in den Medien fand, die nur zu dankbar waren, »Interna« zu erhalten.

Eine Flut von Artikeln erschien, in denen die Leser daran erinnert wurden, daß der Mossad ungeachtet der Einschnitte bei den Verteidigungsausgaben kurz vor dem Golfkrieg nicht aufgehört hatte, im Libanon, in Jordanien, Syrien und im Irak tapfer weiterzukämpfen. Zwischen den Zeilen hieß das: Der Mossad war in seiner Effizienz beeinträchtigt gewesen, weil die Politiker den Verteidigungshaushalt gekürzt hatten. Es war ein vertrautes Thema, und es tat wie auch sonst seine Wirkung. Tief verunsichert, hatte sich die israelische Bevölkerung noch kaum vom Schrecken der Scud-Angriffe erholt. Daß mangelnde finanzielle Ausstattung der Geheimdienste an ihren Leiden Schuld war, lenkte die Kritik weg vom Mossad hin auf die Politiker. Plötzlich floß das Geld wieder reichlich. Israel, das so lange von amerikanischen Satellitendaten abhängig gewesen war, beschleunigte sein eigenes Programm für Spionagesatelliten. Als erstes sollte ein Militärsatellit zur speziellen Überwachung des Irak in die Umlaufbahn gebracht werden. Eine neue Abwehrrakte, die Hetz, ging in die Massenproduktion, außerdem wurden einige Patriot-Batterien in den USA bestellt.

Dem Geheimdienst-Ausschuß des Parlaments ging angesichts des Sperrfeuers mossadfreundlicher Zeitungsartikel die Luft aus. Schavit triumphierte. Er begann die Stellung des Mossad auszubauen. *Katsas*, die für Operationen tief im Feindesland geschult waren, wurden in den Irak geschickt, um herauszufinden, wie viele von Saddams chemischen und biologischen Waffen das Bombardement der Alliierten überstanden hatten.

Sie entdeckten, daß der Irak noch genügend Milzbranderreger, Pocken- und Ebolaviren und chemische Nervengase besaß, um nicht allein alle Männer, Frauen und Kinder in Israel töten zu können, sondern auch weite Teile der gesamten Erdbevölkerung.

Schabtai Schavit, die Chefs der anderen israelischen Geheimdienste und die Politiker des Landes standen vor der Frage, ob diese Informationen öffentlich bekannt gemacht werden sollten. In Israel würden sich Furcht und Panik ausbreiten, und auch sonst war mit weitreichenden negativen Auswirkungen zu rechnen. Die Tourismusbranche des Landes hatte seit dem Golfkrieg schwer gelitten; die Wirtschaft war kurz davor, auf Grund zu laufen, und neue ausländische Investitionen kamen nur langsam herein. Die Enthüllung, daß Israel immer noch in der Reichweite tödlicher Waffen lag, war nicht dazu angetan, Touristen oder Geld ins Land zu locken.

Hinzu kam, daß nach dem Ende der Golfkriegskoalition in den arabischen Ländern das Mitgefühl für das unbestreitbare Elend im Irak wuchs. Den arabischen Verbündeten war es niemals leichtgefallen, Krieg gegen einen arabischen Bruderstaat zu führen. Die gewaltigen Zerstörungen durch das Bombardement und das anhaltende Leid unschuldiger Zivilisten hatten überall im Nahen Osten starke Emotionen geschürt und die feindselige Haltung der Araber gegenüber Israel erneuert. Die Veröffentlichung der Informationen über die immer noch intakten chemischen und biologischen Waffen des Irak würde in den pro-arabischen westlichen Ländern als Versuch Tel Avivs angesehen werden, die USA und Großbritannien zu neuen Angriffen auf den Irak zu bewegen.

Die Entscheidung über eine mögliche Veröffentlichung wurde auch durch die Geheimgespräche zur Beendigung der Feindseligkeiten zwischen der PLO und Israel beeinflußt. 1992 waren diese Gespräche nach Norwegen verlegt worden, und sie verliefen gut, obwohl es noch ein volles Jahr dauern sollte, bis eine Vereinbarung erzielt und ratifiziert wurde. Im September 1993 schüttelten sich Jassir Arafat und Ministerpräsident Jitzhak Rabin auf dem Rasen des Weißen Hauses unter dem wohlwollenden Lächeln von Präsident Clinton die Hände. Für jeden der drei Männer war es ein diplomatischer Triumph.

Innerhalb des Mossad teilten allerdings nicht alle die Hoffnung, daß die Formel »Land für Frieden« – die schrittweise Autonomie von Westbank und Gazastreifen für die Palästinenser im Tausch für die Einstellung des Kampfes – von Erfolg gekrönt sein würde. Der islamische Fundamentalismus war auf dem Vormarsch, und Israels Nachbarn Jordanien, Ägypten und Syrien wurden von extremistischen

Kräften aus dem Iran heimgesucht. Für die Teheraner Mullahs blieb Israel der Paria unter den Staaten.

Für den Mossad ebenso wie für viele Israelis war die Vorstellung eines dauerhaften Friedens mit der PLO eine Illusion. Den Zionisten in Israel war kaum daran gelegen, sich an die Araber anzupassen, deren Religion und Kultur sie verachteten. Sie konnten nicht glauben, daß das Osloer Friedensabkommen die Zukunft ihres Landes garantieren würde und daß die beiden Völker künftig friedlich zusammenleben würden, wenn auch nicht immer glücklich, so doch mit gegenseitigem Respekt.

All das wurde von Schabtai Schavit sorgfältig erwogen, als er sich mit der Frage beschäftigte, ob die Informationen über das Waffenarsenal des Irak veröffentlicht werden sollten. Am Ende entschied er sich dafür, sie unter Verschluß zu halten, um nicht die Welle von Optimismus zu stören, die nach der Washingtoner Vereinbarung außerhalb Israels aufgekommen war. Wenn alles schiefliefe, könnte man sie immer noch publizieren. Das Bild eines brutalen Saddam, der einen Agenten mit einem Kanister mit Milzbranderregern in die New Yorker U-Bahn schickte oder einen Terroristen beauftragte, über die Klimaanlage einer Boeing 747 Ebolaviren auszustreuen, so daß alle Passagiere zu biologischen Zeitbomben würden, die den Virus weiterverbreiteten, bevor der Anschlag entdeckt werden könnte, gehörte zu den Szenarios, die den Mossad-Experten für psychologische Kriegsführung genau ins Konzept paßten. Wenn die Zeit gekommen war, würde man sie einsetzen, um die öffentliche Meinung gegen den Irak aufzubringen.

Zwei andere Vorfälle, deren wahre Umstände vom Mossad geheimgehalten wurden, konnten in den USA ebenfalls schwere Schäden und Verlegenheit verursachen.

An einem Abend im Dezember 1988 explodierte auf dem Weg von London nach New York die Maschine des Pan-Am-Flugs 103 über dem schottischen Lockerbie. Innerhalb weniger Stunden war das Personal der LAP damit beschäftigt, seine Kontaktleute bei den verschiedenen Medien telefonisch zu bedrängen. Sie sollten berichten, es gäbe einen »unwiderlegbaren Beweis«, daß Libyens Geheimdienst Dschamahirya die Schuld an dem Anschlag hätte. (Der Autor dieses Buchs hat ein paar Stunden nach der Katastrophe von einer LAP-Quelle einen solchen Anruf erhalten.) Umgehend wurden von westlichen Staaten Sanktionen gegen das Gaddhafi-Regime verhängt. Die USA und Großbritannien beschuldigten zwei Libyer und klagten sie der Zerstörung der Pan-Am-Maschine an. Gaddhafi weigerte sich, die beiden für ein Gerichtsverfahren auszuliefern.

Als nächstes beschuldigte die LAP Syrien und den Iran, in die Katastrophe verwickelt zu sein. Die Vorwürfe gegen das Regime in Damaskus bezogen sich allein auf die staatliche Förderung des Terrorismus. Gegen den Iran wurde eine bestimmtere Anschuldigung erhoben: Die Zerstörung des Flugzeugs sei ein Racheakt für den Abschuß einer iranischen Passagiermaschine durch den US-Kreuzer *Vincennes* über dem Persischen Golf gewesen, bei dem am 3. Juli 1988 290 Menschen ums Leben gekommen waren. Die USA hatten sich für den tragischen Irrtum entschuldigt.

Dann benannte die LAP die Volksfront für die Befreiung Palästinas als heimlichen Drahtzieher des Unglücks. Keinen der Journalisten, die diese Version ausführlich publizierten, machte es stutzig, weshalb Libyen, der zuerst beschuldigte Übeltäter, es nötig gehabt haben sollte, auf Hilfe von Syrien oder dem Iran zurückzugreifen, ganz zu schweigen auf die einer palästinensischen Gruppe.

Einer britischen Geheimdienstquelle zufolge war »die LAP nicht zu bremsen. Lockerbie war die perfekte Gelegenheit, die Welt daran zu erinnern, daß jenes Netzwerk des Terrors, das die LAP immer gern in den Medien lancierte, tatsächlich existierte. Im Falle von Lockerbie hatten sie übertrieben. Tatsächlich war es kontraproduktiv, so viele angebliche Täter zu nennen. Wir wußten, daß die Libyer verantwortlich waren.« Es gab jedoch Fakten, die darauf hinwiesen, daß die Explosion des Pan-Am-Flugs 103 nicht einfach als geklärt gelten konnte. Der Absturz des Flugzeugs fiel in die Zeit zwischen der Wahl George Bushs zum US-Präsidenten und seinem Amtsantritt. Sein Übergangsteam in Washington war gerade damit beschäftigt, sich mit der Situation im Nahen Osten vertraut zu machen, um Bush so zu instruieren, daß er beim Eintritt in das Oval Office »Boden unter den Füßen« hätte.

Von 1976 bis 1977 war Bush CIA-Direktor gewesen, zu einer Zeit, in der Außenminister Henry Kissinger die amerikanische Außenpolitik weitgehend auf eine pro-israelische Haltung festgelegt hatte. Nach außen hin behielt Bush zwar die euphorische Zuneigung Reagans zu Israel bei, doch hatte ihn die Zeit an der Spitze des CIA davon überzeugt, daß sein Vorgänger im Amt des Präsidenten »zu blauäugig gegenüber Israel« gewesen war. Während er darauf wartete, ins Weiße Haus einzuziehen, brauchte Bush nicht erst daran erinnert zu werden, daß die Vereinigten Staaten im Jahre 1986 gezwungen gewesen waren, ein Waffengeschäft mit Jordanien in Höhe von 1,9 Milliarden Dollar zu stoppen, weil die jüdische Lobby im Kongreß interveniert hatte. Bush hatte seinem Übergangsteam erklärt, daß er als Präsident keine Einmischung in das Recht »gottesfürchtiger Amerikaner« dulden werde, »Geschäfte mit wem und wo immer zu betreiben«. Diese Haltung sollte bei dem Anschlag auf die Pan-Am-Maschine über Lockerbie eine Rolle spielen.

In jener Dezembernacht befanden sich acht US-Geheimdienstleute an Bord des Unglücksflugzeugs, die nach Erledigung ihrer Aufträge im Nahen Osten zurück nach Hause wollten. Vier von ihnen waren CIA-Außenagenten, angeführt von Matthew Gannon. In dem Flugzeug saß auch Major Charles McKee von der US-Army mit seinem kleinen Spezialistenteam für die Befreiung von Geiseln. Sie hatten sich im Nahen Osten aufgehalten, um die Möglichkeiten für die Befreiung der westlichen Geiseln zu erkunden, die immer noch in Beirut festgehalten wurden. Obwohl die Untersuchung des Absturzes einem Team der schottischen Sicherheitsbehörden oblag, waren CIA-Agenten anwesend, als McKees verschlossener und merkwürdigerweise unversehrter Koffer aufgefunden wurde. Er wurde für eine kurze Zeit von einem Mann an sich genommen, der vermutlich ein CIA-Offizier war, obwohl er bis heute nicht eindeutig identifiziert worden ist. Später wurde der Koffer wieder dem schottischen Untersuchungsteam ausgehändigt, das seinen Inhalt mit »leer« verzeichnete.
Niemand fragte nach McKees Sachen oder weshalb er mit einem leeren Koffer unterwegs gewesen sein sollte. Aber zu diesem Zeitpunkt bestand noch kein Verdacht, daß der CIA-Offizier möglicherweise

Beweise aus dem Koffer entfernt haben könnte, die zur Klärung des Flugzeugabsturzes geführt hätten. Gannons Gepäck blieb für immer verschwunden – was zu der Vermutung Anlaß gab, daß sich die Bombe in seinem Koffer befunden hätte. Dafür, daß ein CIA-Offizier eine Bombe in seinem Koffer transportieren sollte, wurde niemals eine befriedigende Begründung geliefert.

Das Fernsehmagazin *Frontline* des Senders PBS behauptete später, die Ursache für die Katastrophe herausgefunden zu haben. Der Flug 103 hatte seine Reise in Frankfurt begonnen, wo Passagiere aus dem Nahen Osten zum Weiterflug in die USA zustiegen. Zu ihnen gehörten auch Gannon und sein CIA-Team, die mit einem Flug der Air Malta nach Frankfurt gekommen waren. Ihre Gepäckstücke hatten sich nicht von den Tausenden anderen unterschieden, die jeden Tag durch die Hände der Gepäcksortierer auf dem Frankfurter Flughafen gehen. Einer dieser Sortierer, so die Fernsehstory, habe für Terroristen gearbeitet. Irgendwo in einem der Gepäckladeplätze des Flughafens habe er einen Koffer versteckt, in dem sich die Bombe befand. Er sei angewiesen worden, einen ähnlichen Koffer aus dem Gepäck eines Anschlußfluges auszusuchen, ihn gegen den versteckten auszutauschen und diesen dann in den Laderaum des Pan-Am-Flugs 103 gelangen zu lassen. Es war eine plausible Theorie – aber nur eine von vielen, die zur Erklärung des Bombenanschlags vorgebracht wurden. Für ihre verständlicherweise angestrengten Bemühungen, nachzuweisen, daß das Unglück das Werk von Terroristen gewesen sei, für das sie nicht aufzukommen hätte, nahm die Versicherungsgesellschaft der Fluglinie die Dienste einer New Yorker Privatdetektivfirma mit dem Namen Interfor in Anspruch. Die Firma war 1979 von dem Israeli Juval Aviv gegründet worden, der im Jahr zuvor in die USA eingewandert war. Er behauptete, als Innendienstoffizier beim Mossad gearbeitet zu haben – was der Geheimdienst bestritt. Dennoch hatte Aviv die Versicherung davon überzeugt, daß er die richtigen Verbindungen habe, um die Wahrheit aufzudecken.

Als die Versicherung seinen Bericht erhielt, dürfte sie erstaunt gewesen sein. Aviv war zu dem Schluß gelangt, daß der Anschlag »von einer verbrecherischen CIA-Gruppe mit Sitz in Deutschland« geplant und ausgeführt worden sei, »die ein Drogengeschäft deckte, bei dem

Drogen aus dem Nahen Osten über Frankfurt in die USA transportiert wurden. Der CIA unternahm nichts, um diese Geschäfte zu unterbinden, da die Dealer dabei halfen, im Rahmen des Geschäftes Waffen gegen Geiseln Waffen in den Iran zu schaffen. Drogen zu schmuggeln war ganz einfach. Eine Person gibt für einen Flug ein Gepäckstück auf, und ein im Gepäckbereich arbeitender Komplize vertauscht es mit einem genauso aussehenden, in dem die Drogen sind. In jener unglückseligen Nacht hat ein syrischer Terrorist, der die Vorgehensweise beim Drogengeschäft kannte, einen Koffer mit einem anderen, der die Bombe enthielt, vertauscht. Seine Absicht war, die amerikanischen Geheimdienstleute zu töten. Die Syrer wußten, daß sie diesen Flug nehmen würden.«

In Avivs Bericht wurde behauptet, McKee sei dem »verbrecherischen CIA-Team« auf die Schliche gekommen. Es habe unter dem Decknamen COREA gearbeitet, und seine Mitglieder hätten zu einer weiteren jener mysteriösen Gestalten Kontakt gehabt, die am Rand der Geheimdienstwelt ihre Fäden ziehen. Monzer Al-Kassar hatte sich in Europa einen Ruf als Waffenhändler gemacht. In den Jahren 1985 und 1986 hatte er Oliver North mit Waffen für die Contras in Nicaragua versorgt. Er unterhielt auch Kontakte zur Abu-Nidal-Organisation, und seine familiären Verbindungen waren nicht weniger fragwürdig. Ali Issa Duba, der Chef des syrischen Geheimdienstes, war sein Schwager, und seine Frau war eine Verwandte des syrischen Staatspräsidenten. In Avivs Bericht fand sich die These, Al-Kassar hätte in COREA einen bereitwilligen Partner für den Drogenschmuggel gefunden, und diese Geschäfte seien vor der Explosion der Pan-Am-Maschine einige Monate lang gelaufen. Darüber hinaus behauptete der Bericht, McKee hätte die Geschichte entdeckt, als er seinen eigenen Kontakten in der Unterwelt des Nahen Ostens nachging, um einen Weg zur Rettung der Beiruter Geiseln zu finden. Aviv hielt in seinem Bericht fest, daß McKee geplant habe, den »Beweis für die Verbindung des verbrecherischen Geheimdienstteams zu Al-Kassar in den USA vorzulegen«.

1994 schrieb Joel Bainerman, der Herausgeber eines israelischen Informationsdienstes, dessen Analysen auch im *Wall Street Journal*, im *Christian Science Monitor* und in der britischen *Financial Times* abgedruckt worden sind: »Vierundzwanzig Stunden vor dem Flug hatte das deutsche Bundeskriminalamt vom Mossad den Hinweis erhalten, daß geplant sein könnte, eine Bombe an Bord von Flug 103 zu bringen. Das BKA gab den Tip an das von Frankfurt aus arbeitende COREA-CIA-Team weiter, das versicherte, es werde auf alles achten.«

Pan-Ams Anwalt Gregory Buhler wollte das FBI, den CIA, das Amt zur Drogenbekämpfung (DEA) sowie weitere US-Bundesbehörden vor Gericht laden, um aufzudecken, was sie von der Angelegenheit wußten, aber, so erklärte er später, »die Regierung schlug die Vorladungen mit der Begründung nieder, es seien Fragen der nationalen Sicherheit berührt«.

Weder die Reporter von *Frontline* noch Juval Aviv oder Joel Bainerman waren in der Lage gewesen, die beunruhigenden Fragen zufriedenstellend zu beantworten. Wenn es eine Vertuschung der COREA-Aktivitäten gab, wie weit reichte sie in den CIA hinein? Wer hatte sie autorisiert? Hatte diese Person – oder waren es mehrere? – die Entfernung belastenden Materials aus McKees Koffer angeordnet? Wieso hatte das BKA den Mossad-Hinweis an COREA weitergegeben? War das reiner Zufall? Waren die COREA-Aktivitäten für andere Leute im CIA zu gefährlich geworden? Und welche »Fragen der nationalen Sicherheit« hatten zur pauschalen Zurückweisung all der vom Pan-Am-Anwalt gewünschten Vorladungen geführt?

Über die Jahre hinweg sind diese Fragen in den geschlossenen Reihen verschiedener Geheimdienste aufgekommen – die Antworten sind streng unter Verschluß gehalten worden, genauso wie die Wahrheit über ein weiteres Geheimnis. Warum hatte der Mossad wenige Stunden nach dem Absturz der Pan-Am-Maschine einen in London stationierten *Katsa* hoch in den Norden nach Lockerbie beordert?

Bis heute hat der Dienst alles, was er über die Zerstörung des Flugzeugs weiß, für sich behalten. Quellen, die ungenannt bleiben möchten, weil sie sonst um ihr Leben fürchten, behaupten, der Mossad wolle eine Trumpfkarte in der Hand behalten, falls Washington ihn zwingen wolle, seine geheimdienstlichen Tätigkeiten in den USA einzustellen.

Schon bald gab es eine weitere Episode, die sich als genauso peinlich für die US-Geheimdienste herausstellen könnte. Sie betraf den Tod von Amiram Nir, des Mannes mit einer Vorliebe für James-Bond-Thriller, der David Kimche als israelischen Verbindungsmann bei Irangate abgelöst hatte.

Amiram Nir war bestens geeignet, um Ministerpräsident Schimon Peres' Antiterrorismus-Berater zu werden. Er war neugierig und großspurig, rücksichtslos und intrigant und ließ sich keinen Vorteil entgehen. Er besaß einen verwegenen Charme und kannte keine falsche Zurückhaltung. Nir hatte die Fähigkeit, Dinge ins Lächerliche zu ziehen, er neigte zu Gedankensprüngen und pflegte sich mit einer kühnen Mischung aus Wirklichkeit und Fiktion über alle Regeln hinwegzusetzen. Amiram Nir war Journalist gewesen.
Seine eher spärlichen Kenntnisse nachrichtendienstlicher Tätigkeit verdankte er seiner Arbeit zunächst als Reporter beim israelischen Fernsehen, später als Journalist für die größte Zeitung des Landes, *Jediot Ahronot*, die der Moses-Dynastie gehörte, in die er eingeheiratet hatte. Dieses Medienimperium stand für all das, was Robert Maxwell nie gewesen war: Es war der Inbegriff von Seriosität und finanziell gut abgesichert. Es behandelte seine Mitarbeiter nach dem alten Grundsatz, daß ein Tag harter Arbeit einen guten Lohn verdient. Durch seine Heirat war Nir nicht nur der Ehemann einer der reichsten Frauen Israels geworden, er hatte auch Zugang zu den oberen Rängen der israelischen Politikerhierarchie.
Daß Peres ihm 1984 den Posten seines Beraters für Terrorismusbekämpfung übertrug und ihn damit zu einem der wichtigsten Männer in Israels Geheimdiensten machte, löste dennoch einiges Erstaunen aus. Bis dahin glaubte man, der Posten erfordere ein gewisses Fingerspitzengefühl.
Nir war vierunddreißig Jahre alt, und seine einzige aktive Erfahrung mit nachrichtendienstlicher Arbeit war ein kurzer Lehrgang bei den Streitkräften gewesen. Selbst unter seinen Freunden war man sich einig, daß gutes Aussehen für diese Arbeit nicht genügen werde.
Mossad-Chef Nahum Admoni reagierte als erster auf Nirs Berufung: Er änderte die Zusammensetzung des Komitees der Leiter der Geheimdienste, um Nir von dessen Beratungen auszuschließen. Davon

nicht beunruhigt, verbrachte dieser die ersten Wochen in seinem neuen Amt damit, im Eiltempo alle Schriftstücke zu lesen, die er in die Finger bekam. Schnell begann er, seine besondere Aufmerksamkeit dem immer noch laufenden Waffen-gegen-Geiseln-Geschäft zuzuwenden. Da er hier eine Chance sah, seine Fähigkeiten zu beweisen, überredete er Peres, ihm die Funktion zu übertragen, aus der sich David Kimche gerade zurückgezogen hatte. Und so arbeitete Nir, den unermüdlichen Ari Ben-Menashe als Mentor an seiner Seite, auch mit Oliver North zusammen.

Bald kooperierten die beiden Männer eng miteinander. Ihre Machenschaften führten sie rund um den Erdball. Auf ihren Reisen heckten sie den Plan aus, das Geschäft Waffen gegen Geiseln mit dem Iran zu einem triumphalen Finale zu führen. Sie würden nach Teheran reisen, mit der iranischen Führung zusammentreffen und die Freilassung der Geiseln aushandeln.

Am 25. Mai 1986 flogen Nir und North von Tel Aviv nach Teheran. Sie hatten sich als Techniker der irischen Fluggesellschaft Aer Lingus verkleidet; das israelische Flugzeug war mit dem Kleeblatt, dem Markenzeichen der Aer Lingus, bemalt. An Bord befanden sich 97 Fernlenkraketen vom Typ TOW und eine Palette von Ersatzteilen für Hawk-Raketen. Nir reiste mit einem falschen US-amerikanischen Paß, den North zur Verfügung gestellt hatte.

North, der als bekennender Christ jederzeit die Frohbotschaft verbreiten wollte, hatte es irgendwie fertiggebracht, Präsident Reagan eine Bibel signieren zu lassen, die an Ali Akbar Rafsandschani, einen frommen Muslim, übergeben werden sollte. Als weitere Geschenke für ihre Gastgeber brachte North einen Schokoladenkuchen und ein Paar Colts mit. Das alles sollte an jene fernen Tage erinnern, als Kaufleute mit den Indianern auf Manhattan Handel getrieben hatten.

Der Mossad erfuhr erst von dieser Aktion, als das Flugzeug den iranischen Luftraum erreichte. Nahum Admoni »glühte vor Wut«, erzählte ein Beobachter.

Glücklicherweise wiesen die Iraner die ungebetenen Besucher nur aus und nutzten die Aktion, um eine massive Kampagne gegen die USA zu entfesseln. Präsident Reagan tobte. In Tel Aviv fluchte Admoni über Nir, den »Cowboy«. Dennoch gelang es Nir, sich weitere zehn

Monate im Regierungsdienst zu behaupten, bevor sich die Hecken-schüsse aus den Geheimdiensten, die seine Ablösung forderten, zu einem erbarmungslosen Trommelfeuer entwickelt hatten. In jenen Monaten wanderten die Fälle von Hindawi, Vanunu und Sowan über seinen Schreibtisch, doch alle seine Vorschläge wurden vom Mossad kalt lächelnd zurückgewiesen.

In Washington nicht länger willkommen, in Israel isoliert, trat Ami-ram Nir im März 1987 vom Posten als Berater des Regierungschefs in Fragen der Terrrorismusbekämpfung zurück. Zu dieser Zeit war sei-ne Ehe gefährdet und der Kreis seiner Freunde geschrumpft. Ari Ben-Menashe blieb eine der wenigen Verbindungen zu seiner Vergan-genheit. Zu Beginn des Jahres 1988 verließ Nir Israel, um in London zu leben.

Dort ließ er sich mit einer hübschen Kanadierin mit rabenschwarzen Haaren häuslich nieder, die er auf seinen Reisen kennengelernt hatte. Die fünfundzwanzigjährige Frau nannte sich Adriana Stanton und behauptete, in Toronto Sekretärin gewesen zu sein. Mehrere Mos-sad-Offiziere glaubten, sie sei eine der Liebesspioninnen des CIA. In London fungierte Nir als europäischer Repräsentant einer mexikani-schen Gesellschaft, die Avocados verkaufte, der Nucal de Mexico mit Sitz in Uruapan. Diese Gesellschaft kontrollierte ein Drittel des Avo-cado-Exportmarkts ihres Landes.

Aber nicht die Avocados führten Ari Ben-Menashe an einem regneri-schen Novemberabend des Jahres 1988 an Nirs Haustür. Er wollte genau wissen, was Nir über seine Rolle im Iran-Contra-Skandal zu enthüllen beabsichtigte, wenn er als wichtiger Zeuge im bevorstehen-den Prozeß gegen Oliver North aussagen würde. Nir ließ keinen Zweifel daran, daß seine Aussage nicht nur die Regierung Reagan, sondern auch Israel schwer belasten würde. Er wollte zeigen, wie leicht es gewesen war, die üblichen Verfahren und Vorkehrungen zu umgehen, um illegale Transaktionen durchzuführen, in die noch eine Reihe weiterer Länder, darunter Südafrika und Chile, verwickelt wa-ren. Er fügte hinzu, er plane, ein Buch zu schreiben, mit dem er sich als der größte Enthüller in der Geschichte des Staates Israel erweisen werde. Ari Ben-Menashe vereinbarte ein neues Treffen mit Nir, nach-dem dieser von einem weiteren Besuch bei der Nucal in Mexiko zurückgekehrt wäre. Als Adriana Stanton einmal den Raum verlassen hatte, warnte Ben-Menashe seinen Gastgeber: »Hüten Sie sich in der Zwischenzeit vor dieser Frau!« Ben-Menashe hat nicht enthüllt, was diese Warnung ausgelöst hatte. Er deutete lediglich in seiner geheimnistuerischen Art an: »Ich kannte sie von früher, und, was Nir nicht gewußt hat, Adriana Stanton war nicht ihr richtiger Name.«

Am 27. November 1988 flogen Nir und Stanton unter falschen Namen nach Madrid. Von dort wollten sie nach Mexico City weiterfliegen. Nir nannte sich »Patrick Weber«, das war jener Name, den er zuletzt bei dem glücklosen Abstecher nach Teheran geführt hatte. Stanton hieß in der Passagierliste der Iberia »Esther Arriya«. Warum sie ihre Tickets unter falschem Namen gekauft hatten, obwohl sie mit ihren wirklichen Pässen – einem israelischen und einem kanadischen – reisten, blieb ungeklärt. Ein weiteres Rätsel ist, wieso sie zunächst nach Madrid flogen, obwohl es von London aus mehrere Direktverbindungen nach Mexiko-Stadt gab. Wollte Nir vielleicht seine Freundin damit beeindrucken, daß er ihr zeigte, wie leicht es war, die meisten Leute an der Nase herumzuführen? Oder nagte nach Ari Ben-Menashes Besuch insgeheim bereits die Furcht an ihm, daß er zuviel erzählt haben könnte? Auf diese Fragen gibt es so wenig eine Antwort wie auf die Rätsel der sich anschließenden Ereignisse.
Sie kamen am 28. November in Mexiko-Stadt an. Am Flughafen erwartete sie ein Mann, über dessen Identität nichts bekannt wurde. Die drei Personen fuhren nach Uruapan, wo sie am Nachmittag eintrafen. Dort charterte Nir eine Cessna T 210 von der kleinen Fluggesellschaft Aerotaxis de Uruapan.
Wieder verhielt sich Nir äußerst widersprüchlich. Er mietete die Maschine auf den Namen »Patrick Weber«, benutzte eine Kreditkarte auf diesen Namen, um die Rechnung zu bezahlen, und machte mit einem Piloten aus, sie in zwei Tagen zu der Nucal-Fabrik zu fliegen. Im örtlichen Hotel hingegen, wo Nir und Stanton sich ein Zimmer teilten, unterschrieb er mit seinem echten Namen. Der Mann, der sie von Mexiko-Stadt hierher begleitet hatte, verschwand so spurlos, wie er aufgetaucht war.
Am 30. November erschien das Paar auf dem kleinen Flughafen von

Uruapan, diesmal in Begleitung eines anderen Mannes. In die Passagierliste wurde er als Pedro Espinosa Huntado eingetragen. Für wen er arbeitete, ist ebenfalls ungeklärt. Verwunderlich ist weiter, daß Nir und Stanton sich dieses Mal unter ihren richtigen Namen eintrugen. Wenn dem Piloten die Unstimmigkeit aufgefallen sein sollte, nahm er sie jedenfalls kommentarlos hin.

Bei gutem Flugwetter hob die Maschine ab. An Bord befanden sich der Pilot, sein Kopilot und die drei Passagiere. Nach einem Flug von etwa 170 Kilometern trat bei der Cessna ein Maschinenschaden auf. Minuten später stürzte das Flugzeug ab. Nir und der Pilot waren tot. Stanton erlitt schwere Verletzungen, Huntado und der Kopilot waren leichter verletzt. Zu dem Zeitpunkt, als der erste Helfer, Pedro Cruchet, die Unglücksstelle erreichte, war Huntado nicht mehr da – wieder eine jener Figuren, die auf Nimmerwiedersehen verschwanden. Warum gerade Cruchet als erster auf der Szene erschien, ist ebenfalls mysteriös. Er behauptete, für die Nucal zu arbeiten – aber die Fabrik lag ziemlich weit entfernt. Er konnte nicht erklären, wieso er sich in der Nähe der Absturzstelle befunden hatte. Als die Polizei seine Identität überprüfen wollte, gab er vor, er habe seinen Ausweis bei einem Stierkampf verloren. Es stellte sich heraus, daß Cruchet ein illegal in Mexiko lebender Argentinier war. Als das bekannt wurde, war er aber bereits untergetaucht. Er hatte an der Unglücksstelle Nirs Leiche geborgen und identifiziert und Stanton ins Krankenhaus begleitet. Er war bei ihr, als ein Lokaljournalist vorsprach, um weitere Einzelheiten zu erfahren.

Joel Bainerman schilderte die Umstände der Begegnung so: »Ein junges Mädchen deutete an, daß Cruchet da sei. Als es losging, um ihn zu holen, erschien eine andere Frau an der Tür und erklärte dem Journalisten, da sei kein Mann namens Cruchet, und sie hätte auch niemals von ihm gehört. Diese Frau beteuerte, daß Stanton ganz zufällig an Bord der Cessna gewesen sei und daß sie mit ›dem Israeli‹ nichts zu tun hätte. Außer der Mitteilung, daß sie eine argentinische Touristin auf Besuch in Mexiko sei, machte sie keine weiteren Angaben zu ihrer Person.«

Stanton vergrößerte das Rätsel noch. Dem israelischen Journalisten Ran Edelist zufolge äußerte sie gegenüber den Leuten, die den Absturz untersuchten, daß sie, verletzt und unter Schock stehend, ein paar Meter von sich entfernt Amiram Nir gesehen hätte. Er habe gewunken und sie beruhigt; alles sei in Ordnung und Hilfe schon unterwegs. In den folgenden Tagen sei ihr noch zweimal versichert worden, daß Nir am Leben sei.

Nirs Leichnam wurde zur Beerdigung nach Israel geflogen. Über tausend Trauergäste nahmen an ihr teil. In seiner Grabrede sprach Verteidigungsminister Jitzhak Rabin von »noch nicht enthüllten Aufträgen an geheimen Orten und von Geheimnissen, die Nir tief in seinem Herzen verschlossen« habe.

War Amiram Nir ermordet worden, damit diese Geheimnisse niemals enthüllt würden? War es überhaupt Nirs Leiche, die in dem Sarg lag? War er schon vor dem Absturz umgebracht worden? Und wenn ja, von wem? In Tel Aviv und Washington besteht weiterhin nicht die leiseste Bereitschaft, sich auf diese Fragen einzulassen.

Zwei Tage nach dem Unglück befand sich Ari Ben-Menashe auf einem Postamt im Zentrum von Chiles Hauptstadt Santiago. Er wurde von zwei Leibwächtern begleitet; ohne sie fühlte er sich nicht mehr sicher. Als sie das Postamt verließen, passierte dem umtriebigen Geschäftsmann plötzlich folgendes:

»Die Fensterscheibe, an der ich gerade vorbeiging, zersplitterte. Dann schlug etwas in die spezialangefertigte Metallaktentasche ein, die ich bei mir hatte. Wir warfen uns auf die Erde, als uns klar wurde, daß irgend jemand auf mich und meine Leibwächter schoß.«

Stanton war die nächste Person, die meinte, ihr Leben sei in Gefahr. Edelist will von seinen Geheimdienstkontakten erfahren haben, daß sie »zur Einsiedlerin geworden war und mit Hilfe plastischer Chirurgie ihr Aussehen verändert hatte«.

Beim Mossad verstärkte sich der Eindruck, daß der CIA Nir umgebracht hätte. In Ben-Menashes Augen »hat Israels Geheimdienst immer an eine gut durchgeführte CIA-Operation geglaubt. Nirs Tod stellte sicher, daß es beim Prozeß gegen Oliver North für Reagan und Bush keine unangenehmen Überraschungen geben würde.«

Diese These gewinnt eine gewisse Wahrscheinlichkeit durch die Aussage eines Fregattenkapitäns der US-Marine, der Nir nach Teheran begleitet hatte, als der spätere Obsthändler die Freilassung der Beiruter Geiseln erreichen wollte. Der Bericht des Fregattenkapitäns dreht sich um die Behauptung, daß sich Nir mit dem damaligen Vizepräsidenten George Bush am 29. Juli 1986 im Jerusalemer König-David-Hotel getroffen habe, um ihn über den Fortgang der Verkäufe von amerikanischen Waffen an den Iran via Israel zu unterrichten. Joel Bainerman ist der Ansicht, »daß Nir das ganze Gespräch heimlich aufgenommen hat. Und es versetzte ihn in die Lage, eine Verbindung Bushs zu dem Waffen-für-Geiseln-Geschäft beweisen zu können. Bei der Begegnung waren McKee und Gannon dabei, die bei dem Absturz der Pan-Am-Maschine über Lockerbie ums Leben kommen sollten.«

Bainerman spielt auf einen Besuch des Fregattenkapitäns in der CIA-Zentrale in Langley an, wo dieser Oliver North einige Monate vor dessen Prozeß getroffen hätte. Der Kapitän habe North gefragt, was mit Nir geschehen sei. North antwortete ihm, daß »Nir umgebracht wurde, weil er gedroht hatte, die Tonbänder von der Unterredung in Jerusalem zu veröffentlichen«.

Journalisten, die North in dieser Angelegenheit zu befragen versuchten, wurden brüsk abgewiesen. Bushs Helfer haben über all die Jahre ähnlich reagiert: Alles, was der ehemalige Präsident der Vereinigten Staaten zu Irangate zu sagen habe, sei längst bekannt.

Ende Juli 1991 wurde in die Wohnung von Nirs Witwe Judy eingebrochen, dabei wurden nur seine Tonbänder und Dokumente gestohlen. Die Polizei kam zu dem Ergebnis, daß es sich um »hochprofessionelle« Täter gehandelt haben mußte. Judy Nir meint sicher zu sein, daß das gestohlene Material »Informationen, durch die gewisse Leute angegriffen würden«, enthielt. Mehr wollte sie dazu nicht sagen. Die gestohlenen Sachen sind nie wieder aufgetaucht – die Frage nach dem Täter blieb unbeantwortet.

Schabtai Schavit stand noch vier Jahre an der Spitze des Mossad. Er hatte es sich zur Aufgabe gemacht, den Dienst aus den Schlagzeilen herauszuhalten. Leute, die an Legenden über die faszinierende Welt der Spione bastelten, waren lästig, wenn der Geheimdienst seinen Aufgaben nachging.

Ohne daß die Öffentlichkeit dies registrierte, hatte der alte Wettlauf um die Vorrangstellung innerhalb der israelischen Geheimdienste nichts von seiner Energie verloren. In dem parlamentarischen Ausschuß zur Kontrolle der Geheimdienste saßen immer noch einige der Politiker, die nach dem Golfkrieg von Schavit Prügel bezogen hatten – und sie hatten dies nicht vergessen. Das Gedächtnis ist in Israel genauso lang wie anderswo, und die Flüsterkampagne gegen Schavit hörte nicht auf: Sein Blickwinkel sei zu eng; die direkte Verbindung zum CIA sei fast erloschen; er könne schlecht delegieren; er hielte sich zu sehr von seiner Mannschaft fern, deren Moral weiter sänke.

Schabtai Schavit zog es vor, die Warnsignale zu ignorieren. Dann wurde er plötzlich an einem schönen Frühlingsmorgen des Jahres 1996 in das Büro von Ministerpräsident Benjamin Netanjahu bestellt, der ihn von seiner Ablösung in Kenntnis setzte. Schavit nahm sie widerspruchslos hin: Er kannte Netanjahu mittlerweile gut genug, um zu wissen, daß jegliches Argumentieren zwecklos war. Er stellte nur eine Frage: Wer war sein Nachfolger?

Netanjahu erwiderte: Danny Jatom. Für den Mossad war der Tag des Preußen gekommen.

Kapitel 17

KATASTROPHALE PANNEN

Am 16. Februar 1998 verließ ein Regierungsauto im Morgengrauen ein weißgestrichenes Haus in einem exklusiven Vorort nahe des Elektrozauns, der die Grenze zwischen Israel und Jordanien markiert. Durch einen jener eigenartigen Zufälle, von denen die Geschichte Israels voll ist, stand das Haus auf dem Gelände, wo einst die Spione Gideons, des großen israelitischen Kriegers, für Informationen gesorgt hatten, die es den Israeliten ermöglichten, die an Zahl weit überlegenen feindlichen Truppen zu besiegen. An diesem Tag nun machte sich Danny Jatom auf, um eine Operation anzuordnen, die vielleicht noch seine Karriere retten konnte.

In den sieben Monaten seit dem Debakel in den Straßen Ammans im Juli 1997, als ein *Kidon*-Team bei dem Versuch scheiterte, den Hamas-Führer Khalid Meshal zu ermorden, hatte Jatom, so erzählte er Freunden, »gelebt wie jemand, dessen Kopf auf dem Block liegt und der darauf wartet, daß die Axt zuschlägt«.

Der Scharfrichter, der noch nicht zugeschlagen hatte, war Ministerpräsident Benjamin Netanjahu. Ihr einst enges Verhältnis hatte sich so sehr verschlechtert, daß kein Tag verging, ohne daß bösartige Gerüchte aus dem Büro des Ministerpräsidenten drangen: Es sei nur eine Frage der Zeit, bis Jatom gefeuert würde. Andere Männer hätten ihren Abschied eingereicht. Nicht aber Jatom. Stolz und gebieterisch, war er darauf vorbereitet, auf seine Leistungen zu verweisen. Er hatte viele erfolgreiche Operationen angeordnet, von denen kein Außenstehender wußte. »Nur die Fehlschläge werden in aller Öffentlichkeit vor meiner Haustür abgeladen«, beklagte er sich gegenüber seinen Freunden.

Die Freunde und seine Familienangehörigen sahen, wie die Anspannung an ihm nagte: Er verbrachte schlaflose Nächte, hatte plötzliche

Wutausbrüche, die schnell wieder erlahmten, lief ruhelos auf und ab, verfiel in brütendes Schweigen – alles Anzeichen, daß er ein Mann war, der unter starkem Streß stand.

Seit zwei Jahren im Amt, sah er sich immer noch Pressionen ausgesetzt wie kein Mossad-Direktor vor ihm. Seine eigenen Mitarbeiter wurden von dieser Situation zunehmend demoralisiert; auf ihre Loyalität konnte er nicht mehr bauen. Die Medien umkreisten ihn, weil sie fühlten, daß er angeschlagen war, hielten sich aber noch zurück, weil sie darauf warteten, wann der eine Mann, dem Jatom einst vertraut hatte und nun nicht mehr vertraute, endlich die Axt schwingen würde. Doch bislang hatte es Benjamin Netanjahu bei eisiger Distanz belassen.

Aber an diesem kalten Februarmorgen wußte Jatom, daß seine Zeit endgültig ablief. Deshalb brauchte er unbedingt den Erfolg bei der Operation, die er in den letzten Wochen vorbereitet hatte. Sie sollte dem Ministerpräsidenten zeigen, daß der oberste seiner Spione immer noch sein Handwerk verstand. In Jatoms Miene war davon freilich nichts zu lesen; trotz all dem, was er hatte erdulden müssen, hielt er seine Empfindungen fest hinter Schloß und Riegel. Entspannt in den Rücksitz des Peugeot gelehnt, wirkte er einschüchternd genug in seiner Bomberjacke aus schwarzem Leder, dem offenen Hemdkragen und der grauen Hose. So kam er meistens ins Büro; für elegante Kleidung hatte er sich noch nie interessiert.

Zu seiner Stirnglatze, der Brille mit stahlgerahmten Gläsern und den schmalen Lippen paßte gut der Spitzname, den man ihm gegeben hatte – der Preuße. Er wußte, daß seine furchteinflößende Erscheinung seine Leute immer noch zum Gehorsam bringen konnte. Neben ihm auf dem Sitz lagen die Morgenzeitungen, die wenigstens an diesem Tag keine Spekulationen über seine Zukunft enthielten.

Der Peugeot fuhr schnell durch die Hügellandschaft auf Tel Aviv zu, die aufgehende Sonne spiegelte sich in dem blankpolierten Lack. Jeden Morgen und Abend verbrachte der Chauffeur damit, die Limousine gründlich zu wienern. Der Peugeot besaß kugelsichere Fensterscheiben, eine gepanzerte Karosserie und einen Boden, der gegen Minen geschützt war. Nur das offizielle Fahrzeug des Ministerpräsidenten bot einen vergleichbaren Schutz.

Benjamin Netanjahu hatte Jatom wenige Minuten nach Schabtai Schavits Abgang zum Mossad-Generaldirektor ernannt. In den ersten fünf Wochen seiner Amtszeit verbrachte er wenigstens einen Abend pro Woche beim Ministerpräsidenten. Bei Oliven und kühlem Bier verständigten sie sich über die Weltlage und erinnerten sich an die Zeiten, als Jatom in einer Kommandoeinheit der israelischen Streitkräfte »Bibi« Befehle erteilt hatte. Dann war Netanjahu als israelischer Botschafter zu den Vereinten Nationen gegangen; während des Golfkriegs hatte er sich als selbsternannter Experte für den internationalen Terrorismus hervorgetan. Bei Fernsehauffritten zog er sich eine Gasmaske vor das Gesicht, falls in der Nähe eine Scud-Rakete niedergehen würde. Jatom machte keinen Hehl aus seiner Freude darüber, daß er als Außenseiter den wichtigsten Geheimdienstposten des Landes erhalten hatte. Er war Soldat durch und durch und hatte Ministerpräsident Jitzak Rabin als Militärattaché gedient.

Jatom und Netanjahu schienen unzertrennlich, bis zwei unerfreuliche Ereignisse einen unüberbrückbaren Abgrund zwischen ihnen aufrissen. Da war die verpfuschte Operation in Amman, die Netanjahu angeordnet hatte. Als aber der Angriff fehlschlug und der Mossad in das Licht der Öffentlichkeit gezerrt wurde, gab der Ministerpräsident Jatom die Schuld für das Debakel. Dieser steckte die Kritik ohne Widerworte ein; privat meinte er zu Freunden: »Netanjahu hat den Mut, anderen die Schuld zuzuschieben.«

Ein zweites und in vieler Hinsicht schwerwiegenderes Debakel kam ans Tageslicht. Im Oktober 1997 wurde entdeckt, daß ein hochrangiger Mossad-Offizier, Jehuda Gil, zwanzig Jahre lang »streng geheime Berichte« eines nicht-existenten Agenten erfunden hatte, der angeblich in Damaskus saß. Gil hatte beträchtliche Summen aus dem Schmiergeldfonds des Mossad entnommen, angeblich um den Mann zu bezahlen; in Wirklichkeit hatte er sich das Geld in die eigene Tasche gesteckt. Die Fälschung war erst aufgeflogen, als ein Mossad-Auswerter beim Studium der neuesten Berichte des angeblichen Agenten über einen bevorstehenden syrischen Angriff mißtrauisch wurde. Jatom hatte Gil zur Rede gestellt, und dieser hatte ein volles Geständnis abgelegt.

Netanjahu hatte getobt. Bei einer stürmischen Sitzung im Büro des

Ministerpräsidenten wurde Jatoms Fähigkeit, den Mossad zu führen, unverblümt in Frage gestellt. Netanjahu wischte das Argument beiseite, daß Gils Betrügereien schon lange vor Jatoms Amtszeit begonnen hatten. Vier Mossad-Chefs waren gekommen und gegangen, ohne daß Gils Machenschaften entdeckt worden waren. Aber Jatom hätte davon wissen müssen, hatte Netanjahu gebrüllt. Wieder gab er den Schwarzen Peter an den Mossad-Chef weiter. Die Mitarbeiter im Büro des Ministerpräsidenten konnten sich nicht erinnern, jemals eine solche Standpauke gehört zu haben. Der Zwischenfall war zu den Medien durchgesickert, was Jatom weitere Unannehmlichkeiten brachte.

Wie anders war es damals gewesen, als er ins Amt gekommen war und sein Name durch die Weltpresse ging. Die Reporter hatten ihn eine gute Wahl genannt und gemeint, er könnte in die Fußstapfen der großen Geheimdienstführer der Vergangenheit treten, eines Meir Amit, eines Jitzhak Hofi, eines Nahum Admoni, und das Feuer wieder entfachen, das in der Amtszeit Schabtai Schavits ziemlich verloschen war.

Der Nachweis, daß sie recht haben könnten, ließ nicht lange auf sich warten. Trotz der Vereinbarung von Oslo, die den Palästinensern ein Heimatland – den Gazastreifen und das Westjordanland – gewährte, hatte Jatom die Anzahl der arabischen Spione zur Überwachung Arafats vermehrt. Er hatte den Computerexperten seines Dienstes befohlen, neue Programme zu entwickeln, um in die Computer der PLO einzudringen, und Computerviren zu kreieren, die zum Zusammenbruch ihrer Kommunikationssysteme führen könnten, falls es darauf ankäme. Er hatte die Forschungs- und Entwicklungsabteilung angewiesen, die Waffen für einen Informationskrieg zu liefern, die es möglich machen würden, verleumderische Propaganda in die Rundfunksysteme des Feindes einzuschleusen. Er wollte, daß der Mossad ein Teil jener schönen neuen Welt der Zukunft würde, in der per Druck auf die eigene Computertastatur die Mobilisierung der militärischen Kräfte des Gegners abgebrochen werden könnte.

Jatom hatte den Mossad auch dort wieder eingesetzt, wo er in der Vergangenheit schon erfolgreich gewesen war: in Afrika. Im Mai 1997 hatte der Dienst wichtige Aufklärungsdaten geliefert, die den aufständischen Truppen den Sturz Präsident Mobutus von Zaire erleichterten, der über viele Jahre lang das mittlere Afrika beherrscht hatte. Der Mossad baute auch seine Verbindungen zu Nelson Mandelas Sicherheitsdienst aus, indem er dabei half, weiße Extremisten aufzuspüren, auch solche, mit denen die Israelis früher zusammengearbeitet hatten. Außerdem hatte Jatom das Budget und die Mannschaftsstärke der Sondereinheit *Al* erhöht, die für den Diebstahl neuester amerikanischer Forschungsergebnisse zuständig war.

Der einundfünfzigjährige Jatom war kaum zu bremsen; er wirkte unermüdlich und entschlossen und hatte die Chuzpe eines Straßenkämpfers. Typisch war seine Reaktion, als das FBI im Januar 1997 von der Existenz Megas erfuhr, jenes hochgestellten Langzeitagenten in der Regierung Clinton. Dem Komitee der Leiter der Geheimdienste, zu dessen Aufgaben es gehörte, eine Rückzugsstellung für den Fall des Scheiterns einer Operation aufzubauen, hatte er erklärt, man müsse lediglich die mächtige jüdische Lobby in den Vereinigten Staaten mobilisieren. Sie müßten gegen das Ansinnen arabischer Organisationen auftreten, daß die Jagd nach Mega vom FBI so intensiv zu betreiben sei wie die Verfolgung von Spionen aus anderen Ländern. Jüdische Gäste bei den Dinnerparties im Weißen Haus – Hollywood-Stars, Rechtsanwälte, Verleger – ließen keine Gelegenheit aus, den Präsidenten an die Gefahren einer unüberlegten Menschenjagd zu erinnern, zumal wenn am Ende ein Mitglied seines eigenen Mitarbeiterstabs verhaftet werden sollte. Angesichts der Tatsache, daß Clinton schon mit einem Skandal zu kämpfen hatte, könnte dies sein politisches Aus bedeuten. Sechs Monate später, am 4. Juli 1997, dem amerikanischen Unabhängigkeitstag, erfuhr Jatom, daß das FBI die Jagd nach Mega in aller Stille heruntergestuft hatte.

Zwei Monate später dann war es zu dem Desaster in den Straßen von Amman gekommen, und kurz darauf war der Betrug um den nicht existierenden Agenten aufgeflogen. Jatom begann nach einer Operation Ausschau zu halten, mit der sich seine Autorität wiederherstellen ließe. Jetzt, an diesem Februarmorgen des Jahres 1998, legte er letzte Hand an die Vorbereitungen.

Die Planung hatte einen Monat zuvor begonnen, als ein arabischer Informant im Südlibanon seinen Mossad-Führungsoffizier getroffen und ihm berichtet hatte, Abdullah Zein hätte Beirut einen kurzen Besuch abgestattet, um mit den Hisbollah-Führern in der Stadt zusammenzutreffen. Anschließend sei Zein nach Süden gefahren, um seine Eltern in der Kleinstadt Ruman zu besuchen. Das Wiedersehen mußte gefeiert werden, da Zein ein ganzes Jahr lang nicht zu Hause gewesen war. Er hatte seinen Verwandten Fotos seiner jungen italienischen Frau und von ihrer gemeinsamen Wohnung gezeigt.

Der Führungsoffizier hatte sich gezwungen, den Informanten nicht zu drängen; es war nun einmal arabische Art, die Informationen in allen kleinen Einzelheiten vorzutragen: Wie Zein schließlich das Haus seiner Eltern verlassen hätte, mit arabischen Delikatessen und Geschenken für seine Frau beladen; wie ihn die Hisbollah bis zum Beiruter Flughafen eskortiert hätte, wo er den Rückflug in die Schweiz antrat.

War das Zeins eigentliches Flugziel? Auf diese letzte Frage des Mossad-Offiziers hatte der Informant geantwortet, ja, nach Bern, in die Schweiz. Und dort also lebte Zein? Der Informant glaubte es, wußte es aber nicht mit Sicherheit.

Immerhin war dies die erste sichere Nachricht über Zein, seit dieser den Libanon verlassen hatte, um für die Hisbollah unter reichen Schiiten in Europa Spendengelder aufzutreiben. Zusammen mit den Geldern aus dem Iran, die über die iranische Botschaft in Bonn geschleust wurden, dienten sie dazu, den Zermürbungskrieg der Hisbollah gegen Israel zu finanzieren. Im vergangenen Jahr hatte es Meldungen gegeben, daß Zein von Paris, von Madrid und von Berlin aus operierte. Doch jedes Mal, wenn Jatom einen Agenten zur Nachprüfung hingeschickt hatte, wurde keine Spur des schlanken Zweiunddreißigjährigen mit einer Vorliebe für schicke italienische Anzüge und Maßschuhe gefunden.

Von Brüssel, wohin der Mossad vor kurzem sein europäisches Agenten-Einsatzzentrum verlegt hatte, das vorher in Paris gewesen war, hatte Jatom einen Agenten nach Bern beordert. Der *Katsa* verbrachte dort zwei fruchtlose Tage mit der Suche nach Zein. Er entschloß sich, die Suche auszuweiten und fuhr Richtung Süden nach Liebefeld, einem hübschen kleinen Ort bei Zürich. Das letzte Mal war der *Katsa* vor fünf Jahren durch die Straßen dieses Orts gefahren. Damals war er auf dem Weg, die Schweiz zu verlassen, nachdem er zusammen mit anderen Agenten in einer Firma für Biotechnik in der Nähe Zürichs Metallbehälter zerstört hatte, die der Aufzucht von Bakterien dienten und vom Iran bestellt worden waren. Das Mossad-Team hatte die Behälter mit Sprengsätzen vernichtet. Die Firma hatte daraufhin alle Verträge mit dem Iran gekündigt.

In Liebefeld zeigte sich wieder einmal, daß die gute nachrichtendienstliche Arbeit eines *Katsas* nicht zuletzt von geduldiger Nachforschung zu Fuß abhängt. Der Mann schlenderte durch die Straßen und hielt nach allen Personen Ausschau, die so aussahen, als könnten sie aus dem Nahen Osten stammen. Er hatte im Telefonbuch nachgeschlagen, ob sich darin die Adresse Zeins finde. Er hatte Maklerfirmen angerufen, ob sie ihm ein Haus verkauft oder vermietet hätten. Bei den örtlichen Hospitälern und Kliniken fragte er nach, ob der Libanese eingeliefert worden wäre. Bei all diesen telefonischen Recherchen hatte sich der Agent als Verwandter ausgegeben. Am Ende des Tages gab es keine neuen Erkenntnisse; der *Katsa* entschloß sich, noch eine Runde durch die Stadt zu drehen, dieses Mal mit dem Auto. Er war einige Zeit durch die Straßen gefahren, als ihm ein Mann mit dunkler Hautfarbe, der gegen die Kälte dick angezogen war, am Steuer eines Volvo auffiel, der in entgegengesetzter Richtung fuhr. Er hatte ihn zwar nur kurz erblickt, aber der *Katsa* war sicher, daß es sich um Zein handelte. Bis der Mossad-Agent an eine Kreuzung kam, wo er sein Auto wenden konnte, war der Volvo verschwunden. Am nächsten Abend war der *Katsa* wieder an der gleichen Stelle. Er parkte so, daß er dem Volvo folgen könnte, wenn dieser denselben Weg führe wie am Vortag. Der Volvo kam tatsächlich, und der *Katsa* machte sich an die Verfolgung. Etwa zwei Kilometer später parkte das Auto vor einem Apartmentblock. Der Fahrer stieg aus und betrat das Gebäude in der Wabersackerstraße 27. Der *Katsa* hatte keinen Zweifel, daß es sich um Abdullah Zein handelte.

Er folgte Zein in den Wohnblock. Hinter der verglasten Außentür war ein kleiner Eingangsbereich mit den Briefkästen. Auf dem Briefkasten für eine Wohnung im zweiten Stock fand sich der Name Zein.

Eine Seitentür neben dem Eingangsbereich führte zu den Betriebsanlagen im Keller. An einer Wand fand sich der Verteilerkasten für die Telefone im Haus. Als er das alles in Augenschein genommen hatte, stieg der *Katsa* wieder in seinen Leihwagen.

Am nächsten Tag mietete er ein sicheres Haus, etwa einen Kilometer von der Wabersackerstraße entfernt. Dem Vermieter erklärte er, er warte auf Freunde, mit denen zusammen er eine Skitour unternehmen wollte.

Danny Jatom hatte die Planung weiter vorangetrieben. Ein Fernmeldetechniker wurde nach Liebefeld geschickt, der den Verteilerkasten untersuchte. Der Techniker kam mit Fotos nach Tel Aviv zurück, die das Innere des Kastens zeigten. In der Forschungs- und Entwicklungsabteilung sah man sich die Fotos genau an, um die Abhörgeräte anzupassen. Eine Wanze konnte alle ein- und ausgehenden Anrufe in Zeins Wohnung abhören. Sie war mit einem extrem kleinen Aufzeichnungsgerät verbunden, das eine Kapazität von vielen Stunden hatte. Mit Hilfe einer eingebauten Vorrichtung ließ es sich auf ein elektronisches Signal hin von dem sicheren Haus aus abspielen. Dort würden die Gespräche abgeschrieben und über eine gesicherte Faxleitung nach Tel Aviv gesandt werden.

In der ersten Woche des Februar 1998 waren alle technischen Pläne fertig. Jatom ging zu der entscheidenden Frage der Operation über: das Team zu bestimmen, das den Einsatz durchführen sollte. Die Operation hatte zwei Stufen: Zunächst mußten ausreichende Beweise gesammelt werden, um nachzuweisen, daß Zein immer noch eine Schlüsselrolle in den Aktivitäten der Hisbollah spielte. Anschließend galt es, ihn zu töten.

Mitte Februar waren alle Vorbereitungen abgeschlossen.

Kurz vor halb sieben an jenem Montag, dem 16. Februar, erreichte der Peugeot den Parkplatz im Keller des Mossad-Hauptquartiers in Tel Aviv. Jatom fuhr mit dem Fahrstuhl in den Konferenzraum im dritten Stock. Dort warteten zwei Männer und zwei Frauen. Um den Tisch saßen die vier Agenten bereits nach Paaren geordnet, entsprechend der Rolle, die sie in der Schweiz spielen sollten. Sie waren alle knapp unter dreißig, sonnengebräunt und körperlich ausgesprochen fit. In den letzten Tagen waren sie in den verschneiten Bergen im Norden Israels unterwegs gewesen, um ihre Skitechnik aufzufrischen.

Am Abend zuvor waren sie in allen Einzelheiten mit dem Plan vertraut gemacht worden und hatten ihre Deckidentitäten ausgewählt. Die Männer sollten sich als erfolgreiche Börsenmakler ausgeben, die mit ihren Freundinnen etwas Erholung vom Parketthandel suchten, aber die Arbeit nicht ganz hinter sich lassen konnten. Das würde den Laptop erklären, den einer von ihnen dabei hatte. Der Laptop war ausgerüstet, um die Verbindung zwischen dem Aufzeichnungsgerät im Keller des Wohnhauses und dem sicheren Haus herzustellen. Das eine Paar sollte das Gerät rund um die Uhr überwachen. Das andere Paar gehörte zur *Kidon*-Einheit; es sollte den besten Weg herausfinden, um Zein zu beseitigen. Sie würden unbewaffnet in die Schweiz fliegen; die Pistolen sollten ihnen aus dem Brüsseler Büro geliefert werden.

Auf dem Konferenztisch lagen die Abhörvorrichtung und das Aufzeichnungsgerät. Jatom untersuchte die Geräte und bemerkte, sie seien ausgetüftelter als alle, die er je zuvor gesehen hätte. Die letzte Besprechung war kurz. Er fragte seine Agenten, welche Deckidentitäten sie sich für ihren Einsatz aus dem angebotenen Reservoir, das der Mossad besaß, ausgewählt hätten. Die Männer hatten sich für »Solly Goldberg« und »Matti Finkelstein«, die Frauen für »Leah Cohen« und »Rachel Jacobson« entschieden. Da sie direkt von Tel Aviv mit einer El-Al-Maschine in die Schweiz flogen, benutzten sie israelische Pässe. Sie hatten die Möglichkeit, in der Schweiz, wo falsche Pässe auf sie warteten, ihre Identitäten zu wechseln.

Alle vier, so verriet später eine israelische Geheimdienstquelle, hatten »sich ihre Streifen verdient«. Die Wahrheit war aber auch, daß nach dem Jordanien-Debakel die Auswahl unter den für eine solche Aufgabe zur Verfügung stehenden Agenten nicht besonders groß war. Die Einsatzleute in Amman waren die besten gewesen, die der Mossad ins Feld schicken konnte; sie hatten sich problemlos als Kanadier ausgeben können, da sie alle schon auf der internationalen Bühne gearbeitet hatten. Das Quartett, das nun für den Einsatz in der Schweiz vorgesehen war, hatte bisher nur in Kairo gearbeitet – heutzutage kein besonders problematisches Pflaster mehr für den Mossad. Keiner der Agenten war jemals verdeckt in der Schweiz tätig gewesen.

Das war vielleicht der Grund, weshalb Jatom – der *Sunday Times* zufolge – die Einsatzbesprechung mit der Warnung abschloß, daß die Schweizer der deutschsprachigen Kantone, also auch in Liebefeld, »die Neigung haben, die Polizei zu rufen, wenn ihnen irgend etwas nicht in Ordnung zu sein scheint«.

Jatom hatte seinen Leuten die Hände geschüttelt und ihnen Glück gewünscht, die Standardverabschiedung für ein Team, das zu einem Einsatz aufbrach. Die vier hatten ihre Flugscheine genommen und die nächste Nacht in einem sicheren Haus des Mossad in Tel Aviv verbracht.

Am Dienstag, am 17. Februar, bestiegen sie am Morgen den El-Al-Flug 347 nach Zürich. Sie kamen pünktlich, wie die Fluglinie das verlangt, zwei Stunden vor Abflug auf dem Ben Gurion-Flughafen an. Sie stellten sich in die Warteschlange, die sich überwiegend aus Israelis und Schweizern zusammensetzte, die nacheinander die Sicherheitskontrollen passierten. Um neun Uhr morgens saßen die beiden Pärchen in ihren Sitzen in der Business Class, nippten an einem Champagner und unterhielten sich über den bevorstehenden Urlaub. Ihre Skier flogen im Laderaum mit.

Am Zürcher Flughafen Kloten erwartete sie der *Katsa* des Brüsseler Büros mit einem Kleinbus. Er hatte die Rolle ihres Führers übernommen und gab sich als »Ephraim Rubenstein« aus.

Am späten Nachmittag waren sie in das sichere Haus in Liebefeld eingezogen. Die zwei Frauen machten das Abendessen, danach setzten sie sich alle zusammen vor den Fernseher. Am frühen Abend wurden ihnen von *Sajanim* zwei Mietwagen aus Zürich gebracht. Die *Sajanim*, deren Aufgabe erfüllt war, fuhren mit dem Kleinbus weg. Gegen ein Uhr morgens am Sonnabend, dem 21. Februar, verließen die Agenten das sichere Haus. Jedes Paar nahm einen der Wagen. Im ersten Wagen saß auch Rubenstein, der ihnen den Weg in die Wabersackerstraße zeigte. Als sie dort angekommen waren, suchten sie sich Parkplätze fast direkt gegenüber dem Wohnblock. In Zeins Wohnung brannte kein Licht. Die Personen, die sich als Solly Goldberg, Rachel Jacobson und Ephraim Rubenstein ausgaben, gingen schnell auf die verglaste Eingangstür des Gebäudes zu. Rubenstein trug eine Plastikrolle, Goldberg den Laptop, Jacobson eine Tragetasche mit der Abhörvorrichtung. In der Zwischenzeit hatten Leah Cohen und Matti Finkelstein schon begonnen, sich in ihre Rolle als Liebespärchen einzuleben, während sie Schmiere standen.

Dem Gebäude gegenüber befand sich die Wohnung einer älteren Frau, die an Schlaflosigkeit litt. Die Schweizer Polizei sollte später darauf bestehen, sie nur als »Madam X« zu bezeichnen. Wieder einmal konnte sie keine Ruhe finden. In dem Haus vor ihrem Fenster tat sich Merkwürdiges. Ein Mann – Rubenstein – klebte Plastikbahnen über die Glastür, damit keiner ins Innere des Gebäudes schauen konnte. Hinter den Bahnen konnte sie verschwommen zwei Personen wahrnehmen. In einem geparkten Auto in der Straße saßen zwei weitere dunkle Gestalten. Danny Jatom hatte sie nicht ohne Grund gewarnt: Was Madam X hier sah, war sicherlich nicht in Ordnung. Sie rief die Polizei.

Kurz nach zwei Uhr morgens war der BMW-Einsatzwagen da. Die Polizisten erwischten Cohen und Finkelstein mitten in einer Umarmung. Ihnen wurde befohlen, im Auto zu bleiben. Mittlerweile war Verstärkung eingetroffen, die das Trio im Eingangsbereich fragte, was sie da täten. Goldberg und Jacobson erklärten, sie hätten das Haus mit einem anderen verwechselt, wo Freunde von ihnen wohnten; Rubenstein beteuerte, er sei dabei, die Plastikbahnen zu entfernen, nicht sie anzubringen.

Dann nahm die Angelegenheit possenhafte Züge an. Goldberg und Jacobson baten um die Erlaubnis, zu ihrem Auto zu gehen, um die Adresse ihrer Freunde herauszusuchen. Kein Polizist begleitete sie. In diesem Augenblick ließ sich Rubenstein zu Boden fallen und täuschte einen Herzanfall vor. Alle Polizisten kümmerten sich um ihn, um zu helfen oder medizinische Unterstützung zu holen. Keiner unternahm etwas, als sich die beiden Autos in schneller Fahrt aus der Wabersackerstraße davonmachten. Alle vier Agenten passierten in den frühen Morgenstunden die Grenze nach Frankreich. Unterdessen hatte man Rubenstein ins Krankenhaus gebracht. Die Ärzte erklärten, von einem Herzanfall könne keine Rede sein. Der Agent wurde in Untersuchungshaft genommen.

Um 4.30 Uhr Tel Aviver Ortszeit wurde Jatom zu Hause von dem wachhabenden Offizier des Mossad-Hauptquartiers geweckt und über den Verlauf der Aktion in Kenntnis gesetzt. Der Mossad-Chef wartete nicht erst auf seinen Chauffeur, sondern fuhr selbst in sein Büro.

Nach dem Fiasko in Amman war ein Plan ausgearbeitet worden, wie man in Zukunft mit derartigen Debakeln umgehen wollte. Der erste Schritt, den Jatom jetzt unternehmen mußte, war, den höchsten diensthabenden Beamten des Außenministeriums anzurufen. Dieser Beamte rief den Stabschef im Büro des Ministerpräsidenten an, der seinerseits Benjamin Netanjahu informierte. Der führte ein Telefongespräch mit Efraim Halevy, Israels Botschafter bei der Europäischen Gemeinschaft in Brüssel. Der in England geborene Diplomat hatte dreißig Jahre lang als hoher Offizier dem Mossad gedient. Seine Aufgabe war es gewesen, das gute Verhältnis zu den Geheimdiensten ausländischer Staaten, die diplomatische Beziehungen zu Israel besaßen, zu erhalten. Halevy hatte auch eine wichtige Rolle gespielt, als es darum ging, die Beziehungen zu Jordanien nach dem mißglückten Unternehmen in Amman zu kitten.

»Bringen Sie das in Ordnung, und ich bin Ihr Freund fürs ganze Leben«, soll Netanjahu zu Halevy bei diesem Telefonat gesagt haben. Der Botschafter zog seinen Filofax, den er immer mit sich führte, zu Rate, bevor er entschied, wen er zuerst anrufen sollte. Die Wahl fiel auf Jacob Kellerberger, einen hohen Beamten im Schweizer Außenministerium. Halevy tat sein Bestes: Es habe einen »bedauerlichen Vorfall« gegeben, an dem der Mossad beteiligt gewesen sei. »Wie bedauerlich?« hatte Kellerberger gefragt. »Höchst bedauerlich«, war Halevys Antwort gewesen. Der Ton war gefunden, eine Verständigung lag in der Luft. Das glaubte Halevy jedenfalls, bis Kellerberger die Bundesstaatsanwältin Carla del Ponte einschaltete.

Mit vorstehender Oberlippe und einer Stahlrandbrille ähnlich der Jatoms war del Ponte innerhalb des Schweizer Rechtssystems eine ebenso furchteinflößende Persönlichkeit, wie sie Jatom früher einmal in der Welt der israelischen Geheimdienste gewesen war. Schon ihre erste Frage zeigte, woher der Wind nun wehte: Warum hatte die Polizei von Liebefeld nicht alle Mossad-Agenten verhaftet? Kellerberger wußte es nicht. Ihre nächsten Fragen stellten Zusammenhänge her, die den Diplomaten nur zu vertraut waren: Könnte die Mossad-Aktion in Verbindung mit Teheran stehen? Seit dem Golfkrieg hatte Israel wiederholt behauptet, daß mehrere Schweizer Firmen den Iranern die Technologie lieferten, um Raketen herzustellen. Könnte die Operation vielleicht in irgendeiner Weise mit Israels anderem vordringlichen Interesse zusammenhängen, dem Skandal um das »jüdische Raubgold«? Jahrzehntelang hatten Schweizer Banken die Existenz riesiger Geldsummen verheimlicht, die deutsche Juden, die dem Holocaust zum Opfer gefallen waren, vor dem Zweiten Weltkrieg auf ihren Konten deponiert hatten.

Während des Wochenendes vom 21. zum 22. Februar fragte del Ponte immer weiter, während Halevy versuchte, die Angelegenheit im stillen zu bereinigen.

Er hatte nicht mit den Kräften gerechnet, die sich in Israel über Danny Jatom hermachten. Als die Nachricht von dem Ereignis im Mossad durchsickerte, sank die Moral auf einen neuen Tiefpunkt. Für das, was in Liebefeld geschehen war, konnte Jatom Benjamin Netanjahu nicht die Schuld geben, denn der hatte von dieser Aktion nichts gewußt. Aus dem Büro des Ministerpräsidenten gelangten Gerüchte an die israelischen Medien, daß Jatoms Schicksal nun endgültig besiegelt sei. Drei Tage lang bat und beschwor Halevy Kellerberger, den Vorfall nicht publik werden zu lassen. Doch Carla del Ponte wollte davon nichts hören. Am Mittwoch, dem 25. Februar, berief sie eine Pressekonferenz ein, auf der sie den Mossad beschuldigte: »Was geschehen ist, ist unter befreundeten Nationen inakzeptabel und beunruhigend.«

Einige Stunden später trat Danny Jatom zurück. Seine Laufbahn war beendet. Der Ruf des Mossad hatte schweren Schaden genommen. In seinen letzten Augenblicken als Direktor überraschte Jatom die Mitarbeiter, die sich in der Kantine versammelt hatten. Der scheinbar kalte Preuße zeigte Gefühl: Er bedauere, sie in solch einer Zeit zu verlassen, er habe versucht, sie so gut wie möglich zu führen. Sie sollten stets daran denken, daß der Mossad größer sei als ein einzelner. Er endete damit, seinem Nachfolger, wer auch immer das sei, sehr viel Glück zu wünschen; er werde das brauchen. Weiter ging Jatom nicht in seiner Anspielung auf einen Ministerpräsidenten, der glaubte, der Mossad sollte in letzter Instanz von seinem Büro gesteuert werden. Jatom verließ unter Schweigen die Kantine. Erst als er schon auf dem Korridor war, setzte ein Applaus ein, der so rasch abbrach, wie er begonnen hatte.

Eine Woche später erklärte Efraim Halevy sein Einverständnis, die Leitung des Dienstes zu übernehmen, nachdem Benjamin Netanjahu erstmals für einen israelischen Ministerpräsidenten öffentlich eingeräumt hatte: »Ich kann nicht leugnen, daß das Image des Mossad durch bestimmte gescheiterte Missionen gelitten hat.«

Netanjahu, stets der makellose Politiker, erwähnte dabei mit keinem Wort, welche Rolle er selbst in diesem Zusammenhang gespielt hatte.

Am Donnerstag, dem 5. März 1998, wurde Efraim Halevy der neunte Generaldirektor des Mossad. Er brach mit der Tradition und ließ die leitenden Mitarbeiter nicht zusammenrufen, um sich ihre Ansichten darüber anzuhören, wie der Dienst in den nächsten beiden Jahren geleitet werden sollte. Bei der Ernennung Halevys hatte Netanjahu zugleich angekündigt, daß der neuernannte Stellvertreter, Amiram Levine, am 3. März 2000, die Nachfolge als Mossad-Chef antreten sollte. Diese Erklärung wurde mit ziemlicher Überraschung aufgenommen. Kein früherer Generaldirektor war jemals für eine festgesetzte Amtszeit berufen worden; kein Stellvertreter hatte jemals die Zusage erhalten, automatisch in die Spitzenposition nachzurücken.

Wie Meir Amit besaß auch Levine keine Erfahrung in geheimdienstlicher Tätigkeit; allerdings hatte er die israelische Armee in Nordisrael und dem Südlibanon ausgezeichnet kommandiert.

Halevys erste Aufgabe war es, die starken Spannungen und Ressentiments innerhalb des Mossad abzubauen, die das Bild des Dienstes in Israel und im Ausland so stark beschädigt hatten. Bei den routinemäßigen Glückwunschanrufen des CIA und des MI6 war dem Direktor mitgeteilt worden, jene Dienste würden einstweilen abwarten, wie er die Krise innerhalb des Mossad bewältigte, bevor sie sich vorbehaltlos auf eine Zusammenarbeit ohne alle Geheimnisse voreinander einlassen wollten. Ein Faktor dabei wäre, wie Halevy mit den Falken in der israelischen Regierung, insbesondere mit dem Ministerpräsidenten, umgehen würde.

Würde der weltgewandte Halevy, der nur ein Jahr vor seiner Pensionierung stand und der mit Abstand Älteste war, der jemals das Amt des Mossad-Chefs bekleidete, in der Lage sein, Netanjahu auf angemessene Distanz zu halten? Und bei all seinen unbezweifelbaren Fähigkeiten als Diplomat – er hatte bei den Verhandlungen, die 1994 zum Friedensvertrag mit Jordanien führten, eine zentrale Rolle gespielt – stand er doch seit vielen Jahren der Geheimdienstarbeit fern. Seit seiner Zeit beim Mossad hatte es zunehmende Anzeichen dafür gegeben, daß der Dienst außer Kontrolle geriet, weil hohe Mitarbeiter versuchten, ihre Ansprüche auf einen Aufstieg durchzusetzen. Die meisten dieser Männer in mittleren Jahren blieben im Amt. Könnte Halevy ihnen gegenüber entschieden genug auftreten? Besäße der neue Direktor die nötige Entschlossenheit im Auftreten, um die Moral seiner Leute zu heben? Bei Brüsseler Cocktailparties zugegen zu sein, war kaum die beste Vorbereitung auf die Aufgabe, Agenten vom Rand der Resignation wegzuführen. Ein Problem war auch, daß Halevy keine operative Einsatzerfahrung besaß. Auch in seiner Zeit beim Mossad hatte er immer vom Schreibtisch aus gearbeitet. Und was könnte er wirklich in zwei Jahren erreichen? Oder wäre er nur dazu da, um abzusegnen, was Netanjahu, oder gar dessen Frau Sara, getan sehen wollten? In den israelischen Geheimdiensten wurde spekuliert, welche Rolle sie beim Aus für Danny Jatom gespielt hatte, für den sie sich niemals hatte erwärmen können.

Halevy würde eine vorzügliche physische und geistige Kondition brauchen, um angesichts der Rivalitäten zwischen den einzelnen israelischen Diensten all das zu leisten, was von ihm erwartet wurde. Aman und Shin Bet hatten sich das Chaos innerhalb des Mossad zunutze gemacht, um nach der Position des Ersten unter Gleichen zu streben. Doch keiner hatte in Frage gestellt, daß der Mossad auch weiterhin Israels geheimes Ohr und Auge im Weltgeschehen bleiben sollte. Denn ohne seine Leistungen könnte Israel im nächsten Jahrhundert ein Opfer seiner Feinde werden. Iran, Irak und Syrien waren im Begriff, Technologien zu entwickeln, die streng überwacht werden mußten.

In seinen Anfängen hatte es zum Stil des Mossad gehört, lautlos das zu tun, was getan werden mußte. In einem Gespräch unter vier Augen erklärte Halevy einem Mitarbeiter des Stabs, daß die israelischen Geheimdienste wieder zu einer vereinten Familie werden müßten – »mit dem Mossad als Onkel, über den man nicht spricht«.

Nur die Zeit wird lehren, ob dieser Traum in Erfüllung gehen kann. Je weiter die letzte öffentliche Demütigung des Mossad zurückliegt, desto näher ist er seiner nächsten, fürchten viele Beobachter.

Anhang

Anmerkung zu den Quellen

Da ich Zugang zu hochrangigen Stellen der israelischen Geheimdienste hatte, kann ich behaupten, daß die hier dargestellten Fakten abgesichert sind. Wie bei meinen früheren Büchern ging ich an das Thema Mossad ohne vorgefaßte Meinung heran. Die Informationen, die mir heutige oder frühere Mitglieder des Dienstes gaben, habe ich in der Weise verwertet, wie jeder Autor das tut, der über ein geheimdienstliches Thema arbeitet: nachprüfen, nachprüfen und wieder nachprüfen.

Etwa achtzig Stunden wurden auf Tonband aufgezeichnet, darunter mehrfache Interviews mit Personen, die direkt oder indirekt mit dem Mossad verbunden waren. Außerdem wurden Personen befragt, die der Dienst hatte umbringen wollen. Zu ihnen gehörten Leila Khaled, die durch die Flugzeugentführungen der PLO in den siebziger Jahren bekannt geworden war, sowie Muhammad Abass, der die Geiselnahme an Bord der *Achille Lauro* geplant hatte, bei der ein behinderter jüdisch-amerikanischer Passagier über Bord geworfen wurde und den Tod fand. Ich traf die beiden Ex-Terroristen im Mai 1996 in Gaza-Stadt. Im Rahmen der Annäherung zwischen Israel und der PLO hatten sie nach Israel kommen können. Ich sprach auch mit Jassir Arafat, der früher selber ganz oben auf der Tötungsliste des Mossad stand.

Über Geheimdienstangelegenheiten habe ich erstmals im Jahr 1960 als Reporter geschrieben, als ich mit Chapman Pincher zusammenarbeitete, der damals der herausragende Journalist auf diesem Gebiet in Großbritannien war. Wir arbeiteten seinerzeit beide für den Londoner *Daily Express*. Unsere Reportagen – vor allem die über das Burgess- und Maclean-Fiasko des britischen Geheimdienstes – trugen dazu bei, daß sich meine Einstellung änderte, ob und wie über derartige Fälle berichtet werden sollte. An dieser Einstellung habe ich mit meinen Büchern *Journey into Madness*, *Pontiff* und *Chaos under Heaven* festzuhalten versucht.

Ich habe über den verborgenen Geheimdienstkrieg berichtet, der im Iran und Irak, in Syrien und Afghanistan geführt wird; Länder, in denen der Mossad nach wie vor direkt engagiert ist. Ich habe ebenfalls ausführlich über die Verbindungen des Mossad zum Heiligen Stuhl geschrieben. Meine Kontakte innerhalb des Vatikan erwiesen sich als nützlich, um für dieses Buch weitere Interviews und Hintergrundrecherchen führen zu können.

1989 war ich auf dem Höhepunkt der Studentenunruhen in China. Wieder einmal wurde ich Zeuge der Machenschaften der Geheimdienste, darunter auch des Mossad, der fürchtete, daß die chinesischen Waffenexporte nach dem Iran und dem Irak eine ernsthafte Bedrohung für Israel sein könnten. Später schrieb ich über die Rolle des Mossad im Golfkrieg und nach dem Zusammenbruch des Sowjetkommunismus.

Im August 1994 erhielt ich einen Anruf von Zwi Spielmann. Spielmann ist eine legendäre Figur in Israel: Er zeichnete sich im israelischen Unabhängigkeitskrieg aus und baute danach die israelischen United Film Studios auf. Er hat eine Unzahl von Filmen produziert, darunter viele Koproduktionen mit Hollywood. Er fragte mich, ob ich das Drehbuch für einen Dokumentarfilm über den Mossad schreiben wolle. Er versicherte mir, ich würde vollständig freie Hand haben; das einzige, was die für mich zugänglichen Informationen beschränken könnte, seien meine Fragen: je mehr ich fragte, desto mehr würde ich erfahren.

Bei den Vorbereitungen stellte ich fest, daß es neben den Büchern von Victor Ostrovsky oder Ari Ben-Menashe kaum Bücher mit harten Informationen über den Mossad gab. Das war ein bemerkenswerter Gegensatz zum CIA, über den ungefähr zweihundert Bücher erschienen sind. Über den britischen Geheimdienst, den KGB, die deutschen und französischen Nachrichtendienste gibt es jeweils etwa fünfzig Buchpublikationen. Als ich die dort behandelten Themen verglich, zeigte sich, wo es weiße Flecken auf den Karten der geheimdienstlichen Feldzüge gab. Es wurde deutlich, daß die Aktivitäten des Mossad viele dieser Lücken ausfüllen konnten.

Bei Besuchen in Israel, von denen manche im Auftrag des britischen Fernsehsenders Channel 4 stattfanden, lief die Interviewarbeit wie anderswo auch. Der Zeitraum, über den meine Interviewpartner anfänglich Auskunft gaben, umfaßte jene seltsamen Jahre, die zwischen der jüngsten Geschichte und dem Vergessen liegen. Als wir uns schrittweise besser kennenlernten und sich ihre Erzählungen der Gegenwart näherten, wurden sie spezifischer und in den Einzelheiten, wer wann was und wo gesagt hatte, genauer.

Doch auch jene, die bei der Gründung des Mossad dabei waren, erinnerten sich noch sehr lebhaft an einen Zeitraum, der zu ihrer Lebensgeschichte gehörte, aber niemals aus ihrer Perspektive erzählt worden war. Wichtiger war noch, daß sie diese vergangene Zeit mit der Gegenwart in Beziehung setzen konnten. Wenn sie beispielsweise von der Rolle des Mossad in den letzten Tagen des Schahs sprachen, erkannten sie in jener Zeit die Ursprünge der heutigen Geißel des islamischen Fundamentalismus. Als sie die Verbindungen des Mossad zu Südafrika enthüllten, konnten sie zugleich den Gegensatz zur jetzigen Situation in diesem Land aufzeigen. Immer wieder verdeutlichten sie, wie sehr die Vergangenheit ein Teil von Israels Gegenwart ist, wie der Mossad den Abgrund zwischen einst und jetzt überbrückte.

Ihre Erzählungen brachten es mit sich, daß Legenden, die sich um den Mossad rankten, ins Bedeutungslose verblaßten angesichts dessen, was tatsächlich geschehen war. Ich erinnere mich, wie Rafael Eitan schmunzelte, während er sagte: »Fast alle veröffentlichten Fakten über die Eichmann-Entführung sind reiner Quatsch. Ich weiß das genau, weil ich der Mann bin, der ihn persönlich geschnappt hat.«

In vielfacher Hinsicht verwandelten Eitan und seine Kollegen Mythen in mitreißende Realität. Sie forderten mich auf, ein Gleiches zu tun.

Wenn man Eitan zuhörte, schienen seine Leistungen so unerschöpflich wie seine Energie. Er hatte einen großen Geheimdienstkrieg geführt. Ein Mann von endloser Vorstellungskraft, wünschte er nur, so lange zu leben, bis der Tag käme, daß Israel endlich wirklichen Frieden hätte.

Ich begriff schnell, daß es scharf umrissene, einander bitter ablehnende Lager unter meinen Interviewpartnern gab. Da gab es die Leute von Isser Harel und die von Meir Amit. Die gegenseitige Verachtung hatte in all den vergangenen Jahren nicht abgenommen. Ich hatte den

Eindruck, daß es zwischen ihnen niemals zu einer Versöhnung kommen wird.

Das stellte mich vor das zusätzliche Problem, welchen Wert ich ihren Informationen beimessen sollte. Meine Interviewpartner befinden sich in einem Wettlauf mit der Zeit. Männer wie Meir Amit stehen kurz vor dem Ende ihres Lebens. Ihm habe ich zu danken, daß er bereit war, sich auf lange Interviews und wiederholte Nachfragen einzulassen. Das letzte Interview gab er mir kurz nach seiner Rückkehr aus Vietnam, wo er aus erster Hand erfahren wollte, wie es dem Vietcong gelungen war, den amerikanischen Nachrichtendienst im Vietnamkrieg so häufig auszuspielen.

Eines der faszinierendsten Interviews führte ich mit Uri Saguy. Er saß in Zwi Spielmanns Büro und sprach in mildem Ton über so unterschiedliche Themen wie die Notwendigkeit für Israel, mit Syrien zu einer Verständigung zu kommen, oder das Problem, das er manchmal hatte, den Mossad zu »beauftragen«, als er der Vorgesetzte aller israelischen Dienste war.

David Kimche blieb stets auf der Hut. Er bestand darauf, alle Fragen im voraus zu kennen. Trotzdem steuerte er wichtige Einblicke in seine persönlichen Ansichten von Menschen und Ereignissen bei. Mir bleibt in Erinnerung, wie er seinen Hund fütterte, während er gleichzeitig auf elegante Weise die Glaubwürdigkeit derer zerstörte, die nicht seinen Anforderungen entsprachen.

Jaakov Cohen öffnete mir sein Haus, sein Herz und seine Erinnerungen. Wir saßen viele Stunden in dem Kibbuz zusammen, wo er jetzt lebt, während er sich erinnerte, was er zur damaligen Zeit gesagt und gefühlt hatte. Beispielsweise war er der einzige, der von der Angst und der Reue erzählen konnte, die er empfunden hatte, nachdem er zum ersten Mal einen Menschen getötet hatte. Seine Reaktion stand in deutlichem Gegensatz zu Rafi Eitans Einstellung zum Töten.

Joel Ben Porat hatte die Mentalität des typischen Rechtsanwalts, er hielt sich ausschließlich an Fakten und verzichtete weitgehend auf Interpretationen. In vielen Fällen konnte er Lücken füllen, die die Geschichte offengelassen hatte. Reuven Merhav war eine Fundgrube für Informationen über die Position des Mossad im Gefüge der israelischen Politik.

Unter den israelischen Journalisten, mit denen ich sprach, sollten zwei besonders hervorgehoben werden. Alex Doron war bereit, sich in einer offenen und erfrischenden Form über die israelischen Nachrichtendienste auszulassen; seine Unterstützung war sehr wertvoll. Ran Edelist hingegen, der von Channel 4 als Rechercheur für den Fernsehfilm engagiert worden war, den ich präsentieren sollte, lief oft in dem Büro in Zwi Spielmanns Studiokomplex herum und beharrte darauf, es sei nicht »angemessen«, in diesem oder jenem Fall »alle Details« zu nennen. Manchmal schien er mehr daran interessiert, was nicht in der Sendung vorkommen dürfe, als an dem, worüber berichtet werden sollte. In manchen Interviews, an denen er teilnahm, unterbrach er wiederholt die Interviewpartner und mahnte sie, »vorsichtig« zu sein. Glücklicherweise gingen nur wenige auf seine Mahnungen ein. Unabhängig von Ran Edelist traf ich mit anderen israelischen Agenten zusammen, die Informationen unter dem Vorbehalt gaben, daß ich sie nicht direkt zitieren würde.

Sie luden mich zu sich nach Hause ein; ich lernte ihre Familien kennen und erfuhr etwas von ihrem Privatleben; eine Erinnerung daran, daß Agenten nicht nur in einer Dimension leben. Ich erinnere mich noch, wie ich gerade ein Interview mit einem ehemaligen *Katsa* zu Ende führte, der davon erzählte, wie er getötet hatte. Plötzlich blickte er sich in seinem behaglichen Wohnzimmer um, in dem Ansichten einer biblischen Landschaft hingen. Er seufzte tief und sagte: »Die Welt ist nicht, wie sie ist.«

Diese Worte sind mir im Gedächtnis geblieben. Ich glaube, er wollte damit sagen, daß ihn trotz des geregelten Gangs und der angenehmen Umstände seines heutigen Lebens nie ein Gefühl dunkler Bedrohung verlassen hatte. Diesen Eindruck hatte ich auch bei anderen, mit denen ich gesprochen habe.

Das war eine ernüchternde Erinnerung daran, daß die Welt den Nachrichtendiensten häufig so erscheint, wie Paulus den Himmel sah: »durch einen dunklen Spiegel«.

Interviewpartner

Meir Amit	Edward Kimbel
Haim Cohen	David Kimche

Nadia Cohen
Jaakov Cohen
William Casey
William Colby
Zvi Friedman
Isser Harel
Emery Kabongo

Otto Kormak
Henry McConnachie
Ariel Merari
Reuven Merhav
Joel Ben Porat
Uri Saguy
Simon Wiesenthal

Zeitungen
Daily Express, London
Daily Mail, London
Daily Telegraph, London
The New York Times

Los Angeles Times
Jerusalem Post
Sunday Times, London

Organisationen
Palmach Archive, Israel
Public Record Office, London
National Archive, Washington

The New York Public Library
The Archive, Gilot, Israel

The Press Association Library,
London
The Library, Trinity College,
Dublin
The Secret Archives, Vatikan

Glossar

AFR »Automatic Fingerprint Recognizing«: Automatische Erkennung von Fingerabdrücken.

AI »Artifical Intelligence«: Künstliche Intelligenz.

Aktive Maßnahmen Operationen, um die Politik fremder Staaten zu beeinflussen oder zu lenken.

AL Streng geheim in den USA operierende Spezialeinheit des Mossad.

AMAN Israels militärischer Geheimdienst.

ANC Afrikanischer Nationalkongreß.

ASU »Active Service Terrorist Unit«: Aktive Mossad-Einheit zur Terrorismusbekämpfung.

AWACS »Airborne Warning and Control Aircraft«: Allwetter-Radarüberwachungsflugsystem.

Babbler Störgerät gegen Wanzen.

Backstopping Fälschen von Ausweispapieren.

Basis Ständige Geheimdienstniederlassung in einem fremden Land.

Bat Levejha Weiblicher Hilfsagent.

Bessere Welt Euphemismus für das Töten eines feindlichen Agenten; das ähnlich verwendete »jemanden in Urlaub schicken« bedeutet, ihn oder sie ohne tödlichen Ausgang zu verletzen – der Grad der Verletzung hängt davon, ob der »Urlaub« kurz oder lang sein soll.

Beute Bei Operationen gesammelte Informationen.

Bio-Leverage »Bio-Druck«:Euphemismus für Erpressung – wörtlich der Einsatz diffamierender Information, um jemanden zu etwas zu zwingen.

Blind Dating »Blinder Treff«: von einem Agenten auserwählter Ort; um seinen Führungsoffizier zu treffen.

Blow-back Fälschen von Geschichten, die ausländischen Medien zugespielt werden.

BND Bundesnachrichtendienst; mit In- und Auslandsaufklärung befaßter Geheimdienst der Bundesrepublik Deutschland.

Bodel Kurier.

Chamfering Technik zum Öffnen verschlossener Post.

CIO »Central Imagery Office«: US-Auswertungsstelle von Satellitenbildern.

CIS »Commonwealth of Independent States«: Gemeinschaft blockfreier Staaten.

Comint »Communications Intelligence«: Durch Kommunikationtechnik gesammelte Informationen.

Dardasim In China operierende Mossad-Agenten.

DCI Direktor des CIA.

DEA »Drug Enforcement Administration«: Bundesbehörde der USA zur Drogenbekämpfung.

Deckung Angenommene Identität eines Geheimagenten bei Tätigkeit im Ausland.

DGSE »Direction Générale de la Sécurité Extérieure«: Französischer Auslands- und Abwehrdienst; Nachfolger des SDECE.

DI »Directorate of Intelligence«: Abteilung des CIA für Auswertung.

DO »Directorate of Operations«: Abteilung des CIA für Informationsbeschaffung.

ECM »Electronic Countermeasure«: Abwehrmaßnahme gegen Überwachung durch elektronische Mittel.

EDV Elektronische Datenverarbeitung.

Elint »Electronic Intelligence«: Durch Radar- oder Satellitenüberwachung erlangte Informationen.

FACES »Facial Analysis Comparison and Elimination System«. Computer- und kameragestütztes System zur Personenerkennung.

Falsche Flagge Anwerbung einer Person für den Geheimdienst eines Landes, die im Glauben gelassen wird, für ein anderes Land oder andere Interessen zu arbeiten.

Felache Im Libanon arbeitender Mossad-Agent.

Fleischwolf Raum für die Berichterstattung nach Operationen, der auch zum Verhör von Verdächtigen benutzt wird.

Führungsoffizier Für operative Agenten verantwortlicher Einsatzleiter.

Honigfalle Sexuelle Verführung für nachrichtendienstliche Zwecke.

Humint »Human Intelligence«: Von Einsatzagenten gesammelte Informationen.

IDA »Intelligence Database«: Im Computer gespeicherte Informationen.
IED »Improvised Explosive Device«: Improvisierter Sprengsatz.
IFF Identifikation von Freund oder Feind.
II »Image Identification«: Bilderkennung.
Institut Kurzbezeichnung des Mossad – Institut für Informationen und Sondereinsätze; der ursprüngliche Name lautete: Institut für Koordination.
ISA »Intelligence Support Activity«: Maßnahme zur Unterstützung eines Nachrichtendienstes.

Jahalom »Diamant«: Mitglied der Mossad-Sondereinheit für die Nachrichtenverbindung zu den im Ausland operierenden Agenten (Plural: Jahalomim).
JIL »Joint Intelligence Center«: Koordinierungsstelle der US-Geheimdienste.

Kalte Annäherung Versuch, einen Angehörigen eines fremden Landes für Spionagetätigkeiten anzuwerben.
Katsa Einsatz- oder Führungsoffizier.
Kidon Mitglied der Mossad-Einheit für Anschläge und Morde.

LAKAM Israelischer Nachrichtendienst zum Sammeln wissenschaftlicher Daten.
LAP Mossad-Abteilung für psychologische Kriegsführung.
Legale Abdeckung Unter diplomatischer Immunität arbeitender Katsa.
Legende Gefälschte Biographie eines Katsa.

Mabuah Nichtjüdischer Informant.
Masern Mossad-Begriff für einen Mord, bei dem der Tod wie durch natürliche Umstände herbeigeführt wirkt.
Meluckha Rekrutierungsabteilung des Mossad.
Memuneh Titel des Mossad-Generaldirektors.

Miketel Wanze zum Abhören und Aufzeichnen von Telefongesprächen.

Mischlaschim hebr. für »tote Briefkästen«, den sicheren Ort, wo ein Agent Nachrichten empfangen oder hinterlegen kann.

MI5 »British Security Service«; Britischer Abwehrdienst.

MI6 »British Secret Intelligence Service«; Britischer Auslandsdienst.

Musikbox Funkgerät für geheime Botschaften.

Naka Mossad-Schreibsystem.

Nativ In der ehemaligen Sowjetunion arbeitender Mossad-Agent.

Neviot Überwachungsspezialist des Mossad.

OAU Organisation für afrikanische Einheit.

OSS »Office of Strategic Services«: Vorläufer des US-Geheimdienstes CIA (Central Intelligence Agency).

Oter Vom Mossad bezahlter Araber, der zur Kontaktaufnahme mit anderen Arabern und zu deren Rekrutierung eingesetzt wird.

Pflege Aufbau eines vertrauten Verhältnisses zu einer Informationsquelle.

Photint Durch Fotografien erlangte Informationen.

PLF Palästinensische Befreiungsfront.

PLO Palästinensische Befreiungsorganisation.

PROD Technik zur Rückgewinnung von Fotografien auf optischen CDs.

Radint Durch Radarüberwachung erlangte Informationen.

Recognition Signal »Treffsignal«: Zeichen für einen Katsa, mit dem Einsatzagenten an einem öffentlichen Ort Kontakt aufzunehmen.

Safanim Mossad-Einheit zur Bekämpfung der PLO.

SAS Spezialeinheit der britischen Truppen.

Scannen Flächen oder Räume nach elektronischen Wanzen absuchen.

Schicklut Überwachungsabteilung des Mossad.

Schläfer Perspektivagent, auf dessen Dienste nur im äußersten Notfall zurückgegriffen wird.

Sicheres Haus Wohnungen oder Häuser, die für geheime Zusammenkünfte oder als Operationsbasen genutzt werden.

Slick Versteck für Dokumente.

Springer Kurzzeitig für Operationen in fremden Ländern eingesetzte Mossad-Agenten.

Tageslicht Mossad-Begriff für die höchste Alarmstufe.

Telint »Telemetry-Intelligence«: Durch Fernmessung erlangte Informationen.

Teud Mossad-Begriff für gefälschte Dokumente.

Todesfall Aus unerfindlichen Gründen gescheiterte Operation.

Trockenreinigung Techniken zur Vermeidung von Überwachung.

Vacuamer Mossad-Agent, der umfassende Details eines Ziels liefert.

Verbrannt Bezeichnung für einen Agenten, der absichtlich geopfert wurde, um einen wichtigeren Spion zu schützen.

Warnung Vorab vereinbartes Zeichen, daß am Ort einer Verabredung kein Kontakt aufgenommen werden soll.

Waschen Umarbeitung eines gestohlenen oder gekauften gültigen Passes.

Die Generaldirektoren des Mossad

1951–1952	Reuven Schiloah
1952–1963	Isser Harel
1963–1968	Meir Amit
1968–1974	Zwi Zamir
1974–1982	Jitzhak Hofi
1982–1990	Nahum Admoni
1990–1996	Schabtai Schavit
1996–1998	Danny Jatom
1998	Efraim Halevy

Bibliographie

Agee, Philip, *Inside the Company: CIA Diary*, Harmondsworth 1975
  (dt.: *CIA Intern – Tagebuch 1956–1974*, Attica Verlag 1979)
Allon, Jigal, *Shield of David*, London 1970
Bainerman, Joel, *Inside the Covert Operations of CIA and Israel's
  Mossad*, New York 1991
Bamford, James, *The Puzzle Palace: A Report on America's Most
  Secret Agency*, Boston 1982
Bar-Zohar, Michel, *Ben Gurion. A Biography*, London 1977
–, *Spies in the Promised Land*, London 1972
Ben-Porat, Yeshayahu et. al, *Entebbe Rescue*, New York 1977
Ben-Shaul, Moshe (Hg.), *Generals of Israel*, Tel Aviv 1968
Black, Ian u. Morris, Benny, *Israel's Secret Wars*, London 1991
Blumenthal, Sid u. Harvey, Yazijian (Hg.), *Government by Gunplay:
  Assassination Conspiracy Theories from Dallas to Today*, New York
  1976
Brzezinski, Zbigniew, *Power and Principle: Memoirs of the National
  Security Adviser, 1977–1981*, New York 1983
*The CIA's Nicaragua Manual: Psychological Operations in Guerrilla
  Warfare*, New York 1985
Cline, Ray S., *The CIA under Reagan, Bush and Casey*, Washington
  1981
–, *Secrets, Spies and Scholars: Blueprint of the Essential CIA*,
  Washington 1976
Cline, Ray S. u. Yonah, Alexander, *Terrorism: The Soviet Connection*,
  New York 1984
Constantinides, George C., *Intelligence and Espionage: A Analytical
  Bibliography*, Boulder 1983
Copeland, Miles, *The Game of Nations*, New York 1969
–, *The Real Spy Word*, London 1978
Deacon, Richard, »C« – *A Biography of Sir Maurice Oldfield*, London
  1985
Dekel, Efraim, *Shai: The Exploits of Hagana Intelligence*, Tel Aviv
  1959

411

–, *A History of British Secret Service*, London 1980

De Silva, Peer, *Sub Rosa: The CIA and the Uses of Intelligence*, New York 1978

Dobson, Christopher u. Payne, Roland, *The Dictionary of Espionage*, London 1984

Dulles, Allen, *The Craft of Intelligence*, Westport 1977

Eisenberg, Dennis; Dan, Uri u. Landau, Eli, *Meyer Lansky: Mogul of the Mob*, London 1980

–, *The Mossad: Israel's Secret Intelligence Service Inside Stories*, New York 1979

Elon, Amos, *The Israelis: Founders and Sons*, London 1971
(dt.: *Die Israelis – Gründer und Söhne*, Molden 1972)

Farago, Ladislas, *Burn after Reading*, New York 1963

Gilbert, Martin, *The Arab-Israeli Conflict*, London 1974

Golan, Aviézer u. Pinkas, Danny, *Shula, Code Name the Pearl*, New York 1980

Groussard, Serge, *The Blood of Israel*, New York 1973

Gulley, Bill mit Reese, Mary Ellen, *Breaking Cover*, New York 1981

Haig, Alexander M. jun., *Caveat: Realism, Reagan, and Foreign Policy*, London 1984

Harel, Isser, *The House on Garibaldi Street*, London 1975
(dt.: *Das Haus in der Garibaldi-Straße*, Ullstein Verlag)

Harris, Robert u. Paxman, Jeremy, *A Higher Form of Killing*, London 1983

Haswell, Jock, *Spies and Spymasters: A Concise History of Intelligence*, London 1977

Henze, Paul B., *The Plot to Kill the Pope*, London 1984

Laqeuer, Walter (Hg.), *The Israel-Arab Reader*, New York 1969

–, *The Struggle for the Middle East: The Soviet Union & the Middle East 1948–1968*, London 1969

Lotz, Wolfgang, *The Champagne Spy*, London 1972
(dt.: *Der Champagnerspion*, München 1988)

McGehee, Ralph W., *Deadly Deceits: My 25 Years in the CIA*, New York 1983

McGhee, George, *Envoy to the Middle World: Adventures in Diplomacy*, New York 1983

Meir, Golda, *My Life*, London 1975

Moses, Hans, *The Clandestine Service of the Central Intelligence Agency*, Mclean 1983

Neff, Donald, *Warriors at Suez: Eisenhower Takes America into the Middle East*, New York 1981

Offer, Yehuda, *Operation Thunder: The Entebbe Raid, the Israeli's Own Story*, Harmondsworth 1976

Ostrovsky, Victor, *By Way of Deception*, New York 1990 (dt.: – u. Hoy, Claire, *Der Mossad – Ein Ex-Agent enthüllt Aktionen und Methoden des israelischen Geheimdienstes*, Hamburg 1991)

–, *The Other Side of Deception*, New York 1994 (dt.: *Geheimakte Mossad – Die schmutzigen Geschäfte des israelischen Geheimdienstes*, München 1994)

Powers, Thomas, *The Man Who Kept the Secrets: Richard Helms and the CIA*, New York 1979

Rabin, Jitzhak, *The Rabin Memoirs*, London 1979

Richelson, Jeffrey, *The U.S. Intelligence Community*, Cambridge, Mass. 1985

Seth, Ronald, *The Executioners: The Story of Smersh*, New York 1970

Smith, Colin, *Portrait of a Terrorist*, New York 1976

Sterling, Claire, *The Terror Network: The Secret War of International Terrorism*, London 1981

Stevens, Stewart, *The Spymasters of Israel*, London 1981

Stevenson, William, *90 Minutes at Entebbe*, London 1976

Stockwell, John, *In Search of Enemies: A CIA Story*, New York 1978

Timm, David B., *The Hit Team*, Boston 1976

Tully, Andrew, *CIA: The Inside Story*, New York 1961

–, *The Super Spies: More Secrets, More Powerful than the CIA*, New York 1969

West, Nigel, *A Matter of Trust: MI5 1945–1972*, London 1982

–, *MI5: British Security Service Operations 1909–1945*, London 1983

–, *MI6: British Secret Intelligence Service Operations 1909–1945*, London 1983

Wiesenthal, Simon, *The Murderers among Us*, London 1967 (dt.: *Doch die Mörder leben noch*, München/Zürich 1967)

Danksagung

In Israel:
Meir Amit, Jaakov Cohen, Alex Doron, Ran Edelist, Rafael Eitan, Isser Harel, David Kimche, Ariel Merari, Reuven Merhav, Danny Nagier, Joel Ben Porat, Uri Saguy, Zwi Spielmann sowie denen, die noch im Dienst sind und nicht genannt werden dürfen.

In anderen Ländern:
Sean Carberry, Sebastian Cody, Carolyn Dempsey, Dieter Pommerering, Heather Florence, Per-Eric Hawthorne, Diana Johnson, Emery Kabongo, Otto Kormek, Martin Lettmayer, Barry Lyons, John Magee, Madelein Morel, Michael Tauck, Declan White, Stuart Winter – sie alle trugen auf ihre Weise zu diesem Buch bei.

Und *last, not least:*
William Buckley, William Casey, Joachim Kraner – sie inspirierten mich zu diesem Buch.

Edith – selbstverständlich;
und Tom Burke. Jeder Autor braucht einen Lektor, der ruhig, umsichtig, geduldig, scharfsinnig und voll sorgender Leidenschaft für sein Buch ist. Tom war all das. Ich hätte nicht mehr verlangen können – und habe stets alles erhalten. Ich bin ihm zutiefst verpflichtet.